Je rêvais de changer le monde

DU MÊME AUTEUR
AUX ÉDITIONS J'AI LU

Le Kabbaliste de Prague, n° 9562
L'inconnue de Birobidjan, n° 10293
Le judaïsme raconté à mes filleuls, n° 10472
Les femmes de l'islam – 1 Khadija, n° 11122
Les femmes de l'islam – 2 Fatima, n° 11415
Les femmes de l'islam – 3 Aïcha, n° 11463
Ève, n° 11852
Les mystères de Jérusalem, n° 11953
Le messie, n° 11954
Marie, n° 12142
Sarah, n° 12143
Lilah, n° 12144
Tsippora, n° 12145
La mémoire d'Abraham, n° 12828

MAREK HALTER

Je rêvais de changer le monde

Mémoires

BIOGRAPHIE

J'AI LU

— Ma-arek !

Il est 2 heures du matin, Clara, alitée dans la chambre du fond de l'appartement, m'appelle. Depuis un an et demi, elle ne bouge plus. Elle ne parle plus. Elle ne se souvient plus que d'un mot : « Marek ». Son corps lui échappe. Seul son regard reste vivant. Intense.

J'ai toujours vécu comme si je devais mourir le lendemain. Mais, maintenant que la mort rôde tout près de moi, menace un être qui, à force, est devenu mon double, ce lendemain est de plus en plus présent. Angoissant.

Une question me taraude : comment le retarder ? Comment faire comprendre à celui ou à celle que nous appelons la mort que le moment n'est pas encore venu, que les projets que j'ai entrepris m'interdisent d'interrompre le cours de ce qui me reste de vie ?

— Revenez plus tard ! Vous voyez bien que je suis occupé !

C'est ainsi qu'est née l'idée d'écrire mes Mémoires. Qui sont aussi ceux d'un siècle. Ou presque.

Hier, j'étais invité par une chaîne de télévision pour parler de la Marche des musulmans contre le terrorisme, que j'ai initiée. Le jeune journaliste d'origine libanaise qui me reçoit me dit :

— J'ai lu votre biographie sur Google. Impressionnant. Vous avez vécu tant d'événements, vous avez connu tant de personnalités qui ont marqué l'histoire et vous êtes toujours debout…

Ah, s'il savait que je viens d'entreprendre l'une de mes plus périlleuses aventures : raconter ma vie. Plonger mes mains dans la marmite bouillante de la mémoire. Affronter des personnages depuis longtemps disparus, mais dont les contours flottent encore dans ce vaste espace qui sépare mes souvenirs de la surface lisse du papier sur lequel glisse ma plume.

« Je suis né à Varsovie. » Il y a quelques années encore, il suffisait que je prononce ces mots pour que mes interlocuteurs saisissent mon passé, s'intéressent au monde auquel j'appartiens et qui n'existe plus, pour qu'ils évoquent la révolte du ghetto, Isaac Bashevis Singer ou Philip Roth.

L'un des premiers livres que j'ai lus en France est *Réflexions sur la question juive* de Jean-Paul Sartre.

À vrai dire, cet essai suscita en moi un profond malaise. J'étais flatté qu'un philosophe aussi renommé et respecté que Sartre ait pris la peine de réfléchir sur la situation des juifs ; donc, en quelque sorte, sur mon propre cas. Mais ses conclusions me révoltaient. En substance, Sartre affirme que le juif, l'identité juive, est déterminé par le regard de l'autre. Ce qui signifierait, position partagée par la plupart des penseurs français depuis les Lumières, que je ne suis juif que grâce à l'existence de l'antisémite !

Ainsi, selon le philosophe existentialiste, une fois libérée des antisémites, la revendication juive en France deviendrait une absurdité. N'avons-nous pas inventé l'homme universel, le même, quelle que soit son origine ? N'avons-nous pas partagé avec lui les principes fondateurs de notre société : liberté, égalité et fraternité ? En faisant des juifs et des « mahométans », ainsi que les désignait Voltaire, nos égaux, nous leur ôtons les raisons qui les incitent à préserver leurs différences. Car c'est justement la manifestation de ces différences qui provoque leur rejet.

Oui, le pays que j'ai choisi et que j'aime, celui qui m'a donné une langue dans laquelle je rêve et écris, et qui m'a offert, par l'intermédiaire de Simone Veil, alors ministre de la République, une identité nationale, est le plus généreux, le plus solidaire du monde. Mais il est également, ce qui n'est point un paradoxe, le plus raciste. Ce qui explique d'ailleurs pourquoi Voltaire, auteur du magnifique *Traité sur la tolérance*, fut aussi un antisémite et un islamophobe. La faute, quant à elle, revient à ces deux minorités – terme peu apprécié chez nous et qui pourtant est intrinsèque à l'organisation de chaque société à travers le monde. Juifs et musulmans, malgré le profit qu'ils ont su tirer de la générosité et de l'universalité française, n'ont-ils pas tenu à préserver leurs différences ?

D'où la confusion que nous entretenons entre les mots « intégration » et « assimilation ». Incontestablement, juifs et musulmans sont « intégrés ». Il suffit de voir combien d'entre eux nous font rire en français et partagent avec nous leurs recherches et connaissances. Pourtant, la plupart ne sont pas « assimilés » puisqu'ils tiennent pour certains à leur religion, pour d'autres à leurs traditions, devenant ainsi responsables de la haine qu'on leur porte. Shakespeare, qui dans *Jules César* rappelait que nous sommes tous égaux mais pas tous pareils, n'était pas français.

C'est sans doute pour cette raison que la Marche des musulmans contre le terrorisme, initiée après les attentats de 2015, a été applaudie dans tous les pays qu'elle a traversés et vilipendée en France. Ou, dans le meilleur des cas, passée sous silence.

Bref, en 1953, j'avais dix-sept ans et, à cet âge, le toupet est roi. La manière dont Sartre me présentait dans ses *Réflexions sur la question juive* ne me plaisait guère. Il fallait bien que je le lui dise. Auprès d'amis, je parvins à me procurer son adresse à Saint-Germain-des-Prés. Il habitait avec sa mère un appartement qui serait plus tard plastiqué par l'Organisation armée secrète, l'OAS, qui luttait contre l'indépendance de l'Algérie. Un après-midi d'automne, sans m'être le moins du monde annoncé, je frappai à sa porte.

Petit homme affable au regard troublant, Jean-Paul Sartre ne s'offusqua pas de cette visite intempestive. Il me fit entrer et nous nous installâmes, si mon souvenir est bon, dans une pièce qui me parut petite et totalement encombrée de meubles et de livres. Évidemment, mon intrusion dut le surprendre. Mais, à cette époque, les survivants du ghetto de Varsovie impressionnaient encore. Pour quelqu'un comme Sartre, cette part de mon histoire ouvrait les portes et abolissait les barrières. Il m'écouta avec patience tandis que je tentais d'exprimer ma critique le plus clairement possible. En fait, mon argumentation me paraissait imparable.

Comment l'auteur de *L'Être et le Néant*, qui prétendait que tout homme est condamné, sans recours, à la liberté absolue, pouvait-il m'ôter à moi, juif, précisément cette liberté-là ? Comment pouvait-il penser que mon identité ne dépendait que du regard que pouvait porter sur moi mon propre bourreau ?

— Tout au contraire, se défendit-il de sa voix grêlée. Je n'ai parlé dans ce livre que des juifs inauthentiques. Ceux qui se laissent souffler leur attitude par d'autres.

— Mais alors, qui sont les juifs authentiques ? Qu'est-ce qui les définit ?

— Eh bien, je suppose que ce sont les juifs religieux, n'est-ce pas ? Ceux-là ont choisi leur place et leur image. Ils possèdent pleinement l'exercice de leur liberté. L'identité juive que d'autres essaient de leur imposer n'a pas de prise sur eux.

— Mais, puisque vous semblez assimiler juif et religieux, qu'en est-il des juifs non religieux ? Ils sont des millions. Eux aussi ont droit à une identité et à l'exercice de leur libre arbitre.

Il y eut un court silence. Son visage trop pâle s'illumina d'un sourire :

— Oui… Mes réflexions sont celles d'un goy, de celui qui regarde les juifs de l'extérieur…

Aujourd'hui, ce monde qui m'a vu naître et qui fascinait Jean-Paul Sartre intéresse-t-il encore ? Ne paraît-il pas au lecteur contemporain comme une redite sortie des archives d'un mémorial où l'on se recueille une fois l'an ?

Les Mémoires ont, à travers le récit de celui qui les porte, l'intérêt de faire découvrir au lecteur une époque qui précède la sienne. Or, mon monde à moi n'a pas de suite. Hormis dans ma propre mémoire. Ou dans mes écrits. Car ce n'est pas la première fois que j'essaie de remonter le temps, de faire connaître ce monde disparu, comme l'a fait Platon avec l'Atlantide. Aussi me suis-je permis, pour ce livre, de reprendre certains passages de mes récits ou entretiens précédents. La vie est un puzzle fait de passé et de présent. Ici, toutes ces pièces se trouvent enfin réunies.

« Je suis né à Varsovie » : à combien de reprises ai-je écrit ou répété cette phrase ? Maintenant, cependant, j'ai comme l'impression de l'écrire pour la dernière fois. Ce n'est plus la simple information qui m'a servi si souvent à la présentation de mon personnage et de ces multiples mains qui ont pétri la pâte dont je suis fait. C'est la clef du coffre qui enferme mon existence. Un corpus qui, comme le trésor des pharaons, accompagnera son auteur jusqu'à sa dernière demeure.

Je suis donc né à Varsovie en 1936. En pleine tempête de neige, paraît-il. C'était le 27 janvier, jour de naissance de Mozart, disait ma mère qui aimait la musique. Depuis 1945, c'est aussi devenu le jour de commémoration de la libération des camps.

Varsovie. 1 million d'habitants, dont 470 000 juifs avec leurs restaurants et leurs journaux, leurs cinémas et leurs théâtres, leurs pauvres et leurs riches, leurs voleurs et leurs mendiants, leurs partis politiques, leur langue – le yiddish –, ma langue, ma nostalgie.

De temps à autre, ma mère m'amenait passer quelques jours chez un oncle par alliance. Le village où il habitait, quatre-vingts kilomètres à l'est de Varsovie, s'appelait Grodzisk et ressemblait à tous les villages juifs d'Europe centrale. Les gens vivaient accrochés à l'air du temps, les rues sentaient bon le pain frais et les harengs salés. Sur la place centrale, les hommes commentaient à grands gestes l'événement du jour. Les femmes, des fichus colorés cachant leurs cheveux, lavaient le linge dans des cours étroites où jouaient des enfants en bas âge. Dehors, les adolescents se poursuivaient en riant, leurs papillotes dansant au rythme de leur course. Au marché, dans la bousculade, les appels des vendeurs de journaux, les cancans des volailles, je me rappelle ce vieux juif bossu planté, presque statufié, dans l'attente d'un client pour ses trois tomates ratatinées.

Ce monde-là, fébrile, vivant, chaleureux, est né à l'époque de Boleslas Ier au Xe siècle. Le duc de Bohême avait invité les juifs à moderniser la région, appelée Polin en hébreu, « le pays du repos ». Ils furent rejoints, un siècle plus tard, par des juifs persécutés venus d'Espagne, de France ou d'Allemagne, avec leurs mœurs et prières, leur culture et leurs lois. Ce monde, qui a marqué pour toujours le visage de l'Europe centrale, n'existe plus. Est-ce la raison pour laquelle j'essaie, dès que je le peux, de partager ses couleurs, ses musiques, sa littérature, bref, de le maintenir vivant ?

Mon père était imprimeur, comme l'avaient été avant lui son père, son grand-père et, je l'ai appris bien, bien plus tard en écrivant *La Mémoire d'Abraham*, tous ses ancêtres depuis un certain Gabriel, fils d'Aaron dit le Halter, « le gardien du registre », de Benfeld en Alsace. Celui-là même qui avait travaillé à Strasbourg dans le quartier de la Montagne verte avec Gutenberg.

Dès qu'il le put, mon père m'apprit le métier afin que la lignée ne soit pas interrompue. C'était un homme simple et bon. Il aimait les gens et les livres. Il s'y regardait comme en un miroir. Il n'était pas religieux mais suivait la tradition, et ma mère allumait, tous les vendredis soir, les bougies de chabbat. Il était socialiste et militant au syndicat des imprimeurs juifs. Il était fier de parler quelques mots de français : il avait passé un an à Paris où il était venu clandestinement en 1935, accroché à un wagon d'un train international, pour assister, le 7 septembre, aux obsèques d'Henri Barbusse dont il connaissait le livre *Le Feu*, bréviaire de tous les antimilitaristes, par cœur.

Brouillard de souvenirs. Images tremblées. Surimpressions. Un visage net, pourtant, celui du père de mon père, Abraham Halter. Une haute silhouette, papillotes et barbe blanche soigneusement peignée, regard sombre et gai à la fois, front large sous une calotte carrée, l'incarnation, à mes yeux, de toute la richesse de ce monde englouti.

Profondément religieux, mon grand-père était familier du fameux rabbin de Guëre chez qui il se rendait souvent pour de savantes disputes. Mais il était aussi sympathisant du Bund, le parti socialiste juif. Le vendredi, à l'imprimerie où nous venions, mon père et moi, le chercher, je me rappelle les gestes qu'il avait pour nettoyer l'atelier, couvrir de feuilles de papier blanc les machines et les tables de composition, se laver les mains et les avant-bras... Puis il se mettait à prier avec les autres ouvriers juifs, pieux et barbus comme lui.

Mélange d'autorité et de douceur, de réserve et d'intérêt pour les autres, il était aussi bien à sa place à présider la table familiale que penché sur son livre de prières à la synagogue, ou encore défilant le 1er Mai derrière le drapeau rouge du Bund. Ce jour-là, pour que je puisse voir le grand-père Abraham, ma mère me sortait sur le balcon de notre appartement.

On m'a dit après-guerre que, quand le ghetto de Varsovie se souleva au printemps 1943, il se jeta de sa fenêtre sur un char allemand, le rouleau de l'histoire familiale dans une main et une grenade dans l'autre.

Il m'aimait bien je crois. Il avait voulu que je porte le nom de son père, Meir-Ikhiel, de l'hébreu *meir*, « de la lumière » et *ikhiel*, « que vive Dieu ». Mais nous étions dans un pays chrétien. À la mairie, le fonctionnaire qui devait m'inscrire au registre sortit la liste des saints et mit son doigt au hasard sur l'un d'eux. Ce fut saint Marc, Marek en polonais.

Mon grand-père ignora superbement cette mise en ordre du fonctionnaire. Il continua à m'appeler Meirké, le petit Meir, et s'était mis en tête de m'apprendre à jouer aux échecs.

— C'est en sachant déplacer des pièces sur un échiquier que l'on devient savant, disait-il.

Je n'avais que trois ans et demi et j'étais déjà terriblement impatient. Pas la meilleure des qualités pour devenir savant. Ma mère, elle, aurait aimé que je sois violoniste. Dans les villes et villages de cette Pologne juive d'alors, seules deux voies se présentaient aux enfants pour quitter les espaces réservés à leurs parents et où régnait la misère : devenir Rothschild ou Yehudi Menuhin. Pour devenir Rothschild, il fallait trouver le premier million. Quant à devenir Yehudi Menuhin, un petit violon suffisait.

Ma famille se cotisa et, à l'âge de quatre ans, je reçus cet instrument si étonnamment léger et qui émettait de si jolis sons. Mon professeur de musique portait des lunettes d'écaille, un jeune homme malingre avec sur les joues des boutons rouges que je voyais à travers sa barbe naissante.

Ma mère était fière de mes progrès et, dès qu'elle le pouvait, elle m'installait sur un tabouret devant ses amis et me faisait jouer les mélodies apprises la veille. J'aimais ces moments-là, j'aimais que l'on m'applaudisse. J'aimais voir ma mère heureuse. Qu'elle était belle, ma mère ! Les hommes lui faisaient la cour et cela me mettait en colère. J'étais jaloux. Mon père, lui, semblait flatté que sa femme plaise.

Pour ma part, j'avoue que j'avais aussi une compensation : Marysia. C'était la jeune fille qui venait me garder quand mes parents sortaient au cinéma ou au théâtre. Elle avait les cheveux couleur paille, des yeux bleu clair et des seins en forme de poire que j'adorais caresser. Je sens encore, tant d'années après, leur surface lisse, chaude et ferme au bout de mes petits doigts. Ce fut un rite entre nous, interrompu par la guerre. Elle déboutonnait son corsage et me tendait sa poitrine, comme une offrande, en riant. J'imagine que cela lui plaisait. Ce qui est sûr, c'est que, pendant ce temps, je n'avais envie ni de pleurer ni de rien d'autre.

Serais-je devenu Yehudi Menuhin sans la guerre qui bouleversa bientôt nos vies ? Je ne le saurai jamais.

Les premiers bombardements nazis nous précipitèrent, comme tous les habitants de Varsovie, dans les caves qui nous servaient d'abris antiaériens. Malgré cela, je ne me séparais jamais de mon violon. Jusqu'au jour où, alerté par les hurlements des sirènes, un voisin me bouscula. Je laissai tomber mon instrument au sol. Un petit vieux, qui habitait le même étage que nous, l'écrasa sous ses pieds. J'entends encore la plainte déchirante des cordes qui se détraquaient.

Finie, l'enfance ; finie, la musique. Finies, vraiment ? Pour ce qui est de l'enfance, peut-être. Quant à la musique, c'est encore une autre histoire.

Oui, mon enfance s'arrêta quelques jours plus tard, avec ce cheval tombé à cause d'une explosion sous les fenêtres de notre immeuble rue Smocza, et que des voisins affamés découpèrent alors que ses flancs se soulevaient encore. « Je hais la mort », dis-je à ma mère. Ce fut mon premier sentiment violent et, à partir de ce moment, il ne m'a plus jamais quitté.

Varsovie. Depuis le jour où, après la guerre, nous étions je crois en 1947, j'ai marché parmi les ruines de la ville, au bord de la Vistule, Varsovie n'est plus dans ma mémoire qu'un album de photos calcinées. L'une ou l'autre parfois s'anime. Alors, dans le sifflement des bombes, les juifs se mettent à courir. Les maisons brûlent, les femmes pleurent. Les uniformes gris-vert envahissent la rue, passent et repassent devant nous qui faisons la queue pour un morceau de pain.

Un jour, les soldats allemands ont attrapé devant notre porte un vieux à barbe blanche que ma mère avait tenté de sauver d'une rafle ; ils l'ont traîné par les pieds sur les marches de marbre où son cerveau a éclaté, laissant des traces jaunâtres.

Quand nous sommes venus nous installer à Paris en 1950, comme j'ai pu envier l'insouciance de mes camarades ! Leurs souvenirs n'étaient peuplés que de jours ordinaires, de rendez-vous, de tendresse, de vacances – l'innocence. Sans doute avaient-ils connu l'Occupation, le rationnement, l'inquiétude pour l'un ou l'autre des leurs. Mais pas ce tremblement de terre qui nous arracha nos racines et nous livra, désarmés, à n'importe quel vent. Notre unique projet avait été de survivre.

La dernière fois que ma famille s'est trouvée réunie, c'était peu avant l'entrée des Allemands dans Varsovie en septembre 1939, juste après la fête de Kippour. Ce jour-là, nous avons eu la visite d'un certain Hugo. Je n'avais jamais entendu parler de lui auparavant et n'en entendis jamais plus parler par la suite, malgré nos efforts pour retrouver sa trace après la guerre. Il arrivait d'Allemagne avec un sac à dos et une barbe de plusieurs jours. Ma mère lui prépara un bain et il resta quelque temps chez nous rue Smocza. Il dormait sur le sofa de la salle à manger. Je ne me rappelle pas son visage : seulement son nom, sa barbe et son sac à dos.

Quand mon père eut rassemblé toute la famille, Hugo raconta ce qu'on faisait aux juifs d'Allemagne. Il mentionna Hitler à plusieurs reprises, ajoutant à chaque fois : « Que son nom soit maudit ! »

— Les Allemands, répétait-il, seront bientôt à Varsovie. Il vous faut vous organiser ou partir. Vous n'avez plus beaucoup de temps...

Tous les visages étaient graves. La famille, pourtant, restait sceptique :

— Partir où ?

— En Union soviétique, disait Hugo, c'est la seule frontière que les Allemands ne contrôlent pas encore...

Mais partir, c'était tout abandonner. Sans même être sûr que la Pologne serait occupée. Hitler n'oserait peut-être pas transgresser les accords passés à Munich un an plus tôt entre la France et l'Angleterre ? Et puis, ce Hugo exagérait peut-être ? Les persécutions des juifs allemands rappelaient plutôt les pogroms tsaristes que l'Inquisition espagnole. Et les pogroms, les juifs en avaient l'habitude.

Mes oncles et cousins s'étaient mis d'accord pour ramasser de l'argent et des vivres. Il fallait aider les juifs d'Allemagne. Mais pour ce qui nous concernait, le danger ne semblait pas menaçant.

Quand ils furent tous partis, Hugo me prit sur ses genoux :

— Tu as vu ces juifs, Marekel ? S'ils ne changent pas, ils mourront tous. Apprends cela. Nous devons changer. La persécution n'est pas une fatalité. Nos rabbins se reposent sur la volonté divine. Mais Dieu veut-il la mort de ses fidèles ?

Puis, je ne sais pourquoi, il me parla de Goethe. « Un grand poète allemand », dit-il.

Hugo repartit dès le lendemain, courbé sous son sac à dos. Quelques jours plus tard, la guerre éclatait.

Il y eut d'abord trois semaines de bombardements avec juste assez de répit pour que nous puissions rêver. Ainsi, quand nous crûmes que les Russes venaient à notre secours, les gens se mirent à danser dans les rues. Personne n'était autant capable d'espoir que les juifs de Varsovie. Mais, suivant les accords germano-russes, si l'Armée rouge occupa effectivement une partie de la Pologne, Varsovie passa sous le contrôle allemand. Et les bombardements reprirent.

Un jour, une tante vint nous prévenir, affolée, que la maison de mes grands-parents maternels avait été coupée en deux par une bombe. Mon grand-père, qui priait dans une chambre du fond, s'était retrouvé perché, seul, comme dans un décor de théâtre, au troisième étage d'un bâtiment sans façade. Je ris beaucoup. Ma mère me faisait les gros yeux mais je ne pouvais m'empêcher de rire. Ce furent peut-être les derniers rires de mon enfance.

Une peur lourde, obsédante, prit la ville. Je savais qu'il se passait des choses graves et ne pouvais m'empêcher de ressasser ce que m'avait dit Hugo : si nous ne changeons pas, si nous ne savons pas nous organiser, nous allons tous mourir.

Ma tante Ruth, la sœur de ma mère, mourut. D'une maladie qui n'avait rien à voir avec les Allemands. Mais enfin elle mourut. Pour moi, c'était comme si la prédiction de Hugo commençait à se réaliser.

— C'est comme ce cheval que l'on a découpé sous nos fenêtres ? demandai-je à ma mère.

Non, je ne voulais pas que l'on me découpe en petits morceaux, je ne voulais pas disparaître comme la tante Ruth, je ne voulais pas accepter la violence des hommes.

Varsovie, elle, commençait à s'organiser. Les juifs réquisitionnés déblayaient les rues. Les brigades spéciales de l'armée allemande patrouillaient. Elles ne s'en prenaient encore qu'aux hommes : les plus jeunes pour les envoyer « travailler » en Allemagne, les plus vieux pour leur propre distraction. Les barbes et les papillotes des juifs religieux, surtout, les amusaient. Ils y mettaient le feu. Une fois, j'en vis un dont le visage était en flammes. Dès que les Allemands l'abandonnèrent, des voisins se précipitèrent avec des couvertures. C'était trop tard. Il ne restait de son visage qu'un magma de chair boursouflée.

Toute cette période m'apparaît encore aujourd'hui comme une longue nuit confuse, pourtant trouée d'images nettes, de souvenirs précis de visages, de paroles entendues, de moments.

La plupart de ces images sont celles de gens portant des sacs, des paquets, des valises, cortèges d'égarés cherchant un foyer. La famille s'augmenta d'une foule de cousins que je ne connaissais pas. Ils avaient fui un village dont j'ai oublié le nom. Leur maison avait brûlé. Ils n'avaient pu sauver que quelques affaires qu'ils trimbalaient dans des paniers d'osier fermés par des ficelles.

Nous échappâmes au ghetto et à la mort grâce à deux amis catholiques de mon père. Deux militants, comme lui, du syndicat des imprimeurs. Ils sont venus une nuit. Je me souviens de leurs coups répétés à la porte qui me réveillèrent.

— Il faut partir, disaient-ils. Tout de suite. Demain sera trop tard.

— Mais partir où ? demanda mon père.

Et, pendant qu'il discutait avec ses amis, ma mère, qui n'avait rien dit, m'habilla, prépara un baluchon et me prit par la main :

— Ils ont raison, fit-elle enfin, on s'en va !

Et c'est ainsi que, tout jeune, je pus constater que les femmes décident beaucoup plus rapidement que les hommes. Et plus encore lorsqu'il s'agit de choix essentiels. De la vie et de la mort, par exemple.

Les amis de mon père proposèrent de nous accompagner jusqu'à la frontière soviétique. Marysia, qui était chez nous ce soir-là, voulut venir, elle aussi.

— On ne sait jamais, dit-elle, une blonde, ça peut rendre service.

Elle n'avait pas tort. La nuit suivante, nous avons croisé une patrouille allemande.

— *Jude ?* Juif ?

Je me souviens de la question, pas de l'individu qui la posait. Le faisceau de la torche qu'il braquait sur moi m'aveuglait.

Ma mère m'avait répété des centaines de fois : « Si des soldats allemands nous arrêtent et te demandent si tu es juif, tu dis non. » Dans mon inconscient d'enfant, la reconnaissance de ma judaïté était évidente, essentielle. Je ne pouvais oublier ce que m'avait dit Hugo... Bref, je ne voyais pas plus grand danger pour moi que de n'être rien. Négligeant la menace mortelle que portait la question du soldat, j'ai répondu :

— Juif ? Oui, bien sûr !

Marysia éclata de rire. Les nazis l'imitèrent.

— Laissez-les passer, dit le plus gradé d'entre eux, l'enfant blague ! Un juif n'aurait jamais battu sa coulpe.

Ma mère en conclut que le meilleur des mensonges était la vérité.

Deux jours plus tard, nous nous fîmes arrêter, cette fois-ci par une patrouille soviétique. Un officier coiffé d'une chapka marquée d'une étoile rouge demanda :

— D'où venez-vous ?

Et, quand on lui expliqua qu'on fuyait Varsovie, il nous dit :

— *Davaï nazat,* retournez sur vos pas !

Mon père sortit de sa poche sa carte de syndiqué (une idée géniale) et s'écria :

— Camarades !

Les Russes nous laissèrent passer. Comme quoi, malgré l'analogie osée par quelques-uns, la théorie des races et la solidarité des classes ne sont décidément pas une même chose. Mes parents paraissaient heureux. Leurs amis aussi. Et moi j'étais triste : je me séparais des seins de Marysia.

Les Soviétiques nous envoyèrent à Moscou, bientôt elle aussi sous les bombes. Puis au Kazakhstan, à Almaty, où s'entassaient déjà 1 million de réfugiés. Je me souviens de ces espaces interminables et vides qui frôlaient l'horizon et que j'observais par la porte ouverte de notre wagon à bestiaux : la steppe. Nous avions mis deux semaines pour arriver au Kazakhstan.

La ville d'Almaty, « la ville riche en pommes », se confond aujourd'hui dans mon esprit avec *Le Voleur de Bagdad* et *Les Mille et Une Nuits*. Ces ruelles, ces musiques et ces couleurs dont se sont nourris les films américains des années 1950 ressemblent davantage à ceux de l'Asie centrale que du Proche-Orient. Almaty, halte importante sur la route de la soie, était une grande ville, traversée de rues bordées de canaux d'irrigation et d'espaces verts. Dans des jardins intérieurs, on cultivait le chanvre, le lin et le pavot. Des pommiers dessinaient les places. Je revois encore cet immense marché qui, pour nous les réfugiés, restait inaccessible et où une foule bruyante se promenait entre les étals. Je voyais des chameaux pour la première fois de ma vie. L'odeur des épices m'enivrait et renforçait ma faim. Une chaîne de montagnes couvertes de neige fermait l'horizon : le Tian Shan, les montagnes célestes.

Des centaines de réfugiés continuaient d'affluer tous les jours par vagues. D'Ukraine, de Moscou, de Leningrad, de l'Oural. D'énormes camions débarquaient des machines. Staline reconstruisait, dans les terres reculées de son immense empire, l'industrie nécessaire à la poursuite de la guerre. Il y fit même transférer les studios de cinéma moscovites Mosfilm, et Eisenstein (que, selon ma mère, nous sommes allés voir travailler dans la banlieue d'Almaty – ce dont je ne me souviens pas) y tourna *Ivan le Terrible*.

À Almaty, en ce temps-là, on trouvait des gens de toutes les nationalités, parlant toutes les langues, mais pas de nourriture. La ration d'un réfugié se limitait à cinquante grammes de pain par jour. Les responsables municipaux, pour gagner un peu d'argent, le mouillaient avant de le peser. Gorgé d'eau, le pain devenait plus lourd. Nos rations en diminuaient d'autant et le reste se retrouvait au marché noir.

Nous passions une partie de notre temps à attendre notre part, l'autre à la recherche d'un gîte. Nous dormions, malgré le froid intense, dans les parcs et sur les bancs publics. Tous les bâtiments officiels, même les écoles, s'étaient transformés en dortoirs surpeuplés. Souvent, les épidémies les convertissaient en hôpitaux. À longueur de journée, on croisait des cortèges funèbres : morts de faim. Pas de larmes, l'indifférence, chacun d'entre nous, replié sur soi, n'écoutait que son estomac.

Un jour, affamé, squelettique, je me promenais sur le marché en humant les odeurs de nourritures inaccessibles. Soudain, un vieux Kazakh m'interpella :

— *Maltchik, maltchik,* garçon, garçon !

Il me tendit une galette, une *lepiochka,* et dit :

— Mange, mon garçon, mange, sinon tu mourras de faim.

Soixante-dix ans plus tard, j'inaugurerai à Almaty, en présence des présidents Hollande et Nazarbaïev, une université française : Sorbonne Kazakhstan. « C'est pour vous remercier, dis-je à la foule de jeunes rassemblés pour l'occasion, de la galette qui m'a sauvé la vie. » Les Kazakhs pleuraient.

C'est à cette occasion que le président kazakh donna, comme c'est la tradition, en cadeau à François Hollande une chapka et un *halat*, manteau aux fines broderies. Or, au lieu de remercier Nazarbaïev de son présent, en promettant de remettre la chapka, par exemple à son fils, le président français, parce que profondément gentil et voulant faire plaisir à son hôte, posa la coiffe sur sa tête. Trop grande, elle glissa sur ses lunettes. Cette photo, qui tournait François Hollande en ridicule, a fait le tour des réseaux sociaux et suscité d'innombrables quolibets.

— Tu vois ce que tu m'as fait faire, me reprocha-t-il par la suite.

J'étais malheureux pour lui. Il n'avait pas mérité ce déchaînement médiatique. Il connaissait l'intérêt que représentait, pour la France, un pays comme le Kazakhstan, riche en carbure, musulman, et qui, de surcroît, gardait l'une des frontières les plus dangereuses pour l'Europe, celle avec l'Afghanistan où se formaient les djihadistes de demain. Mais je crois aussi que mon histoire personnelle avait dû le toucher. C'est la raison pour laquelle il m'avait demandé de l'accompagner.

À ses reproches, j'ai donc répondu simplement :

— Ta gentillesse te perdra.

Mosquées, appels de muezzin, c'est à Almaty que j'ai rencontré pour la première fois l'islam. Qui aurait alors pu prédire qu'un jour je reviendrais sur cette terre en compagnie du président de la République française ?

À l'époque, à Almaty, il y avait trop de réfugiés, trop de morts. Le Parti – puisque c'est lui qui décidait en Union soviétique – nous envoya en Ouzbékistan, à Kokand, dans la vallée de Ferghana où ma petite sœur Bérénice, née entre-temps, est morte de faim. La mort encore.

Je ne l'ai pas vue mourir. C'est le directeur de la maison d'enfants, à qui je l'avais confiée – mes parents étaient à l'hôpital, terrassés par le typhus –, qui m'annonça la nouvelle.

Je n'ai jamais dit ni écrit ceci auparavant : curieusement, le fait de n'avoir pas vu ma petite sœur morte me poussait à croire qu'elle était toujours vivante. Il m'est même arrivé de rêver qu'une femme, d'un âge mûr mais encore belle, frappait à ma porte, me disant simplement : « Je suis ta sœur Bérénice. Tu te souviens… Tu m'appelais Bousia… »

Oui, à l'instant où j'écris ces lignes, je continue à croire…

Ah, la mémoire ! Elle sautille comme un cabri, d'un rocher à l'autre. S'attardant, contre toute attente, sur un roc que l'on n'a pas vu venir.

Je devins un hooligan. Un voyou. Un voleur. C'était en 1944, un an après la bataille de Stalingrad. L'Armée rouge avançait, d'une victoire à l'autre, en direction de Berlin. Pour nous qui étions à des milliers de kilomètres du front, rien n'avait encore changé. J'avais huit ans et demi et je devais, pour sauver mes parents, à l'époque où les antibiotiques n'existaient pas encore, trouver du riz.

Je me souviens, un âne trottait devant nous, secouant le bonhomme qui voulait nous échapper. Nous courions pieds nus. Le sol était brûlant, chauffé depuis l'aube par un soleil qui semblait multiplier, comme un miroir, les sommets du Pamir. Sur les flancs du bourricot ballottaient deux sacs de riz. Le riz c'est le salut. « Trouve du riz, m'a dit une infirmière, trouve du riz si tu veux sauver tes parents. »

C'est moi qui ai rattrapé l'âne. Un coup de lame dans un sac, puis dans l'autre. Des flots de petits grains blancs. Mes camarades et moi remplîmes nos casquettes comme à une fontaine. L'ânier ne cria pas. Il avait peur et ne pensait qu'à se sauver. Les hommes étaient à la guerre, les femmes travaillaient dans les usines rapatriées de la Biélorussie occupée. C'était nous, les hooligans, qui faisions la loi en ville. Nous faisions des descentes dans les endroits privilégiés du marché noir, dévalisions les appartements des bureaucrates les plus riches et, la nuit, attaquions même les passants.

J'étais devenu un hooligan par hasard. Un jour que je portais à mes parents, à l'hôpital, un panier de nourriture, des voyous m'avaient surpris. Ils avaient pour la plupart mon âge. J'enrageais :

— C'est facile, criai-je, à sept contre un ! Tout ça pour me prendre ce que je porte à mes parents malades ! Attaquez-vous plutôt aux riches, fils de putes !

— Tu as raison, dit l'un d'eux. On va se battre un contre un. Tu commences avec moi...

Nous nous sommes battus longtemps à côté du panier. Il était plus fort que moi, mais j'étais plus tenace. À la fin, épuisés, meurtris, nous sommes tombés ensemble dans la poussière. Les autres riaient. Nous avons parlé. Ils m'ont accompagné à l'hôpital pour vérifier que je ne leur avais pas raconté d'histoires. Puis ils m'ont donné rendez-vous le soir même.

Ils m'ont emmené à Kalvak, un terrain vague de la ville basse où les bandes se réunissaient pour partager leurs butins, régler leurs comptes, raconter des blagues et chanter en chœur.

Derrière leurs couteaux, ces garçons étaient en vérité des tendres qui rêvaient d'une autre vie, d'une autre société. Ils ne parlaient pas politique, ne critiquaient pas le système et respectaient le Guide des peuples de l'Union soviétique, Iossif Vissarionovitch Staline. Mais ils trouvaient injuste que les directeurs d'usine aient plus de privilèges que leurs parents ouvriers. Et, dans les histoires qu'ils aimaient, la camaraderie primait l'intérêt, la justice triomphait de la fourberie, les héros risquaient leur vie pour l'honneur.

Ce soir-là à Kalvak, je me suis mis, je ne sais plus comment, à raconter *Les Trois Mousquetaires* à mes nouveaux amis. D'autres groupes se joignirent à nous. Au petit matin, ma renommée était faite. Je devins *Marek tchto khorocho balakaïet*, Marek-qui-raconte-très-bien.

Les durs de quatorze ou quinze ans me traitaient d'égal à égal et me voulaient tous dans leur bande. Je ne valais pas mieux que les autres, mais j'étais capable d'inventer des histoires qui duraient toute la nuit. Mes maîtres : Victor Hugo, Alexandre Dumas, Gogol, Sienkiewicz..., que j'avais lus dans des versions abrégées et illustrées que les éditeurs polonais proposaient aux enfants.

Mon père s'habituait mal à l'idée que j'étais un hooligan. Pourtant, quand il sortit de l'hôpital et qu'il commença à travailler de nuit, il fut souvent, m'a-t-il avoué plus tard, épargné par les bandes qui l'attaquaient : « Laissez-le, laissez-le, c'est le père de Marek ! »

J'allais avoir neuf ans et la guerre touchait à sa fin quand les responsables des Pionniers, organisation de jeunesse communiste, passant outre mon passé de fripouille, m'enrôlèrent dans la section locale. Charismatique, je devins vite un chef. Ils étaient ravis d'avoir récupéré un voyou habile et doué d'un talent d'organisation ; j'étais heureux d'être enfin accepté quelque part.

Depuis que la mémoire me portait sur les eaux de l'exil, c'était la première rive dont le courant ne m'arrachait pas. J'étais fier, aussi : j'étais soviétique.

Nos soldats luttaient contre ce nazisme que ma famille avait fui et mouraient pour ma liberté.

Et puis, à l'école où j'ai fini par être intégré, les autres m'avaient fait remarquer en riant que notre professeur de russe, Olga, était amoureuse de moi. Elle avait dix-neuf ans, peut-être vingt, et elle était blonde. Blonde comme Marysia. J'étais flatté comme un homme et inquiet comme un enfant ; en vérité, je n'étais ni l'un ni l'autre.

Mais ce poste de chef des Pionniers, la guérison de mes parents, la prise de Berlin par l'Armée rouge et les longs regards troublés de notre professeur formaient un tout. Et, pour la première fois de ma vie, j'étais heureux.

Un jour, lors d'une réunion de la direction des Pionniers de Kokand, je proposai un programme de festivités pour l'anniversaire de la révolution d'Octobre. Mes camarades s'y opposèrent : « Nous sommes ici en Ouzbékistan, me firent-ils remarquer, et tu ne connais pas nos problèmes. » Ils étaient imprégnés de nationalisme ouzbek, le dirigisme grand-russien les exaspérait et ils acceptaient mal qu'un juif polonais les commande.

— D'ailleurs, poursuivirent-ils, de quelle république es-tu ?

— Je suis de l'Union soviétique.

— L'Union soviétique est faite de républiques et de régions autonomes…

Je voulus répondre mais les bégaiements brutaux qui me saisirent, comme à chaque fois que je m'énerve, déclenchèrent un fou rire général. J'abandonnai la discussion. Après tout, ils avaient peut-être raison : je n'étais pas ouzbek et je n'étais pas chez moi. Staline avait bien essayé en 1934 de créer une région autonome juive, le Birobidjan, en pleine taïga sibérienne, y déplaçant de force des milliers de juifs. J'y suis allé en 2010, tant d'années plus tard. J'en ai même fait un livre. Puis un film. Mais il est vrai qu'il n'y restait alors que 9 000 juifs et l'inscription en yiddish de l'enseigne de la gare...

Dans le vieil atlas que nous avions déniché, mon professeur de russe et moi, en nettoyant son grenier, je découvris des noms de villes inconnues et pourtant familières : Jérusalem, Safed, Tibériade, Jéricho... Ne se trouvaient-elles pas dans cette Palestine dont parlaient Pouchkine et Lermontov ? Alors pourquoi pas une république juive en Palestine, me demandai-je dans un article que mon professeur de russe avait corrigé et complété et qui avait été publié dans la gazette des jeunes d'Ouzbékistan. Le pays était occupé par les Anglais ? Il fallait lutter contre cette occupation impérialiste. Un autre peuple y vivait aussi ? Il fallait donc créer un État binational et socialiste. On résoudrait ainsi le problème juif et le socialisme ferait son entrée au Proche-Orient. Je ne me rendais pas compte que mon éducation soviétique me faisait réinventer le sionisme.

Mon article ne reçut pas l'accueil que j'espérais. L'Union soviétique ne s'intéressait pas encore à la lutte anticolonialiste des juifs de Palestine. Il n'était pas encore question de convertir les Arabes au socialisme. Et les Britanniques étaient des alliés – ils venaient même de mettre en déroute les armées de Rommel. Ce qui restait de ma théorie ? L'impossibilité pour les juifs de résoudre leur problème national dans le cadre de l'Union soviétique.

Le rédacteur en chef du journal fut limogé. Le comité central du Parti convoqua Olga, mon professeur de russe, ce qu'elle m'a raconté plus tard. Et mes parents furent mis en quarantaine. Leurs amis, les croyant responsables de mes idées, s'attendaient à notre déportation imminente et craignaient de leur parler. Et moi, je fus remplacé par un jeune Ouzbek, ce qui me parut tout à fait normal.

Or, on ne nous déporta pas. Mes parents retrouvèrent leurs amis et moi les voyous.

Vers la fin de la guerre, les bandes devinrent de plus en plus agressives. Pourquoi aurions-nous dû partager les lois de ceux qui avaient à manger et qui ne partageaient pas leur nourriture avec nous ?

Dans nos quartiers de la ville basse, nous avions instauré nos propres lois. Les habitants de la ville haute craignaient de s'aventurer jusque-là. Nous les percevions comme des étrangers et la police comme une armée d'occupation. Nous nous prenions pour des résistants, à l'image de ceux que la presse glorifiait chaque jour, et nous mettions tous un point d'honneur à nous « faire » un policier.

D'où vint l'initiative du maire de Kokand, un certain Souslov, homonyme de cet autre Souslov, Mikhaïl, qui était à l'origine de purges et de déportations en Union soviétique avant et pendant la guerre ? D'un souci de justice devant l'inégalité de traitement entre la ville haute et la ville basse ? De son impuissance à mater notre révolte ? Le fait est que, quelques mois après la prise de Berlin, au début de l'année 1946, il prit contact avec nous et nous demanda de l'aider à remettre de l'ordre dans la ville. La municipalité nous reconnaissait enfin comme interlocuteurs.

J'ai raconté cette histoire un soir, lors d'un dîner de la Licra, au ministre de l'Intérieur de l'époque, Nicolas Sarkozy :

— Le geste qu'attendent nos banlieues, ce n'est pas seulement une parcelle de pouvoir, c'est aussi la reconnaissance de leur apport à notre histoire commune…

Nicolas Sarkozy jugeait que, en démocratie, on ne pouvait accepter deux sortes de lois : l'une pour la majorité, l'autre pour les banlieues. Je lui ai donné l'exemple du maire de New York, Rudolph Giuliani, qui, n'arrivant plus à contrôler ses « quartiers », chargea des jeunes des cités de rétablir l'ordre. Nous nous souvenons de ces commandos aux blousons noirs où scintillaient en lettres blanches ces deux mots : « Blue Angels ». On les voyait patrouiller, filles et garçons, dans les rues du Bronx et de Harlem. Grâce à eux, les vieilles dames pouvaient enfin emprunter le métro la nuit, sans appréhension.

Le ministre de l'Intérieur resta circonspect. Pourtant, à l'époque, à Kokand, nous avions réussi, nous, à pacifier la ville. Pour récompense, le Parti m'inclut dans la délégation des Pionniers d'Ouzbékistan qui allait participer au premier anniversaire de la victoire à Moscou. La victoire… Tous ces drapeaux rouges, ces chants patriotiques, ces rires et ces larmes, je n'en saisissais pas le sens : la guerre faisait partie de moi-même. Ce n'est qu'à l'arrivée des premiers démobilisés, estropiés en majorité, que nous avons compris que la guerre était finie.

Je ne me rappelle pas grand-chose de Moscou – de la forme des bâtiments, de la largeur des rues ou de la couleur de la Moskova. Je me rappelle seulement les gens, la foule, l'air de fête. Des musiques d'accordéon, des hymnes de l'Armée rouge diffusés par haut-parleurs. Les délégations, venues des quatre coins du pays dans les costumes nationaux de leurs républiques. Les soldats aussi, des quantités de soldats ; des centaines d'hommes s'appuyaient sur des béquilles ou sur les épaules de leurs camarades. Près de la statue de Pouchkine, l'un d'eux racontait comment il avait pris Berlin.

La *Pravda* avait publié, par nationalités, la liste des héros de l'Union soviétique, et les juifs étaient cités parmi les premiers. Cette victoire était donc aussi la mienne. J'étais l'égal des autres et heureux comme eux.

Au dernier moment, on me désigna pour offrir à Staline le bouquet des Pionniers d'Ouzbékistan. Staline ressemblait aux portraits de lui que j'avais vus sur les bâtiments publics ou dans mon livre d'histoire de l'Union soviétique. Il était cependant plus petit que je ne le croyais. Il saluait d'un geste qui me paraissait familier la foule massée sur la place Rouge.

On me plaça à la tribune, parmi une vingtaine de garçons et de filles. À tour de rôle, nous devions lui offrir notre bouquet. Il avait un mot gentil pour chacun et la foule applaudissait. Quand ce fut à moi, mon émotion était telle qu'il fallut me pousser. Staline prit mes fleurs, me passa la main dans les cheveux et dit quelque chose comme *Horochi maltchik*, gentil garçon. Puis il ajouta quelques mots que, troublé, je n'entendis pas.

Celui qui ignore ce que représentait Staline, l'architecte de la victoire sur le nazisme, pour des dizaines et dizaines de millions de personnes, celui qui n'a pas partagé la vénération dont on l'entourait, celui qui n'a pas ressenti le choc que suscitait sa voix tranquille quand tout paraissait céder devant les tanks nazis – « Il y aura fête aussi dans notre rue » –, celui qui n'aura pas échappé au ghetto pour porter des fleurs à « l'architecte de la victoire », celui-là peut difficilement comprendre les battements de cœur, et l'angoisse, et l'orgueil du gamin que j'étais.

À Kokand, tout le monde voulut savoir de quoi il avait l'air, ce qu'il m'avait dit, les vêtements qu'il portait. En vérité, je ne savais rien de tout cela. Je me souvenais seulement de l'odeur de tabac qu'il dégageait. Le cinéaste russe Sergueï Kostine trouva des images de cette cérémonie dans les archives qu'il intégra dans son documentaire *Marek Halter, fils de la Bible et d'Alexandre Dumas* diffusé sur la chaîne Rossia. Oui, pour les amis de mes parents, je faisais partie de sa gloire. Nous étions à des années-lumière de *L'Archipel du goulag* de Soljenitsyne que je recevrais chez moi à Paris, dans le Marais.

C'est alors qu'advint un événement imprévu qui, d'une certaine manière, bouleversa ma vie. Le violoniste David Oïstrakh, monstre sacré de la musique de l'époque, vint donner un concert à Kokand avec l'orchestre national d'Ouzbékistan. L'événement eut lieu dans le parc de la Révolution d'Octobre. Des milliers de personnes étaient venues écouter le *Concerto pour violon n° 2 en mi mineur* de Mendelssohn. Lorsque la dernière note eut fini de résonner, ils applaudirent à tout rompre. L'un de mes camarades qui, comme tous mes amis, connaissait mes « talents de violoniste », put approcher le maestro et lui souffler que l'un de ses compagnons, né à Varsovie, savait lui aussi jouer du violon.

Oïstrakh, gentiment, lui dit de me faire venir. Quand il me vit, il me tendit son Stradivarius et me lança :

— Il paraît que tu as appris la musique ? Jouenous quelque chose !

Je pense qu'il dit cela sans malice. Quant à moi, je croyais qu'il suffirait que je prenne le violon en main pour que la musique fuse. Or, le peu que j'avais appris à Varsovie s'était depuis longtemps évaporé et je ne savais que faire de ce précieux instrument. Quelle honte ! Quelle honte ! Au moment où j'écris ces lignes, tant de décennies après, elle me brûle encore la poitrine.

Cette fois-ci, pensais-je, c'en était fini définitivement avec la musique. Mais la vie est un fourmillement de surprises. Comment aurais-je pu savoir alors que je reverrais, des années plus tard, Oïstrakh à New York ? Ou que je deviendrais l'ami d'un autre musicien célèbre, Mstislav Rostropovitch, à Paris, et que celui-ci me jetterait, d'une certaine manière, dans les bras une jeune et talentueuse pianiste, Nathalia Romanenko, dont je tomberais amoureux ?

Tout cela grâce à mon petit violon piétiné par un vieux voisin affolé lors des bombardements de Varsovie. Eh oui, ce qui est écrit est écrit. Toute page de notre existence reste dans le Livre. Nul ne peut l'arracher. Elle continue, tout le long de notre vie, de nous tenter, comme le chant des sirènes chez Homère. Sauf que nous, pour y échapper, nous ne pouvons, comme Ulysse, ni nous ligoter avec des cordes au mât d'un bateau, ni boucher nos oreilles avec de la cire.

J'avais presque onze ans quand, après avoir signé un accord avec le gouvernement communiste polonais constitué à Lublin, Staline autorisa tous les ressortissants de la Pologne à rentrer chez eux.

De nouveau le départ, de nouveau les regrets. Et quand les minarets de Kokand, les visages de mes camarades et les larmes d'Olga disparurent dans la fumée de la locomotive, j'étais aussi triste que lorsque, six ans plus tôt, nous avions quitté Varsovie. Au moins savais-je que je n'étais pas plus ouzbek que je n'avais été kazakh.

En route, notre train fut assailli par des paysans polonais. Ils nous jetèrent des pierres et nous injurièrent : « Sales juifs ! criaient-ils. Allez ailleurs ! Dehors, les juifs ! Pas de juifs chez nous ! »

Nous nous installâmes à Lódz, le Manchester polonais. Il nous fallut nous organiser en groupes d'autodéfense contre les manifestations antisémites. Nous allions, par exemple, à la sortie des écoles, protéger les gosses juifs contre les bandes qui s'en prenaient à eux. Cela finissait souvent en batailles rangées, à coups de bâton et de bouteilles brisées. Je reçus même un coup de couteau, dont je porte toujours la cicatrice sur la main gauche.

Il devenait de plus en plus pénible pour nous de fréquenter les écoles polonaises. Aussi, dès que le gouvernement autorisa l'ouverture d'une école juive, je m'y inscrivis avec les autres. C'était l'école I. L. Peretz, du nom d'un écrivain yiddish. Ce qu'il m'en reste, c'est notre professeur d'histoire. Je ne me souviens pas de son nom mais il avait un principe qu'il nous serinait : peu importe les dates, ce qu'il faut, en histoire, c'est comprendre pourquoi les événements ont lieu.

Comprendre. Je ne demandais que cela. J'étais à l'âge où l'on commence à se forger des convictions, à partir d'un mélange d'expérience et de connaissances. De plus, la dialectique marxiste fournissait à mes questions un ensemble de réponses cohérentes. L'antisémitisme ne me surprenait pas mais je ne m'y résignais pas pour autant. Tandis que là-bas, en Palestine, selon ce que la presse polonaise nous rapportait, les juifs se battaient contre l'impérialisme britannique, pour un État indépendant et que nous espérions socialiste. Je me considérais mobilisé là où j'étais. J'avais douze ans quand je devins dirigeant de la Jeunesse borokhoviste, mouvement sioniste d'extrême gauche, branche du mouvement marxiste sioniste Poale Zion.

Un jour de l'année 1948, pour l'inauguration du monument élevé à la mémoire des combattants du ghetto de Varsovie, nous organisâmes, avec d'autres groupes juifs, une marche dans la ville. Par trains et par camions spécialement affrétés, nous avions fait venir tout ce qu'il restait des 3 millions de juifs de Pologne : 75 000 rescapés des camps et du maquis, un sur quarante.

C'était au mois d'avril. Il faisait beau et le soleil s'amusait dans les vitres cassées de quelques façades encore debout. On avait déblayé un passage dans les rues dévastées. Nous marchions à travers les ruines de l'immense cimetière qu'était devenue Varsovie. Je me rappelle ce silence que seuls découpaient le bruit de nos pas et le claquement des drapeaux – des drapeaux rouges et des drapeaux bleu et blanc. Des deux côtés de la rue, des habitants, venus des quartiers intacts, nous regardaient passer. Ils semblaient surpris que nous ne fussions pas tous morts. Parfois, ils crachaient devant eux dans la poussière. Parfois, nous entendions : « Comme des rats ! Ils sont comme des rats ! On a beau les tuer tous, ils sont toujours là. » Nous serrions les poings ; la consigne était de ne pas répondre. Allais-je tenir longtemps encore ?

J'étais dans le groupe de tête et je portais un grand drapeau rouge, trop lourd pour moi. Face à ces gens tranquillement installés sur ce qu'il restait de nos maisons, cages d'escalier, pans de mur, cheminées calcinées, quelques-uns entamèrent, en yiddish, le chant des maquisards juifs :

Des pays des palmiers
Et de celui des neiges blanches
Nous venons avec notre misère
Notre souffrance.
Ne dis jamais
Que tu vas ton dernier chemin.
Le ciel plombé
Cache le bleu du jour.
Notre heure viendra
Notre pas résonnera
Nous sommes là.

Et nos pas résonnaient dans le raclement des gravats. Et nous étions là.

Quelque temps auparavant, nous avions aussi participé, aux côtés des Jeunesses communistes, à des manifestations contre Stanislaw Mikolajczyk, chef, farouchement opposé au communisme, du gouvernement en exil parachuté à la Libération par l'Angleterre où il retourna quand le vieux Boleslaw Bierut, parachuté par Moscou, fut élu président de la République de Pologne en 1947. L'antisémitisme ne disparut pas pour autant. Contrairement à ce que nous avions voulu croire. Mais la lutte ne nous faisait plus peur. J'avais presque douze ans.

Le bloc communiste commença à soutenir la révolution nationale juive en Palestine. Ce sont des officiers soviétiques et tchèques qui nous formèrent à la vie dans les kibboutz, à la clandestinité, ils nous apprirent à organiser des combats de rue, à nous servir des armes. Cela se passait dans un camp d'entraînement dans les Carpates, à la frontière de l'Ukraine. C'était un vieux château au parquet superbe où nous faisions des stages d'un mois. Cours accélérés de marxisme, d'hébreu, d'histoire de la Palestine, fabrication de bombes, longues marches dans la montagne...

Il n'y avait pas deux ans que j'avais écrit mon papier paru dans la gazette des Pionniers d'Ouzbékistan et l'histoire avait déjà changé. J'étais à nouveau dans le courant. Pour combien de temps ?

La proclamation de l'État d'Israël, le 14 mai 1948, fut fêtée par le gouvernement polonais. Mes parents et leurs amis criaient au miracle. Pas moi. Cette affirmation de notre identité me paraissait normale. J'y étais préparé. À cette époque, je parcourais le pays, en compagnie de quelques camarades, pour associer d'autres jeunes juifs survivants à notre combat. C'est ainsi que j'ai croisé à Cracovie Romek, Roman Polanski, qui s'opposa à notre démarche, préférant rejoindre les scouts polonais. Il rêvait de faire du théâtre.

Un an plus tôt, je crois, nous allions dans la nuit, mon père et moi. Lódz était vide. Soudain, une bande de nazillons nous entoura. Ils voulaient de l'argent. Mon père n'en avait pas…

— Alors, sale juif, tu vis dans notre ville et tu n'as même pas de fric ?

Mon père reçut un coup de tête dans la mâchoire. Il se mit à saigner et la bande se dispersa en riant. Je lui en voulus longtemps de n'avoir pas réagi, de ne pas s'être battu. Il n'était plus pour moi l'autorité qu'on respecte, qu'on craint et qu'on aime. Mais, par la suite, chaque fois qu'il riait, la bouche légèrement penchée d'un côté, reliquat de sa blessure, je m'en voulais de ne pas avoir au moins essayé de prendre sa défense.

Bien plus tard, j'ai découvert, en parcourant la biographie de Sigmund Freud, une histoire comparable. Le futur psychanalyste marchait, raconte son biographe, avec son père dans les rues de Vienne quand un voyou, d'un geste, précipita le chapeau de son paternel dans le caniveau. Le père de Freud ne s'offusqua pas, ramassa le chapeau, l'essuya et le remit sur sa tête. Son fils n'essaya pas non plus de le défendre.

Et si l'attitude du père de Freud, comme du mien, était l'expression d'une culture où la violence n'avait pas sa place ? En Europe centrale, avant la guerre, quand, traversant à cheval un village dont il était le propriétaire, un prince se mettait à cravacher un juif, celui-ci ne se révoltait jamais. Tout juste, regardant le prince avec condescendance, disait-il : « Pauvre homme... » Et il avait sincèrement pitié de celui pour qui cravacher autrui était un moyen d'affirmer son pouvoir.

Le seul pouvoir admis chez les juifs était le pouvoir de l'esprit. On admirait ceux qui connaissaient la Bible, le Talmud, les commentaires, les sciences, la littérature... C'est sans doute une des raisons pour lesquelles la révolte du ghetto de Varsovie éclata si tard. Elle fut d'ailleurs menée par des jeunes dont le but était de changer la société en général, et la société juive en particulier : les sionistes de gauche, les socialistes du Bund et les communistes.

Nous autres, enfants de la guerre, nous comprenions bien qu'il nous fallait à tout prix préserver cette culture, ces valeurs dont nous étions les héritiers douloureux, et qui nous rendaient les autres plus proches. Mais, à la différence de nos parents, nous refusions de subir l'histoire. Les paroles de Hugo continuaient à me trotter dans la tête.

Peu de temps après notre altercation dans une rue de Lódz, mon père avait fait passer une annonce dans les journaux juifs qui paraissaient dans plusieurs pays du monde. Il apostrophait nos familiers et amis survivants, leur demandant de nous donner signe de vie. Le premier à avoir répondu à son appel fut mon petit copain de Varsovie, Daniel, dont la mère était une amie de la mienne. Sa famille et lui avaient survécu à la guerre et vivaient comme nous à Lódz. Avec Daniel et Jerzy, vendeur de cigarettes dans le ghetto, un peu plus âgé que nous, nous avions pris l'habitude de nous rencontrer pour échanger nos souvenirs. À notre âge, nous en avions déjà accumulé un tas !

Daniel avait fait partie d'un contingent de quelques milliers d'enfants juifs que l'Allemagne avait accepté, au tout début de l'occupation de la Pologne, de laisser sortir à la demande de la communauté juive de Palestine. Mais la puissance mandataire, l'Angleterre, avait refusé son autorisation « pour des raisons de sécurité ». C'est ainsi que Daniel s'était retrouvé, avec des centaines d'autres enfants, dans un train pour Auschwitz. Dans son wagon, il n'y avait que deux soldats allemands.

Daniel avait en vain essayé de persuader les gosses de tuer les gardes. Ils avaient peur. Un seul suivit mon copain. Quand il sauta du train en marche, il se tua en tombant. Daniel, lui, survécut. Il fut recueilli par un paysan polonais qui l'éleva comme son fils.

Nous étions ainsi tout occupés à nous raconter notre guerre, quand un groupe de Polonais nous interrompit :

— Alors, petits juifs, contents d'être de retour ?

Ils commencèrent à nous frapper. Nous nous défendîmes. Ils étaient nombreux, nous n'étions que trois. Une patrouille de police nous sépara et nous ramena à la maison. J'ai dû garder le lit plusieurs jours.

J'étais à nouveau alité, une pneumonie, quand j'appris que Daniel et Jerzy s'étaient embarqués sur l'*Exodus*, ce bateau surchargé de réfugiés juifs qui tenta en vain d'aborder la « Terre promise ». Sans ma maladie et ses complications, j'aurais été avec eux. Destin, destin.

L'*Exodus* fut arraisonné par la marine de guerre britannique. Les juifs se défendirent et furent internés à Chypre, dans des camps. À nouveau des barbelés. Certains, dont Daniel et Jerzy, purent s'échapper et arrivèrent clandestinement en Palestine vers la fin de la première guerre israélo-arabe en 1949. Jerzy y perdit la vie.

Grâce, toujours, à la fameuse annonce de mon père, nous retrouvâmes une tante à Buenos Aires, en Argentine, tante Regina, qui, avec son mari Israël, cordonnier, avait dû fuir la Pologne d'avant-guerre parce qu'ils étaient communistes. Je les connaîtrais tous les deux plus tard. Ils font partie d'un autre roman que j'ai publié en 1979, *Argentina, Argentina*.

Nous reçûmes aussi une lettre d'un cousin, Aaron, installé à Ginosar, un kibboutz près du lac de Tibériade. Il écrivait des contes pour enfants que j'ai illustrés quand je suis devenu peintre.

Finalement, notre choix se porta sur l'invitation de l'oncle David, à Paris où il vivait depuis des années avec sa femme et leur fille. Mon père ne connaissait-il pas déjà Paris ? Et... « liberté, égalité, fraternité » était une devise qui caressait agréablement nos oreilles.

Mais les visas mettaient du temps à arriver. En attendant, je continuais à militer. Je me préparais à la vie collective dans un kibboutz. C'est l'époque où j'ai connu Fanny, qui s'activait, comme moi, au sein de la Jeunesse borokhoviste. J'avais déjà treize ans et demi, elle quinze. J'étais grand pour mon âge et elle avait de beaux seins. Ah, les seins ! Depuis ceux de Marysia à Varsovie, c'est ce qui m'attirait le plus chez les filles. Peut-être autant que leurs regards. Le regard et les mains.

Le sexe m'attirait moins. À l'époque, je ne l'avais encore jamais pratiqué. Daniel m'avoua un jour qu'il se masturbait. Mais cela ne m'avait pas vraiment intéressé. C'est Fanny qui, alors que nous étions seuls dans ma chambre, en l'absence de mes parents, me proposa de faire l'amour. Sa proposition ne me surprit pas mais, j'avoue, elle me fit peur. Saurais-je faire ce qu'elle attendait de moi ?

Je me suis je crois trop longuement attardé sur ses seins. Aussi, quand enfin je m'allongeai sur son corps, entre ses jambes bien écartées, je m'étais vidé avant même de l'avoir pénétrée. C'était comme le violon d'Oïstrakh. Une fois entre mes mains, je ne savais qu'en faire. Dans ma mémoire, une honte s'ajoutait à l'autre.

Les visas finirent par arriver. J'allais pouvoir retrouver Gavroche et Cosette dont j'avais, autrefois, partagé les aventures avec mes amis, les hooligans de Kokand.

Paris, enfin. 1950. L'oncle David nous attendait sur le quai de la gare de l'Est. C'est drôle comme il ressemblait – je le réaliserais plus tard – à la tante Regina de Buenos Aires. Grand, sec, au débit saccadé et aux gestes brusques. Il habitait avec sa femme Hélène et leur fille Michèle rue Emmery, près de la place des Fêtes. Il était maroquinier. Il fabriquait des porte-monnaie en cuir dans un petit atelier au fond de l'appartement. Il était aussi l'un des responsables du syndicat des maroquiniers juifs.

Nous nous sommes installés dans une chambre indépendante, à l'opposé de l'atelier. Ma cousine Michèle, qui venait de se marier avec un grand gaillard, chercheur physicien à Saclay, René Suardet, voulait me préparer à entrer au lycée. Mais les études ne m'intéressaient pas. Paris, en revanche, m'enivrait. L'odeur du métro, la foule des grands boulevards où je me laissais porter, les étalages de fruits et légumes, les enseignes lumineuses, les marchands de nougat, les baraques foraines, les vendeurs de journaux politiques. Rien ne m'avait préparé à vivre dans une société d'abondance et de pluralisme idéologique. J'eus beaucoup de peine à m'y faire, ne parvenant même pas à apprendre le français, signe de mon dépaysement.

Un jour, j'ai suivi une fille sur le Pont-au-Change, près de Châtelet. Une veine, un hasard, elle parlait polonais ! Et apprenait la pantomime avec Marcel Marceau. Je l'accompagnai à son cours. Autour de

Marceau, un groupe de jeunes gens préparait un spectacle. Incapable de communiquer, je me barbouillai comme eux le visage. Marceau me trouva drôle et me fit jouer dans *Le Manteau*, d'après la nouvelle fantastique de Gogol qu'Olga, ma professeur de russe à Kokand, m'avait fait lire en son temps. C'est lui, Marceau, qui, en me dirigeant, m'apprit mes premiers mots de français. Apprendre une langue avec un mime, c'est tout dire !

Mais, en réalité, c'étaient les couleurs et les formes qui m'attiraient. Une passion. À Kokand, j'avais, dans une ruelle de la ville basse, rencontré un peintre occupé à fignoler un paysage. Et ce souvenir m'avait laissé un sentiment confus : j'étais à la fois rempli d'admiration, puisque l'on pouvait traduire le visible par un autre visible, et d'incertitude, puisque ce visible, moi, je le voyais autrement. Je serais donc peintre.

Pour pouvoir m'acheter des toiles et des couleurs, je travaillais de nuit dans une imprimerie yiddish, rue Elzévir, dans le Marais. Le jour, je peignais ou passais des heures au Louvre à regarder *La Bataille de San Romano* de Paolo Uccello et commençais à fréquenter les cafés de Montparnasse : le Select, le Dôme, la Rotonde… N'est-ce pas là que l'on devenait artiste ? N'est-ce pas là que se retrouvait la « bohème », que Charles Aznavour chanterait en 1965 ?

Un jour, un peintre juif nommé Schwartz, survivant des camps, dont j'avais fait la connaissance lors d'une conférence d'Isaac Bashevis Singer, ami de mes parents et qui se vantait d'avoir assisté à ma circoncision, voyant les difficultés que j'avais à m'expliquer en français, me demanda dans quelle langue je rêvais.

— En yiddish, lui répondis-je.

— Et encore ?

— En polonais, en russe…

— En russe ? En polonais ? répéta-t-il. Je vais te présenter un peintre qui parle aussi bien russe que polonais.

Et il m'entraîna vers une autre table où, parmi des jeunes personnes quelque peu excitées, un homme d'une trentaine d'années, maigre, au visage allongé, à la limite ascétique, nous regardait arriver avec suspicion.

— Nicolas de Staël, Marek Halter, nous présenta Schwartz. Comme toi, il aime Soutine.

Nous parlâmes en russe. Sans doute plus par politesse que par intérêt, il me demanda quel genre de peinture j'aimais.

— En dehors de Soutine, ajouta-t-il, amusé.

— Uccello, dis-je. Surtout sa *Bataille* qui se trouve au Louvre.

— Pourquoi ?

À ces mots, plusieurs têtes curieuses se tournèrent vers moi.

— Parce qu'il y a plus de lances que de cavaliers, rétorquai-je.

Ma réponse les surprit. Une jeune fille applaudit. Elle s'appelait Bianca. Un modèle madrilène.

Nous nous sommes revus le lendemain. Quant à Nicolas de Staël, j'appris à ses côtés comment il utilisait les grands pots de peinture blanche broyée que les peintres en bâtiment appliquaient comme fond sur les murs. Lui mélangeait cette pâte avec de la couleur, mixture qu'il étalait ensuite sur la toile avec une spatule. Ce qui donnait une épaisseur particulière à ses aplats. Je compris aussitôt que, en utilisant cette technique, j'économiserais pas mal de tubes de couleurs, ce qui représentait pour moi beaucoup d'argent.

Quand on loge chez ses parents, la vie amoureuse est compliquée. Nous habitions alors rue Boucry, près de la Porte de la Chapelle, où nous avions emménagé après avoir quitté la rue Emmery. C'était, je crois, un jour après un différend entre mon oncle David et mon père. Je n'ai jamais su réellement à quel propos. Peut-être une remarque de ma tante Hélène, qui nous trouvait bien encombrants, et dont mon oncle David avait très peur. De toute manière, nous n'étions pas destinés à vivre ensemble.

Notre appartement de la rue Boucry se trouvait au troisième étage d'un vieil immeuble. Trois petites pièces avec cuisine. Les bains municipaux étaient à deux pas. J'avais choisi la chambre du fond. C'est là que je peignais et c'est là que Bianca me retrouvait. Il fallait faire l'amour sans bruit : mes parents dormaient dans la chambre voisine.

Nicolas de Staël parti à Antibes, je me liai avec Yves Klein. Il exposait alors chez Iris Clert, des éponges plongées dans de la peinture bleue. Il proposa quelques années plus tard à Bianca de badigeonner son corps de bleu et d'en faire des empreintes sur des toiles blanches, ce que ma petite amie accepta avec amusement. Je découvrirais ainsi que les Espagnols ont raison de prétendre que les amoureux croient que les autres ont les yeux creux. La trahison de Bianca fut pour moi une énorme déception.

C'est à cette époque, je crois, que j'ai découvert que Jean-Paul Sartre, l'auteur des fameuses *Réflexions sur la question juive*, retrouvait régulièrement le sculpteur Alberto Giacometti pour dîner à la Coupole. Un soir, profitant de notre entrevue éphémère, je me suis invité. Un monsieur, dont j'ai oublié le nom et qui se trouvait en leur compagnie, lançait un prix de peinture à Deauville. Il me proposa d'y participer. C'était en 1953.

Je m'étonne toujours de voir combien le hasard a tenu à m'accompagner tout au long de ma vie. J'ai donc obtenu le Grand Prix international de peinture de Deauville, un article dans *Paris Normandie* et quelques entretiens à la radio. Je devins une gloire locale. Un Argentin en vacances, propriétaire d'une galerie à Buenos Aires, m'invita à y exposer mes œuvres.

Je mis quinze jours à ficeler mes tableaux et m'embarquai au Havre sur un rafiot nommé *Lamartine*. Une nouvelle aventure m'attendait ; je ne savais pas encore qu'elle durerait deux ans.

L'Argentine, on en parlait souvent à la maison. Parce que la tante Regina, sœur aînée de mon père, entretenait avec lui une riche correspondance. Mais aussi parce que c'était devenu le lieu de la renaissance culturelle yiddish. Une revue juive de Buenos Aires publia même plusieurs poèmes de ma mère.

Quant à moi, qui ne savais danser que le tango, découvrir la patrie de Carlos Gardel, prince en la matière, lui aussi venu de France, était un pur bonheur !

Il nous fallut trois semaines pour atteindre le port de Buenos Aires. Ma tante Regina m'attendait sur le quai. Je la reconnus instantanément : une reproduction au féminin de mon oncle David. Aussi sèche et brusque que lui. À côté d'elle, un homme, petit, perdu dans un immense pantalon retenu aux aisselles par des bretelles colorées. C'était son mari, le cordonnier Israël. Près d'eux, mes cousins Marcos et Carlos avec leurs femmes. Bref, toute la famille était réunie pour m'accueillir. Je n'étais pas perdu.

Pour ma tante Regina, j'arrivais à temps. Ses deux fils mariés ne venaient que rarement la voir. Quant à son mari, depuis qu'il avait pris sa retraite, il passait ses journées dans un café de l'Avenida Corrientes à jouer aux dominos avec ses camarades, originaires, comme lui, de Varsovie. Ma présence, mon chevalet installé dans l'ancienne cordonnerie de don Israël, les coups de téléphone de mes futurs amis, et particulièrement de mes petites copines, dont doña Regina avait la délicatesse de ne pas confondre les noms, cette intrusion d'un monde qu'elle ne soupçonnait pas, jusque chez elle, dans sa petite maison avec patio de l'Avenida San Martin, lui offrirent un nouvel élan de vie.

Le lendemain matin, mon cousin Carlos, que l'on appelait Catcho, m'accompagna gentiment à la galerie Peuser où j'étais invité à exposer mes tableaux. Elle se trouvait Calle Florida, une rue piétonne, commerçante et touristique du quartier chic de la ville appelé Retiro. Prévenu par mon cousin, Peuser, le propriétaire de la galerie que j'avais rencontré à Deauville, m'attendait.

— Votre exposition sera un grand succès, m'annonça-t-il d'emblée. Ici, on adore la France et rares sont les peintres français qui se déplacent jusqu'en Argentine.

Il me promit d'envoyer une camionnette le jour suivant, dans la matinée, pour aller chercher mes toiles et, dans la foulée, m'invita à déjeuner avec un critique d'art juif.

— On aura besoin de tout le monde, dit-il, critiques et amateurs d'art... Surtout d'origine juive. Savez-vous que la communauté juive d'Argentine est importante, puissante et très bien organisée ?

— Il t'invite à déjeuner, me fit remarquer Catcho, mais il ne nous a même pas proposé un café...

Il m'entraîna dans un bar, en face du siège du quotidien *La Prensa*.

— Ici, le *cortado* – expresso servi avec une goutte de lait tiède – est bon !

Une brume lumineuse enveloppait les bâtiments lourds et gris de la rue. Rien n'était vraiment beau à Buenos Aires. Ni les *cuadras*, carrés de maisons délimités par les rues à angle droit, comme à New York, ni les *barrios*, les quartiers, ni les faubourgs aux noms poétiques, Flores, Nueva Pompeya, Almagro, Caballito, ni certainement les *villas miserias*, les villes misères. Et pourtant, je m'y attachai.

Il faisait chaud et moite. Des flaques d'eau rappelaient la pluie de la nuit. Trois camions de style militaire stoppèrent devant le café où nous nous trouvions. En descendirent des hommes en bleu de travail. Ils traversèrent la rue, se groupèrent devant l'immeuble du journal et commencèrent à scander : « *Mañana es San Perón ! Que trabaje el patrón !* », « Demain c'est la Saint-Perón, que le patron travaille ! » Un autre groupe arriva avec des pancartes : « La presse nationale au service du péronisme ! » Un des types en bleu lança une pierre contre la façade du journal, brisant une vitre. Les passants, eux, regardaient la scène, sans paraître particulièrement surpris ou intéressés.

« Ça y est, me dis-je, je suis embarqué », selon la formule de Blaise Pascal. Jean-Paul Sartre aurait dit « dans le coup », engagé.

Quand nous rentrâmes à la maison, je trouvai ma tante Regina très inquiète. Elle avait entendu à la radio les nouvelles des manifestations devant le siège de *La Prensa* et se demandait où nous étions, Catcho et moi.

Exceptionnellement, puisque j'étais là dorénavant, don Israël était aussi à la maison. C'était un fervent défenseur de Perón. Il m'expliqua que, avant 1945, avant Perón, les ouvriers n'avaient aucun droit, aucune sécurité. Ils lui devaient, disait-il la « Déclaration des droits du travailleur ». C'est grâce à lui que les Argentins ont pu connaître la liberté syndicale dans l'entreprise, le droit à une rétribution juste, à la formation, à des conditions de travail dignes, à la préservation de la santé, à la Sécurité sociale...

Ma tante voulut tout savoir : ce que m'avait dit Peuser, comment il était, si la galerie était belle, s'il avait de jolies secrétaires... C'est ainsi que, dès les premiers jours, un rituel s'installa entre elle et moi. En mon absence, elle préparait les questions auxquelles je répondais le soir. Parfois, quand je ne pouvais rentrer dîner, ce qui la mortifiait profondément, je lui racontais une ou deux anecdotes au téléphone.

— *Che*, disait-elle alors, avant de raccrocher, fais attention à toi... Ne fais pas de bêtises...

J'aimais bien ce « che », qui pourrait se traduire par « homme » ou « toi ». Les Argentins appellent rarement quelqu'un par son prénom. Parfois c'était *flaco*, maigre, ou *gordo*, gros. Parfois *viejo*, vieux, ou *joven*, jeune. Mais le plus souvent, c'était *che*. C'est ainsi que Guevara, que le poète Juan Gelman me présenta un jour lors d'une réunion à la faculté de médecine de l'université de Buenos Aires, avait perdu son prénom, Ernesto, au profit de Che.

Ma tante Regina non seulement m'écoutait, mais ne manquait pas de me prodiguer des conseils. Puisque Peuser avait suggéré de mobiliser la communauté juive, il fallait s'y mettre sans plus tarder. Elle connaissait un certain docteur Singer, très influent à l'AMIA, Asociación Mutual Israelita Argentina. Il avait soigné Marcos et Catcho. Elle m'organisa un rendez-vous :

— N'oublie pas d'apporter les photos de tes œuvres.

Je ne me souviens pas où le docteur Singer habitait ni s'il exerçait encore. C'était un homme grisonnant, au débit lent. Peut-être parce que nous parlions en yiddish et qu'il n'en avait plus l'habitude. Il me raconta, non sans fierté, que sa fille Judith, que l'on surnommait Chichita, était la traductrice de littérature anglo-saxonne en espagnol la plus réputée. Il lui téléphona sur-le-champ et fixa une rencontre dans un café de la Calle Montevideo.

Elle me reconnut aisément ; je n'avais pas encore l'allure d'un *porteño*, un natif.

— Vous arrivez de Paris ? me demanda-t-elle en français.

Elle était fine, avec des taches de rousseur sous des cheveux châtain clair. Ses seins étaient moins impressionnants que ceux de Marysia, mais elle avait l'air de s'intéresser à moi. Elle était divorcée et avait déjà un fils. Le soir même, nous dînions ensemble.

Quand, au petit matin, je revins à la maison, je trouvai doña Regina, les yeux rougis par les larmes, en train de servir le thé à une dizaine de personnes. C'était le 5 mars 1953. Chuchotements, échanges de regards entendus, je pris peur. Don Israël m'aperçut dans le couloir et me fit signe de le rejoindre dans l'atelier.

— Che, tu n'es pas au courant ?

— Au courant de quoi ?

— Mais... Staline..., fit don Israël, Staline est mort !

J'avoue avoir été bouleversé. On avait, bien sûr, déjà entendu parler des camps de Sibérie et des persécutions à l'égard des opposants. Mais, au fond de moi, Staline était toujours cette voix tranquille qui nous disait : « Il y aura fête aussi dans notre rue. » Il continuait d'être l'homme souriant, à l'odeur de tabac, à qui j'avais remis, le jour de la victoire sur Hitler, un bouquet au nom des Pionniers d'Ouzbékistan...

Don Israël m'apporta l'édition du jour de *La Prensa*. La une titrait : « L'émotion populaire à travers le monde ». On s'interrogeait sur la succession du Guide... Qui serait nommé au poste de premier secrétaire du Parti ? Son bras droit Molotov ou son homme de confiance, l'homme des grandes purges, Malenkov ? On rapportait les paroles du général Eisenhower qui, dans une déclaration officielle, assurait que « les pensées du peuple américain allaient vers la Russie ». Staline avait accepté une invitation à rencontrer le chef d'État américain quelques mois plus tôt.

Malgré l'insistance de mon oncle, je n'eus pas envie d'entrer au salon. Je trouvais déconcertant de voir tous ces vieux juifs de Varsovie réunis à Buenos Aires pour pleurer Staline. Je ressortis.

Le déjeuner avec mon galeriste était encore loin. Ne sachant où aller, j'ai parcouru, à pied, l'Avenida Corrientes jusqu'à la Plaza de la República, sur l'Avenida 9 de Julio. Près de trois heures de marche. Le centre de la place était, et est encore, marqué par un obélisque, à l'image de celui de la place de la Concorde à Paris, mais en plus grand, nu et sans histoire. J'ai fini ma course une heure plus tard dans le vieux quartier portuaire de la Boca où tout, maisons et tram, était en train d'être repeint dans les couleurs vives du peintre Benito Quinquela Martín.

J'étais étonné par l'omniprésence de Perón : partout, partout sur les murs, dans les cafés, des affiches du leader en grand uniforme, le visage lisse, souriant. À côté, des portraits de l'immortelle Evita, sa femme, disparue un an auparavant. La politique et l'amour l'avaient divinisée. Dans les églises, des fidèles brûlaient des cierges devant son image et les *descamisados*, les sans-chemises, nos sans-culottes, ne cessaient de lui témoigner leur ferveur.

Rompu par cette longue marche, je suis finalement arrivé à la galerie Peuser, avec un peu d'avance. Heureusement. D'après la secrétaire, le galeriste m'avait appelé à plusieurs reprises chez ma tante Regina pour décommander le déjeuner. Le critique que nous étions censés rencontrer était retenu par la rédaction d'un article sur le film *Ivan le Terrible*, qu'Eisenstein avait tourné à Almaty et qui, selon l'homme de lettres, dépeignait, au fond, le règne de Staline.

Je profitai du téléphone de la galerie pour appeler Julio Adín qui, d'après Chichita, pouvait m'aider. Une voix énergique, un accent particulier, celui d'un « juif de Grodno », m'expliquerait-il plus tard, et un élan amical inédit.

— Où es-tu ?

Il me tutoya d'emblée.

— À la galerie Peuser, dis-je. Chez ma tante, tout le monde pleure Staline.

— Et toi ?

— Compliqué… J'ai horreur de pleurer en public.

— Bon, retrouve-moi, on déjeunera et tu me parleras de ça.

Julio Adín habitait à Once, dans le quartier de Balvanera, où la majorité des résidents étaient des juifs pratiquants. Un groupe de jeunes gens en caftan et calotte sortit d'une cour et se disputa en yiddish. Je me sentis tout à coup transplanté dans ma Varsovie natale.

Julio m'accueillit torse nu. Il avait le regard plissé, la peau mate, un chapeau sur la tête et un verre de whisky à la main. Son nez un peu cabossé m'évoquait Bogart, à moins que ce ne soit le chapeau. Aujourd'hui, me remémorant cette époque, je me rends compte combien Julio a jalonné mon existence. Il m'a fait aimer la liberté et la littérature.

Julio avait demandé à Juan Gelman de nous rejoindre pour le café. Juan était un « poète magnifique », m'avait-il prévenu et, malgré son jeune âge – il n'avait que six ans de plus que moi –, il collaborait au supplément culturel d'un quotidien très populaire.

Je lis à Clara ce passage évoquant ma première rencontre avec Julio. Ils se sont bien connus, dix ans plus tard, à Jérusalem où il s'installa et où elle se rendait régulièrement pour des reportages. A-t-elle saisi ce que je lui lisais ? Privée du langage et des mots, elle sourit. Simplement. Silencieusement. Tristement. Comme si elle souriait à ses propres souvenirs.

Que se passe-t-il réellement dans sa tête ? Que ressent-elle ? Je l'ignore. Et aucun médecin ne peut me l'expliquer. Je continue à lui parler normalement, comme si elle n'était pas malade, sondant le moindre éclat dans ses yeux. Et je crois que son regard me fait part d'une certaine reconnaissance.

En attendant, des personnes que nous avons connues ensemble meurent par poignées. Je ne lui ai même pas parlé du décès de Simone Veil, pourtant une amie, une sœur. À quoi bon ! Pas davantage de la disparition de Jeanne Moreau que j'ai présentée un jour à la femme de mon cousin Marcos, Margot, qui lui fit un entretien pour la télé argentine. Pas non plus de la mort de Max Gallo, que Clara connaissait bien et à qui je devais ma rencontre avec Robert Laffont et, en 1983, la publication de *La Mémoire d'Abraham*, mon premier best-seller.

L'Argentine, donc. Aucun pays n'a joué un rôle aussi crucial dans ma vie. N'ayant jamais suivi de vraies études, l'Argentine fut mon université. J'y ai appris la politique, les relations humaines, la littérature et l'amour. Sans oublier que ce pays est le premier où je me suis rendu librement, sans aucune espèce de contrainte. J'allais y présenter ma première exposition et trouver mon premier public. J'aurais pu m'y perdre, je m'y suis préservé. Je crois même grandi.

Ma tante Regina s'étant remise de la perte de Staline se souvint, ce que je ne savais pas, que Peuser était aussi l'éditeur qui avait publié la biographie d'Evita Perón, *La Razón de mi vida, La Raison de ma vie*.

— Dis-lui d'inviter Perón, lança-t-elle avec sa brusquerie habituelle.

Le jour du vernissage, il pleuvait. De cette fine pluie si particulière à Buenos Aires. Mon cousin Marcos, bijoutier, était venu me chercher en voiture. Sa femme Margot était là aussi, avec leurs enfants Anna-Maria et Carlos Hugo. Margot était une belle brune à la chevelure somptueuse, dont la mère, née à Alep, en Syrie, et le père, né à Boukhara, en Ouzbékistan, s'étaient rencontrés en Argentine. Elle travaillait à la télévision et, malgré le peu de téléviseurs à cette époque en Argentine, elle était une sorte de star. Quant à ma tante et mon oncle, Catcho alla les chercher en taxi.

La galerie se remplit doucement. Les premiers arrivés étaient des juifs, lecteurs de deux quotidiens yiddish qui avaient annoncé le vernissage. Puis des membres de l'ambassade de France. N'étais-je pas un artiste français ? Il y avait aussi quelques amateurs d'art intéressés par le court entretien publié par Juan Gelman dans *La Opinión*. Enfin, des amis de Chichita, des intellectuels, plus séduits par les raisons qui me faisaient peindre que par ma peinture elle-même.

Mais ce fut Julio qui me réserva la surprise du jour. Il arriva en compagnie de Jorge Luis Borges qui, à cause de sa cécité naissante, s'appuyait sur l'avant-bras d'Adolfo Bioy Casares, avec qui il avait publié *Six problèmes pour don Isidro Parodi*, série d'enquêtes policières sur le sens caché de l'existence. Sa venue me bouleversa. J'avais lu à Paris les premières nouvelles de *L'Aleph* et je ne m'imaginais pas rencontrer un jour son auteur.

Dès notre arrivée à la galerie, ma tante ne me quitta plus d'un pouce. Don Israël, lui, s'était planté devant son portrait, que j'avais juste eu le temps d'achever, et s'épanouissait chaque fois qu'on le reconnaissait. Le vernissage se termina tard. Beaucoup de compliments et peu de ventes. Perón, pourtant invité par Peuser, ne vint pas.

Il passa le lendemain. Prévenu de sa visite, j'accourus. Partout des policiers et la galerie pleine de fleurs. Mon galeriste m'expliqua que, en Argentine, le succès d'un vernissage se jugeait à la quantité de fleurs que l'artiste recevait en remerciement. Peuser paraissait heureux. Pensez donc : « *El presidente de la nación !* »

Il arriva dans le fracas des sirènes. Trois Cadillac blanches se parquèrent brutalement contre le trottoir. Une foule dc colonels et de généraux envahit la galerie. Et des photographes. Au lieu de me réjouir, j'étais mal à l'aise. Sans doute mon aversion pour les uniformes verts et les claquements de bottes...

Perón était aussi grand que sur les portraits. Mais moins beau. Moins lisse. Le visage troué par la varicelle, le front haut et fuyant sous des cheveux gominés. Il souriait. Peuser courut à sa rencontre. Ils se tapèrent dans le dos à la manière argentine, un long moment, puis s'approchèrent de moi.

— Merci d'être venu, monsieur le président, dis-je dans mon espagnol hésitant.

— Merci de m'avoir invité. Je suis un grand amateur d'art.

Puis, ses gants blancs à la main, Perón visita l'exposition d'un pas décidé.

— J'aime le bleu de vos ciels, fit-il enfin, en revenant vers moi. C'est notre couleur nationale.

Ce jour-là, il acheta deux tableaux et promit de m'inviter à la Casa Rosada, le siège de la présidence.

Mon expérience argentine commençait plutôt sous de bons auspices. De même qu'avec Staline quelques années plus tôt, me retrouver si près du pouvoir me rendait, aux yeux de ceux que je croisais, plus séduisant, plus intéressant. Y compris aux yeux des opposants. Juan Gelman, à qui je téléphonai le lendemain pour le remercier de l'entretien, me félicita et me proposa de l'accompagner à une réunion organisée à la faculté de médecine par le groupe « El pan duro » qu'il avait formé.

À cette réunion, il y avait une soixantaine de jeunes. Tous plus âgés que moi. Ils savaient déjà qui j'étais et avaient eu vent de ma rencontre avec Perón. En réalité, ils étaient tous péronistes. Selon différentes colorations. Tous plus à gauche que Perón, certains plus près du parti communiste. Parmi eux se trouvaient, je l'apprendrais plus tard, de futurs dirigeants de la guérilla des Montoneros.

Ils se demandaient s'ils allaient participer à la grande manifestation organisée Plaza de Mayo par la Confederación General del Trabajo (CGT) pour soutenir Perón contre les agissements des libéraux et d'une frange de l'armée. N'ayant pas d'opinion à ce sujet, je restai silencieux. L'un des présents, un certain Guevara, que Juan appelait Che et les autres Ernesto, le remarqua et, par gentillesse, pour me mettre dans le coup, me demanda des nouvelles de France. Si j'avais connu Sartre. Si je militais dans une organisation, et laquelle.

Je lui parlai de la Jeunesse borokhoviste et du kibboutz comme modèle d'une société égalitaire. Cela eut l'air de l'intéresser. Guevara, lui, croyait en la révolution, « seule capable de libérer l'homme de toute forme d'aliénation ». Cela dit, les kibboutz qui, à l'époque, étaient une référence en matière de socialisme, l'impressionnaient. Mais il n'imaginait pas une société sans argent en Amérique latine. En riant, il conclut :

— *Los judíos tienen cojones !* Les juifs ont des couilles !

Il paraît que Castro a repris cette expression – qui me fait rire encore aujourd'hui – après la guerre des Six Jours.

Tant d'années et d'images entre l'Ernesto Guevara que je croisai à la réunion de Juan Gelman et ce Che dont le visage, coiffé d'un béret noir orné d'une étoile à cinq branches et un cigare entre les dents, trône jusqu'à aujourd'hui sur les posters ! La mémoire n'est pas l'histoire. Le temps polit les événements, comme la mer les galets. Il les cisèle, les transforme. Qui a dit qu'il était plus facile d'écrire ses souvenirs quand on avait une mauvaise mémoire ?

Bref, Guevara, je ne l'ai plus revu. Il quitta l'Argentine peu après. En revanche, je revis Perón. La semaine qui suivit, un motard m'apporta une lettre. Sur l'en-tête :

Jefe militar
Casa Rosada
República argentina

Le président me conviait un mois plus tard. Ma tante ne parvenait pas à dissimuler son bonheur et sa fierté. Quant à don Israël, il se précipita dans son bureau d'où il ressortit un dossier à la main : une demande d'augmentation de sa pension de retraite qu'il voulait que je remette en main propre à Perón.

Rien à faire, le pouvoir impressionne. Même celui auquel on n'adhère point. Comme j'étais ému en passant le portail de la Casa Rosada ! Cette fois, Perón était en civil. Je remarquai qu'il portait un costume gris foncé à rayures assorti au gris clair des rideaux de son vaste bureau dont les fenêtres donnaient sur la Plaza de Mayo.

Il me reçut devant un monumental buste d'Evita et en compagnie d'un officiel en uniforme qui se présenta cérémonieusement en claquant les talons :

— Viola.

Nous nous assîmes autour d'une table basse. Un officier d'ordonnance nous servit du café. Le président s'enquit de la bonne marche de mon exposition et voulut savoir si j'aimais l'Argentine, qu'il considérait comme un pays merveilleux, habité par un peuple extraordinaire mais desservi par sa situation géographique. « *El culo del mundo* », le cul du monde. L'expression fit rire le colonel Viola.

Comme si j'étais à moi seul le représentant du peuple juif, il se lança dans un discours étrange, préparé sans doute par l'un de ses conseillers, comparant l'Argentine à l'Espagne de l'époque des califats. Il me parla du brassage des cultures et de l'apport des juifs à ce que l'on appelle encore aujourd'hui le Siècle d'or. Il m'annonça même, ce qui était un scoop, qu'il avait décidé de donner des visas à des intellectuels juifs d'Europe centrale survivants de la Shoah.

Ensuite, avant que j'aie pu ouvrir la bouche, il se défendit d'avoir eu des sympathies à l'égard du fascisme italien. Il résuma sa conception de la politique par une idée que je ne trouvais pas bête : « Savoir gouverner les neuf dixièmes du peuple par la persuasion et le dernier dixième par la police. [...] Quand vous devez contrôler quatre-vingt-dix pour cent de la population par la force, c'est que vous avez échoué. »

Puis il donna la parole au colonel Viola qui m'annonça la création, selon le vœu du président, d'une association des intellectuels péronistes et que, toujours selon le vœu du *Presidente de la nación*, les dirigeants de cette association avaient décidé de m'accueillir en son sein. Peuser, mon galeriste, avait déjà fourni ma photo. Et, dans un geste très cérémonieux, de ceux que les Argentins aiment tant, le colonel Viola, sous l'œil vigilant du président, me tendit la *tarjeta*. Elle était en cuir matelassé bleu foncé et portait mon nom tracé en lettres d'or. J'étais, sans le savoir, devenu l'intellectuel péroniste numéro 75. J'ai toujours conservé cette carte, preuve de l'absurdité du pouvoir absolu. C'est le philosophe Alain, je crois, qui disait « le pouvoir rend fou et le pouvoir absolu rend absolument fou ».

Entre mes amours, les tableaux que je continuais à peindre dans l'atelier de mon oncle Israël, la lecture des livres que Julio me procurait et mes rencontres avec les amis de Juan Gelman qui espéraient pouvoir me gagner à l'idée de la révolution, le temps passait vite.

Vint enfin le jour de la grande manifestation. Depuis 7 heures du matin, des voitures pourvues de haut-parleurs parcouraient les rues en braillant des appels : « *Todos Plaza de Mayo ! Todos con Perón !* » À la radio, des reporters décrivaient de leurs mots haletants le passage des cortèges venant des banlieues : la Matanza, Lomas de Zamora, Avellaneda, Vicente López, San Martín.

Dans la rue, sur les trottoirs, des groupes hurlaient des airs patriotiques en lançant des pétards. Je descendis dans le métro. Des orchestres y rivalisaient de tangos : c'est à qui jouerait le plus fort. Électrisée par le vacarme assourdissant qui roulait sous la voûte du couloir, la foule prenait d'assaut les voitures déjà bondées. Je laissai passer deux rames. La pression du dehors était encore plus forte que celle du dedans. Je fus littéralement soulevé et porté à l'intérieur, comprimé dans un bloc de chair et de pancartes. Quand je débarquai enfin, la Plaza de Mayo débordait déjà sur les avenues Rivadavia, Presidente Roque Sáenz Peña, Defensa. Les marchands de saucisses arrivaient quand même à se faufiler parmi les familles verticales : enfants sur les épaules des pères ou dans les bras des mères. À terre, ils auraient été écrasés. Les courants de la foule me menèrent vers la Casa Rosada dont la façade disparaissait derrière les portraits imposants de Perón et d'Evita. Je fus happé par un bloc d'employés du commerce qui, sous leurs banderoles, scandaient en chœur « *Perón ! Evita !* » J'essayai d'obliquer à l'opposé de la place, vers le Cabildo où des amis m'attendaient. Partout des drapeaux. La foule devenait de plus en plus dense.

À un moment, la rumeur monta, s'amplifia. D'où je me trouvais, je pus apercevoir des silhouettes au balcon de la Casa Rosada. Soudain, tombant de dizaines de haut-parleurs, j'entendis la voix de Perón :

— *Compañeros !*

C'était comme sur la place Rouge : un cri formidable, sorti du ventre de la foule. Un long hurlement où tout se dissipait : l'attente, l'énervement, la fatigue, l'espoir.

— *Compañeros !* répéta Perón.

À cet instant précis, des bombes explosèrent. L'immense foule, je m'en souviens comme si c'était hier, fut prise de folie. Ceux qui tombaient étaient piétinés. Klaxons hurlants, les ambulances étaient bloquées. Alors, plus de soixante ans avant les attentats qui ravageraient l'Europe, je compris que l'auxiliaire du terroriste était la peur. Dans la peur, aucun homme n'existe plus pour son prochain. Il n'est qu'un obstacle dans sa fuite devant la mort. Rien ne peut plus se concevoir en commun. C'est ainsi que nous devenons tous complices des assassins. Ce jour-là, l'attentat de la Plaza de Mayo fit six morts et cent cinquante blessés.

Le lendemain matin, je reçus un coup de fil du colonel Viola. Il avait l'air embarrassé. Parmi les suspects, m'expliqua-t-il, il y avait aussi des proches de mon ami Juan Gelman. En raison de notre proximité, poursuivit-il, les autorités allaient me demander de quitter le pays. Il voulait me prévenir. Profondément surpris à la fois par son coup de fil et par ses paroles, j'étais pétrifié. Et, devant mon mutisme, il ajouta qu'il avait chargé sa secrétaire d'obtenir une réduction sur un bateau en partance pour l'Europe. Je ne pus que l'en remercier.

Sur le pont grinçant du *Christophe Colomb*, des larmes plein la gorge, je vis disparaître tout doucement, dans la brume humide de Buenos Aires, tous ceux qui avaient marqué mon séjour argentin : Doña Regina, don Israël, leurs fils Marcos et Carlos et leurs femmes, Lazare le poète, qui m'avait apporté les épreuves de ses poèmes pour que je les lui retourne, avec mes illustrations, dès que je le pourrais, Chichita, qui me promit de me rejoindre à Paris, Julio, bien sûr, avec son chapeau vissé sur le crâne, enfin une foule d'anonymes qui faisaient de grands gestes d'adieu qui pouvaient aussi bien s'adresser à moi.

J'avais l'impression que mes universités étaient terminées. Je ne savais pas alors que j'y reviendrais vingt ans plus tard.

Je débarquai cette fois-ci à Marseille et pris le train à Saint-Charles. À Paris, sur le quai de la gare de Lyon, mes parents m'attendaient. Mon père, qui vivait en permanence dans l'émotion, avait les yeux pleins de larmes. À côté de ma mère, que je trouvais en beauté, se tenait un homme grand, maigre, petite moustache grisonnante et barbe bien taillée au carré. Il me fit penser au comte de Montesquiou qui fournit à Proust l'un des modèles du baron de Charlus dans *À la recherche du temps perdu*. Il s'appelait Devi Tuszynski et se présentait comme miniaturiste. Il dessinait en effet de manière très précise à l'encre de Chine sur petits formats des scènes de la vie juive polonaise d'avant-guerre. Il était, en mon absence, devenu un ami de la famille. Je soupçonnais qu'il faisait la cour à ma mère.

J'avais rapporté de mon séjour en Argentine quelques tableaux et deux énormes blocs pleins de gouaches et d'aquarelles. La présence et les bras de Tuszynski s'avérèrent utiles. Nous dûmes cependant héler deux taxis.

Après l'Argentine et sa jeunesse en quête de révolution, je trouvai la France un peu endormie et René Coty moins attrayant que Perón. À Montparnasse, les têtes avaient changé. Mon ami Schwartz était parti en Israël. Quelques peintres argentins autour de Julio Le Parc, qui avaient leur table au Select, m'accueillirent comme l'un des leurs.

Dans mon quartier, j'étais devenu un personnage en vue. En mon absence, ma mère avait raconté à qui voulait l'entendre que son fils exposait en Argentine et, me voyant passer chaque jour les bras chargés de toiles, les voisins voulurent savoir quand je prévoyais une exposition à Paris. Même au marché de Torcy où j'allais tous les dimanches faire des courses avec la liste que ma mère préparait, j'entendais, non sans déplaisir, que l'on m'annonçait : « Voilà le peintre qui arrive ! »

La fille du boulanger, dont j'ai oublié le nom et qui avait un vélo, proposa de m'aider à transporter mes tableaux jusqu'à une galerie de la rue des Beaux-Arts où j'allais les présenter. Depuis, j'avais droit aux baguettes toutes chaudes et à ses baisers. Nous nous sommes embrassés sous toutes les portes cochères de Paris mais nous n'avons jamais fait l'amour. Elle ne voulait pas monter chez moi rue Boucry et n'avait pas d'appartement à elle. Combien d'amours se perdent par manque de lieu où s'aimer !

Un jour, Devi Tuszynski vint voir ma peinture avec une amie qui était une cousine lointaine d'Helena Rubinstein. C'est ainsi qu'une énorme Rolls-Royce parfaitement lustrée fit irruption en plein quartier ouvrier du XXe arrondissement. Devant un attroupement de badauds, un chauffeur en livrée en sortit et aida une femme d'un certain âge, petite, rondelette, aux jambes courtes et lourdes, à s'extraire du véhicule. Agrippée au bras de sa cousine, « l'impératrice de la cosmétique » monta péniblement les trois étages et accepta le thé au citron que ma mère lui proposa en polonais. Puis je sortis mes tableaux. Elle souhaitait acheter mon autoportrait au chapeau, le même que celui que portait Julio, mais ma mère s'y opposa. Elle le voulait pour elle. S'ensuivit une discussion, toujours en polonais, entre les deux femmes. Finalement, Helena Rubinstein repartit avec deux aquarelles.

Elle m'invita le lendemain chez elle, quai de Béthune, sans ma mère. Dans un espace prodigieux qui dominait la Seine, je pus contempler l'une des plus belles collections de peinture du monde. Et, jusqu'à ce jour, chaque fois que je passe devant son immeuble, je lève la tête pour voir qui sortira sur le balcon de son appartement.

Je ne suis pas resté longtemps à Paris. Avec une vingtaine de membres de la Jeunesse borokhoviste que je continuais à fréquenter, nous partîmes en Israël faire un stage dans un kibboutz. C'était en 1955, un an jour pour jour avant la campagne de Suez. Quand, après une semaine de mer sur un rafiot appelé *Negba*, le mont Carmel et la ville de Haïfa nous apparurent palpitants dans une brume de chaleur, je me suis mis à pleurer d'émotion. Et, sans cette maladie de pudeur qui m'a toujours encombré, j'aurais embrassé cette terre poussiéreuse comme le fit jadis, selon la légende, le poète séfarade Juda Halevi, venu de Grenade au début du XIIe siècle. Israël, enfin !

Ce profond sentiment de satisfaction, couronnement de tant d'années d'attente et d'espérance, était cependant teinté d'une certitude : je ne serais là que de passage. L'État juif rêvé par le jeune pionnier d'Ouzbékistan existait bel et bien ! Mais moi, j'avais la tête dans la peinture. D'autant que le kibboutz où on nous avait envoyés, Guivat-Brener, au sud de Rehovot – où siège le fameux Institut Weizmann des sciences –, n'était pas un kibboutz ordinaire, comme ceux qu'admirait Guevara. Ses membres y avaient installé une usine de jus de fruits où je travaillais. Alors que j'espérais pouvoir piocher la terre de mes ancêtres !

Aussi, dès que je le pus, je m'échappai à Tel-Aviv où je retrouvai mon ami Daniel. Il suivait des études d'ingénieur à l'université. Très vite, il me présenta un journaliste du quotidien populaire *Maariv*, Hesi Carmel. Je partageai avec Hesi mon admiration pour cette ville toujours en mouvement et éternellement jeune. Aucune comparaison avec la Varsovie juive de mon enfance ! Il trouva ma réaction tout à fait fondée et me fit remarquer que, là, les jeunes que je voyais étaient des Israéliens. À la fin de cette discussion, il me proposa un entretien avec lui pour son journal.

J'aime bien ce jeu de questions / réponses, *chéélot ve techouvot*, qui remonte à la vieille tradition juive talmudique. C'est ainsi que se précisent les idées. D'ailleurs, l'idée qui survit à l'assaut des questions qu'elle provoque est la seule digne d'exister.

Je me suis lancé dans une réflexion sur la survie du peuple juif à travers les âges, grâce à son double enracinement : dans la terre de ses ancêtres et dans la diaspora, la dispersion parmi les hommes, ce que l'on appelle l'humanité. Les nationalistes protestent : pour eux, nulle identité ne saurait subsister hormis celle que donnent le sol et le sang. Ils refusent d'admettre que l'on puisse être à la fois profondément français et profondément juif, anglais et juif, américain et juif... Rappelons-nous le cri de Marc Bloch avant de mourir sous les balles allemandes : « Vive la France, vive les prophètes d'Israël ! »

Israël, donc, était pour les uns une réalité, pour les autres un rêve. Les tenants d'une solution nationale et ceux d'une régénérescence de l'humanité ont toujours coexisté et garantissaient la survie du peuple. Le prophète Jérémie, par exemple, après la destruction du Temple de Jérusalem par les Babyloniens, fut accueilli par la communauté juive d'Alexandrie, plus nombreuse à l'époque que celle de Jérusalem. Une communauté qui engendra d'ailleurs quelques grands noms de la pensée juive comme Philon d'Alexandrie ou Démétrios le chronographe, historien du IIIe siècle avant notre ère.

À Tel-Aviv, j'habitais chez Dov Biegun, l'un de mes rares collectionneurs d'alors. Dov était un personnage particulier. Petit, brun, cheveux soigneusement aplatis sur une tête animée d'un regard vif et noir, il avait, pendant la guerre, participé à la bataille de l'eau lourde en Norvège, démantèlement d'une usine hydroélectrique qui aurait permis aux nazis de se procurer la bombe nucléaire. Pionnier de la création de l'État d'Israël, Ben Gourion l'envoya aux États-Unis pour récolter des fonds pour la Histadrout, l'Organisation générale des travailleurs de la terre d'Israël, la centrale syndicale israélienne, sorte d'État dans l'État, avec ses centres de ravitaillement, ses fonds d'entraide et même ses communautés agricoles. Encore un homme déterminant dans ma vie.

Dov Biegun tenait absolument à m'organiser une exposition à New York où il avait beaucoup d'amis. Un jour, le voisin du dessous, le député travailliste Yitzhak Korn, vint sonner à la porte. Il voulait savoir si j'accepterais d'assister à la réunion de la commission d'information du parti le soir même. Golda Meir, qui en était membre, y tenait particulièrement. Elle avait lu mon entretien dans *Maariv*.

Ils étaient une vingtaine dans une petite salle de conférence, au sixième étage de l'imposant building de la Histadrout. Parmi eux, plusieurs personnes qui jouaient ou allaient jouer un rôle important dans la vie de la nation israélienne : Shimon Peres, Lova Eliav, Yigal Alon, Yitzhak Ben-Aharon et même Levi Eshkol, qui deviendra Premier ministre en 1963, après le départ de Ben Gourion. Golda Meir était arrivée malade et fatiguée. Elle n'avait alors aucune responsabilité officielle. Rien à voir avec la Golda Meir que nous connaîtrions par la suite. Décidément, le pouvoir a le don de métamorphoser les gens !

Golda me faisait penser à ces statuettes inuites constituées d'un rectangle posé sur deux jambes fortes et droites, surmonté d'une tête aux traits lourds. Son regard attirait mais je ne découvris que bien plus tard la couleur de ses yeux. Dès que je l'ai vue, j'ai pensé qu'elle aurait pu être ma grand-mère. La mienne, je ne l'avais vue qu'une fois et elle était morte à Auschwitz.

En réalité, les membres de la commission comptaient sur moi pour leur expliquer pourquoi la gauche européenne ne soutenait plus Israël. Ils étaient tous passés par les kibboutz et le socialisme était l'un de leurs objectifs. Je leur parlai du problème palestinien. Du mouvement national qui devait un jour s'exprimer dans le cadre d'un État à réaliser de préférence dans la paix et avec l'accord d'Israël plutôt que dans la guerre et contre lui.

La discussion s'envenima. Ce n'était pas ce qu'ils voulaient entendre... Et mon hébreu n'était pas suffisamment étoffé pour que je puisse répondre correctement à leurs arguments. Je me mis à piocher des mots en yiddish. On disait alors que l'on parlait l'hébreu mais que le yiddish se parlait tout seul. Soudain plus attentive, Golda me posa quelques questions sur ma vie, mon enfance... Je crois que ma langue maternelle me valut son affection.

Je rentrai à Paris, ma musette remplie de projets politiques et artistiques. Aba Houchi, maire de Haïfa, qui avait lui aussi assisté à la réunion du Parti travailliste, m'invita à exposer au musée d'Art moderne de sa ville. De son côté, Dov Biegun, qui avait pris notre voyage à New York très au sérieux, devait me proposer très rapidement une date. Quant à moi, j'étais persuadé qu'il fallait faire quelque chose pour éviter une nouvelle guerre israélo-arabe mais je ne savais pas quoi.

La Jeunesse borokhoviste siégeait alors au premier étage d'un immeuble du boulevard Voltaire, juste au-dessus du théâtre du Bataclan. C'était je crois en février, mars 1956, lors de la fête de Pourim, célébration de la délivrance des juifs de l'Empire perse qui, au ve siècle avant notre ère, grâce à l'intervention d'Esther, femme bien-aimée du roi Assuérus, avaient pu échapper au massacre planifié par le grand vizir Haman l'Agaggite. En Israël, ce jour est le jour du carnaval. Dans la diaspora, les jeunes organisent des soirées dansantes. Ainsi, ce soir-là, une fille gracieuse aux gestes décidés et aux grands yeux verts à la fois tristes et rieurs, chose rare, m'invita à danser. Je ne sais comment les choses s'enclenchèrent mais elle leva la tête au moment où je baissais la mienne. Peut-être avais-je l'intention de l'embrasser ? La force de cette « rencontre » fut si violente qu'elle me cassa une dent !

Notre histoire commençait mal… Le lendemain matin, elle vint chez nous rue Boucry à l'improviste pour s'excuser. Elle s'appelait Clara.

Quand elle repartit, mon père, qui suivait avec beaucoup de perspicacité mes relations amoureuses, me prévint : « Celle-là, elle ne te lâchera pas ! » En effet, elle me téléphona quelques heures plus tard pour m'inviter au théâtre. Elle apprenait à l'époque l'art dramatique au cours Charles-Dullin avec Roger Coggio, Jean-Louis Trintignant, Yori Bertin et Lucile Saint-Simon… Clara aimait Marivaux. Et, justement, ce soir-là à la Comédie-Française on jouait *La Surprise de l'amour*. Il émanait de son corps une sensualité si communicative que je n'arrivais pas à suivre les aventures de Lélio qui voulait être aimé, bien qu'il ait juré de ne plus jamais vouloir aimer…

Nous séchâmes le dîner et prîmes une chambre dans un petit hôtel près des Halles. J'avais à ce moment un peu d'argent de la vente de mes tableaux. Nous réservâmes la même chambre pour le lendemain.

C'est alors que Chichita arriva à Paris. Elle espérait me voir pour dîner. Je lui répondis que j'étais occupé. Nous prîmes rendez-vous en début d'après-midi au Café de Flore à Saint-Germain. Chichita était très lucide. Elle comprit en me voyant qu'elle arrivait en retard. J'étais sincèrement désolé. Elle cachait mal sa colère. L'Unesco l'engagea avec deux postes en perspective : l'un à Paris, l'autre à Rome. Elle choisit Rome. Je l'ai revue treize ans plus tard dans le même café. Elle me présenta son mari, l'écrivain Italo Calvino dont j'avais adoré le livre *Le Baron perché*. J'appris à cette occasion qu'ils avaient eu une fille.

Je passais beaucoup de temps à peindre. À préparer mes expositions. Je voyais Clara tous les jours. Elle aimait la poésie : Mallarmé, Baudelaire, Aragon, Éluard... Un jour, pendant le dîner chez nous, elle récita « Sous le pont Mirabeau coule la Seine... » et gagna les faveurs de ma mère qui aimait beaucoup Apollinaire. Ma mère détestait pourtant par principe toutes les filles que je ramenais à la maison...

Nous étions au mois de septembre de l'année 1956. Un ami de ma mère, qui dirigeait une revue yiddish en Israël, proposa d'organiser une présentation de mes œuvres au foyer des journalistes à Jérusalem. Juste avant mon exposition au musée d'Art moderne de Haïfa.

J'aime Jérusalem, unique ville au monde où j'ai l'impression de pouvoir toucher du doigt l'éternité. Peut-être pas plus belle qu'une autre, elle semble pourtant suspendue au temps et paraît reposer comme une création, divine, sur un soc de roche claire gagnant encore en élévation les mille mètres que lui rend la cuvette formée par le Jourdain et la mer Morte, sorte de plateau désertique qui s'étale en contrebas, sous le niveau de la mer, jusqu'aux monts de Moab. Ville qui nous invite à nous élever en permanence. Aussi n'ai-je jamais abandonné l'idée, que nous avions eue un jour là-bas avec mon ami Hesi Carmel, d'organiser une marche rassemblant les femmes, juives et arabes, qui n'avaient jamais gravi les mêmes sentiers, les mêmes ruelles ou les mêmes escaliers. Leur permettant ainsi de se rencontrer au sommet, ne serait-ce que le temps d'un regard et d'un même cri : *shalom*, *salam*, paix, *peace*.

J'ai toujours pensé que seules les femmes pouvaient faire bouger l'histoire et les religions qui la régulent. C'est la raison pour laquelle j'ai dédié sept livres aux femmes qui ont forgé les trois monothéismes. Aucun terroriste, si fou soit-il, n'oserait tirer sur une foule dans laquelle se trouveraient peut-être sa mère, sa sœur ou sa petite amie. Imaginons apparaître sur les écrans de nos téléviseurs, dans la lumière irisée de Jérusalem, des cortèges innombrables de femmes venant de tous les horizons et escaladant le mont du Temple !

Devant de telles images – véritables leviers contemporains à la catharsis – ne demanderions-nous pas à nos dirigeants d'intervenir pour imposer, enfin, la paix réclamée par ces femmes à Jérusalem ?

Le foyer des journalistes était plein. Beaucoup, beaucoup de monde, mais personne, ou presque, ne regardait mes œuvres. Après la nationalisation du canal de Suez par Nasser, les conversations tournaient autour d'une guerre probable avec l'Égypte. Golda Meir vint en compagnie de sa fidèle assistante Lou Kadar, Shimon Peres avec sa femme Sonia. En bon amateur d'art, il faisait mine de s'intéresser à mon travail. Il s'attarda, je me souviens, devant deux toiles qui représentaient des pans de cactus sur fond blanc, peints dans la pampa en Argentine. J'ambitionnais alors, à l'instar de Malevitch et de son *Carré noir sur fond blanc*, de participer à la déstructuration du regard sur la nature. Shimon rentrait, me dit-il, de Paris. J'apprendrais plus tard qu'il y avait négocié la participation israélienne à l'opération Mousquetaire, l'expédition franco-britannique contre l'Égypte.

Ce soir-là, j'ai fait la connaissance d'un jeune peintre, Nissan Engel, étudiant à l'école des beaux-arts de Bezalel à Jérusalem. Beau garçon au regard multicolore que je retrouverais plus tard à New York et à Paris.

Bouleversant : au moment où j'écris ces lignes, sa femme Micky m'appelle pour m'annoncer sa mort. Je suis triste.

Du coup, je peine à décrire mon court séjour à Haïfa. Originaire de cette ville portuaire qui grimpe de terrasse en terrasse sur le mont Carmel, chaîne montagneuse qui s'étend jusqu'à Damas, Nissan avait tenu à assister à mon vernissage. Il fit venir sa mère, ses oncles, bref, toute la tribu Engel. J'en étais émerveillé et touché. Il fit aussi venir Tzipi, étudiante comme lui à Bezalel. Tzipi est le diminutif du mot hébreu *tsippora*, petit oiseau, ainsi que se prénomme la femme noire de Moïse à laquelle j'ai consacré un livre. La Tzipi de Nissan était fraîche et gaie comme un oiseau. Ils m'accompagnèrent tous deux au dîner offert par le maire en mon honneur. Aba Houchi nous raconta alors comment, en faisant du porte-à-porte pour distribuer des tracts, il avait pu, pendant la guerre de 1948, persuader les habitants palestiniens de la ville de ne pas suivre l'appel de leurs dirigeants à quitter leur pays avec la promesse de revenir un jour sur les chars des armées arabes. Haïfa était, nous fit-il remarquer, la seule ville israélienne où cohabitaient à merveille les deux communautés qui, cela dit, le réélisaient d'un mandat à l'autre.

Son récit renforça ma foi dans le pouvoir du verbe. Apprendre à parler, aussi bien à son voisin qu'à son ennemi, pouvait changer le cours de l'histoire. Je fis de cette conviction le credo de ma vie et de mes actions que j'ai résumées, soixante ans plus tard, dans un petit livre intitulé *Réconciliez-vous !*

Le dialogue n'était décidément pas un mot à la mode au regard des politiques de l'époque. Un mois après mon retour à Paris, le 29 octobre 1956, le monde apprit, et moi avec, l'attaque militaire franco-anglo-israélienne contre l'Égypte, une expédition qui tourna au désastre. Sous la pression conjointe des États-Unis et de l'Union soviétique, les trois pays durent retirer leurs divisions du Sinaï et Nasser récupéra le canal de Suez.

J'avais vingt ans et, malgré la mise en garde de Hugo, ce cousin venu de nulle part à Varsovie juste avant la guerre, je continuais à subir les événements. Cela me fait penser à ce jour où j'ai croisé Simone Veil. Elle rentrait d'une rencontre avec des anciens d'Auschwitz. Elle était très en colère et s'indignait que les rescapés n'aient pas encore compris ce qui leur était arrivé, qu'ils n'aient pas tiré les leçons de l'histoire.

Et moi donc ! Je connaissais déjà bien quelques personnes influentes prêtes à m'accompagner dans mes aventures. Mais je n'avais rien encore à leur proposer. J'étais frustré. Clara partageait ma frustration.

Je dus alors faire face à un choix. D'un côté, les parents de Clara, éduqués à l'ancienne, pensaient qu'il était grand temps qu'on se marie. De l'autre, Dov Biegun, déjà aux États-Unis, me pressait de le rejoindre avec mes tableaux. Il avait, m'assura-t-il, trouvé des amateurs. J'optai pour l'Amérique.

New York, quelle ville ! C'est à New York que je compris que les grands espaces n'avaient ni forme ni couleur et qu'il fallait les fractionner pour les découvrir. C'était peut-être le rôle que jouaient les gratte-ciel. Ils encadraient des pans de ciel, en révélant l'intensité et les tonalités, comme je le faisais avec les cactus dans mes tableaux d'Argentine. C'était ma première visite à New York, dans cette cité cosmopolite où chaque quartier avait une couleur différente. Une odeur différente. Rien à voir avec la France où la seule évocation de l'appartenance ou de la communauté vous exposait à coup sûr au blâme général.

Dov Biegun avait réservé une chambre au numéro 123 de la 57e Rue ouest, en face du Carnegie Hall, au Salisbury Hotel. L'établissement appartenait à une communauté religieuse et Dov avait négocié avec ses dirigeants une immense suite à un prix raisonnable pour pouvoir montrer mes toiles dans des conditions optimales. C'était un vendeur inégalé. Pour chaque tableau, il avait une histoire. Et il vendait l'histoire avec le tableau. Ma vie étant ce qu'elle était, il n'avait qu'à y piocher.

C'est grâce à Dov que j'ai connu mes plus fidèles collectionneurs. Ils achetaient mes œuvres, et moi j'organisais nos actions politiques. Le premier fut sans conteste le magnat de l'immobilier Sam LeFrak. Il aimait la France. Aussi écrivait-il son nom « à la française » (pensait-il) : Le Frak. Ce qui me faisait rire. Et lui aussi ! Bien que trapu et bourru, Sam avait un grand sens de l'humour.

À cette époque en Amérique, on connaissait déjà les survivants des camps. Notamment grâce à Elie Wiesel et à son livre *La Nuit*. En revanche, on ne connaissait pas encore les juifs qui, comme moi, avaient vécu la guerre aussi bien en Pologne qu'en Union soviétique et en Asie centrale. J'étais indéniablement le seul à avoir remis des fleurs à Staline. Je devins vite un personnage à rencontrer. Simon Weber, ami de ma mère et directeur du grand quotidien yiddish *The Forward* auquel Elie contribuait, m'invita à visiter son journal. Les bureaux se trouvaient dans le quartier de Lower East Side où tout, y compris les enseignes et les affiches, était inscrit en yiddish. Cela me rappela ma Varsovie natale et j'en fus ému. Isaac Bashevis Singer, qui publiait dans le journal des feuilletons romanesques, était venu spécialement pour me rencontrer. Il passa un jour à l'hôtel Salisbury et, à la grande surprise de tous, m'acheta une toile qu'il accrocha au-dessus de sa cheminée. Par la suite, et jusqu'à sa mort, il présenta à ses hôtes mon tableau en annonçant son prix : « *Five hundred bucks !* »

Sam LeFrack, lui, m'acheta vingt-sept toiles. Quelques-unes pour son appartement de la 5e Avenue, deux pour son yacht en Floride et le reste pour Denise, sa fille aînée déjà mariée. Sam était l'entrepreneur américain type. Son père, figure connue de l'immobilier new-yorkais, avait construit le quartier de Queens que l'on traverse encore aujourd'hui en venant de l'aéroport JFK. Sam, un peu mégalo sur les bords – mais quel entrepreneur prospère ne l'est pas ? –, bâtit, entre 1960 et 1969, la LeFrack City, de l'autre côté de l'East River, dans le quartier de Corona. Sa femme Ethel est une personne adorable, d'une discrétion exemplaire. Ainsi que sa seconde fille Francine, productrice. Toutes deux essayaient de calmer sa verve, en vain. Il me resta fidèle jusqu'à sa mort.

Le deuxième sur la liste de « mes collectionneurs » fut Amnon Barness. Lorsque Dov me le présenta, il déclara que Barness et lui allaient « faire pour moi ce que Daniel-Henry Kahnweiler avait fait pour Picasso » ! Juif né en Palestine avant la création d'Israël, bel homme au sourire hollywoodien, Amnon vécut son enfance en Égypte avant de partir aux États-Unis où il suivit des études de journalisme à l'université de Syracuse, dans l'État de New York. Puis il se lança dans les affaires et racheta plusieurs chaînes de magasins (*drugstores*) à travers les États-Unis, dont la chaîne canadienne London Drugs, où l'on trouvait tout le nécessaire du *do-it-yourself*. Le succès et l'expansion de ces grandes surfaces furent tels qu'ils décidèrent d'ouvrir le dimanche. Amnon m'invita plus tard en Californie, dans sa maison de Beverly Hills, où je pus, grâce à lui, toucher du doigt le rêve américain, celui-là même que nous servait le cinéma hollywoodien. Il raconta son aventure – dont je fais partie – dans un livre intitulé *Partners : The Extraordinary Life of an Ordinary Man*. Trente ans après notre rencontre, son petit-fils est venu me voir à Paris pour me demander de l'aide. Il voulait s'y installer et argua que je lui devais bien ça, pour son grand-père qui m'avait aidé en son temps...

Me voilà lancé dans une description des personnages qui ont marqué ma vie d'artiste et je me demande si le lecteur arrivera à me suivre. Les Mémoires sont comme un arbre. Le tronc ne pose pas de problème. Mais, avec le temps, la tige ligneuse se ramifie. Les branches forment un magma couvert de feuilles qui tombent et repoussent. Devrais-je élaguer mon arbre et nettoyer les feuilles, comme on le fait en ville pour ne pas encombrer le passage ?

L'année suivante, en juin 1957, Clara et moi nous mariâmes. Nous emménageâmes rue des Minimes, au cœur du Marais, dans un atelier au cinquième étage sans ascenseur d'un vieil immeuble. Mais la baie de sept mètres de largeur tournée vers le nord – comme il se devait pour un peintre – justifiait l'escalade. Albert, le frère de Clara, apprenti plombier, se chargea de nos installations. Il partit peu de temps après en Israël où il rencontra sa future femme dans un kibboutz et prit le nom d'Amnon.

Dans mon nouvel atelier, je peignais beaucoup. La galerie Monique de Groote, avenue Kléber, proposa d'exposer mes tableaux. Ce fut un succès. Toutes mes toiles furent vendues le jour du vernissage. J'ai récemment retrouvé une photo de cette soirée. Toute la famille était réunie : mon oncle David avec sa femme et leur fille Michèle, son mari René, et même ma tante Zosia (belle femme qui avait nourri mes rêves d'enfant), la sœur de ma mère, venue exprès de Pologne.

Clara, elle, interrompit ses cours de théâtre. Elle m'accusa par la suite de l'y avoir poussée. En réalité, elle fit une fugue avec un acteur dont j'ai oublié le nom et nous manquâmes de nous séparer.

Clara était faite d'un seul bloc. Quand elle prenait une décision, celle-ci était irréversible : pas d'acteur, pas de théâtre. Elle s'était mise à écrire des articles et des essais. Elle dédia son premier papier à un poète juif roumain qu'elle avait découvert, Benjamin Fondane, déporté à Drancy puis à Auschwitz où il mourut gazé en 1944. Publié dans *Évidences*, mensuel lancé en 1949 par l'American Jewish Committee et dirigé par Nicolas Baudy, il fut très remarqué. L'écrivain Manès Sperber – alors collaborateur à la revue – le fit lire à André Malraux qui venait d'être nommé ministre des Affaires culturelles par le général de Gaulle. J'ai retrouvé il y a peu un mot par lequel Malraux disait à Clara l'avoir recommandée à son ex-femme Clara. Elle nous téléphona effectivement et nous devînmes amis. Voulait-il que cette affaire reste entre juifs ?

J'essaie de me souvenir quelle était ma position pendant la guerre d'Algérie qui ramena le Général au pouvoir en 1958. Sans doute pensais-je que, comme pour les conflits conjugaux, on ne pouvait obliger quelqu'un – et de surcroît un peuple ! – à vivre avec un autre s'il ne l'aimait pas. Mais, là encore, j'étais convaincu que la parole était plus efficace que les armes. Je n'ai donc pas fait partie de ce réseau de « porteurs de valises », ainsi que l'on nommait les intellectuels engagés au profit du FLN. Toute cause dont la réalisation nécessite une dose de violence, me disais-je, ne pouvait qu'être marquée du sceau de la violence. Je me souviens avoir partagé cette réflexion avec un certain Habsi, responsable du FLN en France qui était venu me voir et qui, plus de dix ans plus tard, organiserait ma première rencontre avec Yasser Arafat.

C'est à cette époque, je crois, que l'on me proposa une ferme en Picardie. J'avais quelques fonds ; je l'ai achetée. Un peintre qui se respectait ne devait-il pas avoir un atelier à la campagne ? Le village s'appelait Autheux et se trouvait dans la Somme, à quelques kilomètres à vol d'oiseau d'Amiens.

Notre mi-temps picard tombait à point nommé. Clara me présenta un ami, assistant de Chaïm Perelman à la faculté de philosophie de l'université libre de Bruxelles : Georges Miedzianagora. Elle l'avait connu plusieurs années auparavant, à l'occasion d'un séminaire dans un kibboutz. Georges était plongé dans Platon et imposait à tous ses proches des dialogues philosophiques qui, je l'avoue, m'ont énormément enrichi. En dehors de la philosophie, il aimait jouer au poker. Autheux se trouvant à mi-chemin entre Paris et Bruxelles, c'est chez nous que toute la bande d'amateurs de poker se retrouvait régulièrement. Il y avait un physicien génial, au regard de diable (du moins tel que je me l'imaginais) et à la mémoire incomparable. Il se souvenait de toutes les cartes sorties et savait par conséquent, avec précision, quelles cartes chacun d'entre nous avait entre les mains. Il s'appelait François Englert. Grâce à lui, je compris la physique quantique. Ce qui, j'en conviens, ne fit pas de moi un meilleur peintre… Mais c'est ainsi que j'ai découvert le pouvoir aphrodisiaque du savoir. Plus de quarante ans après, en 2013, il recevrait, avec Peter Higgs, le prix Nobel de physique.

Il y avait aussi Joseph Katz. Mathématicien, génial lui aussi, il finit comme professeur à l'université hébraïque de Jérusalem. Et Pierre Verstraeten. Assistant de philosophie, comme Georges, à l'université libre de Bruxelles. Jean-Paul Sartre, qui l'avait débauché, le fit venir auprès de lui pour diriger la collection « Bibliothèque de philosophie » aux éditions Gallimard. Il a préfacé mon exposition parisienne à la galerie Jean-Claude Bellier, avenue Pierre-Ier-de-Serbie. Il y avait aussi l'avocat belge Roger Lallemand, personnalité politique et sénateur socialiste de 1979 à 1999. Et Robert Demeyer, ébéniste peu banal, capable de reproduire un meuble de n'importe quelle époque et qui faucha la maîtresse de mon cousin Paul.

Je n'ai pas encore parlé de Paul, mon cousin belge. Grâce à cette petite bande qui joua un rôle si important à cette époque de ma vie, j'avais découvert deux cousins à Bruxelles. Fils du frère aîné de mon père, il était horloger à la cour de la reine. Évadé des camps, il devint président de l'Amicale belge des ex-prisonniers politiques d'Auschwitz-Birkenau, camps et prisons de Silésie, puis de la Fondation Auschwitz de Bruxelles qu'il créa en 1980. Mon cousin Paul reçut, par décret du roi Albert II, le titre de baron en 1996. Pensez donc, un baron dans la famille ! Il est mort en mars 2013 à Molenbeek. Son frère Sam, Samuël, docteur en médecine et professeur à la faculté, fut nommé secrétaire général de la Santé publique en Belgique en 1969. Embarqué dans mes controverses philosophiques, mes expositions et le poker, je ne les vis que rarement. Je le regrette.

Le 19 mars 1966, un événement inattendu nous fit tous déplacer à Amiens : André Malraux inaugurait, dans le cadre de sa politique de décentralisation, la maison de la culture, une des premières du genre – après Le Havre, Caen, l'est parisien et Bourges – à être construite dans un bâtiment conçu à cet effet. Malgré son pathos, ses tics et son débit déclamatoire, Malraux était un personnage attachant. Il prononça ce jour une phrase prémonitoire, régulièrement reprise depuis : « Le XXIe siècle sera religieux ou ne sera pas. » À force de l'entendre répéter, je ne sais plus s'il parlait du religieux ou du spirituel.

J'adhérais à son analyse. Si nous voulions la paix au Proche-Orient, pensais-je, il fallait agir vite. Le choc des religions, dans cette région où elles sont nées, ne pouvait que mener au désastre. J'en parlai à Hesi Carmel, notre ami israélien journaliste à *Maariv*, venu nous rendre visite à Autheux. Il pensait quant à lui que la guerre israélo-arabe était imminente et avait l'impression que la gauche israélienne était inaudible.

La campagne se prête bien à la discussion. J'étais à l'époque l'un des rares à penser que l'Union soviétique avait une influence constructive en Orient et en Afrique. En opposant la rationalité au retour des religions et des préjugés tribaux, le marxisme préservait une possibilité de dialogue. La réaction des patrouilles allemandes et soviétiques à notre vue, lors de notre fuite de Varsovie, renforçait mon argumentation. Non, décidément, la théorie des classes et la théorie des races n'étaient pas la même chose. Il fallait, disais-je, jouer la carte de la solidarité des classes, la seule que nous avions entre nos mains. Le syndicat des travailleurs israéliens, la Histadrout, était puissant et il y avait aussi des syndicats dans le monde arabe. Donc, tant que les Soviétiques se trouvaient dans la région, le contact entre eux était possible.

Un jour, j'ai développé cette idée dans un café à Paris devant quelques confrères de Hesi parmi lesquels Joel Blocker de *Newsweek* et Josette Alia du

Nouvel Observateur. Femme rapide, vive, journaliste brillante, et belle, Josette trouva ma démarche pleine de failles mais, dit-elle, elle avait l'avantage d'exister. Elle m'invita le soir même boulevard Suchet, chez Jean Daniel, directeur de son hebdomadaire. Jean a toujours pensé que les réponses venaient de la jeunesse. Et j'étais jeune à l'époque. Quant à Israël, il s'en défendait mais, en vérité, le judaïsme était sa nostalgie. *Si je t'oublie, ô Jérusalem, que ma main droite se dessèche.* Ce psaume (137, 5), on le répétait aussi chez ses grands-parents en Algérie.

Je ne sais qui eut l'idée, lui ou Claude Perdriel, propriétaire de *L'Obs* présent ce soir-là, ou peut-être même Maurice Clavel, grand gaillard un peu myope et qui portait son cœur en bandoulière : pourquoi n'irions-nous pas, Josette – qui était alors correspondante au Caire – et moi, en Israël pour rencontrer les dirigeants syndicaux, arabes compris, puisque les ouvriers arabes en faisaient partie ? Une excellente idée médiatique.

C'est à cette occasion que j'ai connu Lova Eliav, homme doux au regard clair et timide, qui deviendrait, deux ans après la guerre des Six Jours, secrétaire général du parti travailliste. Je négocierais plus tard avec Nasser une rencontre avec lui qui faillit réussir et changer le cours de l'histoire. En attendant, le bruit des bottes assourdissait nos espoirs.

L'article de Josette Alia, dans lequel elle me citait abondamment, me rendit brusquement populaire. Mon ego en était satisfait. Mais pas mon ami et « agent » Dov Biegun. Mes rencontres à Autheux, mes propositions pour une solution pacifique au conflit israélo-arabe ne faisaient pas avancer ma carrière artistique.

Mon père est mort en 1963. Il aurait pu mourir à un autre moment et ailleurs. Il est mort dans la chambre qui était la mienne rue Boucry à Paris. Une crise cardiaque ?

Quand j'entrai, il ouvrit les yeux, me sourit du sourire confiant qu'il avait toujours en me voyant. Il s'imaginait que moi, son fils, je pouvais tout arranger. C'était ainsi à l'imprimerie où il m'avait appris le métier, ou encore quand il se trouvait en délicatesse avec cette bureaucratie d'État dont il se défiait autant qu'il la respectait.

J'avais appelé mes amis médecins. Ils étaient encore dans les embouteillages quand mon père cessa de respirer. Son cœur s'est arrêté de battre, son pouls disparut et le miroir que je lui mis devant la bouche ne s'embua pas.

Aidé de ma mère, j'appliquai à mon père des compresses chaudes et entrepris de lui masser la poitrine de toutes mes forces. Sous la pression de mes mains, ses os craquaient. Au bout d'un moment je sentis son cœur bouger. Un râle sortit de sa gorge, suivi d'un autre. Il ouvrit les yeux et posa sur ma mère un regard muet. Puis sur moi. Ses lèvres remuèrent, d'abord sans bruit, puis des mots vinrent de sa gorge :

— Qu'est-ce qu'il y aura ?

Pourquoi n'ai-je pas attendu pour réagir ? Je savais qu'il ne mourrait pas sans avoir sa réponse. Pourquoi n'ai-je donc rien trouvé à dire que ce que l'on dit habituellement ? Je répliquai vite :

— Tu verras... tout ira bien !

Mon père sourit tristement, hocha la tête et cessa de vivre.

La dernière fois que j'avais vu un mort d'aussi près, c'était à Buenos Aires. J'avais obtenu un permis pour peindre un cadavre à l'institut médico-légal. À dire vrai, je n'étais pas très fier quand, au soir tombant, je me présentai avec mon permis, ma boîte de peintures et mon chevalet à l'entrée de la morgue de l'hôpital de La Boca, dans le vieux quartier portuaire.

Le gardien semblait surpris. Il parcourut le papier que je lui tendais, m'ausculta de ses yeux plissés mais qui voyaient encore, et finit par me demander :

— Vous êtes un peintre de la police ?

Au lieu d'entrer dans de longues explications, j'acquiesçai d'un signe de tête. Il me prépara alors un cadavre, l'étendit sur une table et me laissa. Je me mis au travail...

— Avez-vous terminé ?

La voix du gardien me fit sursauter. Absorbé par ma peinture, j'avais oublié l'heure et l'endroit où je me trouvais. Je regardai ma montre. Il était 7 heures du matin. La lumière jaune du projecteur éclairait à la fois le corps inerte et mon tableau.

Je ne me rappelle pas avoir éprouvé de curiosité ou de compassion pour ce mort en compagnie duquel j'avais passé la nuit. Je sais seulement qu'il avait les oreilles rouges. C'était un corps jaunâtre aux oreilles rouges. Je ne connaissais pas sa vie, ni comment il était mort, je ne savais rien de ses projets. J'ignorais ce qu'il y avait à regretter.

Le corps de mon père, allongé devant moi, était celui d'un être cher qui, une heure plus tôt encore, vivait, parlait, espérait. Je connaissais ses espoirs et ses projets. Et je trouvais injuste et triste qu'il n'ait pu les réaliser ou au moins tenter de le faire.

Il suffit que la mort un jour nous frôle pour que tout change de signification. Une légende hassidique raconte que l'ange de la mort traîne toujours avec lui un sac plein d'yeux. Lorsqu'il se trompe, qu'il prend l'âme d'un homme avant le terme, il lui rend avec la vie une nouvelle paire d'yeux. Et celui qui assiste à la mort d'un proche, son regard change-t-il ?

La mort me suit depuis mon enfance. À travers le temps et l'espace, les villes et les frontières. La mort niche au creux de mon passé, y éclate en fleurs sombres. La haine que je lui porte s'amplifie avec le temps. Est-ce pour la fuir qu'à peine sorti d'une aventure je me lance dans une autre ? Arriverai-je à la semer ?

À Kokand, j'ai connu un vieil Ouzbek qui racontait des histoires. Il s'installait tous les après-midi sur un banc du parc de la Révolution d'Octobre, le même où David Oïstrakh donna son récital pour marquer la victoire sur le nazisme, et attendait quelqu'un ou quelqu'une à qui il pouvait parler. Il devait être bien seul, le vieil Ouzbek de Kokand.

Un jour, il m'accosta et désigna de sa canne une bâtisse surplombée de tours où logeaient alors les prisonniers de guerre japonais :

— Tu vois ce palais, *moï malchik*, mon garçon ? Eh bien, autrefois, c'était le palais du très puissant

khan de Kokand, frère du *khan* de Samarcande. On dit qu'il était très aimé de son peuple. On dit aussi que, tous les soirs, quand il s'enfermait dans ses appartements, son fidèle garde, qui était aussi son confident, faisait le tour du palais pour vérifier que les sentinelles étaient bien à leur poste. Un soir, en faisant sa ronde habituelle, il rencontra la mort qui rôdait. « Que fais-tu ici ? lui demanda le garde. — Je viens chercher ton maître », lui répondit la mort. Affolé, le garde courut réveiller son maître, lui fit part de sa rencontre et lui conseilla de s'enfuir chez son frère, le *khan* de Samarcande. On sonna les trompettes, on sella les chevaux et le *khan*, entouré de sa suite, partit au galop dans la nuit. Au bout de quelques semaines, bien installé chez son frère et emporté par les festivités que l'on donnait en son honneur, le *khan* de Kokand oublia complètement la mort. Son fidèle garde continuait, selon ses habitudes, à faire sa ronde autour des appartements de son maître. Un soir, il rencontra à nouveau la mort qui rôdait devant le palais : « Que fais-tu donc ici ?
— Je viens chercher ton maître, répondit la mort.
— Mais c'est à Kokand que tu devais le prendre !
— Je voulais justement te remercier, dit la mort, de l'avoir fait venir à Samarcande, car c'est ici que nous avions rendez-vous. »

Le vieil Ouzbek se tut.

— Et comment le garde reconnut-il la mort ? demanda l'enfant que j'étais.

— Tu sais, *moï malchik*, lorsque la mort est là, tu la reconnais tout de suite. Et elle te rattrape où elle veut.

Un été, c'était je crois vers 1966, la petite bande d'Autheux décida de se rendre en Espagne. Je voulais visiter le musée du Prado à Madrid. C'était l'époque où j'introduisais dans mes toiles aux fonds abstraits une multitude de petits personnages, à l'instar des Flamands Brueghel ou Bosch, dont les plus beaux tableaux, parmi lesquels *Le Jardin des délices*, se trouvaient justement au Prado. Nous prîmes nos voitures, toutes des 2 CV, et partîmes un matin en caravane.

Goya fut à l'origine d'un heureux hasard. Au Prado, un homme commentait à ses amis, en français, les *Dos de Mayo* et *Tres de Mayo*, œuvres par lesquelles le peintre fustige l'occupation napoléonienne. C'était Jorge Semprún. Nous sympathisâmes et partageâmes une tortilla dans le patio du musée converti en cafétéria. Je ne connaissais alors ni son parcours politique ni ses livres mais nous nous entendîmes sur beaucoup de sujets. Il aimait Borges, Cortázar, et, comme moi, pensait que la parole était une arme redoutable. Qu'il fallait seulement apprendre à la manier. Et ne pas se tromper de cause. La paix israélo-arabe l'interpellait. Il deviendrait l'un des premiers membres de notre

Comité international pour une paix négociée au Proche-Orient.

Mais comment, une fois en Espagne, ne pas visiter l'Andalousie ? Nous ne pouvions manquer Cordoue, ses orangers et sa Mezquita, la mosquée la plus belle et la plus fine du monde, bâtie sur un ancien temple romain et devenue cathédrale au temps de la Reconquête. Dans mon esprit, Cordoue était la ville où Maïmonide, médecin et grand philosophe juif du XIIe siècle, avait traduit l'œuvre d'Aristote avec son ami andalou musulman Averroès. C'était aussi la ville de Juda Halevi dont les poèmes sont, encore aujourd'hui, lus dans les synagogues. Et de Hasdaï ibn Shaprut, médecin et conseiller diplomatique du calife des Omeyyades Abd al-Rahman III. La lecture de sa correspondance avec le roi khazar Joseph provoqua en moi une véritable passion pour cette page inconnue de l'histoire juive. Écrivain, j'ai même consacré un livre, *Le Vent des Khazars*, à cet empire juif qui, entre les VIIe et XIe siècles, occupa l'intégralité de la Russie occidentale actuelle, du Caucase à la mer Blanche.

Oui, Cordoue nous a séduits. La statue de Juda Halevi était toujours là mais la maison de Maïmonide était devenue un musée taurin. Quant à la cour de l'immeuble où Cervantès écrivit *Don Quichotte de la Manche*, on y séchait du linge. Le présent n'a jamais l'odeur du passé. Ni le passé celle du présent.

Ensuite, nous prîmes la route de Malaga, où naquit Picasso, et montâmes à Mijas, village blanc perché à flanc de montagne où se trouvait la plus vieille arène d'Espagne, tout en bois. Or, ce jour-là, El Cordobés devait y toréer et j'étais un fan de Cordobés. Je n'étais pas le seul. Plusieurs dizaines de ses adeptes nous avaient précédés. Parmi eux, Orson Welles et Ava Gardner. On nous attribua des places juste à côté d'elle. J'essayai d'entamer la conversation. Elle me regarda à peine.

Emballés par le village, mes amis y achetèrent des maisons. Les prix étaient dérisoires. Nous y revînmes donc par la suite.

L'article de Josette Alia avait eu de belles retombées. Je fus approché par Charles Hernu pour le compte de François Mitterrand qui trouvait mes idées intéressantes. Michel Rocard me téléphona aussi : mes voyages et rencontres au Proche-Orient avaient éveillé sa curiosité. Dès le début, et je ne sais pourquoi, il m'appela « voyou » avec ce zeste de tendresse qui marquerait nos relations futures. Enfin, Pierre Viansson-Ponté, rédacteur en chef du *Monde*, m'invita à dîner. D'allure austère et avec un sens de l'humour inattendu, génie de la formule, il avait été élu « meilleur journaliste de France ». C'est lui qui, dans un article du *Monde*, sous le titre « Quand la France s'ennuie… », annoncerait Mai 1968 bien avant les autres. Le dîner eut lieu à Bazoches-sur-Guyonne, dans les Yvelines, dans une maison – voisine de celle de Brigitte Bardot – qu'il partageait avec sa femme Jeannine.

Lors de ce dîner, Pierre Viansson-Ponté m'incita à devenir écrivain. Ce soir-là, il y avait aussi Maurice Duverger, futur président de l'Association française de science politique, le cancérologue Léon Schwartzenberg et le philosophe Paul Ricœur qui viendrait, des années plus tard, donner des conférences au Collège universitaire français de Moscou que j'allais créer avec Andreï Sakharov.

J'aime quand le présent interfère avec le passé. Au moment où je m'apprête à affronter la guerre des

Six Jours dans mes Mémoires, un jeune cinéaste kazakh de vingt-quatre ans, Daniar Asimov, recommandé par mon ami Nuratdin Tagabergenov – homme d'affaires à qui je dois mon retour à Almaty –, arrive à Paris pour tourner un documentaire consacré à ma vie. Par Nuratdin, il a eu vent de mon projet de Mémoires. Il s'enquiert de la progression du récit. Quand je lui dis que j'en suis à une centaine de pages et que je viens d'avoir trente ans, il rit. Il me propose d'appeler son documentaire *Le Gardien de la conscience*. J'aurais quant à moi préféré *Le Passeur*, titre d'un article que me consacra un jour Paul Ricœur. Mais il est vrai que le public n'en comprendrait pas forcément le sens.

En discutant avec son équipe et lui, je me rends compte que les pages qui précèdent forment une sorte d'appendice, une présentation des personnages qui joueront un rôle dans la pièce qui suit. Le rideau ne s'est donc pas encore levé ou, tout simplement, l'action commencera réellement à partir de juin 1967.

C'était au mois de mai 1967. Nous étions sur l'autoroute du Nord, Clara, Maurice Clavel et moi. À force d'entendre parler d'Autheux, Maurice, toujours curieux, s'y était invité. Coincés dans les embouteillages, nous écoutions la radio : tous les commentateurs évoquaient une guerre imminente au Proche-Orient. « Le président des États-Unis Lyndon Johnson envoie un porte-avions en mer Rouge », disait une voix. Une autre annonçait la traversée du Bosphore par deux nouveaux sous-marins soviétiques. Nous apprîmes ainsi que les divisions égyptiennes avançaient dans le Sinaï et qu'Israël avait décrété la mobilisation générale. Les chefs d'État multipliaient les déclarations belliqueuses et Ahmed Choukairy, alors président de l'Organisation de libération de la Palestine, promettait de jeter les juifs à la mer.

Le bouchon avait fini par se débloquer et nous avancions lentement, en file patiente, comme les wagons d'un train interminable. Engourdis, nous nous comportions comme si cet embouteillage et cette guerre dont parlaient les radios étaient des fatalités qu'il fallait bien se résoudre à accepter. La guerre ! Là-bas, des hommes s'y préparaient, des amis allaient sans doute mourir. Explosions, flammes, cris, cadavres : j'avais l'impression de revivre mon cauchemar familier.

Je ne sais lequel, de Clara ou de Maurice, proposa de rentrer. À la première sortie de l'autoroute, je rebroussai chemin. À Paris, mon inquiétude se fit plus douloureuse encore. La guerre n'était pas commencée mais, entre pro-Israéliens et pro-Arabes, la bataille faisait déjà rage. *Le Monde* publia un article de l'orientaliste Maxime Rodinson où je lus, avec effroi, que si Israël n'avait pas encore attaqué, c'est que le pays redoutait une défaite. L'énumération qu'il faisait des forces en présence semblait lui donner raison.

J'avais peur pour Israël. J'avoue que, s'il fallait se résigner à la guerre, alors je souhaitais sa victoire. Je ne nourrissais aucune sorte d'hostilité envers les Arabes que les appels du muezzin de Kokand me rendaient proches à jamais. Mais je ne pouvais accepter l'idée de la destruction de l'État juif dont j'avais ébauché les contours en Ouzbékistan.

Je n'ai pas connu la guerre d'Espagne. Je suis né trop tard. Et si je vibre toujours aux récits que j'en lis, aux images que j'en vois, notamment dans *L'Espoir* de Malraux, ce n'est pas seulement par amour des montagnes arides de Ronda ou des brins brûlés de Tolède, de la Judería de Cordoue que je venais de visiter ou des chants de Machado, mais surtout à cause de la solidarité unique qu'elle suscita. Des dizaines de milliers d'hommes et de femmes qui n'avaient jamais visité l'Espagne y étaient allés mourir pour elle. La paix israélo-arabe et la survie d'Israël ne valaient-elles pas un élan semblable ? Il ne s'agissait pas d'aller mourir pour Tel-Aviv mais ma foi dans la vertu de la parole et de l'argumentation me laissait penser qu'il suffisait de faire pression sur les uns et les autres pour qu'ils cessent de se combattre, pour qu'ils se reconnaissent. Encore fallait-il que nous soyons assez nombreux à dire la même chose et de la même voix.

Quelques expositions, quelques prix, quelques voyages m'avaient permis de rencontrer de nombreuses personnalités. Certaines faisaient même partie de mes amis. Nous devions absolument les appeler, les regrouper. J'étais plein de ferveur et d'impatience.

Dès notre arrivée à Paris, nous nous sommes mis au téléphone. Clara de chez nous, moi du bistrot d'en face et Clavel de chez lui. Il n'y avait pas encore de téléphones portables...

Le soir, nous étions près de soixante-dix dans notre atelier de la rue des Minimes. J'étais allé voir le dramaturge Arrabal qui répétait au théâtre du Montparnasse. Ionesco nous attendait au Falstaff et Jean-Pierre Faye chez lui où il travaillait sur les *Langages totalitaires*. Les discours incendiaires émanant du Proche-Orient lui faisaient peur. À *L'Express*, Tim, le caricaturiste, me présenta Françoise Giroud, Jacques Derogy et Jean-François Revel. César, que je croisai par hasard, se proposa tout naturellement de nous aider. Raymond Aron me conseilla d'appeler Pierre Mendès France.

Certains, il est vrai, refusèrent de se joindre à nous : Jean Vilar, par exemple, parce qu'il avait, disait-il, des amis aussi bien à Alger qu'à Tel-Aviv. « Raison de plus, lui répondit Clara, pour vous engager contre cette guerre qui menace aussi bien les uns que les autres. » Vilar s'entêta : il ne pensait pas pouvoir prendre parti dans un conflit aussi complexe. De même Jean-Louis Trintignant : « J'ai peur de me tromper », m'avait-il dit. Anne, la veuve de Gérard Philipe, à qui j'avais rendu visite, me demanda ce qu'en pensait Aragon. Je n'en savais rien.

Ils étaient donc là, ces soixante-dix intellectuels. Il y avait même Vladimir Jankélévitch, qui se montra très angoissé. Chacun était désireux d'agir et reconnaissait pourtant son impuissance. Les propositions qui fusèrent alors me font encore sourire. Claude Berri, par exemple, qui venait d'achever son film *Le Vieil Homme et l'Enfant*, voulait demander aux familles françaises d'accueillir des enfants israéliens le temps de la guerre.

Ah, Hugo de mon enfance, comme tu avais raison ! « Être grand » se résumait-il à se réunir et à signer des appels ? Allions-nous, une fois de plus, rassembler les noms que nous avions l'habitude de voir au bas des appels que les journaux publiaient régulièrement ? Que pouvions-nous faire d'autre ? Ionesco proposa d'affréter un avion. On le remplirait des représentants les plus connus, de tous ceux qui importent en Occident, et on débarquerait entre les lignes. Roger Martin du Gard avait déjà imaginé un scénario comparable dans *Les Thibault*. Et le poète D'Annunzio avait tenté de le réaliser à Vienne en 1918. Nous étions tous excités. Nous nous voyions déjà dans le désert, entre les armées israélienne et égyptienne. Quelle image ! Gérard Lebovici, l'un des producteurs les plus en vogue à l'époque, et les frères Marouani, fameux imprésarios – l'un d'eux, Charley, agent de Brel, Nougaro et Barbara, vient de mourir au moment où j'écris ces lignes –, se chargèrent de l'avion.

Mais, en attendant que tout soit prêt, Clavel proposa d'aller voir le général de Gaulle. Ne l'avait-il pas accueilli sur le parvis de la cathédrale de Chartres le jour de la Libération ?

Clara appela l'Élysée. Un secrétaire de la présidence répondit. Elle expliqua qu'une délégation, dirigée par Maurice Clavel, se proposait de rendre visite à Charles de Gaulle et dc lui remettre un mémorandum à propos du Proche-Orient. Le texte était signé par cent vingt-huit personnalités appartenant au monde des arts, des lettres et des sciences. La voix demanda de citer quelques noms. L'Élysée nous rappela le lendemain matin : nous avions rendez-vous avec le Général le 6 juin à 14 heures.

Début juin, les événements se précipitèrent. Israël était encerclé. Moshé Dayan fut nommé ministre de la Défense. Le 6, la guerre éclata. La première émotion passée, nous prîmes contact avec nos amis et décidâmes de maintenir notre visite à l'Élysée. Quant à l'avion, il n'en était plus question.

J'avais promis à Clavel de passer le prendre en voiture et j'avais donné rendez-vous à Ionesco et au cinéaste Jean-Paul Rappeneau dans un café proche du palais présidentiel. Clavel était fébrile, vêtu d'un costume neuf dangereusement étroit, dont les boutons me semblaient pouvoir sauter au premier mouvement brusque. Quand j'arrivai, il se coiffait. Je dus le presser. Au fur et à mesure que nous approchions de l'Élysée, il devenait de plus en plus nerveux. Comme il s'inquiétait de sa coiffure auprès de Clara, je lui dis qu'il ressemblait à un adolescent qui se rendrait à son premier rendez-vous galant. De Gaulle…

Au café, Jean-Paul Rappeneau, qui venait d'acheter *Le Monde*, nous tendit un article : « Une délégation d'intellectuels reçue à l'Élysée ».

Le Général ne me connaissait pas. Il avait vaguement entendu parler de Ionesco. En revanche, il avait l'air heureux de retrouver Clavel. Il paraissait détendu et plutôt content de lui. Il venait, nous dit-il, de parler au téléphone avec Alexeï Kossyguine, président du Conseil des ministres de l'URSS, qui l'assura que les Russes resteraient neutres. Pour le Général, les Soviétiques n'étaient jamais devenus soviétiques et leur position dans le conflit qui s'enclenchait lui paraissait essentielle.

De fait, Israël vainquit en six jours. Victoire qui suscita dans le monde un enthousiasme parfois suspect et qui provoqua un malaise chez les intellectuels. Beaucoup de ceux qui s'étaient rangés aux côtés d'Israël, alors qu'ils croyaient l'État juif menacé de destruction, eurent le sentiment d'avoir été trompés. Du jour au lendemain, la gauche française se mobilisa contre Israël, comme si sa victoire était impardonnable. Quant à l'extrême gauche, elle affirma ouvertement son opposition à l'existence même de l'État juif. Et il ne s'agissait pas encore à l'époque de la question palestinienne, mais d'un conflit « israélo-arabe » !

On a souvent fait l'analyse, la critique ou le procès de cette gauche qui finit par décevoir notre espoir. Où certains d'entre nous restent, par esprit de famille. Une famille avec laquelle on partage le rêve d'une société libre et juste, où l'homme n'exploiterait pas l'homme. À l'époque, pour beaucoup de militants des partis de gauche, le déchirement fut total. Je me rappelle toutes ces réunions à Lyon, à Marseille, à Genève ou à Bruxelles : des centaines de personnes qui se coupaient mutuellement la parole, nous reprochant d'être responsables du dilemme dans lequel elles se trouvaient.

Chaque jour, les lettres nous arrivaient par dizaines. Certaines me touchèrent plus que je ne saurais le dire : « Pour ne pas paraître suspecte, écrivait par exemple une jeune du PSU de Grenoble, je n'ose pas dire que j'ai un frère en Israël. » La grosse machine de la pensée totalitaire en marche ne se préoccupait point des problèmes individuels.

Notre téléphone aussi sonnait sans cesse. Toujours la même rengaine, les mêmes questions : Pouvait-on, oubliant des années de lutte, se trouver balayé à droite à cause d'Israël ? Fallait-il abandonner Israël ? L'extrême droite, elle, pavoisait. Non par amour pour l'État juif mais de la leçon que cette société de type occidental venait d'infliger aux pays arabes.

Par la suite, je passai une partie de mon temps à essayer de faire comprendre aux états-majors des partis politiques en France, mais aussi aux amis arabes rencontrés à Beyrouth ou au Caire et aux Israéliens de Tel-Aviv et de Jérusalem, que je ne voyais, pour ma part, pas de contradiction entre mon appartenance à la gauche et mon soutien à Israël ; que je ne voyais pas non plus la contradiction entre mon soutien à Israël et la critique de sa politique ; que je ne voyais pas de contradiction, enfin, entre l'affirmation du droit à l'État israélien et l'affirmation de ce même droit pour les Palestiniens. Ce que nous étions peu à revendiquer alors.

Mais, à la fin de juin 1967, on voulut surtout savoir pourquoi le comité que nous avions créé ne prenait pas de position publique, pourquoi il ne préconisait aucune action capable d'influencer la gauche, voire le rapprochement entre Israéliens et Arabes. Je savais que ces reproches étaient justifiés et qu'il fallait entreprendre une nouvelle bataille, sur une nouvelle base. Je savais aussi que j'allais y passer le plus clair de mes forces et de mon temps.

Tchekhov dit quelque part qu'il y a trois sortes d'hommes : ceux qui mangent les autres, ceux qui se font manger et ceux qui se mangent eux-mêmes. J'appartiens sans doute à la dernière catégorie. Quelle que soit ma décision, je savais bien qu'elle me laisserait mauvaise conscience. Dès lors, mieux valait foncer.

Il ne s'agissait évidemment pas de créer un parti politique avec un idéal lointain et une action limitée à une stratégie quotidienne. Notre objectif principal n'était pas d'engendrer un soulèvement au Proche-Orient, mais la paix. Si, comme je le croyais, la mobilisation révolutionnaire au Proche-Orient ne pouvait passer que par la paix, notre objectif déclaré était le seul à pouvoir réunir autant de personnalités différentes. Avec les amis qui défilaient chez nous, nous cherchâmes une expression. Rien qu'en France, nous avions pu mobiliser des centaines de noms. Il fallait, dans un premier temps, exploiter à fond les médias, préciser publiquement nos objectifs, sortir une revue pour y promouvoir nos idées, intéresser des personnalités d'autres pays. Bref, donner l'idée d'une nouvelle forme de pression sur le conflit.

J'étais persuadé que nous avions une chance de réussir là où les diplomates et les militaires avaient échoué. Que nous étions capables de susciter un dialogue entre Arabes et Israéliens.

C'est ainsi que naquit la première start-up associative : le comité international pour une paix négociée au Proche-Orient. Ce n'était pas un mouvement aux structures rigides et hiérarchisées, mais un groupement d'amis : nous nous appelions mutuellement « ami », misions sur la confiance réciproque qui ne pouvait être mise en cause par d'éventuelles divergences politiques. Danièle Lochak, benjamine du Comité et étudiante en droit, futur professeur des universités, en déposa les statuts.

À la fin du mois de juin 1967, nous avons organisé notre première réunion publique au théâtre de l'Athénée. À l'affiche : Maurice Clavel, Jean-Pierre Faye et, venu de Bruxelles, le philosophe Jérôme Grynpas. À cause de mon accent – que je n'eus le courage d'accepter qu'après mai 1968 –, je refusai la présidence du débat. Je la proposai à François Englert, venu lui aussi de Belgique, avec Pierre Verstraeten et Georges Miedzianagora : la bande d'Autheux. La foule gorgeait la salle jusqu'au poulailler. Les journalistes étaient nombreux et les flashs des photographes m'impressionnaient. Clavel arpentait les coulisses de son pas rapide et lourd, s'accompagnant de grands mouvements de bras : il répétait son discours. Jean-Pierre Faye, assis dans un couloir, parcourait fébrilement ses notes. J'étais inquiet.

Les débats furent passionnés et nous menèrent loin dans la nuit. Les pro-Israéliens nous reprochaient l'impuissance de la gauche dans la recherche de la paix au Proche-Orient, les pro-Arabes regrettaient que la gauche ignorât le problème palestinien. En somme, on nous prenait pour les porte-parole de l'opinion publique et des partis politiques. Alors que nous n'étions qu'un groupe marginal. En réalité, j'étais persuadé, et c'était aussi l'avis d'Herbert Marcuse, le philosophe américain d'origine allemande, que j'avais eu au téléphone la veille, que nos chances de faire évoluer la situation tenaient justement au fait que nous agissions parallèlement et non *pour* des partis emmurés dans leurs tactiques idéologiques. En tout cas, le ton et l'atmosphère qui régnèrent lors de cette soirée semblaient bien prouver que nous commencions à exister...

Après la réunion, quelques-uns d'entre nous se sont retrouvés au café du coin. « Nous avons réussi notre examen d'entrée ! » m'assura Charles Denner, un acteur que j'appréciais beaucoup. J'avoue ne pas avoir été aussi confiant que lui. Jusqu'alors, notre Comité n'avait fait que parler, et cela loin des champs de bataille. Il nous semblait indispensable de prendre sur place, au Proche-Orient, un bain de réalité. Nous n'avions pas assez d'argent pour faire un tour complet des pays qui nous intéressaient. Aussi avons-nous décidé, Clara et moi, de commencer par Israël et les territoires occupés.

Amos Elon, rédacteur au quotidien israélien *Haaretz* et ami fidèle, vint nous chercher à l'aéroport. Il croyait que notre arrivée allait faire bouger les intellectuels israéliens, enivrés eux aussi par la victoire. Amos emprunta une route que je ne connaissais pas. Il quitta brusquement la route de Samson et obliqua à l'est, dans la direction de Latrun.

— C'est plus court, expliqua-t-il.

Coincés depuis vingt ans dans des frontières étroites, les Israéliens avaient l'impression, en franchissant la « ligne verte » du 4 juin 1967, de recouvrer la liberté. À l'époque, Israël, qui se laissait bercer par la chanson de Naomi Shemer *Yerushalayim shel zahav, Jérusalem d'or,* était plongé dans une douce euphorie. Pas de débordement de joie mais un profond soulagement. À la satisfaction d'avoir remporté cette guerre, sans pertes ou presque de leur côté, s'ajoutaient le retour à

Jérusalem, antique promesse, et la foi en une paix imminente.

« Les Arabes sont maintenant obligés de parler avec nous ! » disait-on partout. Mon scepticisme les irritait. L'un des rares à le partager était Amos Oz, le merveilleux écrivain. Nous dînâmes ensemble un soir dans un restaurant de la vieille ville. Il était sur le point de terminer son livre *Mon Michaël*. Pour lui, à l'époque, Israël avait une chance inespérée : celle de contrôler une grande partie de la population palestinienne. Il devait en profiter pour lui proposer l'autodétermination ; les leaders librement élus deviendraient alors les interlocuteurs officiels d'Israël.

Je partageai son avis et lui citai cette maxime de La Fontaine : « Tout vainqueur insolent à sa perte travaille. » Il ne la connaissait pas mais parut enthousiasmé :

— Il faut que tu le dises dans la presse !

C'est ce que je fis. Dans un deuxième entretien avec Hesi Carmel pour son journal *Maariv*.

Maintenant qu'Israël avait gagné la guerre, nous en étions de plus en plus convaincus Clara et moi, nous devions nous occuper de la paix. Et, pour faire la paix, il fallait être deux. Aussi, Clara décida d'aller dans les territoires pour enregistrer des entretiens avec les dirigeants palestiniens de l'époque. Ils paraîtraient dans le premier numéro de la revue que nous projetions d'éditer et qui allait s'appeler *Éléments*. Amos Elon tenta de la dissuader de partir seule et en autocar. Mais on ne dissuadait pas Clara si facilement. En deux jours, elle prit contact avec tout un groupe de jeunes leaders palestiniens : Saleh Abdel Jawad, tout nouveau maire de El Bireh, qui, expulsé plus tard par les Israéliens, deviendrait membre de l'OLP puis ministre de l'Agriculture palestinien ; le journaliste Jamil Hamad, qui deviendrait rédacteur en chef du journal arabe de Jérusalem *Al-Fajr* ; la journaliste Raymonda Tawil, qui deviendrait, elle, grâce à nous, la belle-mère d'Arafat (encore une histoire surprenante) ; enfin, quelques notables comme le cheikh Farid Khader Al Jabari, maire d'Hébron, Hamdi Kanaan, maire de Naplouse, et Anouar Nousseiba, ancien ministre de la Défense du roi Hussein de Jordanie, dont la famille détient la clef de l'église de la Nativité à Jérusalem...

Pendant ce temps, je fis un saut à Tel-Aviv pour rendre visite à Golda Meir. Après notre première rencontre à la Histadrout, elle avait été nommée ministre des Affaires étrangères, poste qu'elle quitta un an avant la guerre des Six Jours.

Je la trouvai beaucoup plus tonique que la fois précédente. Elle me reçut, comme elle le faisait avec la plupart de ses visiteurs, dans sa cuisine. Son visage, un peu alourdi par le temps, se détendit à ma vue. Visiblement, elle était contente de me revoir. J'avais envie de l'embrasser comme je l'aurais fait avec ma grand-mère mais je pensai, peut-être à tort, qu'elle n'apprécierait pas. Après m'avoir proposé du thé et servi une part de gâteau au fromage, elle m'attaqua de sa fougue habituelle :

— Pourquoi la gauche intellectuelle abandonne-t-elle Israël ? A-t-elle donc mauvaise conscience à se retrouver du côté de la victoire, elle qui préfère pleurer les morts ?

Golda Meir alluma une cigarette et se lança dans une série de questions quand je l'interrompis à mon tour :

— Sais-tu (il n'y a pas de « vous » en hébreu) quels sont les deux mots les plus fréquents dans la Bible ?

Elle me regarda, surprise.

— *Zahor* et *shalom,* dis-je. « Souviens-toi » et « paix ».

— Mais c'est justement parce que nous nous souvenons de tous les massacres passés que nous sommes méfiants.

Je lui répondis que la seule réponse aux massacres était la paix.

— Mais nous voulons la paix ! s'exclama-t-elle.

Je répétai ce que j'avais dit dans *Maariv,* qu'il fallait être deux pour faire la paix.

— Si le problème palestinien n'est pas résolu rapidement, dis-je, il risque d'y avoir d'autres guerres.

Golda pensait que ce serait alors la fin d'Israël. Je tentai de lui démontrer le contraire. Enfin, je me rendis compte que nous étions d'accord sur l'essentiel, mais pas sur les moyens d'y parvenir. Quand je revis Golda Meir en 1969, deux ans plus tard, elle était Premier ministre.

Clara et moi rentrâmes à Paris plutôt rassurés. Entre Israéliens et Palestiniens, un dialogue restait possible. Il leur fallait simplement un intercesseur. Et nous pensions être ces « passeurs » dont parlait Paul Ricœur.

Dès notre retour, nous rendîmes compte de notre voyage au bureau du Comité. Celui-ci comptait deux nouveaux membres : Bernard Kouchner, jeune médecin et journaliste, l'enthousiasme personnifié, qui devint vite un ami. Et Guido Fubini, avocat de Turin et ancien maquisard du Piémont. Il avait réuni autour de notre Comité les plus grands écrivains italiens de l'époque : Primo Levi, qui avait signé notre premier appel, Carlo Levi, Alberto Moravia, qui à cette occasion découvrit que son père était juif, Natalia Ginzburg et Giorgio Bassani, dont le livre *Le Jardin des Finzi-Contini* – transposé au cinéma par Vittorio De Sica en 1970 – m'avait si profondément ému. Aussi, lorsque des années plus tard je filmai un documentaire dédié aux Justes – ces hommes et ces femmes qui, y compris en Italie, avaient sauvé des juifs pendant la guerre –, je demandai à Guido de me faire visiter le jardin des Finzi-Contini à Ferrare. Et, chose inouïe, j'y entendis les rires des enfants juifs exterminés.

Soutenus, encouragés par tant de célébrités, nous ne pouvions qu'avancer. Nous décidâmes de publier dans la presse notre texte programme et d'envoyer une délégation dans les pays du Proche-Orient.

Pour le texte, nous procédâmes comme d'habitude. Nous proposâmes le projet à Clavel qui y mit, comme il disait, son « grain de sel ». Il prit le texte et, debout, le parcourut. Puis, tassant son grand corps dans un coin de sofa, le relut en scandant le rythme d'une main, remplaçant les mots sur lesquels il butait et reprenant à chaque fois depuis le commencement.

Ce texte fut publié quelques jours plus tard dans plusieurs journaux internationaux : *The New York Review of Books*, *Die Welt*, *Le Corriere della Sera*, *Politiken*... Nous reçûmes l'adhésion de deux grands écrivains allemands, futurs prix Nobel de littérature : Günter Grass – qui, né à Dantzig, parlait un peu le yiddish – et Heinrich Böll. Tous deux devinrent aussi des amis.

Des centaines de personnes nous proposèrent leur aide. Comment les enrôler ? Comment utiliser tant de bonne volonté ? Fallait-il transformer notre Comité en une véritable organisation hiérarchisée composée de groupes, cellules, responsables ?.... Cette seule perspective, avec tout ce qu'elle impliquait, notamment le danger de la bureaucratisation, me rebutait.

Notre petit monde s'augmentait presque chaque jour de nouvelles recrues : Robert Zittoun, hématologue et professeur à la faculté de médecine, ou Michel-Antoine Burnier, grand garçon pâle aux cheveux longs et raides, auteur des *Existentialistes et la politique*, recommandé, ainsi qu'Albert Cohen, qui allait bientôt publier le merveilleux *Belle du Seigneur*, par Isabelle Vichniac, correspondante du *Monde* à Genève. Cette maman « à la russe » et son mari Jacques Givet avaient transformé leur rez-de-chaussée genevois 18 rue de Beaumont en une succursale de notre Comité. J'y rencontrai les dirigeants de peuples en lutte, du Bangladesh au Biafra, ou encore les Kurdes. Et même Zhou Enlai, alors Premier ministre de Mao Zedong, qui me confia que ses ancêtres étaient des juifs originaires de Kaifeng. J'appris grâce à lui que la dernière synagogue de Kaifeng, qui datait de l'époque de la dynastie Song, avait été incendiée vers 1850. À la mort du dernier rabbin, les rouleaux de la Torah, dont il possédait quelques fragments, devinrent des objets de vénération que personne ne savait déchiffrer.

Notre texte, donc, avec l'annonce du lancement de la revue *Éléments*, parut même dans *Al-Quds*, le journal arabe de Jérusalem, et suscita de multiples réactions au Proche-Orient. Yahya Hammouda, successeur du trop fameux Ahmed Choukairy à la tête de l'OLP, nous fit même parvenir une lettre, par laquelle il fît une déclaration fracassante que nous publiâmes dans *Éléments* : l'OLP, écrivit-il, « acceptait un État sioniste si telle était la volonté de la majorité des juifs de Palestine ».

Je viens de relire à voix haute ces dernières pages à Clara. Elle me regarde. J'ai l'impression qu'elle me comprend. Par un hochement de tête, elle me fait savoir qu'elle se souvient de tout ce que je raconte.

« Le malade n'est pas à plaindre, disait Montaigne, qui a la guérison en sa manche. » Mais lorsque le malade n'est pas guérissable ? Quelle attitude devons-nous avoir à son égard ? Accepter l'issue comme une fatalité et pleurer ? C'est en des moments comme ceux-là que j'envie les hommes de foi. Ils croient au miracle, eux.

Nahmanide, le célèbre kabbaliste catalan de Gérone, dont la maison avait été restaurée grâce à mon ami Amnon Barness, prétendait que seule la nature était en elle-même un miracle. Dans ce cas, la mort, contre laquelle il n'y a aucun recours, est-elle la fin du miracle ? Décidément, je la hais. J'ai crié hier cette haine sur la tombe de mes parents. Des juifs venus honorer leurs morts avant le Kippour furent déconcertés par mon éclat.

De retour à la maison, je me remets à ces Mémoires. Je m'étais arrêté au mois d'août de l'année 1967, juste après que le bruit des canons se fut tu au Proche-Orient et avant que l'odeur des gaz lacrymogènes n'envahisse les rues du Quartier latin. Avant aussi que les images des chars soviétiques pénétrant dans Prague et celles des tueries du Biafra n'atteignent les écrans de nos télévisions.

En France, Michel Rocard, qui me surnommait « voyou », devint secrétaire national du PSU et, en tant que tel, nous fit parvenir une longue lettre pour nous dire à quel point il se sentait proche de nos préoccupations.

Peu de temps après, nous reçûmes un coup de fil d'un dénommé Bernard Lévy. Manque de chance, il tomba sur Clara et ne voulait parler qu'à moi. Clara n'apprécia pas son insistance et le traita de machiste. Il ne s'en offusqua pas et se présenta quand même le lendemain. C'était un jeune homme grand, élancé. Il émanait de lui un charme indéniable. Il était étudiant, en deuxième année de classe préparatoire au lycée Louis-le-Grand, et allait intégrer l'ENS, où il serait l'élève des philosophes Jacques Derrida et Louis Althusser. Il voulait contribuer à notre action et apporta un article pour la revue *Éléments* intitulé « Les deux sionismes ». L'article était intéressant et nous lui promîmes de le publier. Deux jours plus tard, il appela d'une voix inquiète pour savoir si nous pouvions encore apporter une modification. Nous nous donnâmes rendez-vous à l'imprimerie où notre revue était sur le point de passer sous la presse. En réalité, il voulait que l'on signe l'article non pas « Bernard », mais « Bernard-Henri ». « Bernard-Henri Lévy sonne mieux », expliqua-t-il. Il était temps ! Pour moi, il resterait cependant Bernard, et cela jusqu'à notre rupture.

Bernard avait plusieurs avantages sur moi. Il avait une grande culture française, que je n'avais pas à l'époque, et surtout, il savait organiser ses connaissances. N'étant jamais allé à l'université, je manquais de méthode. Aussi, pour développer une même idée, il mettait deux heures quand il me fallait deux jours.

L'avantage que j'avais sur lui était ma connaissance du judaïsme. Lui était l'un de ces « juifs du 5 juin » qui, face au danger d'une nouvelle destruction, se sentait solidaire d'une histoire juive qu'il connaissait mal. Et pour cause, il ne l'avait jamais étudiée. Nous étions donc complémentaires et devînmes inséparables. Je ne me souviens plus du nombre d'articles que nous avons signés ensemble mais ils furent très nombreux, pour la plupart publiés dans *Le Monde* grâce à la complicité de Pierre Viansson-Ponté, certains dans *Le Nouvel Observateur* où Jean Daniel paraissait heureux de les accueillir. Le regard critique de Josette Alia sur les événements au Proche-Orient enrichissait mes interventions et mes écrits.

Je me suis souvent demandé ce que je recherchais dans les bras des femmes et j'arrivais toujours à la même conclusion : la reconnaissance. Quand une femme me choisit parmi tant d'autres hommes, et accepte de coller son corps contre le mien, elle me sort de l'anonymat. Elle me fait *être*, au moins le temps de notre relation.

Clara avait appelé ce besoin permanent d'être rassuré, cette quête d'amour et de certitude, le « complexe de Chagall ». Un jour, alors que, jeune étudiant, j'avais passé des heures à copier les fresques de Michel-Ange à la chapelle Sixtine, j'entendis dans mon dos une voix qui dit en français : « Il a du talent, celui-ci ! » Je me retournai et vis un couple. Il me sembla reconnaître dans l'homme Marc Chagall. Je lui posai la question et il répondit extraordinairement : « Un peu ! » Nous bavardâmes et il m'invita à lui rendre visite à Paris. Quand ils s'éloignèrent, je l'entendis dire, en russe cette fois : « On m'a reconnu, ici ! — Même ici ! » avait ajouté la femme en lui tapotant tendrement l'épaule. Pour moi, ce fut un choc. Quel besoin avait cet artiste, au sommet de sa gloire, d'être reconnu par un jeune étudiant anonyme ? Je ne le compris que plus tard : lui, le petit juif de Vitebsk, le déraciné, avec son accent, n'était sûr de rien, pas même d'être ce Chagall, encensé par le Metropolitan, le Louvre et l'Ermitage. Qu'un inconnu sache qui il était le rassurait. Cette reconnaissance lui tenait lieu d'identité.

Quelques mois après la guerre des Six Jours, le Comité était devenu le vecteur unique et incontournable entre Juifs et Arabes. Situation que beaucoup nous envièrent. Nous avions, disait Michel-Antoine Burnier, une Rolls-Royce devant notre maison, mais pas d'argent pour la faire démarrer.

À cette occasion, je pris conscience que ma vocation à transmettre mes convictions, mes passions, mon enthousiasme était indéniable. Pour ce qui était de lever des fonds, j'étais tout à fait incompétent. Sans doute une question d'éducation. J'ai longtemps envié à Bernard-Henri Lévy son père, André, homme d'affaires avisé, intelligent, associé de François Pinault, qui avait appris à son fils la valeur de l'argent. Et la liberté qu'il procure. Mon père, en revanche, m'a toujours répété que les membres de notre famille n'avaient jamais gagné d'argent autrement qu'à la sueur de leur front. Quelle idée de préparer aussi mal un enfant à vivre dans une société capitaliste, fondée sur l'argent précisément !

« La nécessité est la mère de l'invention », disait le père de Gulliver, Jonathan Swift. Je me suis alors souvenu de la proposition d'Amnon Barness, mon collectionneur américain. Il prétendait pouvoir organiser une vente de mes tableaux à Los Angeles. Je trouvai un billet d'avion très bon marché, avec une escale à New York. Cela ne me dérangeait guère. Rester quelques jours dans la capitale des gratte-ciel, quel bonheur ! Nous étions à la fin de 1967. J'allais avoir trente-deux ans. J'étais en train de vieillir et je ne le savais pas. Je téléphonai à Robert Silvers, rédacteur en chef de la *New York Review of Books*, et lui demandai s'il pensait possible de trouver aux États-Unis de quoi financer notre revue *Éléments*. Il me proposa de passer le voir.

Dans son bureau, où deux secrétaires tapaient à la machine et où on le découvrait derrière des piles de livres et de journaux, Robert Silvers était en bras de chemise, le crayon sur l'oreille, allumant l'un derrière l'autre des cigarillos qu'il écrasait presque aussitôt. Il était curieux de tout et parlait un français impeccable. Il voulut savoir quelle était notre position sur le conflit israélo-arabe, quels étaient nos contacts, nos perspectives...

Puis, avec cette franchise bien américaine :

— Jusqu'à maintenant, où avez-vous trouvé l'argent ?

Je dis que le gros des dépenses avait été jusqu'alors financé par ma peinture, la participation de quelques amis couvrant tout juste nos frais de téléphone. Il me demanda si j'avais déjà rencontré Martin Peretz, professeur à Harvard et *rich man*. Très concerné par le conflit au Proche-Orient, il serait sans doute d'accord pour nous aider. Transporté par son idée, Bob se proposa de l'appeler sur-le-champ. Peretz me donna rendez-vous à Cambridge le surlendemain.

En raccrochant le combiné, Silvers me demanda si j'avais déjà croisé Chomsky.

— Non, répondis-je, mais puisque je vais à Cambridge, j'aimerais bien passer le voir.

Robert Silvers, qui après tout ne me connaissait pas – j'étais arrivé à lui sur recommandation d'Amos Elon –, organisa, avec le même élan, ma rencontre avec Noam Chomsky et m'expliqua comment me rendre à Cambridge.

Quand on débarque pour la première fois sur un campus américain, on a une sérieuse impression de déjà-vu. Chaque scène paraît sortie d'un film que l'on verrait pour la seconde fois. Les étudiants, qui déambulaient dans les couloirs du MIT, le Massachusetts Institute of Technology, paraissaient être les figurants d'un film en plein tournage. Et le fait que je ne comprenais qu'en partie ce qui se disait ajoutait une distance supplémentaire entre le spectateur que j'étais et ces acteurs imaginaires.

Les Européens croient, avec Ovide, que Dieu a « donné à l'homme un visage élevé et lui [a] commandé de regarder le ciel ». Les Américains, eux, regardent par terre, sous leurs pieds. La réalité, même déplaisante, ne leur échappe pas. Ils la transforment en objets d'art. Devant un même fait divers, les Américains se demandent comment cela s'est passé, les Européens pourquoi. Je me souviens avoir partagé cette réflexion avec Chomsky quand il me demanda ce que je pensais de l'Amérique.

Noam Chomsky, linguiste génial, homme doux et têtu, me fit asseoir dans un vieux fauteuil cassé et m'offrit l'un des premiers exemplaires de son livre *Language and Mind*, *Le Langage et la Pensée*, qu'il était en train de dédicacer. Nous parlâmes de l'action du Comité, en français et en hébreu – langue dont il avait hérité de ses deux parents et qu'il avait enseignée pour financer ses études.

Une atmosphère tout à fait différente m'attendait chez « Marty » Peretz à Harvard. Son bureau était fonctionnel, confortable. L'homme était chaleureux, nerveux, toujours en mouvement, le front haut et la mèche dans les lunettes. Il me posa un tas de questions d'un seul jet et sans attendre de réponse. Nous communiquions un peu en français, un peu en anglais et beaucoup par gestes. Il voulut savoir qui je connaissais en Israël, quels y étaient mes rapports avec la gauche et avec l'establishment. Il me promit de m'appeler deux jours plus tard à New York où il devait se rendre.

— *Take care !* me dit-il en me raccompagnant.

— *Zol men zein gezunt* – Pourvu que nous ayons la santé, répondis-je machinalement en yiddish.

Il changea aussitôt de ton, me saisit par le bras et s'exclama :

— Mais tu parles le yiddish ! Quand je pense que nous souffrons depuis une heure ! Rassieds-toi !

Ah, le yiddish, ma nostalgie ! Nous le devons aux juifs rhénans qui, déjà à l'époque romaine, commencèrent à forger une langue qui se situait entre le germain, parlé par la majorité de la population, et l'hébreu, réservé à la prière. Contrairement à toutes les expressions collectives qui se constituèrent par la nécessité de communiquer, le yiddish fut à l'origine une langue de défense. Mieux, de résistance contre la majorité qui, de sa langue à elle, ne cessait de les agresser. Ce n'est donc pas un hasard si ce furent tout d'abord les femmes, doublement opprimées, en tant que juives et en tant que femmes, qui se l'approprièrent.

Avant la Shoah, plus de onze millions de personnes éparpillées de par le monde utilisaient le yiddish dans leur vie quotidienne. Je comprends que le docteur Ludwik Lejzer (Louis Lazare) Zamenhof, en quête d'un langage universel qui faciliterait la communication entre les hommes, et avant de proposer l'esperanto, qu'il créa de toutes pièces, ait songé sérieusement au yiddish.

Le yiddish de Marty était coloré d'un léger accent américain. Nous prîmes un café et pûmes enfin nous comprendre.

De retour à New York, je reçus un coup de fil de Silvers à qui Chomsky avait suggéré de profiter de mon passage pour lancer un comité américain pour la paix au Proche-Orient.

On me donna rendez-vous au premier étage d'un petit restaurant chinois où s'entassaient, autour d'une longue table en teck couverte de tasses de thé vert, une vingtaine de personnes. Allan Solomonow, jeune étudiant en littérature rondelet et agité, protégé de Chomsky, me fit les présentations. Je ne me souviens que de quelques noms : David Riesman, sociologue, auteur de *La Foule solitaire*, livre qui m'avait impressionné quelques années plus tôt, Paul Jacobs, activiste syndicaliste, éditorialiste dans la revue *Ramparts*, tout spécialement venu de San Francisco, Stanley Diamond, anthropologue, professeur à la New School de New York, et Michael Walzer, directeur de la revue *Dissent*.

Ils adhérèrent tous à notre comité puis, deux ans plus tard, formèrent, sous l'impulsion d'Allan et de plusieurs activistes anti-guerre au Vietnam, The Committee on New Alternatives in the Middle East.

En rentrant à l'hôtel, je trouvai un mot de Marty Peretz. Il me conviait à un petit déjeuner le lendemain. À l'américaine. À 8 h 30, il était déjà là, en pleine forme.

— Alors, dit-il, tu te démènes !

Je lui racontai notre réunion de la veille. Il dressa aussitôt une liste de personnalités à mobiliser puis remplit un chèque de mille dollars.

— Ma première contribution à *Éléments*, ajouta-t-il.

Il voulait qu'on se revoie avec deux de ses amis mais je devais prendre l'avion pour Los Angeles.

Los Angeles. Amnon Barness m'installa dans un pavillon au fond de sa propriété. Sa femme, discrète, vint me saluer puis s'effaça. Amnon, plus beau et volubile que jamais, habitait à Beverly Hills, où, dès que vous vous promenez à pied, vous êtes accosté par une patrouille de police vous demandant si vous n'êtes pas perdu. Et pour cause ! Dans cette ville hollywoodienne où chaque habitant possède une ou deux voitures, les trottoirs sont toujours vides !

Dès le lendemain de mon arrivée, Amnon fit venir quelques-uns de ses amis et « obligea » chacun d'entre eux à m'acheter une toile. La plupart étaient juifs ou proches de la communauté. « Votre argent aidera l'action au Proche-Orient », argumenta-t-il. Un motif qui s'avéra payant.

Le soir, nous fûmes invités à dîner chez l'un de ses associés qui parlait un peu français, Royce Diener. Il vivait à Santa Monica. Nous roulâmes plus de deux heures. Deux heures d'autoroutes qui se superposaient et sillonnaient la ville sans limite. Je pus ainsi apercevoir au loin le mot « Hollywood », géant, suspendu, comme un appel au rêve.

La maison de Royce Diener, dont il se vantait, avait appartenu au premier couple homosexuel à s'être affiché publiquement dans le milieu du cinéma : Cary Grant, héros de plusieurs films d'Hitchcock, et Randolph Scott, vedette de westerns hollywoodiens. La photo qui les représentait enlacés trônait dans l'entrée.

Comment peut-on se trouver à Los Angeles sans voir Hollywood ? Une chance, je connaissais le cinéaste Serge Bourguignon. Après qu'il eut reçu l'Oscar du meilleur film étranger pour *Les Dimanches de Ville-d'Avray*, la Metro Goldwyn Mayer lui avait offert, dans les célèbres studios, un magnifique bureau. Serge Bourguignon était fier de nous montrer son bureau dont les fenêtres encadraient la vue de Los Angeles. Il venait de réaliser *À coeur joie* avec Brigitte Bardot. Il nous proposa de visiter les studios d'Hollywood et les entrepôts qui préservaient, intacts, tous les décors des grands films qui m'avaient fait rêver adolescent.

On raconte que les juifs les plus naïfs de la diaspora habitaient un village de Pologne du nom de Helm. Un jour, réunis à la synagogue, ils se demandèrent comment capter la lune avant qu'elle ne disparaisse. Comme toute question trouve une réponse, ils trouvèrent la leur : poser, la nuit, à ciel ouvert, un seau d'eau et, dès que la lune s'y refléterait, fermer le seau d'un couvercle. Mais, le matin, la lune n'y était plus.

Ainsi, en parcourant avec Serge Bourguignon les kilomètres de décors qui marquèrent l'histoire du cinéma, je me mis à penser, à mon tour, qu'il me serait possible d'enfermer la lune dans un seau d'eau. Et ma lune à moi, c'était la paix au Proche-Orient.

Le philosophe Herbert Marcuse, qui enseignait alors à l'université de San Diego, apprenant ma présence en Californie, souhaitait justement me parler de la paix. Son livre *L'Homme unidimensionnel*, dans lequel il développe l'idée de l'avènement d'une société nouvelle, non répressive, allait devenir une référence lors de la révolte estudiantine de mai 1968. La belle-sœur de Royce Diener, qui m'accompagnait et qui avait entendu parler de Marcuse, était heureuse de pouvoir le rencontrer. Il me restait vingt-quatre heures avant mon retour à Paris. Nous prîmes la route le jour même.

Herbert Marcuse était avec Ernst Bloch, tous deux membres de notre Comité, et « exilés » de l'école de Francfort dont l'Institut de recherche sociale avait été fermé par les nazis avant de rouvrir en 1950. À le lire, on l'imaginait le regard droit, énergique. Or, nous trouvâmes à San Diego un homme vieillissant, au regard fuyant et qui contemplait plus souvent ses mains que ses interlocuteurs. Son accent allemand, que je retrouverais chez Kissinger, colorait ses propos et son questionnement. Il évoqua l'avenir d'Israël, auquel il paraissait très sensible. Il arrive bien souvent que les hommes dont les idées nous impressionnent nous déçoivent !

Un soir de l'été 1968, à la maison, nous étions quelques-uns à chercher, encore et encore, une solution au conflit israélo-palestinien, quand je reçus un coup de fil de Genève. C'était Isabelle Vichniac. La Croix-Rouge internationale cherchait d'urgence des médecins pour le Biafra. Les Haoussas musulmans, majoritaires dans la Fédération du Nigeria, écrasaient par la famine et sous les bombes la petite tribu des Ibos, pour la plupart chrétiens ou animistes, dont ils convoitaient les richesses pétrolières. Depuis la sanglante indépendance du Congo belge en 1960, c'était le premier grand massacre de l'Afrique post-coloniale.

— Un médecin, j'ai l'homme qu'il te faut ! répondis-je au culot.

Je passai le téléphone à Bernard Kouchner qui dînait avec nous. Le surlendemain matin, je le déposai à l'aéroport dans ma vieille 2 CV. Les pétitions commençaient à circuler d'un journal à l'autre. Le général de Gaulle en appelait à la solidarité internationale. Pendant ce temps, là-bas en Afrique, un groupe de médecins bénévoles, formé autour de Max Récamier et Bernard Kouchner, rejoints par le cardiologue Patrick Aeberhard – qui plus tard me sauverait la vie –, inventait la médecine humanitaire. Ainsi allait se constituer la première ONG médicale du monde : Médecins sans frontières. Leur exemple nous encouragea, nous qui nous prenions pour des médecins de l'âme, ou du moins de l'esprit, à nous rendre, comme eux, sur le terrain.

Éléments parut enfin. La responsable de la publication était Clara Malraux. Et la rédactrice en chef Clara Halter. Le premier numéro fut reçu avec passion, critiqué autant que loué. Il divisa les camps. En deux semaines, nous enregistrâmes des centaines d'abonnements et demandes de libraires, y compris au Proche-Orient : Beyrouth, Tel-Aviv, Le Caire. Nous en étions fiers.

Nous reçûmes également plusieurs invitations, dont une de la Histadrout, la centrale syndicale israélienne, et une autre de l'Égyptien Mohamed Hassanein Heikal, qui nous proposait de venir au Caire. Il pensait que Nasser aimerait nous rencontrer.

C'est ainsi que je devins, moi, petit juif de Varsovie, voleur en Ouzbékistan, jeune peintre à Paris, un interlocuteur privilégié de ces quelques hommes politiques dont dépendait l'avenir du Proche-Orient. En effet, avec *Les Temps modernes*, de Jean-Paul Sartre, et *L'Événement*, d'Emmanuel d'Astier, nous étions rares à soutenir l'établissement de deux États, juif et palestinien, vivant côte à côte. Cette idée d'humanité et de bon sens allait mettre des années à s'imposer au sein de la communauté internationale, sans se réaliser.

Commença alors une période de voyages répétés, en Israël et dans les pays arabes. Nous tissions, sur place, avec des écrivains surtout, un réseau d'amitiés qui, pensions-nous, permettrait ensuite aux dirigeants politiques d'entamer le dialogue. En Israël, nous vîmes Amos Oz et Avraham Boolie (A. B.) Yehoshua ; en Égypte, Naguib Mahfouz et aussi Lotfi el-Kholy, rédacteur en chef de la revue *Al-Tali'a* ; à Beyrouth enfin, Amin Maalouf.

« Parle afin que je te voie », dit un proverbe allemand.

Mai 1968 nous donna raison. « Nous avons pris la parole ainsi que la Bastille », écrivit plus tard Maurice Clavel en commentant mes dessins consacrés à la révolte étudiante.

J'ignore si nous avons changé le monde mais nous l'avons certainement secoué. Chacun découvrit ce que je savais depuis toujours : avec la parole, tout devient possible. À cette époque, non seulement j'établissais un dialogue avec les uns et les autres, mais, en plus, je dessinais. Dany Cohn-Bendit eut la gentillesse de me surnommer « l'iconographe de la révolution ». Jerry Rubin, dans *Do it*, se souvient : « Nous pouvons changer le cours de l'histoire en un jour. Une heure. Une seconde. Par l'intervention décisive au moment décisif. Notre tactique, c'était l'exagération. Tous nos actes étaient "les plus grands" ou "les plus massifs". »

Par la crise et la provocation, nous touchions la France entière, entraînant les citoyens à changer leur vie du jour au lendemain. Au théâtre de l'Odéon à Paris, que son directeur Jean-Louis Barrault nous avait ouvert, des hommes et des femmes venus de partout montaient sur scène et se racontaient dans tous les accents du monde. Un jour, du fond de la salle, quelqu'un cria :

— D'où parles-tu, toi ?

Fallait-il un passeport pour s'exprimer ? En entendant cette phrase, qui s'apparentait à un contrôle d'identité et tourna vite au tic de langage à la mode, je compris que la grande fête de la parole touchait à sa fin. La parole n'a pas de lieu précis, ni de nationalité. Elle est ou elle n'est pas. Elle porte ou ne porte pas.

Bref, ce que les histoires de Mai 1968 ne racontent pas, c'est que le conflit israélo-arabe occupait une bonne partie de nos débats. Le premier stand qui s'installa dans la cour de la Sorbonne occupée fut celui de l'Union générale des étudiants de Palestine, dirigée alors par Daoud Talhami. Les étudiants juifs leur emboîtèrent le pas en installant deux stands : l'un tenu par les jeunes bokhorovistes, les sionistes de gauche, mes anciens camarades, le second par les bundistes, enfants de ces prolétaires juifs venus d'Europe centrale dans les années 1930 et qui tenaient à préserver leur culture yiddish. N'étions-nous pas en plein dans la libération des cultures régionales trop longtemps muselées au nom de l'union nationale ?

Les musulmans et les juifs de Paris accoururent en masse. Un groupe d'étudiants dirigé par Claude Sitbon, installé depuis en Israël, vendait *Éléments* à tour de bras. Il fallait vite en réimprimer. À Belleville, des affrontements entre juifs et arabes éclatèrent. Une dispute dans un café avait dégénéré : razzia d'abord sur toutes les boutiques juives, puis contre-attaque sur tout ce qui était arabe. À la Sorbonne, la nouvelle nous arriva extrêmement simplifiée : la police s'attaque aux Arabes de Belleville. Un cortège de quelques centaines de personnes se forma et se mit en marche, drapeaux en tête. Près du métro Couronnes, on apprit qu'il ne s'agissait que d'une bagarre entre Juifs et Arabes. Le cortège flotta, indécis, puis s'arrêta : que devait faire la révolution en un cas pareil ? Après une demi-heure de discussion, le cortège fit demi-tour : ce n'était pas son affaire...

Cet événement, très mal perçu par la presse, incita les représentants des étudiants palestiniens et juifs à nous demander d'intervenir. Avec l'accord d'Alain Geismar, secrétaire général du Syndicat national de l'Enseignement supérieur, et de Jacques Sauvageot, vice-président de l'Unef, nous installâmes le stand du Comité en plein milieu de la cour.

Ce jour-là, le 29 mai 1968, Dany Cohn-Bendit, rentré clandestinement en France après son expulsion préfectorale une semaine auparavant, annonça une conférence de presse à la Sorbonne. Des milliers de journalistes s'entassèrent dans l'enceinte de l'université. Parmi eux, notre ami Amos Elon, envoyé par le journal *Haaretz*. Pour éviter la bousculade, il attendit à côté de notre stand. Une chance pour lui. Dany « le Rouge » avait tenu, par solidarité, à nous saluer dès son arrivée. C'est ainsi qu'Amos Elon put recueillir ses premières déclarations.

On peut dire ce que l'on veut, une foule mue par le rêve d'un monde meilleur, même s'il n'est pas réalisable, a quand même plus de gueule qu'une foule assoiffée de sang. Regardez *La Barricade* de Delacroix.

Aux premiers jours de l'insurrection étudiante, je me promenais dans le Quartier latin jonché de caisses, de bancs renversés, de douilles de grenades lacrymogènes, comme Pierre à travers Moscou en flammes dans *Guerre et Paix*. Je ne pouvais m'empêcher d'admirer la beauté du spectacle : ces groupes de jeunes gens aux poings levés, ces drapeaux rouges, ces chants révolutionnaires, toutes ces images valaient, en puissance, celles d'Eisenstein. Une autre impression, aussi, me serrait la gorge, comme à chaque manifestation, quand les foules chantaient d'une seule voix la révolution en marche. Elle me vient de loin. Le souvenir de ces 1er Mai à Varsovie où, du balcon, je contemplais mon père marcher aux côtés de mon grand-père à la tête du syndicat des imprimeurs, chantant *L'Internationale* et *La Marseillaise* en yiddish.

À la grande manifestation du 13 mai, à laquelle ma mère avait tenu à participer, nous nous retrouvâmes à la République avec Tim et Jacques Derogy, sous les bannières des journalistes de *L'Express*. Je ne sais pourquoi mais, jusqu'à aujourd'hui, je porte en moi cette image inattendue de ma mère usant ses semelles sur le pavé parisien.

Avant le Châtelet, nous quittâmes nos amis journalistes pour aller voir un peu ailleurs. Je m'aperçus tout à coup que je marchais dans un espace vide entre la Fédération de l'Éducation nationale et la CGT. Je croisai un groupe d'étudiants de la Sorbonne, rejoint par Élisabeth de Fontenay et Edgar Morin. J'aime beaucoup Edgar, un homme curieux, toujours de bonne humeur. Il y avait aussi Vladimir Jankélévitch, qui accompagna toutes nos actions par la suite. Son livre *L'Aventure, l'Ennui, le Sérieux*, paru quelques années auparavant, m'avait passionné. Il rejoignait ainsi, peut-être sans le savoir, la pensée du célèbre rabbin Nahman de Bratslav qui résumait cette idée d'une seule phrase : « Ne demande jamais ton chemin à quelqu'un qui le connaît, car tu pourrais ne pas t'égarer. » À hauteur du boulevard Saint-Germain, nous étions quelques centaines. Puis quelques milliers.

La plupart des juifs, que leur histoire rendait sensibles à la promesse d'une société fraternelle et tolérante, avaient mis leurs espoirs dans la révolution de mai. C'est l'hostilité proclamée de la majorité des partis politiques à l'égard d'Israël qui les fit s'accrocher encore plus à leur identité et tourner leurs regards, au risque de paraître réactionnaires, vers l'État juif. « Dommage, remarqua Claude Sitbon, que nous n'ayons pas songé à préparer une banderole du Comité. »

Clara, qui rentrait d'Israël par bateau, trouva les points d'accès du port de Marseille fermés par les piquets de grève. Par téléphone, je suggérai au chauffeur de taxi venu la chercher d'expliquer aux grévistes qu'il s'agissait de son grand amour et qu'ils ne s'étaient pas vus depuis des mois. La ruse fonctionna. « Vive la France ! » s'exclama Amos Elon à qui je racontai cette anecdote. Dans notre pays, on comprend mieux les impératifs de l'amour que ceux de la politique...

Dès son retour à Paris, Clara se retrouva à la Sorbonne où elle passait le plus clair de son temps à animer les débats sur le Proche-Orient.

Une des rares nuits de cette époque où je rentrai chez nous, je fus réveillé par Moshé Sneh, leader du Maki, le parti communiste israélien. Ancien chef de la Haganah, groupe paramilitaire sioniste rattaché à l'armée israélienne dans la lutte contre l'occupation britannique, son parti était tombé en disgrâce à Moscou qui, en 1965, après le rapprochement entre Israël et les États-Unis, préféra reconnaître la faction arabe israélienne propalestinienne du Maki plutôt que la faction juive qu'elle accusa d'avoir rejoint « le camp bourgeois-nationaliste ». Sneh venait d'arriver de Tel-Aviv via la Belgique en raison de la grève générale en France. Il pensait assister au colloque que nous avions prévu le

17 mai et que j'avais complètement oublié, captivé que j'étais par le mouvement et passant, comme Clara, toutes mes heures à la Sorbonne. Mendès France, Simone de Beauvoir, Jean Daniel, Arnold Wesker, Angus Wilson et Rudi Supek, de Zagreb, devaient y participer. Il fallut tout annuler.

Sneh, petit homme rondelet à moustache brune, se montra très agité, dynamique – comme le sont souvent les hommes corpulents. Il tenait absolument à connaître Roger Garaudy, alors « philosophe officiel » du Parti communiste français. Nous le dénichâmes au siège du parti. Réticent à l'idée de rencontrer un marginal du communisme, ce dernier finit par accepter de lui accorder un quart d'heure dans un café.

Des embouteillages cauchemardesques bloquaient tout Paris. Nous abandonnâmes la voiture en route et arrivâmes à pied, slalomant entre les monceaux d'ordures que l'on ne ramassait plus. Nous avions trois quarts d'heure de retard. Garaudy attendait devant un café crème. Pendant plus d'une demi-heure, Sneh expliqua les positions de son parti et sa conviction que l'on pouvait être communiste sans pour autant s'aligner sur la politique de Moscou.

Garaudy ne répondait pas. Durant tout ce temps, il prit des notes. Quand enfin Sneh eut terminé, il se leva et, toujours sans commentaire, nous dit au revoir et sortit. Sneh resta un moment assis, silencieux, voûté. D'un coup vieilli. Lui qui avait espéré trouver de la compréhension au sein du communisme européen... Dehors, quelques jeunes passèrent en chantant *L'Internationale*.

L'attitude de Roger Garaudy à notre égard était sans doute un prélude à sa tardive conversion à l'islam, à ses positions antisionistes radicales, enfin à la publication de ses thèses négationnistes ! Critiqué à ce sujet par ses ex-camarades, puis jugé, il fut défendu par l'abbé Pierre, ce qui suscita ma première controverse avec le père d'Emmaüs que j'aimais pourtant beaucoup. Il avait agi ainsi « à titre amical », m'expliqua-t-il, parce qu'il connaissait Garaudy depuis longtemps. Ne pouvant défendre les thèses de son ami, il se mit, à ma grande stupéfaction, à reprocher aux juifs la violence inouïe de leurs actions dans l'histoire. Il se référait aux chapitres de la Bible consacrés à Josué, le disciple de Moïse, à qui Dieu aurait demandé d'exterminer les habitants de Jéricho qui résistaient à l'avancée des juifs à peine libérés de l'esclavage. Comme si l'on reprochait aux chrétiens la fameuse phrase de Jésus devant le Sanhédrin : « Ne croyez pas que je sois venu apporter la paix sur la terre ; je ne suis pas venu apporter la paix, mais l'épée. » Notre discussion virait à l'absurde. Il s'en excusa plus tard. En public.

Je n'avais pas abandonné la peinture pour autant. Je dessinais, surtout. Les éditions Grasset proposèrent de publier mes illustrations de Mai 1968, avec un texte de Cohn-Bendit. Comme Dany tarda, je les ai publiées plus tard, sous le titre *Mais*, accompagnées de très beaux commentaires d'Edgar Morin.

Toutes les révolutions ont une fin. Seul Guevara croyait en une révolution permanente. Les fêtes elles aussi se terminent, laissant pour leur part un arrière-goût d'inaccompli et l'évier plein de vaisselle sale.

À cette époque, je déjeunais souvent chez les Revel, quai de Bourbon. J'aimais bien : les livres, la Seine, les heures passées à discuter avec Jean-François, sirotant son whisky, et Claude Sarraute, tricotant. « Ça aide à réfléchir », disait-elle. Nous parlions beaucoup des États-Unis que Revel connaissait bien. Il éprouvait, en ma présence, les thèses qu'il défendrait en 1970 dans son livre *Ni Marx ni Jésus : de la seconde révolution américaine à la seconde révolution mondiale*. Si la révolution devait se faire un jour, croyait-il, ce serait aux États-Unis, où tout était possible. Je me souviens lui avoir fait remarquer, avec satisfaction, que je ne voyais pas pourquoi vouloir changer une nation où tout était possible.

Chez les Revel, je fis la connaissance de Philippe Tesson, alors rédacteur en chef du quotidien *Combat*. Il avait l'air d'un gamin doux et timide. Il se dit intéressé par mes positions sur le conflit israélo-arabe et me proposa une tribune dans son journal. Elle fut publiée sous un titre un peu pompeux : « La véritable gauche devant les véritables problèmes du Proche-Orient ».

Le lendemain, Tesson m'appela pour m'avertir que Jean-Pierre Farkas, journaliste à RTL, me cherchait. Farkas m'expliqua qu'Elsa Triolet, qui devait diriger le *Journal inattendu* du samedi midi à venir, tenait absolument à ma participation. Revel, Tesson, Farkas, Elsa Triolet : ma vie est faite de rencontres.

À RTL, une vieille dame, frêle et menue, les cheveux et tout le haut du visage cachés derrière une voilette, se précipita vers moi qu'elle ne connaissait pas. Elle prit ma main entre les siennes et s'étonna de me voir si jeune.

— Votre article, dit-elle, est le meilleur que j'aie jamais lu sur le sujet. Je voudrais que vous donniez la réplique à l'avocat Joë Nordmann, un communiste qui revient d'Égypte. Vous l'avez compris, il est très partial. Je l'avais invité avant de vous lire.

Et l'ancienne maîtresse de Maïakovski, la femme d'Aragon, ajouta :

— Israël, c'est un problème qui me tient à cœur.

Elle me lâcha la main et se précipita vers Louis Malle :

— Contente de vous voir ! Nous discutions l'autre jour avec Louis de votre film *Calcutta* dont vous nous avez montré des extraits. Très fort !

Et, se tournant dans ma direction :

— Vous l'avez vu ?

Je n'eus pas le temps de répondre. Elle enchaînait déjà :

— J'ai oublié de vous demander si vous vous connaissiez… Ah, voilà Antonin Liehm, la mémoire duPrintemps de Prague. Le problème tchèque nous fait beaucoup de mal, à Louis et à moi.

Elle nous quitta à nouveau pour accueillir Jean-Louis Barrault. Elle était si occupée, elle bougeait tellement, que je n'avais pas encore pu apercevoir ses yeux à travers sa voilette, ses yeux auxquels

Aragon avait consacré ses plus beaux poèmes. Elle revint vers moi :

— Vous regardez mes yeux ! Oh, il fallait les voir lorsque j'étais plus jeune.

Elsa roulait les « r » comme un tambour. Je lui confiai que, en y ajoutant mon accent, nous donnerions aux auditeurs un bel échantillon de musique slave.

Au micro, elle déclara ne pas avoir de point de vue précis sur la question israélo-arabe :

— Parfois je pense que les Arabes sont un peuple pauvre qu'aident les Russes et je me demande s'ils ne feront pas un jour comme les Chinois, ces serpents, ces dragons, que les Russes ont réchauffés dans leur sein. Peut-être tout cela se retournera-t-il un jour contre les Soviétiques ?

Par la suite, Elsa et Aragon m'invitèrent à plusieurs reprises chez eux, rue de Varenne. C'était chaque fois la même mise en scène. Je traversais la cour carrée et montais au premier étage de leur hôtel particulier. Une domestique m'accueillait et me faisait entrer dans une chambre claire dominée par un grand dessin érotique de Matisse. Elsa m'attendait, installée au fond d'un fauteuil.

— Marek, Marek, me disait-elle, contente de vous voir ! Asseyez-vous ici, près de moi. Racontez-moi ce qui se passe dans le monde.

La domestique disposait aussitôt sur une table basse des tasses, des biscuits, du sucre et des confitures.

— J'ai fait préparer du *tchaï*, disait Elsa en posant les tasses sur des napperons de dentelle, comme s'il se fut agi d'un formidable secret.

Elsa, la chambre, la table et le thé me plongeaient dans l'atmosphère des contes de Tourgueniev : la vieille Russie. Je devenais alors nostalgique et nous parlions russe. Le thé terminé, on enlevait le plateau et Elsa appelait :

— Louis, Louis, viens ici ! Nous avons un invité.

— J'arrive, entendait-on d'une pièce lointaine.

Aragon arrivait, me tendait la main.

— Mais, Louis, s'écriait Elsa horrifiée, quelle chemise as-tu choisie aujourd'hui !

Louis, sans répondre, s'asseyait près de moi en souriant.

— Louis, reprenait Elsa, cette chemise ne te va pas du tout ! N'est-ce pas, Marek, que cette chemise ne lui va pas du tout au teint ?

— J'en changerai plus tard, promettait Aragon.

Elsa me prenait à témoin :

— Je lui ai acheté une très belle chemise en Italie mais il ne veut jamais la porter.

Louis disparaissait alors avec un sourire d'excuse et réapparaissait vêtu de ce que je supposais être la chemise italienne.

— N'est-ce pas, Marek, qu'il est beaucoup mieux ! triomphait Elsa.

Je voulais leur organiser un voyage au Proche-Orient. Il me semblait qu'Elsa aurait été ravie de visiter Israël. Mais Aragon disait ne pouvoir prendre l'avion à cause de sa trop forte tension artérielle. Je leur suggérai de prendre le bateau. Mais, en vérité, mon projet ne semblait pas passionner Aragon. Ce qui le préoccupait alors, c'était la Tchécoslovaquie. Les chars soviétiques dans les rues de Prague. Elsa disait qu'ils ne mettraient pas les pieds à Moscou tant que des soldats russes resteraient sur le sol tchèque. Aragon était moins affirmatif.

J'avoue avoir été flatté à l'époque de pouvoir ainsi fréquenter l'un des grands poètes français chanté si merveilleusement par Jean Ferrat. Mais, paradoxalement, chacune de mes rencontres avec Aragon me décevait. Peut-être attendais-je trop de lui ? En somme, je lui en voulais de ne pas m'obliger à être intelligent.

À cette période, j'allais souvent à Genève où un imprimeur passionné par le conflit israélo-arabe nous avait proposé d'éditer *Éléments* à prix coûtant. J'habitais chez les Givet, rue de Beaumont, où nous mûrissions l'idée d'une conférence internationale pour donner à l'action de notre Comité plus d'ampleur et de résonance. C'est là que, le 16 juin 1970, j'appris la mort d'Elsa. J'allai à la poste expédier un télégramme à Aragon. Je restai longtemps devant le formulaire vierge sans trouver les mots qui eussent dit ma tristesse. La mort, toujours. J'écrivis enfin, impuissant et navré : « Appris la nouvelle. Marek. »

Il ne faut jamais écrire ses Mémoires. Ou alors le plus tard possible. Cela nous vieillit. Je ne cesserai de le répéter le long de ces pages. Je déjeunais un jour (il me semble que c'était hier) à Rome, Piazza Navona, avec Rossana Rossanda et Luciana Castellina, deux femmes merveilleuses, toutes deux récentes dissidentes du parti communiste italien. Elles préparaient le lancement du mensuel politique *Il Manifesto*. À l'époque où tant de femmes, pour paraître libérées de l'esthétique bourgeoise et échapper au regard concupiscent des hommes, s'enlaidissaient, je fus surpris par le rayonnement de ces deux militantes intelligentes et belles qui n'avaient pas cru devoir sacrifier leur féminité à leur combat. C'était le temps où nous pensions que la paix au Proche-Orient passait par Rome. Et moi que le rire joyeux de Luciana m'empêcherait de vieillir… Une préoccupation qui ne m'a en fait jamais quitté.

C'est fou comme on passe vite de la passion à la compassion. À Rome, je retrouvai Guido Fubini et l'écrivain Aldo Zargani, venus eux aussi à l'occasion d'un colloque pour la paix organisé par Giancarlo Pajetta, député et secrétaire général du comité central du parti communiste italien. Arabes et Israéliens étaient également conviés. J'y retrouvai Khaled Mohieddine, commandant et conseiller influent de Nasser, qui me réitéra l'invitation de Hassanein Heikal à venir au Caire.

Clara et moi décidâmes d'y aller.

Le jour de notre départ, notre taxi, en route pour l'aéroport, tomba en panne, nous obligeant à prendre le vol suivant. À notre arrivée, Lotfi el-Kholy, que nous avions rencontré un an auparavant et que Heikal avait chargé de nous accueillir, n'était plus là. Je lui téléphonai. Il n'avait évidemment pas reçu le télégramme que je lui avais adressé et se demandait ce qui nous était arrivé. D'autant qu'il nous attendait, à la demande de Heikal, avec des fleurs et une voiture officielle. Il nous avait retenu une chambre à l'hôtel Sheraton, au bord du Nil.

De la fenêtre du taxi, je vis une pancarte indiquant : « Suez 120 km ». Cela signifiait que, à une heure de route, les armées d'Égypte et d'Israël se faisaient face et que, là où nous nous trouvions, il était certainement inconvenant de parler d'Israël sans le vouer aussitôt au néant. Nous considérerait-on comme des agents sionistes ? Écouterait-on au moins ce que nous étions venus dire ?

En attendant de rencontrer les officiels égyptiens, nous nous laissâmes séduire par leur ville. La lumière, d'abord, ocre d'avoir traversé l'impalpable poussière venue du désert ; les maisons, lourdes comme les pyramides ; la foule sans nombre où domine le bleu passé des *galabiyas* ; les grappes accrochées aux tramways bondés. L'immense portrait de Nasser devant le square de la place Tahrir. Nous suivîmes les flots de voitures qui avançaient à coups de klaxon vers le pont Qasr al-Nil, brûlâmes un feu rouge devant un policier souriant avant d'arriver place al-Galaa où se trouvait, sur la rive ouest du Nil, l'hôtel Sheraton. Dans le hall, des hommes d'affaires, allemands ou anglais, des touristes français, des journalistes italiens et, venu pour une réunion de la Ligue arabe, un cheikh du Golfe persique enveloppé de soie blanche.

Sous nos fenêtres, le fleuve. C'est sur les bords de ce fleuve que, il y a trois mille cinq cents ans, mes ancêtres avaient taillé des pierres pour construire les pyramides. Je serais resté des heures sur le balcon à contempler les vieilles barques aux lourdes voiles de toile blanche ficelées à la hâte, les amoncellements sur les ponts, des balles de coton blanc, le ballet des hommes en caftan blanc coiffés d'un turban assorti qui faisaient de l'équilibre au bout de leurs longues rames. Tous ces blancs, différents les uns des autres, se reflétaient dans les eaux grises et grasses du fleuve qui, large et puissant, coulait tout lentement vers le nord.

Je ne parvenais pas à y croire. Dans mon souvenir d'enfant juif polonais, l'Égypte, que nos familles évoquaient tous les ans à Pâques, était associée à l'esclavage. C'est là que les Hébreux avaient vécu et c'est là qu'ils s'étaient libérés avant de partir vers la Terre promise.

Le soir, Lotfi et sa femme, tous deux parfaitement francophones, nous emmenèrent manger du poisson au bord du Nil. Au restaurant, le cinéaste Youssef Chahine nous attendait. Il travaillait à son film *Le Moineau* et résistait, nous raconta-t-il, à la censure de Nasser. Lotfi semblait connaître tout le monde. Il racontait des blagues et les gens riaient de bon cœur. Le terrible humour égyptien ne ménageait même pas le raïs.

Enfin, il nous donna un aperçu de notre programme. Beaucoup avaient manifesté le désir de nous rencontrer. Ils voulaient, bien entendu, qu'on leur rende compte de ce qui se passait en Israël. En Égypte, ils n'en savaient rien.

Le lendemain, à peine avions-nous mis un pied dans l'imprimerie du journal *Al Ahram* que les linotypistes proposèrent de composer nos noms en arabe. Je connaissais bien la blague... Mon père avait fait cent fois le coup : de ses doigts durcis par l'habitude, il tendait au visiteur, touché de l'attention, la ligne de plomb brûlant où s'inscrivaient à l'envers, comme sur un tampon, les lettres de son nom. Le visiteur prenait le plomb sans se méfier et, surprise et douleur mêlées, le lâchait aussitôt sous les rires de la corporation. Quand un linotypiste eut fini de composer mon nom et me le tendit, je lui dis que je connaissais la blague tant mon père l'avait faite. Ils se mirent tous à rire et à parler en même temps :

— *Worker, French, Jew, Arab, the same !*

À l'époque où la conscience d'appartenir à une classe était encore forte, tout paraissait possible.

En réalité, hormis Heikal, la plupart des collaborateurs du raïs étaient marxistes. Certains avaient même fait leurs études à Moscou. Ainsi Ismail Sabri Abdallah, ministre de la Planification, qui, pour résoudre le problème israélo-palestinien, avait pensé former une large fédération des États du Proche-Orient.

Enfin, nous vîmes Nasser. Il était impressionnant. Par l'assurance que lui donnait son pouvoir, et la désinvolture qu'il semblait éprouver à son égard. Par son côté détaché, il me rappelait Dayan. Son allure massive et dure, elle, me faisait penser aux pyramides.

Il nous accueillit en souriant de toutes ses dents. Quand nous lui parlâmes de la paix qui, elle, n'attendait pas, il nous rappela à l'ordre : l'Égypte, nous dit-il, était un pays cinq fois millénaire et, par conséquent, les Égyptiens avaient tout le temps devant eux.

En un flash, je revis les Israéliens, nerveux, anxieux, courant dans les rues de Tel-Aviv, se disputant les plans de paix, rédigeant des appels, dévorant les journaux, organisant des colloques... et j'eus peur pour eux.

L'interprète, un homme à lunettes et mèches blanches, attendait patiemment ma réponse. J'expliquai notre position. Rien ne justifiait que l'on tue des gens inutilement. Quel était, d'abord, l'intérêt de l'Égypte ? La paix, c'était du travail pour tout le monde et l'assurance que les progressistes resteraient au pouvoir. Le monde arabe était, certes, vaste. Mais l'Égypte était à l'avant-poste de ce monde...

Heikal avait prévenu Nasser : nous connaissions un Israélien important disposé à venir au Caire. Le raïs nous avisa que d'autres Israéliens tenaient à le rencontrer. Je lui répondis que ces personnes, comme le président du Congrès juif mondial, représentaient des grandes organisations de la diaspora juive, mais qu'elles n'étaient pas israéliennes. Nasser, lui, n'y voyait pas de différence. Puis, à brûle-pourpoint, il me demanda comment était Staline. Mon bouquet, remis il y avait si longtemps au chef de l'Union soviétique, ne le laissait visiblement pas indifférent.

Clara, qui avait déjà entendu mille fois mes aventures soviétiques, nous ramena à la réalité. Elle expliqua à son tour que la personnalité que nous voulions lui présenter était Lova Eliav, secrétaire général du parti travailliste israélien au pouvoir. Qu'il s'agissait d'une colombe notoire et qu'il avait dirigé pendant des années la centrale syndicale des travailleurs, la Histradout. Là, preuve supplémentaire que la solidarité des classes est plus efficace que la théorie des races, l'œil de Nasser s'anima. Il fit apporter du café.

— Sucré ou non ?

Puis :

— J'ai lu les déclarations de Dayan et de Peres. Je ne vois pas de quoi nous pourrions discuter.

Clara lui fit remarquer que, à lire ses propres déclarations, les Israéliens pourraient avoir la même réaction. Ce à quoi Nasser répondit, après avoir bu son café d'une traite, que lui ne demandait pas à les voir.

Le téléphone sonna. Sur un petit moniteur, nous vîmes arriver nos successeurs. Nasser se leva.

Nous quittâmes Le Caire par la route qui longe la « cité des morts », immense cimetière où s'étaient installés les paysans du haut Nil venus chercher du travail à la ville. Le soir, la fumée des popotes montait dans l'air tranquille, tandis que s'allumaient, aux quatre coins de l'insolite nécropole, des lueurs fragiles et que s'affairaient entre les tombes les petits peuples des ombres.

Lotfi el-Kholy, qui nous accompagna à l'aéroport, nous embrassa, non sans regrets. Nous lui promîmes de lui transmettre les réactions des Israéliens à notre rencontre avec Nasser.

À Paris, la première à m'appeler pour demander des nouvelles fut Josette Alia. Edgar Morin m'ayant averti que nos téléphones devaient être écoutés, je préférai lui donner rendez-vous dans un café.

Nous nous rencontrâmes au Café de la Régence rue Saint-Honoré, à l'heure où les vieilles dames venaient prendre le thé.

— Alors ? me demanda-t-elle, avec son perpétuel sourire de petite fille qui sait où sont cachées les confitures.

Je lui racontai toute l'affaire en chuchotant. Nous avions l'air de deux comploteurs. Ou d'apprentis espions. Et nous pensâmes même changer de place quand, à la table voisine, on se mit à parler arabe.

Les caisses du Comité étaient vides : je lui demandai si Jean Daniel serait d'accord pour me financer un aller-retour en Israël. Elle sut le convaincre. *Le Nouvel Obs* me paya le voyage et, du même coup, envoya de nouveau Josette en Israël.

J'étais de retour dans le flux de l'histoire. Le jour même de notre arrivée à Tel-Aviv, je rencontrai Lova Eliav au siège du parti travailliste rue HaYarkon. L'œil toujours aussi bleu, et le sourire aussi timide, il avait l'air impatient d'entendre ce que j'avais à lui dire. Je commençais à lui rendre compte de notre entrevue avec Nasser quand il m'interrompit. Il voulait savoir si j'avais déjà confié cela à Golda. Ah, le pouvoir ! Les dirigeants israéliens, si forts soient-ils, redoutaient tous les réactions de Golda Meir. Après un court silence, Eliav me demanda si je voulais qu'il téléphone à Golda. Je préférais le faire moi-même.

Ce soir-là, on vola, dans la Citroën Méhari qui m'avait été prêtée, le paquet de numéros d'*Éléments* que j'avais apporté. Ce qui permit à la presse israélienne d'annoncer ironiquement que l'on avait volé les « éléments pour la paix au Proche-Orient de Marek Halter ». Était-ce un bon ou un mauvais présage, je l'ignore.

Kiryat Ben-Gourion, Jérusalem, bureau du Premier ministre. Je ne sais si j'attendis un quart d'heure ou une heure dans la pièce où le directeur de cabinet de Golda Meir, Simcha Dinitz, m'avait fait asseoir. Longue table en teck, grande carte murale de l'État d'Israël, c'est là, sans doute, que se réunissaient les conseillers du Premier ministre. Je me mis, je ne sais pourquoi à ce moment précis, à me questionner sur mon rapport au pouvoir. Gamaliel l'Ancien, président du Sanhédrin, assemblée législative et tribunal suprême du peuple juif, qui siégeait, au Iᵉʳ siècle de notre ère, à Yavneh, disait : « Soyez sur vos gardes dans vos rapports avec les puissants car c'est dans leur intérêt qu'ils se rendent accessibles ; quand vous serez dans l'embarras, ils ne vous assisteront pas. » Et s'il avait raison ? Je n'eus pas le temps d'approfondir la question. Simcha Dinitz m'annonça que Golda m'attendait.

Un an plus tôt, je l'avais rencontrée dans la cuisine de son appartement de Tel-Aviv. Je la retrouvai derrière un grand bureau, forte, carrée, paraissant ne faire qu'un avec le meuble. Elle écrasa sa cigarette en souriant :

— Je suis contente de te revoir !

Nous nous serrâmes la main et elle me désigna le fauteuil en face d'elle. Elle alluma une autre cigarette et m'encouragea à parler. Elle s'exprimait en yiddish. Je lui répondis donc dans cette langue. Elle m'écouta sans m'interrompre. Je lui racontai notre voyage au Caire, la rencontre avec Heikal ; enfin, notre entrevue avec Nasser.

— Je sais que je ne peux te demander de me donner des garanties, trancha-t-elle. Tu vois, je me souviens de notre dernière discussion. Mais j'espère que tu comprends à quel point il est difficile pour moi de nous lancer dans une aventure sans savoir à quoi elle engage notre peuple.

Elle se tut un moment et reprit :

— Personnellement, je n'ai rien contre. Eliav est un patriote. Et tout ce qui peut faire avancer la paix est important. Depuis que je suis responsable de cet État et de tous les juifs qui y vivent, je ne pense qu'à cela, crois-moi.

Puis, brusquement, elle insista :

— Heikal parlait-il sincèrement d'un voyage d'Eliav au Caire ?

Quand je lui répondis que oui, elle me fit remarquer que, d'après ce qu'elle avait compris de mon récit, Nasser n'y était pas favorable.

— Mais il n'a pas non plus dit non, répliquai-je.

Elle réfléchit pendant un moment.

— Je ne peux m'engager seule, dit-elle, notre gouvernement est un gouvernement d'union nationale. Je vais réunir quelques membres du cabinet. Reviens me voir demain. 17 heures à mon bureau de Tel-Aviv.

Elle se leva :

— Bonne chance !

— Bonne chance à toi aussi !

Ces vingt-quatre heures me parurent une éternité. Avant le rendez-vous, je passai un long moment à rôder autour de la kiryat où sont regroupés les bâtiments du gouvernement et de l'administration. Je ne tenais pas en place. Je me présentai finalement, un quart d'heure en avance, au bureau de Golda Meir. Au bout de vingt minutes, j'en vis sortir Dayan et Galili, éminences grises des gouvernements successifs d'Israël, experts en conciliations et compromis. Cinq minutes plus tard, Golda Meir me reçut, souriante.

— Mes amis sont d'accord avec moi, dit-elle. Nous avons confiance en toi. Et en Lova Eliav. Je voudrais seulement que tu me rendes compte, à moi directement, de la suite des événements. Reste discret, je ne voudrais pas que la nouvelle s'ébruite. Si ton projet n'a pas de suite, cette histoire ne fera que du mal à ceux qui veulent la paix.

En quittant son bureau, je volais. J'avais des ailes. Et l'envie de partager la nouvelle avec quelqu'un. Mais il me fallait garder le secret. Je ne pouvais en parler qu'à Eliav ou Josette. Eliav savait déjà, bien sûr, que j'étais autorisé à poursuivre mes démarches. J'allai trouver Josette à l'hôtel où elle écrivait son papier.

— Alors, c'est gagné ! s'exclama-t-elle.

Je pris soudain conscience que nous n'en étions qu'au début et que presque tout restait à faire. Cela me rappela une histoire de Cholem Aleikhem, fameux humoriste yiddish du début du siècle : un marieur avait passé des heures et des heures à essayer de convaincre un pauvre paysan de marier sa fille avec le fils de Rothschild. Il y avait usé tout son talent, toute son expérience, toute sa persuasion. Tant de talent, d'expérience et de persuasion que le paysan accepta enfin. « Bon, dit le marieur, il ne me reste plus qu'à convaincre Rothschild ! »

Malgré l'enthousiasme de Josette, le doute m'envahissait. En exploitant la situation privilégiée qu'était devenue la mienne, je ne faisais peut-être que donner des illusions à deux gouvernements. Qui étais-je pour leur demander de s'engager sur ma seule bonne volonté, ma foi dans l'homme et dans l'action ? Je ressentais avec anxiété combien tout cela était disproportionné. Et puis, que savais-je des véritables enjeux politiques d'ici et d'ailleurs ? Des projets et des arrière-pensées de tel ou tel ? Comment réagiraient mes amis égyptiens à la réponse de Golda Meir ?

De Paris où je venais de rentrer, je pus joindre Lotfi qui parut à la fois surpris et ravi de la réponse israélienne. Il me promit de parler à Heikal. Il me rappela une dizaine de jours plus tard : il ne restait plus qu'à fixer une date.

Enfin, quelque chose s'était déclenché. L'événement se précisait. Jean Daniel lui-même, d'ordinaire si difficile à l'enthousiasme, parut s'émouvoir. Mais le temps passait et la guerre d'usure déclenchée par Nasser continuait. Quant à moi, je restai en contact régulier avec Lotfi au Caire et Eliav à Tel-Aviv.

Dans la vie, il y a des temps morts. On a l'impression que rien ne bouge. Puis, d'un coup, tout s'accélère. Comme si celui qui gérait notre destin s'était soudainement souvenu de nous.

J'étais encore tout à l'écoute de nouvelles du Caire quand réapparut notre ami Habsi, l'ancien responsable du FLN en France. Il arrivait de Jordanie et, d'après lui, Yasser Arafat était prêt à me rencontrer. Était-ce la conséquence de mon rendez-vous avec Nasser ? Cette proposition venait après plusieurs détournements d'avion et quelques attentats. L'Occident avait inscrit Yasser Arafat en tête de la liste noire des terroristes, comme plus tard Ben Laden. Arafat cherchait-il à se dédouaner ?

Avant de me rendre en Jordanie où séjournait le raïs palestinien, je pensais qu'il serait juste d'en informer personnellement Golda Meir. J'allais lui proposer une nouvelle aventure et je me demandais comment elle réagirait au seul nom de Yasser Arafat.

Je l'appelai dès mon arrivée à Tel-Aviv, cette fois, directement par l'intermédiaire de sa fidèle assistante Lou Kadar.

— C'est important ? demanda-t-elle.

— Oui, dis-je, très !

Elle devait certainement croire qu'il s'agissait de la rencontre entre Eliav et Nasser et, sans même consulter Golda, me donna rendez-vous l'après-midi même à Jérusalem. Dans son bureau presque vide, Golda paraissait taillée dans le roc. Elle avait l'air curieuse, debout derrière une table en bois massif sur laquelle se trouvaient un paquet de cigarettes, des allumettes, un cendrier. Pas un bout de papier. Selon elle, un responsable politique qui ne pouvait garder tout en tête devait quitter le pouvoir. Nous parlâmes à nouveau en yiddish. Elle pensait que j'avais des nouvelles de Nasser. Je lui rappelai ce qu'elle savait déjà, que la rencontre avec Eliav était prévue pour la fin de cette année. Elle me demanda alors la raison de ma venue précipitée. Je lui dis que, si l'objectif était la paix, plusieurs chemins permettaient d'y parvenir. Et selon moi, il ne fallait en exclure aucun. Elle me regarda sans comprendre. Je l'informai alors de mon rendez-vous avec Arafat. À ce nom, elle pâlit puis frappa la table avec violence, faisant voler le paquet de cigarettes par terre.

— Tu vas rencontrer un homme qui a du sang d'enfants juifs sur les mains ?

— Golda, répondis-je, surpris par tant de colère, Moïse est allé voir Pharaon qui avait, lui, sur ses mains, le sang de milliers de nouveau-nés juifs.

— Mais tu n'es pas Moïse ! s'exclama-t-elle.

— Bien sûr que je ne suis pas Moïse, mais si ma parole peut toucher la conscience d'Arafat, le pousser vers la paix et épargner ainsi les vies d'enfants juifs et palestiniens, cela ne vaut-il pas la peine d'essayer ?

Mon raisonnement dut la toucher. Elle lança, comme un argument ultime :

— C'est Dieu qui a dit à Moïse d'aller au-devant de Pharaon !

— Dieu ne m'a rien dit, répliquai-je. Mais ma conscience, elle, me dit que s'il n'y a qu'une seule chance de parvenir à la paix, il faut la saisir !

Elle ne répondit pas. Son regard me glaça. J'étais devenu un ennemi.

— Golda, repris-je, tu es le chef du gouvernement, ton devoir est de veiller à la sécurité de ton peuple. Pour cela, il te faut une armée forte. Moi, je ne suis qu'un conteur, un peintre, et ma seule arme, ce sont les mots. Ma démarche ne nuit en rien à l'État d'Israël et n'affaiblit pas sa défense...

Ce jour-là, Golda Meir ne m'écoutait plus. J'avais cessé d'exister à ses yeux. Je dus ajouter un ou deux arguments, en vain. Je me levai et dis « *shalom* » sans qu'elle daigne me répondre.

Dehors, mal à l'aise, je hélai un *sherut*, un taxi collectif, qui me déposa à Tel-Aviv. Bouleversé par cette incompréhension, je m'endormis tard. À 6 heures du matin, le téléphone sonna. Je reconnus immédiatement sa voix :

— *Lekh !* Va ! me dit-elle en hébreu.

C'est donc avec la bénédiction de Golda Meir que je rencontrai pour la première fois Yasser Arafat. Je m'interroge à ce jour : si le Premier ministre israélien de l'époque n'avait pas été une femme, mais un homme, aurait-il réagi de la même manière ?

On m'a beaucoup reproché, en Israël, mes rencontres avec les adversaires de l'État juif. Parler avec ses amis est facile, disais-je, il faut apprendre à parler avec ses ennemis. Je donnais l'exemple de Philon d'Alexandrie qui alla voir Caligula pour défendre « le droit de cité des juifs à Alexandrie » et lui demander d'arrêter les persécutions et les massacres à leur encontre. La démarche du philosophe était-elle justifiée ? À partir du moment où l'empereur acceptait de le recevoir, oui, certainement oui. Encore fallait-il avoir le courage de l'entreprendre.

Comme je comprends l'initiative du philosophe juif ! En revanche, jusqu'à peu, je ne saisissais pas pourquoi Caligula, maître de la quasi-totalité du monde connu, avait bien voulu donner audience à Philon. Dans sa *Legatio ad Caium, Ambassade à Caligula*, Philon d'Alexandrie décrivit comment l'empereur, lors de leur rencontre, insulta les juifs tout en justifiant ses crimes. Il savait que c'étaient des crimes et voulait s'en justifier devant une victime potentielle. C'est dans ce besoin de justification que l'on trouvera la raison pour laquelle les puissants aiment converser avec les « saltimbanques » que nous sommes. Cette même raison qui a mené les nazis à brûler leurs archives et à détruire les fours crématoires à l'approche de l'Armée rouge : il leur fallait cacher leurs crimes car ils savaient que c'étaient des crimes.

Cette propension des criminels à cacher ou à justifier leurs crimes donne espoir. Elle prouve que tout individu a intégré le sens du Bien et du Mal. « Tu ne tueras point », ce n'est pas seulement une sentence gravée sur la pierre mais dans toute conscience. Le Talmud assure que tous les enfants à naître se trouvaient au pied du mont Sinaï lorsque Moïse a donné la Loi.

Si l'on suppose que chaque individu, y compris le tyran, garde le sens du Bien et du Mal, nous, simples citoyens, nous pouvons espérer atteindre parfois sa conscience et nous faire entendre.

Un jour, à la télévision, le journaliste Jacques Chancel me posa la question piège :

— Êtes-vous prêt à parler avec tout le monde ?

— Oui !

— Et Hitler ? Si Hitler vous avait proposé une rencontre, l'auriez-vous acceptée ?

— Je n'aurais pas hésité une seconde. Mais, justement, Hitler aurait préféré, plutôt que de m'inviter, me voir sous la forme d'une petite savonnette.

Je demeure persuadé que, face à un individu qui me veut du mal, je l'emporterais toujours s'il pose son arme et accepte de m'affronter par la parole, le verbe. Je pense même que chacun peut aussi sortir vainqueur d'une semblable posture. Pour cela, mieux vaut apprendre à parler qu'à tirer. Si nous savions parler jusque dans nos banlieues, il y aurait davantage de solidarité et moins de voitures brûlées.

Revenons à ma première rencontre avec Yasser Arafat, celle qu'approuva Golda Meir. Pour moi qui avais mené jusqu'alors tous mes combats dans la même langue que mon vis-à-vis, ce fut une rencontre particulière : nous communiquions cette fois grâce à un interprète. Pour que les mots portent, il faut se comprendre. Je ne connais que quelques mots d'arabe et, à l'époque, en 1969, Yasser Arafat ne comprenait pas un mot d'anglais.

Avec la traduction simultanée, notre échange prit du temps. Le pouvoir du verbe faiblissait. Pire, en ce temps-là, les dirigeants arabes ne recevaient que très rarement leurs interlocuteurs en tête à tête. Assis sur des sièges ou des canapés le long d'un mur, des amis, des familiers, des compagnons de route assistaient à notre rendez-vous, certains la kalachnikov sur les genoux, d'autres égrenant un chapelet. Ces témoins n'intervenaient pas mais ils réagissaient. Comme un public pour l'acteur, leurs mouvements et leurs mimiques pesaient sur notre dialogue.

Yasser Arafat ne me comprenait pas. Il voyait mal pourquoi un homme avec mon passé, qui soutenait visiblement l'existence de l'État d'Israël, voulait absolument le rencontrer, lui, l'ennemi numéro un de cet État.

Mon « *shalom, salam* » l'irrita. Il crut sans doute que j'étais un espion particulièrement subtil. Je ne lui cachai d'ailleurs pas mon amitié pour Golda Meir. Lui, la paix ne l'intéressait pas. Il espérait, avec l'aide du monde arabe, avoir bientôt raison d'Israël. Nous avons eu quelques propos vifs mais sans intérêt.

Il se leva enfin, moi aussi.

— À bientôt, dis-je.

Il me répondit :

— L'année prochaine à Tel-Aviv !

Sur le pas de la porte, je me retournai de tout mon corps et lui lançai :

— Si c'est vrai, monsieur le président, un jour avant, je vous aurai tué.

À peine l'interprète eut-il fini de traduire ma phrase que la plupart des amis d'Arafat se dressèrent, le doigt sur la gâchette. Je crois que, à ce moment précis, Arafat me comprit. Il fit signe à ses amis de se rasseoir et s'approcha de moi. Puis, posant sa main sur mon épaule, il dit :

— Je ne sais pas qui tuerait l'autre mais, avant qu'on ne disparaisse, j'aimerais vous revoir.

— D'accord, dis-je.

Il s'avança. J'en fis autant : nous nous sommes embrassés, sa barbe rêche grattant la mienne.

Nous ne nous sommes pas entretués, au contraire. Nous nous sommes revus plusieurs fois par la suite, en Jordanie, à Beyrouth, où la police jordanienne l'avait exilé en 1970 après le Septembre noir, puis à Tunis, où nous avons préparé les négociations d'Oslo, les seules qui faillirent aboutir. Enfin, à Gaza.

Ces rencontres servirent-elles à quelque chose ? Peut-être. On ne peut ignorer la poignée de main historique entre Yasser Arafat et Yitzhak Rabin sur le perron de la Maison-Blanche le 13 septembre 1993.

Quant au projet égyptien, Lotfi proposa de faire venir Eliav au Caire, via Athènes, vers le 7 avril de l'année 1970. Il devait me préciser ultérieurement la date exacte. Je prévins Eliav. Tout à la fin du mois de mars, un coup de fil du secrétariat de Heikal me demanda de reporter la date de la rencontre. Puis ce fut le silence. Deux mois plus tard, lassé d'attendre, je demandai à Jean Daniel d'aller voir l'ambassadeur d'Égypte en France, Ahmed Asmat Abdel-Megid. Ce dernier était au courant de nos tractations. Pour lui, Eliav était effectivement la personne la plus apte à mener cette mission à bien : tout aboutirait mais il fallait être patient, l'Égypte avait encore de nombreux problèmes internes à résoudre. Une nouvelle date fut fixée : début septembre.

Cette fois encore, un coup de fil du Caire me fit remettre le rendez-vous : Nasser devait se rendre en Union soviétique – déplacement qui resta très longtemps secret. Le massacre des Palestiniens par l'armée jordanienne, Septembre noir, nous retarda encore. Cette fois, Nasser était occupé à réconcilier Hussein et Arafat au nom de l'unité arabe. Dans une pareille atmosphère, le voyage d'un Israélien en Égypte était plutôt malvenu. Je restai en contact permanent avec Le Caire. Mais être contraint d'attendre que des événements que nous ne contrôlions pas évoluent en faveur de notre projet marquait cruellement les limites de notre entreprise.

Enfin, le journaliste Jean Lacouture me téléphona :

— Nasser est mort, je pars pour Le Caire.

— Nasser est mort ?

Je voulus demander quand, comment, mais il avait déjà raccroché. Nous étions le 28 septembre 1970.

Il fallait repartir de zéro.

Il y a des événements qui marquent une vie et qui, pourtant, à l'instant où ils surviennent, passent inaperçus. Clara, qui avait fait un bilan de fertilité à l'hôpital de la Pitié-Salpêtrière, venait de recevoir les résultats : elle ne pouvait pas avoir d'enfants. Cette nouvelle, qui me bouleverse aujourd'hui alors que je me la remémore, m'avait, sur le coup, paru anodine. Nous avions plein de projets et la vie devant nous. Clara venait de terminer l'écriture des *Palestiniens du silence*. Emballé, l'éditeur Pierre Belfond accepta non seulement de publier le livre mais proposa à Clara la direction d'une collection qu'elle nomma tout naturellement « Éléments ». Les premiers titres furent : *Migrations du récit sur le peuple juif*, de Jean-Pierre Faye, et *Écrits sur le Proche-Orient*, de Noam Chomsky.

Quant à moi, je préparais une exposition de mes tableaux et dessins de la révolte de mai 1968. Marguerite Duras avait accepté de signer la préface du catalogue. L'exposition devait avoir lieu chez Bob et Cheska Vallois, un couple merveilleux et enthousiaste qui venait d'ouvrir, en plus de leur galerie Art déco rue de Seine, une galerie d'art moderne rue Saint-Martin.

En ces temps de liberté, avoir ou non des enfants ne posait pas de problème. D'ailleurs, j'avais des filleuls. Et quand, dans les années 1990, tant d'écrivains se mirent à raconter le monde à leurs enfants, je décidai de raconter le judaïsme à mes filleuls. Cela ne changeait rien au fond et paraissait, dans la forme, plus original. Les trois filleuls à qui je m'adressais, les fils de Bernard-Henri Lévy, Bernard Kouchner et Pierre Verstraeten, m'avaient l'air plutôt satisfaits.

Ce n'est que maintenant, alors que Clara n'arrive plus à parler, que les enfants me manquent. Et, chaque fois que je vais me recueillir sur la tombe de mes parents au cimetière de Bagneux, je me demande qui viendra se recueillir sur la mienne. Madame Barbier, Jocelyne, la fleuriste installée juste en face du cimetière, qui s'occupe de la tombe de Barbara, m'a promis un jour d'être cette personne. Une proposition très touchante.

Décidément, je ne finirai pas de regretter d'avoir entamé ce travail de mémoire. Il aurait été tellement plus simple d'écrire un roman ! Un roman d'amour par exemple. Comme celui que je projetais et qui devait se passer en Chine : *La Juive de Shanghai*. Enfant, j'étais impressionné par le roman de Pearl Buck, *Pivoine*, dans lequel le prix Nobel de littérature racontait les derniers juifs chinois. Trop tard. À ce stade, je ne peux plus reculer. Ma tête, mon esprit sont accaparés par les souvenirs qui surgissent à chaque trait de ma plume. Souvenirs qui s'entrelacent, s'entrechoquent, et ne demandent qu'à être affranchis. Je les délivre donc au fur et à mesure et les regarde, ému, s'encrer sur le papier.

Je viens, à la demande du professeur Sonia Alamowitch, chef du service de neurologie à l'hôpital

Saint-Antoine, d'entreprendre des analyses et des radios de mon cerveau. Il est, paraît-il, comme certaines centrales électriques, surchargé, et risque un court-circuit. J'espère le plus tard possible. Au moins après avoir achevé ce livre. Pourtant, je sens, je sais, qu'en continuant à rédiger mes Mémoires, je prendrai de plus en plus conscience de ma fragilité. Et de l'usure à laquelle je n'ai jamais songé jusque-là. Je crois que, n'ayant pas de famille et vivant en vagabond, je n'ai jamais pris la mesure du temps.

Il m'arrive de me regarder dans la glace et d'essayer de comparer mon visage avec celui que me renvoient les photos d'il y a quelques dizaines d'années ; curieusement, je n'ai pas l'impression d'avoir changé. Est-ce grâce à la présence de Nathalia, la pianiste – le don musical que m'a fait Mstislav Rostropovitch – avec laquelle nous préparons un concert consacré aux musiciens juifs internés par les nazis dans le camp de Terezín ? La mémoire par la musique, c'était son idée. Le concert a eu lieu à la Sorbonne le 27 janvier 2018, jour anniversaire de la libération des camps. Jour de mon anniversaire. Une femme, jeune, qui vous aime, serait-elle capable de vous métamorphoser et de préserver votre jeunesse ? Ne constatons-nous pas que même les glaces d'hiver laissent apparaître des fleurs au soleil du printemps ? Shakespeare prétendait que « jeune sang n'obéit pas à vieux décret ». Peut-être à tort ?

Bref, après la mort de Nasser, c'est la Pologne, la Pologne de mon enfance, qui se rappela à mon souvenir. Les amis que j'y avais laissés m'appelaient à l'aide. En décembre 1970, pour la première fois dans un pays communiste, les chantiers navals de

Gdansk s'étaient mis en grève. Contre la répression armée commandée par Wladyslaw Gomulka, alors dirigeant de la République populaire, les ouvriers grévistes avaient besoin de notre soutien.

En même temps que le bloc communiste, le Proche-Orient bougeait lui aussi. Anouar el-Sadate, qui avait pris la place de Nasser à la tête de l'Égypte, renvoya les conseillers soviétiques. Dans un monde coupé en deux par la guerre froide, il souhaitait changer de cap, et donc de camp. Heikal, toujours lui, fut nommé ministre de l'Information et devint, pour quelques années, son confident. Quant à Arafat, chassé de Jordanie par les Bédouins de la garde du roi Hussein, il se réfugia au Liban. Il était temps de retourner au Proche-Orient.

Clara et moi décidâmes de commencer par Beyrouth. Il nous fallait connaître la position des différents groupes palestiniens. Dans nos pourparlers avec les Israéliens et les Égyptiens, c'était une carte maîtresse. Et nous étions alors les seuls capables de parler avec tout le monde, sans exception.

Beyrouth. Le père d'André Bercoff – notre ami journaliste franco-libanais – nous attendait à l'aéroport. Il nous installa à l'hôtel Alcazar, « juste à côté de l'hôtel Saint-Georges, et moins cher ! ». Puis il nous laissa entre les mains d'un certain Jean-Pierre Sara, homme d'affaires et camarade, comme nous, de son fils. Sara avait organisé une petite réception à notre intention dans sa maison de Saoufar, sur la route de Damas. Il nous commanda un taxi et promit de nous accueillir près d'une pompe à essence à l'entrée du village.

Les gens sont ma drogue. Je ne peux résister à l'appel d'un inconnu. Jusqu'à aujourd'hui, je m'étonne du nombre de personnes qui m'interpellent dans les rues de Paris, Bruxelles, New York ou Jérusalem. Les ai-je un jour connus ? Seuls les êtres vivants donnent un sens à l'espace qui, sans eux, ne serait qu'un espace mort. Pour moi, les événements sont abstraits quand les personnages sont abstraits ; ils ne prennent une véritable dimension que si les personnages se matérialisent. Dans ma peinture, les paysages ne prenaient vie que grâce aux foules qui les peuplaient.

Chez Jean-Pierre Sara, dans sa villa accrochée aux flancs des montagnes qui bordent Beyrouth à l'est, une quinzaine de personnes, qui avaient eu l'occasion de parcourir la revue *Éléments* depuis qu'on la trouvait à la librairie Antoine, s'interrogeaient sur l'avenir de notre action. S'agissant de l'Orient, où tout paraissait mobile, changeant, comme un mirage dans le halo solaire du désert, chacun avait sa propre vision du futur. Concevoir une fédération comprenant Israël, la Palestine, la Jordanie et le Liban, par exemple, pourquoi pas ? Mais comment la réaliser ? Tous semblaient penser que, du fait de nos accointances avec les puissants de la région, Clara et moi étions les mieux placés pour avancer un tel projet.

Marwan Dajani, homme d'affaires palestinien, propriétaire du Strand Building dans le quartier chic de Hamraa et ami d'Arafat, nous contacta le lendemain. Arafat et Abou Iyad, le numéro deux de l'OLP, se trouvaient à Damas et Marwan proposait de nous y amener. Mais un coup de fil de Lotfi el-Kholy, par lequel il nous fit savoir qu'on nous attendait au Caire, contraria ce plan.

L'avion partait le soir même. Nous eûmes cependant le temps de rencontrer, chez le maronite Jad Tabet, architecte et président de l'Union de la jeunesse démocratique libanaise, Fouad Zehil, rédacteur du journal *al-Tarabi*, édition du parti communiste libanais, et un homme rayonnant au sourire timide, Amin Maalouf, qui était journaliste « politique internationale » pour le compte de *An-Nahar*, *Le Jour*. Clara lui suggéra d'écrire un livre pour sa collection. Pourquoi pas un roman ! Elle ignorait alors qu'il entrerait un jour à l'Académie française et que nous serions là pour l'applaudir.

Comme il nous restait un peu de temps, Clara proposa d'appeler Ghassan Kanafani. Il était alors le bras droit de Georges Habache, fondateur et secrétaire général du Front populaire de libération de la Palestine (FPLP), et elle l'avait rencontré lors d'un précédent voyage à Beyrouth avec son amie la journaliste Dominique de Bure. Le FPLP, à l'origine des détournements d'avions et de la médiatisation du terrorisme palestinien, n'était-il pas devenu un élément majeur sur l'échiquier du Proche-Orient ?

Ghassan Kanafani, beau garçon pâle à la bouche soulignée d'une longue moustache noire et nette, nous attendait en compagnie de Bassam Abu Sharif, conseiller de Habache, au siège du FPLP, corniche el-Mazraa, dans un immeuble qui me rappela ceux de Tel-Aviv.

Deux *fedayin* nous firent entrer dans une grande pièce ornée d'une carte de la Palestine où Israël n'existait pas, ainsi que de posters de Guevara et de Lénine. Aujourd'hui, à l'ère de Daech, ce souvenir me fait sourire. À Paris, Jean-Paul Sartre, que Guevara admirait, venait d'être arrêté pour avoir vendu à la criée, devant le métro Bonne-Nouvelle, le journal maoïste *La Cause du peuple*, fraîchement interdit par le gouvernement pour délit d'opinion.

Ghassan Kanafani écrivait des romans et aimait beaucoup les livres d'Amos Oz qu'il lisait en anglais. Il préparait un recueil de courtes nouvelles et se demandait si j'accepterais de les illustrer. Clara en profita pour proposer une rencontre entre écrivains palestiniens et israéliens. Paraissant heureux de cette perspective, Ghassan Kanafani nous raccompagna à notre hôtel dans une Austin 1100 qu'il venait d'acheter avec l'argent d'un prix littéraire. En descendant à fond de train par la route de Raoucheh, il nous dit en être très content, à part des freins...

Je me souviens que nous venions juste d'arriver en Israël après un bref séjour au Caire, quand, près de deux ans plus tard, début juillet 1972, nous avons appris la mort de Ghassan Kanafani, déchiqueté par une bombe qui avait été placée dans la voiture sans freins qu'il aimait tant. Clara était bouleversée. Les Palestiniens accusèrent, comme il se doit, les Israéliens. Et les Israéliens l'Arabie saoudite. « Les salafistes », précisa Moshé Dayan. C'était l'époque où, parrainés par la CIA, les groupes extrémistes religieux s'attaquaient à la présence marxiste en Asie, en Amérique latine, en Afrique et au Proche-Orient. Dieu annonçait son retour dans un fracas de bombes.

Quant à Bassam Abu Sharif, certains médias l'accuseraient d'avoir participé, le 5 septembre 1972, à la prise d'otages des athlètes israéliens lors des Jeux olympiques de Munich. Steven Spielberg, qui en a fait un film, n'a pas trouvé de trace de son nom parmi les terroristes. Mais Abu Sharif fut quand même victime d'un livre piégé qui lui causa la perte d'un œil, d'une oreille et de quatre doigts...

Le Caire, une ville que je suis toujours heureux de revoir. Cette fois, Lotfi nous attendait à l'aéroport. Avec des fleurs pour Clara. En Égypte, rien n'avait changé. Rien ne change. À part le portrait du dirigeant. Le sourire de Sadate avait remplacé celui de Nasser. Nous déposâmes notre bagage à l'hôtel, toujours le même, le Sheraton, au bord du Nil, et partîmes en direction des pyramides où Hussein Fahmy, acteur égyptien proche du président Sadate, nous attendait pour dîner. Il s'était fait construire une maisonnette près de la pyramide de Saqqarah où il recevait ses amis. Ce soir-là, il y avait Mourad Ghaleb, l'ambassadeur d'Égypte à Moscou, alors en vacances. Nous échangeâmes quelques mots en russe.

Hussein Fahmy nous raconta, ponctuées d'un rire énorme et communicatif, des anecdotes sur le règne de Nasser. D'après lui, le monde arabe poursuivait depuis des décennies trois buts : l'unité, l'islam et la liberté. La réalisation de deux de ces buts était toujours au détriment du troisième. Depuis 1971, Sadate, Kadhafi et Hafez el-Assad avaient signé un accord de fédération, l'Union des Républiques arabes, qui devait regrouper l'Égypte, la Libye et la Syrie. Mais la République arabe unie, fusion de l'Égypte et de la Syrie conçue par Nasser en 1958, avec Le Caire pour capitale, venait d'être dissoute et les Égyptiens fêtaient dans la joie la réappropriation du nom de leur patrie.

À minuit, nous étions tous un peu ivres quand une voiture officielle, précédée de deux motards, s'arrêta devant la maison. Hussein Fahmy, surpris, sortit et revint suivi d'un homme dans lequel, malgré la pénombre, je reconnus Sadate. Il se trouvait dans les environs, expliqua-t-il, et voulait faire une surprise à son ami Mourad Ghaleb à qui il souhaitait annoncer, en personne, sa nomination au titre de ministre des Affaires étrangères.

— Mais puisque, ajouta-t-il en anglais, vous avez des invités si sympathiques, je reste un instant pour partager avec vous quelques douceurs.

Sadate avait un regard brillant et malin, et le verbe facile. Il nous questionna sur nos contacts en Israël et sur la politique proche-orientale du président Pompidou. Le président égyptien avait, au milieu du front, la fameuse tache de ceux qui se prosternent souvent dans les mosquées pour rendre hommage à Allah. En Égypte, Dieu était aussi de retour.

Sadate évoqua la bataille aérienne qui avait mis aux prises, au-dessus du canal de Suez, les avions israéliens et égyptiens. Comme si, pour lui, le seul fait que les pilotes égyptiens aient accepté le combat avec « l'ennemi invincible » représentait déjà une victoire. Je le lui fis remarquer.

— Vous savez, dit-il, notre armée n'est plus ce qu'elle était en 1967.

Je lui demandai s'il s'imaginait pouvoir remporter la prochaine guerre.

Il se pencha légèrement vers nous :

— Vous savez, chez nous en Orient, nous aimons aussi la paix. *Salam* est un mot que nous utilisons tout le long de la journée. Mais offrir la paix à quelqu'un est l'expression d'une générosité. Or, pour être généreux, il faut être fort. Autrement, la paix symboliserait la soumission.

Et, en avalant une gorgée de café :

— Nous ne pensons pas gagner la guerre. Il nous suffit de provoquer sur le canal un clash assez dur pour faire peur à tout le monde. Israël comprendrait qu'il n'est pas invincible et les grandes puissances se rendraient compte qu'elles pourraient être entraînées dans une guerre mondiale... Alors on s'affairerait de nouveau autour de nous et on obligerait les uns et les autres au compromis...

Nous nous regardâmes, Clara et moi, en nous posant la même question : était-ce un message pour nos amis israéliens ?

— Alors, j'ai une proposition à vous faire, fit soudain Clara.

Quelque peu surpris, Sadate déposa sa tasse sur la table et fixa Clara avec attention.

— Alors, répéta-t-elle, si votre stratégie réussit, vous pourrez faire ce que personne n'a encore fait dans l'histoire : vous rendre chez vos ennemis d'hier, à Jérusalem, où, à la tribune de la Knesset et sous les projecteurs de tous les médias du monde, vous tendrez la main au peuple d'Israël.

Sadate se redressa et resta ainsi un moment, pensif.

— *Thank you for your suggestion, lady Clara*, dit-il enfin.

Puis il se leva lentement, comme à regret.

— Le devoir du pouvoir, fit-il en riant. Après tout, si vous avez quelques complots à me proposer, je suis votre homme...

Le lendemain, nous embarquâmes pour Chypre, direction Haïfa.

Une fois en Israël, nous prîmes un taxi pour Jérusalem et descendîmes, comme d'habitude, à l'hôtel King David. Julio, prévenu de notre arrivée, nous attendait.

Au moment où j'écris ces lignes, son fils, de passage à Paris, vient me voir. Il m'apprend la mort de Julio. Atteint de la maladie d'Alzheimer, sa femme l'avait placé dans une maison médicalisée. Et, chaque fois qu'il venait avec sa mère lui rendre visite, Julio tenait un livre entre ses mains. Mais à l'envers. L'amour des livres, même tenus de la mauvaise manière, ne disparaît pas avec la mémoire.

Jérusalem, donc. Clara pensait que l'information que nous apportions d'Égypte devait, en premier lieu, intéresser le ministre de la Défense Moshé Dayan. Il nous donna rendez-vous dans un café près du ministère. Il m'ausculta en silence, de son œil valide, et demanda à Clara si elle apportait un message ou une information. D'après son attitude, je compris qu'ils avaient eu une aventure. Une *affair*, diraient les Américains. Après avoir posé quelques questions supplémentaires, Dayan lui demanda son avis à elle. Clara précisa notre idée : si Sadate avait besoin d'une forme de victoire pour justifier des négociations de paix, pourquoi Israël ne se retirerait pas unilatéralement du canal ? Cela apparaîtrait, aux yeux de l'opinion publique égyptienne, comme une victoire. Et nous éviterions d'inutiles victimes.

Dayan trouva l'idée ingénieuse mais typique d'intellectuels. En effet, quelles garanties avions-nous quant à la suite des événements ? Que se passerait-il une fois l'armée israélienne retirée de ses positions le long du canal de Suez ? Il en conclut qu'il valait mieux en parler avec Golda Meir. « C'est elle le Premier ministre et elle aime bien Marek. » Il se tourna alors enfin vers moi et me souhaita bonne chance.

Je me demandais comment Golda Meir allait m'accueillir. Je sollicitais souvent son soutien à des initiatives qui, jusqu'alors, n'avaient pas donné les résultats escomptés. À ma grande surprise, je la trouvai souriante. De toute évidence, ma persévérance commençait à l'amuser. Peut-être pensait-elle, comme moi, que, à force de coups renouvelés, nous finirions même par abattre un chêne.

Déjà informée de notre rencontre avec Dayan, elle voulait avoir davantage de détails sur Sadate, l'homme : sa manière de parler, de se conduire, de s'habiller... Puis elle en vint rapidement à l'essentiel : laisser, ou non, les Égyptiens s'installer sur la rive orientale du canal de Suez. Je développai notre idée. Une force égyptienne, limitée et contrôlée, sans armement lourd, ne constituerait pas de danger pour Israël. L'Égypte avait besoin, pour son prestige et son économie, de rouvrir le canal. Après avoir reconduit les Soviétiques, Sadate devait maintenant prouver que sa politique était payante. Et une telle concession de la part des Israéliens, qu'il transformerait vite en victoire personnelle, lui permettrait, sans aucun doute, de gagner sa bataille intérieure. J'ajoutai qu'Israël avait tout à y gagner. Du point de vue militaire, le canal ne constituait pas un rempart sécuritaire ; on le traversait à la nage comme on traverserait la Seine... Sa réouverture, dans ces conditions, serait le signal d'une normalisation des relations entre les deux pays, entraînant un certain nombre d'accords et d'assurances mutuelles indispensables à son fonctionnement.

Golda m'écoutait, les yeux mi-clos, comme si elle enregistrait mes paroles. Elle était réfléchie et moi impatient. J'avais l'impression d'apporter une solution miracle au conflit, cependant elle aussi exigeait des garanties. Des garanties, toujours. Les Israéliens, disait mon ami Wiesel, plus habitués à croire aux menaces qu'aux promesses, étaient méfiants.

J'observai Golda. Elle était solidement ancrée à sa table de travail, toujours aussi déserte. Le cendrier, posé devant elle, dans lequel une cigarette achevait de se consumer, paraissait énorme. Curieux : j'eus le sentiment qu'elle était restée immobile depuis notre dernière rencontre. Elle ouvrit enfin les yeux, son regard à la fois sévère et plein de tendresse.

Golda m'irritait souvent. Il est même arrivé qu'elle me révolte. Mais je n'ai jamais pu lui en garder longtemps rancune. J'avais pour elle cette inclination que l'on réserve à une mère ou à une grand-mère. Je comprenais sa manière de penser et de réagir – celle des juifs de ma famille ou de mon entourage. Malgré nos divergences, je me suis souvent senti plus proche d'elle que de certains de mes amis dont je partage les opinions politiques.

Combien de fois me suis-je demandé, après avoir entendu dire publiquement qu'Israël devait devenir un « pays normal », accepté par ses voisins, au nom de quoi il fallait absolument être comme les autres pour qu'ils vous acceptent. Valait-il la peine, après tant de luttes, tant de souffrances, de prétendre, au bout du compte, à la normalité ? Je crois que l'amitié que Golda manifestait à mon égard venait de cette préoccupation commune : la continuité. Elle voyait en moi, en plus jeune, les juifs de son enfance à Kiev, qui lui étaient proches et portaient, y compris sous leurs calottes, le rêve de l'universel.

En 1967 ou 1968, avec une délégation du Comité, nous avions été reçus chez David Ben Gourion. Le vieux fondateur de l'État vivait depuis 1953 dans un kibboutz retiré au cœur du désert du Néguev, Sdé Boker. Jean-François Revel, qui était là, en fut très ému. Il rapporta je crois cette rencontre dans un papier paru dans *L'Express*. La délégation avait ensuite rendez-vous avec le maire de Hébron. Je me suis quant à moi attardé chez les Ben Gourion. Paula, l'épouse de David, voulait m'interroger sur l'Ouzbékistan : les juifs boukhariotes étaient son dada.

L'ex-Premier ministre, qui devait se rendre à Tel-Aviv ce jour-là, proposa de me déposer. Sa voiture était confortable, mais, contrairement à celles d'aujourd'hui, pas climatisée. Aussi les fenêtres étaient-elles baissées pour permettre un courant d'air. Ben Gourion avait rendez-vous rue HaYarkon, le long du bord de mer, au siège du Mapaï, qui était sur le point de fusionner avec le tout nouveau parti travailliste, le HaAvoda. À l'entrée de la rue, au feu rouge, non loin de l'ancien bâtiment de l'opéra dans lequel il avait, le 14 mai 1948, fêté la proclamation de l'État d'Israël, une jeune femme s'approcha de la voiture et, se penchant vers moi, dit en yiddish :

— *Dou kimst ?* Tu viens ?

Une prostituée juive ! Et qui, de surcroît, parlait la langue de ma mère ! J'en fus ébranlé. Me voyant tout retourné, Ben Gourion se mit à rire.

— Tu vois que nous sommes enfin devenus un peuple normal, s'exclama-t-il en se tapant la cuisse. Je parie que nous avons même nos propres voleurs !

Sa remarque m'excéda encore plus que la proposition de la jeune femme. Je me suis emporté, avec une telle force que le chauffeur manqua d'emboutir un autobus :

— Mais David, je ne veux pas être normal !

J'imagine que Golda aurait partagé mon émotion.

En attendant, ce jour de printemps de l'année 1972, elle me remercia pour les informations que j'étais venu lui apporter et promit d'en discuter avec ses ministres. En me raccompagnant, elle demanda de but en blanc des nouvelles d'Arafat.

De retour à Paris, quelque peu déçus, Clara et moi rendîmes compte de notre voyage au Comité. Au Pakistan oriental, la guerre d'indépendance du Bangladesh venait de s'achever. Bernard-Henri Lévy en avait fait le récit. Nos comptes étant vides, son père André m'acheta deux tableaux. Je soupçonne qu'il ne les aimait pas particulièrement. Il voulait simplement nous aider. Ce que je n'oublie pas.

L'art. Embarqué depuis si longtemps dans des aventures qui s'enchaînaient et me donnaient le sentiment de pouvoir peser sur les événements du monde, je m'étais éloigné de mon atelier. C'est alors que Martin Peretz m'invita à passer un an à Harvard comme *artist in residence*. L'argent d'André Lévy me permettant d'assurer le nécessaire pour Clara à Paris, j'acceptai. Pourquoi n'ai-je pas proposé à Clara de m'accompagner aux États-Unis, je ne sais. Par manque de moyens, peut-être.

J'aime bien Cambridge, sur Charles River, dans le Massachusetts. C'est à deux pas de Boston mais c'est déjà un autre monde. Plusieurs universités s'y côtoient : Harvard, tout d'abord, le MIT puis Boston University où enseignait Elie Wiesel et où il aurait aimé que j'enseigne moi aussi. Mais, pour cela, je devais m'engager pour au moins deux ans et je n'étais pas prêt.

Le centre de Cambridge se trouvait à Harvard Square, lieu où cohabitaient des restaurants de toutes les couleurs et des cuisines de toutes les origines. Dès mon arrivée, Noam Chomsky, qui enseignait toujours au MIT, me donna rendez-vous Chez Dreyfus, le restaurant français où nous avions pris un café lors de notre première rencontre. J'étais content de pouvoir enfin lui poser la question qui me taraudait : pourquoi soutenait-il des négationnistes comme Robert Faurisson ? « Au nom de la liberté d'expression », me répondit-il. D'après lui, toutes les opinions, y compris celles que nous combattions, avaient le droit de s'exprimer.

— Et si *Mein Kampf* n'avait pas trouvé d'éditeur, aurais-tu aidé Hitler à le publier ?

— Oui, répondit-il après un bref temps de réflexion, quitte à combattre ensuite ses idées les armes à la main, comme l'ont fait certains membres de ma famille pendant la Seconde Guerre mondiale.

Edward Said, théoricien palestinien et professeur à Columbia venu donner une conférence, qui passait par là, s'invita à notre table. Il n'avait pas l'air d'accord avec Chomsky.

La discussion se prolongea. Chacun de nous se prenait pour Voltaire et citait, à tout va, sa défense de Calas : « Je ne suis pas d'accord avec ce que vous dites, mais je me battrai pour que vous ayez le droit de le dire. » On ne sait jusqu'à maintenant si cette citation doit être attribuée à Voltaire ou à l'Anglaise Evelyn Beatrice Hall, qui avait commenté la pensée du philosophe français. Peu importe, la phrase est belle. Mais, répliquai-je, Calas n'avait menacé personne. Il est décidément plus facile de s'indigner que de s'engager. Car si se tromper dans son indignation ne porte pas à conséquence, l'engagement, lui, oui.

Martin Peretz m'installa dans le South House. J'avais un espace où je pouvais travailler et une chambre confortable où vivre. Il voulait que je présente mes œuvres à la Harvard Public Library et me proposa, pour prendre contact avec les étudiants, de donner un séminaire sur l'art et la politique.

Mon arrivée suscita pas mal de curiosité, tant parmi les professeurs que chez les étudiants. Dès qu'on m'apercevait, la salle à manger résonnait de chuchotements. Un jour, à l'heure du déjeuner, une fille plus courageuse que les autres vint s'asseoir à ma table. Elle parlait un peu français et faisait une thèse sur Montaigne. Les cheveux blond foncé, originaire je crois de Virginie, un regard pur et transparent comme un matin de printemps. Elle se prénommait Holly.

— C'est mon anniversaire, aujourd'hui, dit-elle en guise de présentation.

Je lui demandai son âge. Elle avait vingt-deux ans. Je lui souhaitai un bon anniversaire et m'excusai : je devais prendre la navette pour New York où mon ami le peintre israélien Nissan Engel m'attendait pour dîner. Il s'était installé à NYC depuis une dizaine d'années avec sa femme Micky et leurs enfants.

— Dommage, fit Holly.

Nous nous promîmes de nous revoir à mon retour.

Nous avons oublié, aujourd'hui, pétris de contraintes sécuritaires et de précautions pour le moindre vol à prendre, par peur du terrorisme, ces années de liberté où l'on achetait son billet dans l'avion comme on le ferait dans un autobus parisien.

Nissan Engel habitait un vaste studio à La Guardia Place, à deux pas de Washington Square que j'avais connu, mais à une autre époque, grâce au roman éponyme de Henry James. C'est là que se trouvait l'université de New York où mon ami Tom Bishop a installé son Centre de civilisation et de culture françaises.

Nissan me montra ses œuvres et me parla des nouvelles tendances dans l'art d'alors. Il était tout à son affaire. Je l'enviais. Le lendemain, il me présenta même la star de l'art conceptuel, Dennis Oppenheim. Depuis ce week-end, nous instaurâmes une tradition de rencontres hebdomadaires. Nissan et Micky me réservèrent un lit au fond de l'atelier.

Mais comment être à New York sans revoir Sam LeFrack, mon « collectionneur », et Bob Silvers de la *New York Review of Books*, toujours aussi curieux des nouvelles du Proche-Orient ? Je tenais aussi à revoir deux journalistes que j'avais connus à Paris alors qu'ils y étaient correspondants : Mel Elfin, rédacteur en chef de *US News and World Reports*, et Ben Bradlee, du *Washington Post*, qui joua un rôle décisif dans l'affaire du Watergate. Tous deux m'aideraient par la suite quand, troquant le pinceau pour la plume, je publierais *La Mémoire d'Abraham*.

En attendant, j'étais toujours peintre. J'avais donc apporté à Bob un album de mes dessins des barricades de Mai 1968, autour desquels le cinéaste Alain Jomy avait réalisé un court-métrage de dix minutes, *Croquis de mai*, commenté par Maurice Clavel.

— J'aimerais voir ce film, fit Bob. Il y a une salle de projection à quelques mètres d'ici.

Aussitôt dit, aussitôt fait, il prit le téléphone :

— J'ai réservé la salle pour ce soir, 19 heures. J'espère que tu as la pellicule avec toi.

Je l'avais.

Ce soir-là, Bob m'avait réservé une surprise : il m'attendait en compagnie de Hannah Arendt. Femme frêle, au regard noir, intense. La voir en chair et en os m'impressionnait. Elle avait, dit-elle, entendu parler de mes engagements. Elle aussi cherchait une solution pacifique au conflit du Proche-Orient. Quant à moi, j'avais lu, comme tout le monde, son essai sur le procès d'Eichmann.

Le film n'était pas mal, mais je crois qu'il n'intéressa guère Hannah Arendt. Après quoi, Bob Silvers nous invita tous les deux à dîner non loin de la salle de projection, au Russian Tea Room, un restaurant très en vogue à l'époque qui se trouvait à deux pas du Carnegie Hall, la fameuse salle de concert, sur la 57e Rue. Nous nous y rendîmes à pied.

Dans ce restaurant une autre surprise m'attendait : David Oïstrakh. Mon petit violon de Varsovie n'avait pas fini de me poursuivre… et de griffer des sons étranges sur ma mémoire.

Le violoniste conversait en effet avec quelques personnes à une table voisine. Peut-être venait-il donner un concert au Carnegie Hall ? Robert, à qui j'avais raconté mon aventure musicale, la résuma pour Hannah Arendt. Elle me suggéra d'aller parler à Oïstrakh. Le violoniste me prit pour l'un de ses fans venus quémander un autographe. Visiblement déçu, il m'écouta cependant avec un sourire bienveillant. Il ne se souvenait bien sûr pas de notre lointain incident ouzbek. Je fus déçu à mon tour et revins à notre table, tête basse. Après ce second affront, je me crus cette fois-ci définitivement fâché avec la musique. Mais rien n'est écrit d'avance, pas même ce que l'on écrit soi-même.

Hannah Arendt remarqua mon désappointement. Pour me distraire, elle essaya de nous mettre sur les rails d'un sujet plus universel : où devait s'arrêter le droit d'expression ? Bob se demanda ce qu'il adviendrait lorsque *Mein Kampf* serait libre de droits. Je leur fis part de ma controverse à ce sujet avec Noam Chomsky. Hannah Arendt n'était pas tout à fait de son avis. Elle aurait bien vu un procès d'Hitler post mortem, avec *Mein Kampf* comme pièce à conviction.

Nous avions dû alors élever la voix car plusieurs têtes se tournèrent dans notre direction. Un garçon vint nous demander si nous avions besoin de quelque chose. Je vis un monsieur aux cheveux blancs se pencher vers David Oïstrakh. Il lui signala, je suppose, la présence au restaurant de Hannah Arendt. Le violoniste se leva et vint nous saluer. Après quelques amabilités échangées entre la philosophe et lui, Oïstrakh s'excusa auprès de moi de n'avoir pas gardé en mémoire notre lointaine rencontre. Quand il eut rejoint sa table, Robert Silvers m'assura, en riant, que, cette fois, il s'en souviendrait.

Que dire ? On n'échappe pas à l'attraction qu'exercent sur nous les célébrités. Je passai après cela une très bonne nuit.

Le lendemain, je retournai à Cambridge. J'aime, chez les étudiants américains, cette curiosité permanente où l'Européen croit reconnaître une incurable naïveté mais qui témoigne plutôt d'une grande disponibilité d'esprit. Comment, me questionnaient-ils, l'artiste peut-il se contenter d'être le témoin de son temps ? Poser un regard sur la société ne devait-il pas, obligatoirement, conduire à une action politique ? L'artiste peut-il véritablement influencer la marche des événements ? Même si ces débats suscitaient davantage de questions que de réponses, ces discussions avec les étudiants m'étaient chères et leurs inlassables « pourquoi » m'obligeaient finalement à tenter de me situer par rapport au monde dans lequel je vivais.

Deux mois après mon installation à Cambridge, je reçus un coup de fil de mon ami le docteur Robert Zittoun : Clara, qui se trouvait en Israël pour un reportage, s'était évanouie chez des amis à Jaffa.

Les amis en question l'avaient mise dans un avion pour Paris. Je lui demandai de l'ausculter et, s'il n'y avait pas de contre-indication médicale, de la mettre à son tour dans l'avion, mais pour Boston.

L'arrivée de Clara provoqua un certain remue-ménage dans ma vie à Harvard. Clara avait à l'époque une chevelure bouclée et rouge qui lui allait bien. Elle ne passait pas inaperçue. Holly dut déménager. Quant à moi, je mobilisai une équipe de médecins pour qu'ils diagnostiquent la raison des malaises de Clara.

Nos rapports étaient insolites : un profond attachement réciproque, sans plus aucun désir sexuel. Depuis quand nos chairs ne pouvaient-elles plus se rencontrer ? Peut-être depuis l'annonce de sa stérilité. Comme si un corps incapable de reproduction ne pouvait plus susciter de plaisir. Et pourtant, nous tenions l'un à l'autre. Son opinion, son adhésion à mes idées et projets, ou son rejet, son regard prodigieusement affûté m'étaient essentiels. Avant tout, il me fallait séduire Clara. Elle devint alors un peu la fille que je n'avais pas. Je m'occupais de ses essais, de la revue *Éléments* qu'elle dirigeait, de sa garde-robe, de ses envies. Néanmoins, malgré l'attention et les soins que je lui prodiguais, elle ne pouvait s'empêcher d'être jalouse. Nous avions parfois des scènes d'une violence comparable à celles entre Richard Burton et Elizabeth Taylor dans *Qui a peur de Virginia Woolf ?* et qui interloquaient les amis qui y assistaient.

À peine Clara avait-elle posé un pied dans ma pièce de South House qu'elle avait senti, sans aucune preuve, une présence féminine. Pour éviter une crise, je l'emmenai à New York. Nous prîmes une suite au Plaza où le propriétaire, ami de Sam

LeFrak, nous fit un prix. Sam m'avait trouvé, peu de temps avant, deux nouveaux collectionneurs, ce qui me permit de séjourner avec Clara dans cet hôtel où furent filmées les dernières scènes d'un film de Sydney Pollack que j'adore : *Nos plus belles années*, avec Robert Redford et Barbra Streisand.

Barbra Streisand. Nous la croisâmes le lendemain de notre arrivée au Plaza : elle avait rendez-vous avec mon ami Isaac Bashevis Singer pour parler de sa nouvelle *Yentl* qu'elle voulait porter à l'écran. Plus tard, il accusa l'actrice d'avoir gâché le film qu'elle réalisa dix ans après. La vie est tout de même bougrement drôle !

Nous apprîmes alors, par la télévision américaine, que l'armée égyptienne avait attaqué Israël. Je me rappelai les propos de Sadate chez Hussein Fahmy. Je savais que les grandes puissances contrôlaient la situation. J'avais même le sentiment que les événements ne les surprenaient pas. Elles laisseraient faire, jusqu'au moment d'intervenir à leur avantage.

Pourtant, j'avais peur. Impossible de me défaire de la mémoire, de la culture, de l'histoire dont j'étais tributaire. La date parlait d'elle-même : c'était Kippour.

Yom Kippour en guerre, j'avais déjà connu. En 1939, à Varsovie, en ce même jour de Grand Pardon, la vie s'était arrêtée. Cette année-là, Hitler avait décidé d'ajouter ses flammes personnelles à celles des bougies que les femmes allumaient à la mémoire des morts dans tous les foyers juifs. Pendant des heures, des centaines de Messerschmitt avaient bombardé la ville en piqué. Les maisons et les synagogues brûlaient. Les juifs pieux, le châle de prière encore sur les épaules, couraient dans les rues éclatées où appelaient les blessés ; ils cherchaient leurs femmes, leurs enfants, leurs amis au milieu des explosions, des pleurs, des cris – la peur.

Le 6 octobre 1973, l'armée égyptienne franchit le canal de Suez alors que les juifs se recueillaient dans les synagogues. Ces deux moments de l'histoire étaient sans doute sans rapport, hormis, pour les forces adverses, la volonté de surprendre, mais personne n'est maître de ses souvenirs. Aussi, tandis que je regardais les journaux télévisés, j'entendais au fond de moi hurler les avions d'autrefois.

À New York, le Conseil de sécurité des Nations unies s'était réuni d'urgence. Mohamed Hassan el-Zayat, qui avait remplacé, pour je ne sais quelle raison, Mourad Ghaleb au poste de ministre des Affaires étrangères égyptien, résidait à l'hôtel Pierre. Abba Eban, son homologue israélien, dans le même hôtel que nous, au Plaza. Ils n'auraient eu qu'à traverser la 5e Avenue pour se rencontrer. Je me mis en relation avec l'un, puis avec l'autre. On me fit traîner. J'insistai. Je passai deux semaines à essayer en vain d'établir le contact entre Arabes et Israéliens.

Quinze jours après le début de la guerre, Edgar Morin, venu donner des conférences à l'université de New York, me prévint que Marguerite Duras, qui se trouvait, elle aussi, en ville, tenait absolument à me voir. Je l'appelai. Nous prîmes un verre dans un petit bar bruyant de Greenwich Village.

— Tu crois qu'ils tiendront le coup ? demanda-t-elle.

— Qui ça « ils » ?

— Les Israéliens.

— Je pense que oui, mais il leur faudra payer cher, cette fois.

Elle pencha vers moi son visage de statue inachevée :

— Tu comprends, je ne peux pas parler de tout cela avec les camarades ; ils sont tellement anti-israéliens ! Ils savent bien ce que je pense ; ils disent que je suis une juive d'adoption… Quand ils commencent à déconner sur Israël, impérialisme et tout le charabia, moi je me bouche les oreilles… Je leur dis que c'est par solidarité juive…

Elle se mit à taper du poing sur la table, en répétant :

— Solidarité juive ! Solidarité juive ! Solidarité juive !

Surprises, plusieurs personnes tournèrent la tête dans notre direction. Elles ne nous connaissaient pas.

J'achetai *Le Monde* : en France, la gauche s'était mobilisée en catastrophe pour monter, en toute bonne conscience, les uns contre les autres. J'enrageais. J'appelai Pierre Viansson-Ponté pour lui dire que je voulais écrire un article pour son journal.

— Vas-y, mais fais vite !

Sur le champ de bataille, la situation évoluait rapidement : Arabes et Israéliens venaient d'accepter le cessez-le-feu. El-Zayat et Eban s'étaient enfin parlé de part et d'autre de la 5e Avenue ou du canal de Suez.

Sadate avait raison : les Égyptiens avaient montré qu'ils savaient combattre, ils pouvaient enfin faire preuve de générosité et accepter les négociations de paix avec leur ennemi israélien.

Au lieu de me réjouir, la nouvelle m'agaça. Fallait-il ces milliers de morts pour que les deux adversaires acceptent ce que nous leur proposions depuis si longtemps ? À quoi avaient servi nos voyages répétés au Caire, à Jérusalem et à Amman ? Nos heures de palabres ? Maintenant que Juifs et

Arabes se parlaient, avaient-ils encore besoin de nous, les passeurs, les intermédiaires ?

Nous ne nous doutions pas que la paix définitive n'était pas encore au rendez-vous, mais nous savions que nous retournerions là-bas un jour. Bientôt peut-être.

Cette aventure nous avait permis de réfléchir sur les erreurs que nous avions pu commettre. Pourquoi fallait-il tant de jeunes morts pour rapprocher les belligérants, comme nous l'avait annoncé Sadate, plutôt que nos paroles ? Nous étions pourtant bien placés pour inciter les Égyptiens et les Israéliens à se parler, nous connaissions presque tous leurs dirigeants. Non seulement ils nous faisaient confiance, mais surtout chacun d'entre eux croyait au bien-fondé de nos démarches. Alors pourquoi avions-nous échoué ? Peut-être à cause de l'idée que nous nous faisions de l'universalisme.

Nous partions d'un principe simple : jaune, blanc, rouge ou noir, l'homme est le même partout. Nous sommes donc bien égaux. Mais nous savions aussi que nous n'étions pas tous pareils. Chaque groupe a ses traditions, son histoire...

Nos dirigeants, parce qu'ils continuent à penser que nous sommes tous pareils, s'octroient le droit de donner des leçons de morale au monde, aux Africains, aux Arabes, aux Russes. Qu'ils relisent plutôt le *Jules César* de Shakespeare : « Tout ce qui se ressemble n'est pas identique. »

Pourquoi ne pas le dire ? Avons-nous peur d'être taxés de racistes ou de communautaristes ? L'analyse de Sadate s'appuyait sur le particularisme égyptien, sur ce qui sépare les hommes, non sur ce qui les unit. Chacun a raison à sa manière. De notre point de vue, l'amour d'une mère, égyptienne ou israélienne, est le même, quelles que soient son histoire et ses traditions. Pour Sadate, c'est l'Orient, l'islam : impensable de demander la paix sans passer pour le faible. Mais le plus fort, lui, peut accorder la paix sans risque pour son honneur. Vainqueur magnanime, il l'offre à son ennemi. En effet, dès que Sadate put revendiquer une victoire, il se sentit libre de réaliser ce que Clara lui avait suggéré peu de temps avant au pied des pyramides : se rendre à Jérusalem et s'adresser aux Israéliens depuis leur propre Parlement.

Comment alors rapprocher des hommes en guerre s'ils dépendent autant de cultures contradictoires ? Les choses ne sont pas si tranchées. L'homme reste l'homme, au-delà de sa nationalité. Il est travaillé par les mêmes pulsions et partage parfois les mêmes intérêts. Aussi peut-on prévoir certaines de ses réactions. Anouar el-Sadate fut assassiné en 1981 par un fanatique musulman qui s'opposait à la signature de paix avec Israël. Tirant la leçon de cet événement dramatique, Carmi Gillon, chef des services secrets israéliens, prévoyait une réaction similaire à l'encontre de Yitzhak Rabin de la part d'un fanatique israélien qui désapprouverait les accords de paix avec les Palestiniens. Il prévint Rabin. Le Premier ministre, je me souviens, ne voulait pas croire qu'un tel acte soit possible en Israël : il refusa la protection particulière qu'on lui proposait. Le 4 novembre 1995, à l'issue d'un rassemblement pour la paix sur la place des Rois d'Israël, à Tel-Aviv, un juif extrémiste l'assassina.

L'enseignement à tirer de cette histoire est limpide : si nous voulons aider quelqu'un, nous devons d'abord savoir à qui nous avons affaire.

Toutes les religions prônent la charité, encore faut-il la pratiquer avec discernement, connaître les réels besoins du bénéficiaire. À gaver un affamé d'une nourriture qui ne lui convient pas, on risque de le tuer plus que de le sauver. Il nous arrive de nuire malgré nos généreuses intentions. Aussi avons-nous appris, Clara et moi, à nous documenter sur les mœurs de chaque pays du Proche-Orient que nous devions visiter, à connaître son histoire et même sa cuisine.

Un jour, dans un restaurant à Ramallah, je commandai du *maghlouba*, un plat fait de riz et d'aubergines, mélangé avec du chou-fleur, des carottes et de la viande d'agneau, le tout cuit dans une cocotte et que l'on retourne pour le servir. Je déjeunais avec le grand poète palestinien Mahmoud Darwich. Mon choix le surprit :

— D'où connais-tu le *maghlouba* ? Tu sais que la recette date du XIIIe siècle ?

— Mais oui, dis-je. J'y étais.

Il rit :

— Alors, nous y étions ensemble.

Quel meilleur moyen de comprendre un peuple que de savoir ce qu'il mange ? Je suis tout de même assez imprégné de culture française pour savoir que l'on partage plus que de la nourriture lorsque l'on prend un repas ensemble.

Je voulus aller plus loin et inventai une « salade de la paix ». Elle mêlait des avocats et des oranges de Jaffa pour le côté israélien, de la pastèque et des pois chiches, qui servent à préparer le houmous des pays arabes. Le tout assaisonné à la française. Pierre Mendès France en raffolait. Hasard et symbole, c'est ce même plat que j'avais préparé pour Bernard Kouchner le soir où il découvrit, au téléphone, la guerre au Biafra et décida de partir soigner les assiégés.

Pendant la Seconde Guerre mondiale, on enseignait l'histoire et la langue allemandes dans les écoles de l'Union soviétique. « Connais ton ennemi », dit le proverbe russe. Nous sommes devenus plus efficaces. C'est avec son ennemi que l'on fait la paix.

Le 25 octobre 1973, un accord intervint au kilomètre 101 entre Égyptiens et Israéliens : il sauva la IIIe armée égyptienne encerclée par les chars du général Sharon. Le désengagement des forces aux abords du canal de Suez fut quant à lui négocié par Henry Kissinger, après de nombreuses tractations, fin mai 1974. On vit dans le Sinaï des généraux ennemis se serrer la main et de simples soldats échanger les photos de leurs enfants. On vit aussi, dans les rues du Caire comme dans celles de Tel-Aviv, de nouvelles veuves et de nouveaux jeunes hommes estropiés. Combien de vies auraient-elles pu être épargnées ? L'accord sur le canal était précisément celui que nous avions suggéré quelques mois avant la guerre. « C'est cela la politique ! » nous avaient alors répondu Heikal et Dayan. L'un et l'autre avaient dû quitter le pouvoir.

Clara et moi rentrâmes à Paris plus tôt que prévu. À la grande satisfaction de ma mère qui, depuis la disparition de mon père, se sentait un peu délaissée.

Ma mère était une poétesse yiddish, belle et d'un optimisme à toute épreuve. À Varsovie, sous la botte nazie, elle avait écrit ces vers :

Ne pleure pas mon enfant,
Ne pleure pas mon enfant,
Parce que le jour est gris,
Parce que le jour est laid,
Et les nuages menaçants.
Sache qu'au-dessus des nuages,
Le ciel est toujours bleu,
Toujours bleu.

La presse yiddish publiait ses poèmes. C'était de petits journaux comme *Unser Wort, Notre parole*, tirés à quelques centaines d'exemplaires à New York, en Israël ou à Paris. Jusqu'à sa mort, elle écrivit pour des lecteurs qui n'existaient plus, disparus dans la fumée de la Shoah.

Elle avait une haute opinion du savoir et fut très malheureuse que son fils n'ait pu aller à l'école. C'est un peu pour elle, je pense, que j'ai accepté la proposition de Marty Peretz de me rendre à Harvard. Je tenais à montrer à ma mère que, même sans diplôme, on m'invitait dans l'une des plus prestigieuses universités, et que si je voulais quelque chose, je pouvais l'obtenir.

De retour à Paris, je me rendis compte qu'elle avait informé tous ses amis : son fils avait du succès. Je l'avoue, cela me fit plaisir. Jusque-là, je ne lui avais pas fourni beaucoup de satisfactions.

Quelques jours plus tard, nous devions dîner ensemble. Je ne sais quel sentiment d'urgence me fit arriver chez elle bien plus tôt que nous n'en étions convenus. La dernière fois, elle m'avait paru pâle et ses mains tremblaient. Un médecin lui avait prescrit des analyses et je devais l'accompagner au laboratoire. Je sonnai. Pas de réponse. Je sonnai à nouveau, frappai. Rien. Au bout d'un moment, je perçus un faible soupir. Je me penchai pour regarder par le trou de la serrure et vis ma mère à terre, qui s'efforçait d'atteindre la porte.

Des ouvriers turcs, qui travaillaient dans l'immeuble, vinrent à ma rescousse. Nous essayâmes en vain de défoncer la porte. La voisine d'en face suggéra d'appeler plutôt les pompiers. Ceux-ci passèrent par la fenêtre, déposèrent ma mère sur son lit et nous firent entrer. La mort rôdait dans la chambre. Mes amis médecins, contactés au téléphone, conseillèrent aux pompiers de transférer ma mère à la Pitié-Salpêtrière.

Je découvris à cette occasion la vie à l'hôpital. Trente patients dans un couloir, trois ou quatre lits par chambre, des malades sans identité, la négligence.

Le diagnostic fut vite dressé : hémorragie interne, cirrhose hépatique. Trois mois à vivre. « Il y a peu d'espoir », dit un jour le patron, tout de blanc vêtu, entouré de sa suite : assistants, internes, externes, infirmiers… « L'évolution de la maladie n'est pas encourageante. »

Un peu plus tard dans l'ascenseur, l'interne crut devoir me préciser :

— Vous avez entendu le patron. Ce n'est pas encourageant. Il y aura accumulation de gaz, puis viendra l'agonie.

Pourquoi n'apprend-on pas à ces médecins à parler aux malades, à leurs parents et amis ? Ne savent-ils pas qu'un mot juste peut être aussi essentiel qu'une piqûre ?

L'infirmière qui devait faire à ma mère une centième perfusion n'y arrivait pas : les veines étaient déjà trop abîmées. Elle en trouva enfin une, toute petite, mais l'aiguille lui fit terriblement mal. L'infirmière sortie, ma mère m'appela d'un regard et chuchota :

— J'ai entendu ce que t'a dit le médecin tout à l'heure. Il a raison… La vie me quitte à chacun de mes souffles. Il est temps d'en finir. Dieu ne sera pas plus heureux de me voir partir en souffrance.

Et, après un silence :

— Débranche ce tuyau, s'il te plaît.

Son regard me suppliait. Je fis ce qu'elle me demandait. Soudain apaisée, elle me demanda sa trousse de maquillage. Elle se fit belle et m'autorisa à faire entrer ses amis qui attendaient dans le couloir.

Nos papiers d'identité ayant été trafiqués à plusieurs reprises au gré de nos pérégrinations, je n'ai jamais su quel âge elle avait. Elle voulait paraître jeune et y réussissait à la perfection. Aussi, quand je commandai sa pierre tombale, je demandai au marbrier de n'inscrire que la date de son décès. Aujourd'hui, sa tombe, à côté de celle de mon père au cimetière de Bagneux, est la seule à ne pas mentionner d'année de naissance.

J'étais orphelin. Entre la mort et moi, il n'y avait plus personne, aucune barrière. Comme un réserviste tout à coup en première ligne. Combien me restait-il ? Dix ans ? Deux ans ? Quelques jours ?

Le temps. Qu'y faire, sinon l'organiser, le remplir, le bourrer au maximum. Comme un comptable soigneux, j'ai fait des bilans, dressé l'ordre de mes priorités.

Stupéfiant. Au moment où je décris la mort de ma mère, je me rends compte que, dans la pièce d'à côté, Clara se meurt à son tour. Et moi qui croyais qu'elle attendrait que je termine le récit de ma vie, de notre vie. J'aurais tant aimé qu'elle l'entende. Qu'elle dise ce qu'elle en pensait, comme elle l'a toujours fait. J'espérais que la mort nous laisserait tranquilles, le temps de l'écriture. Qu'elle n'oserait pas passer le seuil de la porte. J'avoue avoir même freiné le tracé de ma plume sur le papier pour permettre à Clara de rester plus longtemps en vie. Présomptueux. À ce jeu-là, ne partons-nous pas perdants ? À qui la faute ? À moi, le conteur devant les vivants ? À Clara qui n'a pas suffisamment résisté ? À Celui qui nous regarde et décide de nos destins ? Ou, comme le disent certains, aux lois (pourtant modifiables) de la nature ?

Ma mère est morte le 30 décembre 1974. J'avais trente-huit ans et j'étais orphelin. Je ne savais pas alors, je ne pouvais bien sûr pas imaginer que, un jour, je serais veuf. Je savais en revanche que la mort me guettait. Et cela depuis l'image, que j'ai encore devant les yeux, de ce cheval agonisant, touché par une balle nazie et dépecé par les voisins affamés, rue Smocza à Varsovie.

La mort : et en attendant ? Je me rends compte aujourd'hui que, en attendant, je n'avais rien trouvé de mieux que de m'enfuir. Comme le *khan* de Kokand dans le récit du vieil Ouzbek de mon enfance.

Mon galeriste Peuser à Buenos Aires me dénicha une émission de télévision, espérant grâce à elle vendre les quelques tableaux qui lui restaient de ma dernière exposition.

Je repartis pour l'Argentine. Je n'y étais pas allé depuis vingt ans. Perón, expulsé par un putsch militaire – on dirait aujourd'hui « dégagé » – un an après ma propre expulsion, était de retour. J'avais quelques jours libres avant l'inauguration de l'exposition de mes dessins de la révolte de mai 1968 au musée d'Art moderne de São Paulo. Clara, qui évitait de prendre l'avion, devait me rejoindre au Brésil par bateau. Trois semaines en mer ! Mais elle aimait cela.

Pendant ce temps-là, en France, Giscard affrontait Mitterrand pour l'élection à la présidence de la République.

Sous mon avion s'étendait le bleu de l'océan. De mon hublot, je suivais l'infime sillage blanc égratigner le vide fluide de l'eau. Et si c'était le rafiot de mon premier voyage ? Cela n'avait pas de sens. Même en Boeing, on ne rattrape pas l'histoire. Ce voyage supersonique rejette mon passé au temps révolu des bateaux de ligne.

Durant toutes ces années, j'avais suivi d'aussi près que je l'avais pu ce qui se passait en Argentine. Des lettres et des rencontres m'avaient appris que mon oncle Israël était mort, que mes cousins avaient de grands enfants, que Juan Gelman dirigeait un quotidien et Eduardo Galeano la revue de renom *Crisis*.

Deux ans avant ce voyage, un critique d'art m'avait apporté un tract des FAP, les Forces armées péronistes : le commando Che Guevara avait détourné un camion dont la provision de lait avait été distribuée dans le quartier portuaire Avellaneda. Il avait, en outre, dévalisé le magasin de jouets Nellilandia pour les distribuer aux enfants des quartiers défavorisés. Ce qu'avaient fait, le 8 mai 1970, les maoïstes français de la Gauche prolétarienne avec les produits du magasin Fauchon, place de la Madeleine à Paris. « Il faut rendre au peuple ce qui lui appartient », disait le tract. Une action fort généreuse mais qui a quand même fait une victime : le gardien du magasin de jouets. Était-elle signée de mes anciens camarades ?

J'ai perdu certains visages de cette époque. À présent, je dois m'appliquer à retrouver des noms, des scènes, des lieux… Je confonds parfois les rues et les moments de plusieurs villes. Vingt ans se résumeraient donc à cette égratignure blanche, en bas, sur l'océan ?

Ma tante Regina avait l'air tellement heureuse de me retrouver. J'étais ému aux larmes de la voir ainsi. Elle espérait que j'accepte de venir habiter chez elle. Elle se sentirait ainsi moins seule, du moins pour quelques jours. Elle se plaignit de ce que ses fils ne venaient plus la voir. Mes cousins protestèrent. Ensuite, Marcos nous promena en voiture dans la ville : Avenida 9 de Julio, avec son obélisque, Avenida Corrientes, Calle Cangallo…

« Tu reconnais ? » demandait-il sans cesse. Je me souvenais, oui. Vaguement. Je me souvenais surtout de la Genèse et de l'avertissement des anges à Loth, le neveu d'Abraham, et à sa femme, fuyant tous deux la ville de Sodome, condamnée à disparaître : « Ne regarde pas derrière toi. » La femme de Loth, qui ne suivit pas le conseil, fut transformée en statue de sel. Elle domine encore la mer Morte du haut du mont Sodome.

La vaste salle du restaurant de la Calle Lavalle où mes cousins m'invitèrent était remplie de tables carrées recouvertes de nappes blanches. Une dizaine de garçons en veste bleu clair s'affairaient sous un portrait géant de Perón. Marcos m'apprit que plus de 3 millions de personnes étaient venues accueillir le retour du président à l'aéroport d'Ezeiza le 20 juin 1973. Et 150 étaient mortes. Des Français, disait-on alors, avaient tiré sur la foule. Des tueurs de l'OAS, payés par des péronistes de droite, pour faire peur aux péronistes de gauche.

Buenos Aires, donc. Marcos me déposa à l'hôtel. Je restai un bon moment sur le balcon de ma chambre. Il faisait frais. La ville avait changé de voix. Davantage de bruits de moteurs, moins de musique. Le tango manquait au paysage. En Argentine, comme en France, la télévision avait bouleversé les habitudes. Je ne retrouvais pas, à regarder les Argentins se presser sur les trottoirs, la démarche et le tempo d'antan.

J'aperçus soudain trois hommes armés de mitraillettes bousculant un autre, en pyjama celui-là, vers une grosse Ford aux portières ouvertes. L'homme en pyjama se débattit, appela « Antonia ! Antonia ! », prit un coup de crosse sur la tête, s'effondra. Les autres le rattrapèrent, l'enfournèrent dans la voiture. Une femme sortit en courant de l'entrée d'une maison voisine. Elle était en robe de chambre, toute décoiffée. Elle criait :

— Juan ! Juan !

Elle eut juste le temps de s'agripper à l'un des ravisseurs au moment où il s'engouffrait à son tour dans le véhicule. L'homme la repoussa violemment. Je fonçai vers l'ascenseur. En bas, à la réception, le gardien de nuit n'avait pas bougé. La femme, elle, était toujours par terre.

— *Es mi marido !* expliqua-t-elle à un petit groupe qui s'était formé autour d'elle. *No hizo nada.*

Je m'approchai et lui tendis la main.

— Je vous crois, dis-je.

D'autres personnes arrivèrent, des voisins, des passants.

— *¿Qué pasó ?*

La femme agrippa ma main et se releva.

— Je vais rentrer chez moi, dit-elle. Je téléphonerai à mon frère. Nous irons ensemble à la police.

Elle tremblait de peur.

Le cercle de curieux s'ouvrit devant elle. Une femme apparut, plus âgée, cheveux blancs. Elle la prit par le bras :

— Laissez, me dit-elle, je m'en occupe.

Je me souviens avoir bêtement répondu « *gracias* », « merci ».

Un policier s'approcha à son tour. Petit, maigre, moustache courte, épaules tombantes et mains dans le ceinturon. Il me demanda si je résidais à l'hôtel. Je lui répondis que oui et que j'étais français. Il me tapota l'épaule et me conseilla, l'air plutôt amical :

— *No te metas*. Ne t'en mêle pas.

J'ai longtemps retourné ce « *no te metas* » dans ma tête. Je comprenais ce qu'avaient dû ressentir les Français en voyant, pendant l'Occupation, leur propre police rafler leurs voisins, juifs ou résistants. De là mon admiration à l'égard de ceux qui osèrent braver à la fois leur peur et la prudence des autres. De là, mais ce fut des années plus tard, l'idée de réaliser un film dédié aux Justes, ces femmes et ces hommes qui sauvèrent des juifs pendant la guerre. J'avais à cœur de partager cette aventure du Bien. J'ai parcouru l'Europe à leur recherche. Beaucoup étaient déjà morts. Les témoignages que j'ai pu recueillir – ces actions que nous admirons sans avoir le courage de les imiter – donnent une vision inattendue de l'humanité. Une belle leçon !

Quelques années après cet épisode à Buenos Aires, l'Argentine me dispensa un enseignement bien douloureux. J'appris là-bas que la parole, cette arme absolue contre le mal, mon arme de prédilection, pouvait aussi tuer.

À la fin de l'année 1977, on m'apprit que la police argentine avait enlevé ma petite-cousine Anna-Maria, fille de Margot. Ainsi que son mari Mario Isola, professeur à l'université de Córdoba. Elle était l'arrière-petite-fille de mon grand-père Abraham, combattant de la révolte de Varsovie. Cet enlèvement m'atteignit au plus profond de mon être. Je ramassai tous les mots en ma possession et publiai des articles dans la presse française et étrangère, je mobilisai hommes politiques et présidents. Jimmy Carter envoya une première commission d'enquête à Buenos Aires. Je lançai une campagne pour le boycott de la Coupe du monde de football qui devait se tenir en Argentine. L'analogie entre le sport et les droits de l'homme n'allait pas toujours de soi mais, cette fois, cela marcha. Les mots seraient-ils comme les abeilles, miel et aiguillon ?

Certains, pourtant, me désapprouvèrent. Je me souviens d'une dispute en direct à la télévision avec Bernard Pivot, sous l'œil d'Anne Sinclair. Bernard Pivot, grand amateur de sport, refusait de mêler le football à la politique. J'évoquai alors les Jeux olympiques de Berlin organisés par Hitler en 1936. « Chaque événement est unique », me répondit-il. Il n'avait pas tort, mais nous étions tributaires de milliers d'événements uniques.

La Coupe du monde de football eut lieu en juin 1978. Néanmoins, la terre entière parla des torturés du ministère argentin de la Marine, des cadavres des « vols de la mort » que l'on retrouvait à la dérive sur le río de la Plata, enfin de l'enlèvement de ma petite-cousine Anna-Maria.

Dès son arrivée à Buenos Aires, l'équipe de France, Dominique Rocheteau en tête, avait protesté contre la terreur que faisait régner la junte militaire. L'équipe néerlandaise, qui avait remporté la deuxième place derrière l'Argentine, refusa de recevoir son trophée des mains du dictateur, le général Videla, qui m'avait d'ailleurs insulté un mois auparavant, lors d'un long discours de justification devant le Parlement argentin.

Ces événements renforcèrent chez moi une croyance qui me vient des prophètes : parfois, le cri d'un seul individu suffit, comme l'écho qui résonne dans la montagne et provoque des avalanches. Hélas, mes actions n'empêchèrent pas les tortionnaires argentins d'exécuter Anna-Maria et de déposer son corps mutilé devant la maison de ses parents.

En 1983, après la défaite militaire que la Grande-Bretagne infligea à la dictature argentine aux

Malouines, Leopoldo Galtieri (qui avait remplacé Videla en décembre 1981) et sa junte s'effondrèrent, cédant le pouvoir aux civils. Raúl Alfonsín, nouveau président élu, m'invita en Argentine. Des amis m'organisèrent une conférence au teatro Colón. Après mon intervention, le public posa des questions. Une femme se leva, pointa le doigt dans ma direction et, d'une voix terrible, demanda :

— Savez-vous que *vous* êtes responsable de la mort de votre petite-cousine ?

Je restai sans voix. Quelques spectateurs voulurent la faire taire. Elle se dégagea violemment et poursuivit :

— Vous avez fait trop de tapage autour d'elle. La junte militaire ne pouvait plus s'en sortir qu'en l'assassinant.

2 000 personnes retenaient leur souffle. Mon cœur cognait dans ma poitrine. Que pouvais-je répondre à cela ? Non, je ne croyais pas être responsable de la mort d'Anna-Maria. Les assassins, c'étaient eux, les militaires. Et ceux qui se taisaient. Quant à moi, j'avais utilisé pour la sauver la seule arme en ma possession : la parole.

J'ai toujours cru que, en braquant les projecteurs sur le visage d'un condamné, on le maintenait en vie. Nous avons, mes amis et moi, sauvé ainsi des dizaines d'hommes et de femmes. N'avions-nous pas obtenu, en Argentine, la libération du journaliste Jacobo Timerman et du pianiste Miguel Ángel Estrella ? Sans parler de ceux que nous ferions sortir du goulag soviétique : Alexandre Soljenitsyne, Natan Sharansky, Vladimir Boukovski, Andreï Sakharov…

Ma défense fut limpide et, je crois, juste. Pourtant, les phrases de cette femme au teatro Colón continuent de m'obséder jusqu'à aujourd'hui. Et si mon accusatrice avait raison ? Si, en en faisant trop, on condamnait la personne que l'on cherchait à sauver ? Où situer la frontière entre une prudence excessive et une audace dangereuse ?

L'évocation d'Anna-Maria fait ressurgir le visage de ma petite sœur Bérénice. Là-bas, dans notre exil ouzbek, avais-je eu raison d'écouter nos voisins qui, en l'absence de nos parents, m'avaient conseillé de la placer dans un *home* d'enfants où elle est morte de faim ?

À Paris, au printemps 1974, nous avons retrouvé nos amis, encore chamboulés par la guerre du Kippour et heureux (un peu) de la révolution des œillets au Portugal. « Les dictatures, disaient-ils, reculent. »

Quant à moi, j'étais profondément meurtri de n'avoir pas été entendu et affecté, cependant, par la démission de Golda. J'avais envie de lui envoyer un mot, mais pour lui dire quoi ? Lui rappeler notre dernière rencontre ? Lui parler encore et encore des prophètes de la Bible qui auraient, à coup sûr, considéré la guerre du Kippour comme une sentence : imprévoyance et mépris pour l'adversaire. « Quand il n'y a plus de vision, le peuple est sans frein », est-il écrit dans les Proverbes 29, 18.

Après la guerre des Six Jours, l'armée israélienne s'était retranchée derrière des fortifications – prétendument imprenables – élevées sur 200 kilomètres le long de la rive orientale du canal de Suez : la ligne Bar-Lev, du nom de son constructeur, le chef d'état-major d'alors. Eh oui, pour Golda Meir, Premier ministre, et Moshé Dayan, ministre de la Défense, il était évident que les Arabes étaient incapables, et pour longtemps encore, de se mesurer à Israël. Ils se sont trompés.

Militairement, Israël s'en était, une fois de plus, sorti avec les honneurs. Les chars du général Sharon contournèrent la IIIe armée égyptienne dans le Sinaï, traversèrent le canal de Suez près du lac Amer et pénétrèrent en Égypte. Sharon dut arrêter sa progression : les États-Unis, par décision du secrétaire d'État Henry Kissinger, interrompirent la livraison de pièces détachées nécessaires à la construction de ces chars de fabrication américaine.

Bref, comme nous en avions averti Dayan et Meir, c'est Sadate qui gagna la guerre, politiquement. Il brisa aux yeux du monde arabe le mythe d'invincibilité de Tsahal. Ce qui lui valut la gloire dans les pays du tiers-monde et lui permit, sans perdre la face, de négocier, quelques années plus tard, avec son ennemi d'antan. Outre cet événement considérable, la guerre du Kippour bouleversa la vie politique israélienne. Pour résumer : la guerre des Six Jours avait transformé l'image des juifs de la diaspora, la guerre du Kippour a modifié celle d'Israël.

Pour les sionistes, depuis Theodor Herzl et son livre *L'État des juifs* (*Der Judenstaat*, 1896), Israël se devait d'être une nation exemplaire. L'idée avait animé des générations de pionniers, pour la plupart de gauche. Ce sont eux qui forgèrent la société israélienne dont le cœur était le kibboutz – la ferme collectiviste, source de l'élite militaire et intellectuelle – et le corps, la centrale syndicale, la Histadrout. Celle-ci contrôlait tous les aspects de la vie quotidienne. Les tenants de ce sionisme-là se trouvaient à la tête de l'État au moment de la guerre du Kippour. Après le péril, la population, qui entre-temps avait changé, lui retira sa confiance. Aux enfants des pionniers venus d'Europe s'ajoutaient des communautés séfarades qui prétendaient connaître le monde arabe pour y avoir vécu pendant des siècles, et contestaient la vision plus idéaliste des juifs européens alors au pouvoir. Ces nouveaux arrivés, en rejetant la classe politique, abandonnaient dans le même mouvement ses valeurs et son idéologie socialiste ou socialisante : fuyant l'autoritarisme des régimes arabes, ils ignoraient la démocratie et croyaient à la force. Les voilà désormais majoritaires. Leur suffrage lors des élections de 1977 provoqua ce que l'on peut considérer comme un changement de régime. Ce serait Menachem Begin, à la tête du Likoud – la droite nationaliste –, que Ben Gourion traitait de « fasciste juif », et non Golda Meir, qui accueillerait le président égyptien en Israël. Ce changement suscita le désarroi de nombreux intellectuels juifs à travers le monde, ceux-là mêmes pour qui, la veille encore, le particularisme juif d'Israël représentait l'obstacle principal à son intégration au Proche-Orient. L'État juif perdit en rêve et gagna en normalité, ce devenir que j'avais contesté jadis dans la voiture de Ben Gourion, amusé par ma colère.

Enfin, il arriva ce qu'Anouar el-Sadate avait prédit : le 19 novembre 1977, il annonça sa visite officielle en Israël. Jusqu'au dernier moment, les services secrets israéliens n'y croyaient pas. Et si c'était un piège ? Si l'avion du président égyptien avait été conçu comme un cheval de Troie et que, en ouvrant la porte sur le tarmac de Tel-Aviv, ce n'était point Sadate mais quelques kamikazes qui sortaient, mitraillette au poing, liquidant toute la classe politique israélienne qui se trouvait là ? Aussi les autorités postèrent-elles, tout autour de l'aéroport, des snipers qui avaient la porte de l'avion présidentiel dans leurs viseurs. Mais, ce jour-là, ce fut bien Anouar el-Sadate qui sortit de l'appareil. Souriant.

Parmi les politiques israéliens qui l'attendaient, il y avait Golda, alors à la retraite. Elle me parut vieillie et portait, dans un sac gris, quelques cadeaux pour les enfants de Sadate. Présents, Clara et moi observions la scène le cœur serré : si seulement on nous avait écoutés plus tôt.

Au moment de saluer Golda Meir, Sadate nous remarqua, debout juste derrière elle. À la grande surprise de tous, il se pencha vers Clara et lui dit avec malice :

— *You see, lady Clara, we did it !*

Après la cérémonie, plusieurs journalistes s'approchèrent de Clara pour lui demander ce que Sadate lui avait dit :

— Qu'il remerciait Marek, répondit-elle.

Eh oui, les vrais grands sont modestes, les faux arrogants.

Le soir même, à Jérusalem, Sadate s'adressa aux Israéliens depuis la Knesset. Les ennemis de la paix, eux, veillaient. Le 6 octobre 1981, alors que l'on commémorait l'anniversaire de la guerre du Kippour, des membres du groupuscule islamiste égyptien Tanzim al-Jihad assassinèrent Anouar el-Sadate au Caire. Conformément cependant aux accords de Camp David signés le 17 septembre 1978, et malgré la résistance des extrémistes juifs, le Premier ministre israélien Menahem Begin, pour qui nous restions des porte-parole has been de la « gauche française », poursuivit l'évacuation du Sinaï.

Cette histoire, que je viens de décrire et dont je ferai le récit à nos proches lors du dévoilement de la stèle de Clara au cimetière de Bagneux, j'ai voulu la partager une dernière fois avec elle quand ses yeux suivaient encore mes allées et venues dans notre appartement parisien. Pendant que je lisais, Clara me fixait, mais je ne pus déceler dans son regard la moindre critique ou approbation. Comprenait-elle au moins ce que je disais ?

Je réalisai, ce jour-là, la progression du mal. Quelle monstruosité que de suivre, pas à pas, l'annihilation d'un corps que l'on a si bien connu, de voir s'atrophier ses membres l'un après l'autre... Pour quand le dernier soupir ? Ou, qui sait, l'accomplissement de la prophétie d'Isaïe (25, 8) : Dieu « détruira la mort à jamais » ? Espoir, espoir.

Lors du premier anniversaire de la guerre du Kippour, en 1974, ma situation personnelle changea. Je m'en souviens comme si c'était hier. Nous étions invités chez nos amis Jeannine et Pierre Viansson-Ponté à Bazoches. Il faisait très froid. En descendant de la voiture, nous croisâmes à nouveau Brigitte Bardot, leur voisine, coiffée d'une sorte d'immense chapka qui lui allait bien et lui donnait l'air d'une Anna Karénine à la française.

Autour d'une flambée dans la cheminée, des amis des Viansson nous attendaient. Il y avait Maurice Duverger, Jean Lacouture, Claude Sarraute et Jean-François Revel, un couple que je ne connaissais pas et Jacques Amalric, alors correspondant du *Monde* à Moscou, tout fier des progrès scolaires de son fils Mathieu. Chacun nous questionna sur le Proche-Orient – sujet à la mode du moment –, espérant recueillir, grâce à nous, des informations inédites. Puis, à table, d'une manière inattendue, Pierre réitéra son idée de me faire écrire un livre. « Tu as une vie passionnante et ce que tu nous rapportes à propos des coulisses de la guerre du Kippour le prouve. Pourquoi ne mettrais-tu pas tout cela par écrit ? » Sa question me prit au dépourvu. « Parce que je ne suis pas écrivain », répondis-je bêtement. Il me rappela alors tous les articles que j'avais signés dans *Le Monde*, seul ou avec Bernard-Henri Lévy. « C'est vrai, dis-je, mais un livre n'est pas un article. »

Les convives m'écoutaient d'une oreille distraite. Mon parcours de juif polonais venu en France à l'âge de quatorze ans et devant lequel s'ouvraient les portes des puissants valait, selon Viansson-Ponté, un reportage vedette de magazine politique. Sous l'œil amusé de Clara, nos amis se mirent à imaginer le titre du livre à venir. D'abord réticent, je finis par entrer dans leur jeu. Ah, l'ego humain ! J'imagine que je n'étais pas mécontent de voir tous ces journalistes connus s'intéresser à mon cas. J'ai donc proposé un titre à mon tour : *La Lune dans un seau d'eau*, en référence au juif de Helm qui voulait capturer la lune en fermant le couvercle d'un seau d'eau dans lequel elle se reflétait. Trop poétique et pas assez engageant, selon Jean-François Revel. Je ne sais qui a proposé cet autre titre, peut-être Jean Lacouture, qui fit l'unanimité : *Le Fou et les Rois*.

Allais-je, à compter de ce jour, cesser d'être peintre ? Les grandes décisions, y compris celles qui changent votre vie, surgissent si simplement ! À l'improviste. En l'occurrence, ce soir-là, autour d'une table encombrée d'assiettes et de coupes de fruits près d'une cheminée où crépitait un feu discret. Dehors, il commençait à neiger.

Dans la voiture, sur le chemin du retour, Clara posa, comme à son habitude, la question d'une façon abrupte : souhaitais-je vraiment devenir écrivain ? Car peindre n'allait pas de pair avec l'écriture. Picasso avait bien écrit une pièce de théâtre pendant l'Occupation, *Le désir attrapé par la queue*, mais personne ne s'en souvenait. Si je voulais, pour ma part, tirer le diable par la queue, libre à moi. Mais alors, elle deviendrait peintre. Il s'ensuivit l'une de nos habituelles engueulades.

Clara était une femme d'une intelligence rare. Et d'une rare dévotion à ma personne. Elle tenait bel et bien à moi et ne voulait pas risquer une situation qui pouvait ébranler notre couple. Une rivalité, bien que productive, au début, représentait à la longue une sorte de bombe à retardement. Je compris alors qu'elle n'avait pas abandonné le théâtre à cause d'un acteur mais à cause de moi. Cet abandon avait coïncidé avec mon intention, passagère, de répondre favorablement à la demande du mime Marceau de rejoindre sa troupe pour un spectacle. À présent, je ne me rappelle même pas de quel spectacle il s'agissait.

La tentation d'avoir mon nom sur la couverture d'un livre et de rejoindre ainsi une vieille tradition familiale eut finalement le dessus. Quelques jours plus tard, en compagnie de Jeannine Viansson-Ponté, je signais mon premier contrat avec un éditeur. Ce fut Albin Michel, avec lequel Jeannine travaillait.

J'avoue avoir beaucoup souffert en commençant à aligner les mots sur une feuille de papier. Souvent, ils paraissaient pertinents mais ne rendaient pas compte du fond de ma pensée. Parfois même, ils la dénaturaient. Décidément, Clara avait encore raison. On n'écrit pas comme on peint. Devant une toile, il suffit de poser quelques traits ou quelques taches de couleur pour que le tableau apparaisse. Quand on écrit, on voit les pages se remplir de signes, mais non le livre. Michel Butor a dit un jour que « chaque mot écrit est une victoire contre la mort ». Ce qui est certain, c'est que chaque mot imprimé est une victoire contre l'oubli.

À Varsovie, devant la progression de l'armée allemande, des gens cachaient leurs biens avec l'espoir de les récupérer après la guerre. Lors des bombardements, l'imprimerie où travaillait mon père fut incendiée, rasée. Le lendemain, mon père et moi prîmes le chemin de la Vistule. Il portait une caisse de bois et moi une petite pelle reçue en cadeau quelque temps plus tôt.

Les façades des maisons étaient noircies par le feu et les ruines fumaient encore. Je me rappelle le bord de la rivière, l'herbe, un arbre. Mon père creusa un trou, y enfouit sa petite caisse – son trésor. La guerre finie, nous étions alors à Lódź, quelques hommes se réunirent un jour à la maison, peut-être était-ce en 1946. Ils étaient ouvriers imprimeurs et voulaient éditer un journal en yiddish mais n'avaient pas les caractères d'imprimerie nécessaires. Le jour même ou le lendemain, nous partîmes, mon père et moi, pour Varsovie. Le train, le taxi, la Vistule, l'arbre. Mon père fouilla la terre avec une pelle au manche court qu'il avait apportée de Lódź. La caisse était terreuse, un peu moisie. « Sais-tu ce qu'elle contient ? » me demanda-t-il en la nettoyant. Il l'ouvrit : des caractères d'imprimerie. En Pologne, le premier journal yiddish d'après-guerre fut imprimé avec ces lettres-là. Depuis, je n'ai plus jamais regardé mon père de la même façon.

Je me demande comment me regarderait le fils que je n'ai pas eu s'il me voyait empêtré dans les méandres de mes Mémoires. Un des disciples de Baal Shem Tov, l'initiateur du hassidisme, parla un jour de quelqu'un à son maître en ces termes : « L'homme que voilà risque sa vie et je ne peux arriver à savoir pourquoi. Ce qui est certain, en tout cas, c'est que, en avançant sur la corde raide, il ne peut songer que son exploit lui vaudra cent florins : s'il le faisait, il perdrait l'équilibre et s'écraserait sur le sol. » Comme cet homme, désormais, je risquerais ma vie à chaque nouveau livre.

Il faut reconnaître que l'accumulation de pages dactylographiées procure une joie toute particulière à leur auteur. Ah, si à Kokand, enfant, j'avais pu mettre mes récits sur papier ! En écrivant *Le Fou et les Rois*, j'essayai de me rattraper.

Encouragé par mon éditeur, je proposai à Jean Daniel, que je citais dans mon livre, de parcourir le manuscrit. Il eut l'air flatté et me demanda de le lui apporter chez lui, boulevard Suchet. En arrivant, je trouvai du monde : Pierre Mendès France, Maurice Clavel, Josette Alia, Pierre Bénichou, Pierre Nora, François Furet, bref, un grand nombre de collaborateurs du *Nouvel Observateur*. « D'où parles-tu ? » nous demandions-nous en mai 1968. Chez Jean Daniel, j'avais une certitude : je parlais d'ailleurs, d'une autre tribune que ses amis.

Le livre fut publié en 1976 et eut un grand succès. Un prix, même : le prix Aujourd'hui. Je me demande, jusqu'à ce jour – et de même avec chacun de mes ouvrages – si c'est le livre lui-même ou la cause que j'y défendais qui intéressa le public. Pierre Viansson-Ponté me consacra dans *Le Monde* l'une de mes meilleures critiques, titrée « Un homme, un cri ». Et, devant ses invités dont Nabokov qui acquiesça, Bernard Pivot m'attribua le brevet de « magnifique conteur ».

J'étais, non sans difficultés, devenu écrivain. Changer de médium ne pouvait se réduire à une simple modification d'appellation sur une carte de visite. C'était avant tout un changement de regard, du mien sur le monde, et du monde sur moi. Sans parler de l'organisation professionnelle dont je dépendais. Les galeristes ne travaillent pas comme les maisons d'édition. Le produit qu'ils proposent n'est pas de même nature. Le marché de l'art a transformé le tableau en valeur marchande. Le livre, lui, ne vaut que son prix de vente. C'est son contenu qui lui confère sa valeur. Et encore ! Ne connaissons-nous pas des succès de circonstance ? Ou posthumes ? Combien seront-ils à garder mes livres dans leur bibliothèque ? Au moins, chez les juifs, on ne jette pas les livres que l'on ne lit plus ou que l'on n'a pas appréciés. Tout livre, même abîmé par un incendie ou une inondation et devenu illisible, doit être honoré et enterré comme un être humain. Ces rites, accompagnés d'une prière spécifique, ont lieu dans l'un de ces cimetières de livres que l'on appelle *guenizah*. Dans ces cimetières, des chercheurs, des savants retrouvent parfois des trésors liturgiques, historiques ou même littéraires. Pour un écrivain depuis longtemps oublié, c'est une sorte de séance de rattrapage.

La parution du *Fou et les Rois* m'entraîna dans un tourbillon d'activités que je ne soupçonnais pas. C'est ainsi que je me suis retrouvé un jour à Sciences po, pour une dédicace. Un jeune étudiant, visage ouvert, allure agréable, me tendit, après d'autres, son exemplaire.

— Votre prénom ? demandai-je machinalement.

Le livre était pour sa mère. Je levai la tête :

— Quel est le prénom de votre mère ?

— Simone, dit-il, Simone Veil.

Une semaine plus tard, le jeune homme en question, Pierre-François, qui est aujourd'hui un ami et mon avocat, arriva dans mon atelier avec sa mère, alors ministre de la Santé, sous Giscard. Elle souhaitait voir mes toiles. À leurs yeux, j'étais resté peintre. Antoine Veil, le mari de Simone, n'avait pas daigné venir. Amoureux de sa femme, exclusif, il était méfiant à l'égard de tous ceux, hommes et femmes, qui plaisaient à son épouse.

Je suis devenu écrivain à l'âge de quarante ans. Pourquoi quarante ans ? Un hasard ? Un signe ? Un symbole ? Rabbi Akiva (50-137 de notre ère), qui est considéré jusqu'à ce jour comme le plus grand interprète des Textes, était, dit-on, fils d'un Grec converti au judaïsme. Ignorant, il se mit à l'étude de la Torah à l'âge de quarante ans. Quant au rabbin Saul de Tarse, il eut la révélation à quarante ans et devint saint Paul. Enfin Mahomet, ainsi que nous le raconte le hadith, avait quarante ans lorsqu'il entendit pour la première fois la voix de l'ange Gabriel…

Bien sûr, comparaison n'est pas raison. Loin de moi le vœu de m'assimiler à ces illustres personnages, mais ce jeu qui consiste à rechercher les liens entre les hommes, les événements et les dates me ravit. Un jour, dans la vieille ville de Jérusalem, un kabbaliste m'a prédit que, à quarante ans, je recommencerais ma vie. Pourquoi quarante ? « Parce que, m'expliqua-t-il, le nom Marek commence par la lettre *m* qui, en hébreu – langue qui n'a pas de chiffres – équivaut à quarante. » Il ajouta que je ferais une œuvre à l'âge de quatre-vingts ans. « Pourquoi ? » Parce que quatre-vingts est la somme de deux fois quarante.

Suis-je en train de faire une œuvre ? Ces interprétations de mots et de chiffres, que l'on appelle *gematria*, m'ont longtemps passionné.

Il n'est pas bienvenu, dans une société médiatisée comme la nôtre, où chacun a une place bien déterminée, de mélanger les genres. On m'a d'ailleurs longtemps présenté, lors de mes apparitions télévisées ou meetings, comme peintre écrivain. Il fallait que je m'impose dans mon nouveau rôle. Pour ce faire, je me devais d'écrire d'autres livres.

Le public, sans doute séduit par mon accent, apprécia *Le Fou et les Rois*. « L'écriture est la peinture de la voix », disait Voltaire dans son *Dictionnaire philosophique*. Peut-être suis-je aujourd'hui le seul auteur français à écrire avec un accent. Je n'en perds pour autant ni mes doutes ni surtout ce sentiment désagréable, la culpabilité d'avoir survécu, d'être là où d'autres ne sont plus. Suis-je réellement à ma place ? La question me taraude. Au moins, ma voix était-elle devenue plus forte. Les actions que j'allais entreprendre, plus visibles.

De nombreux livres et bien des aventures militantes plus tard, il a fallu que je commence à l'écrire pour saisir le sens de ce livre-ci : comprendre le pourquoi de mes propres actions. D'où viennent l'envie d'écrire et le désir de transmettre ? De l'amour de la littérature elle-même, tout d'abord. Du plaisir des mots, ensuite. Enfin, du bonheur que procurent les réactions, bonnes ou mauvaises, des lecteurs. Or, un lecteur suffit pour justifier un livre.

Jorge Luis Borges, lors de l'une de nos rencontres avec Julio, remarqua que l'on ne pouvait écrire sans avoir lacé ses chaussures. Voulait-il dire que, en se levant, si les lacets traînaient par terre, on risquait de tomber ? À l'époque, sa réflexion me fit bien rire. Je laçai mes chaussures et proposai à mon éditeur un autre livre, un roman sur mes pérégrinations en Argentine. Je voulais l'appeler *Argentina, Argentina*. C'était bien avant que la chanson de Tim Rice *Don't Cry For Me Argentina*, interprétée par Madonna, ne devienne un tube international. Jean-Paul Enthoven, que Bernard-Henri Lévy m'avait présenté, me le déconseilla. D'après lui, j'avais une chance d'avoir un prix littéraire. Mais, pour cela, il fallait un titre correspondant. Nous nous sommes arrêtés sur *La Vie incertaine de Marco Malher*. Le livre se vendit mal et n'eut pas de prix.

Je repris mon idée initiale pour sa sortie en livre de poche.

Argentina, Argentina. Margot, la femme de mon cousin Marcos, vint à Paris. Boule de colère, d'indignation et de tristesse. Après l'assassinat de sa fille Anna-Maria et l'épidémie de disparitions d'intellectuels, adolescents et enfants, certains « adoptés », disait-on, par des familles proches du pouvoir, elle prit part aux manifestations hebdomadaires des Mères de la place de Mai. Tous les jeudis après-midi depuis le 30 avril 1977 jusqu'à ce jour, pendant une demi-heure, ces femmes, ces mères, un foulard blanc sur la tête, tournaient en rond, dans le sens inverse des aiguilles d'une montre, devant la Casa Rosada dans l'espoir d'obtenir des nouvelles de leurs enfants disparus, enfin, pour que personne n'oublie l'histoire de leurs proches.

Margot ne comprenait pas pourquoi le monde ne réagissait pas, pourquoi les télévisions, françaises notamment, ne transmettaient pas ces images venues de Buenos Aires. En l'écoutant, je me rendais compte que, même moi, qui avais tant bataillé pour rendre visible la répression en Argentine, je m'étais un peu éloigné de la cause. Elle m'était toujours chère, mais une autre cause, non moins viscérale, prenait le dessus : la dissidence. La dissidence en Union soviétique.

Peut-on mener deux combats à la fois ? Aux yeux de mes amis journalistes, la réponse était claire : la dernière des causes prime toujours sur les précédentes. Un journal télévisé se doit d'être à la page. Et sa durée est plus que brève. Pour ma part, le conseil du policier argentin lors de l'enlèvement d'un inconnu par les milices de la junte militaire ne m'avait pas quitté : « *No te metas* », « Ne t'en mêle pas ». Dur, dur !

J'ai décidé de lancer un appel à la solidarité avec les « Folles de la place de Mai » et j'ai organisé des rassemblements tous les jeudis, en même temps qu'elles, devant les ambassades d'Argentine de toutes les capitales d'Europe. Chaque semaine, de 12 à 13 heures, des hommes et des femmes, un foulard blanc sur la tête, tournaient par centaines en rond, chacun affichant le portrait d'un disparu.

Une cause, même juste, ne trouve pas toujours de ressort pour mobiliser les médias. Une chance : nos manifestations hebdomadaires attirèrent très vite des personnalités du monde politique : François Mitterrand, Lionel Jospin, alors secrétaire national du PS, ou l'ex-vice-amiral Antoine Sanguinetti. Puis vinrent des intellectuels et des acteurs : Catherine Deneuve, Jeanne Moreau, Yves Montand et même Barbara. Nous formions une foule composée de visages connus et inconnus dont les images insolites intéressèrent les télévisions. Et le monde s'en émut. Enfin.

Lors d'une de ces manifestations, une jeune femme à lunettes m'aborda, en russe. C'était Olga Swinzow, accompagnée d'un homme plutôt maigre, pâle, au regard doux et au front dégarni, qui tenait à faire ma connaissance : le mathématicien ukrainien Léonide Pliouchtch. Arrivé récemment en France avec sa famille, il était l'un de ces dissidents dont on parlait dans la presse. Nous prîmes un café tous les trois dans un bistrot non loin de l'ambassade d'Argentine. Pliouchtch et Olga fumaient comme des locomotives à vapeur, celles avec des cheminées coniques. Un trait russe auquel je ne tardai pas à m'habituer.

Je connaissais bien entendu le combat de ces hommes et de ces femmes, peu nombreux à l'époque, pour le respect des droits de l'homme en Union soviétique. Quelques années auparavant, en 1970, l'avocat Daniel Jacoby, qui présiderait quelques années plus tard la Fédération internationale des ligues des droits de l'homme (FIDH), m'avait alerté sur le cas de l'écrivain d'origine juive Édouard Kouznetsov, condamné à mort pour avoir, selon le KGB de Leningrad, projeté de détourner un avion afin de se rendre en Israël. « Être condamné à mort pour vouloir partir en Israël ! m'écriai-je. Et être brûlé si on n'y allait pas ! » Ce cri de détresse, qui impressionna Jacoby, semblait surgir du fond de ma mémoire. À sa demande, je mobilisai des amis à travers le monde, écrivains, artistes, politiques. J'organisai aussi des manifestations de rue, le portrait de Kouznetsov en tête. Son visage devint populaire. Les médias nous suivirent.

C'était l'époque où l'Union soviétique était à l'écoute de l'Occident. Les partis communistes français et italien, en particulier, étaient puissants et acceptaient de servir d'intermédiaire entre des personnes comme nous et Moscou. Kouznetsov fut gracié mais il dut attendre neuf ans avant de pouvoir quitter l'Union soviétique. Nous fîmes connaissance et devînmes amis. Plus tard, il lança le journal russe *Vesti* en Israël.

Puis il y eut Soljenitsyne. Son *Archipel du goulag*, que j'ai lu à sa parution en France en 1974, avait suscité des débats sans fin. Il n'était certes pas le premier à parler des camps en Union soviétique mais il écrivait merveilleusement bien et les Français aimaient la littérature. Il était passé par Paris en février 1976, quelques mois avant la publication de mon livre *Le Fou et les Rois*. Je ne sais plus qui me demanda d'organiser, autour de lui, une rencontre avec des intellectuels. C'était un dimanche après-midi. Il pleuvotait. J'ai invité pas mal de monde mais j'avais oublié de prévoir un interprète. Quand je lui confiai ce détail en anglais, il sourit dans sa barbe et me dit qu'il lui semblait que je connaissais assez le russe pour pouvoir remplir ce rôle moi-même.

Étrange mémoire. Je n'avais pas parlé russe depuis plusieurs années, empêtré dans mon désir de résolution du conflit au Proche-Orient, et voilà que les mots surgissaient comme libérés d'une cage enfouie dans mon cerveau.

Soljenitsyne me faisait penser à Dostoïevski. La même longue barbe effilochée et le même regard voilé, mais aussi des idées et un raisonnement similaires. Quand on demanda à l'auteur des *Frères Karamazov* ce qu'était pour lui la politique, il répondit sans hésiter : « Ma patrie. » Soljenitsyne, ce jour-là, nous raconta comment les prisonniers politiques en Sibérie, apprenant l'avancée des nazis aux portes de Moscou, rejoignirent en masse les rangs de l'Armée rouge pour sauver la Russie.

Soljenitsyne n'était pas un dissident modèle. Du moins celui que nous attendions en Occident. La démocratie n'était pas son objectif. Il s'en méfiait. Il savait que, en Russie, pays où cohabitaient soixante-treize ethnies, démocratie rimait avec guerre civile.

Comme Dostoïevski, il n'était pas laïc. L'Église orthodoxe était son socle. Et Dieu sa source d'inspiration. Ce n'était donc pas l'espoir d'un monde démocratique qui l'avait aidé à tenir derrière les barbelés, mais Dieu. Peut-être considérait-il, comme son personnage Ivan Denissovitch, que, sans souffrance, Dieu n'aurait pas été nécessaire ?

Certains prétendaient que Soljenitsyne était vaguement antisémite. Je ne crois pas. Il était simplement ce que l'on appelle un grand-russien pour qui sa patrie était tout d'abord composée de Russes. Et, s'il rêvait de la chute du communisme dans son pays, c'était pour en restaurer la grandeur et la sainteté.

Pliouchtch était un dissident d'une autre nature. Il ressemblait plus à l'un de ces contestateurs de la Bible qui s'appuyaient sur les textes pour critiquer les puissants qui ne les respectaient pas. « Toute constitution, disait-il, rappelle les droits de l'homme, la protection des individus, le droit d'expression. Les textes soviétiques aussi. Nous ne combattons pas le régime communiste mais exigeons l'application de ces lois. » Bref, il croyait encore à un « socialisme à visage humain ». Mais tous les dissidents n'étaient pas comme lui, tant s'en faut. Ils avaient donc besoin, disait-il, de quelqu'un comme moi, un intellectuel, militant, crédible, connaissant la Russie, son histoire et surtout sa langue, pour fédérer les survivants du système concentrationnaire soviétique éparpillés à travers l'Europe et réussir.

Avec Olga, qui l'avait guidé jusqu'à moi, ils croyaient que j'étais capable d'organiser des actions d'envergure comme celles que j'avais imaginées en faveur des disparus d'Argentine. Je me retrouvais donc dans les pas de Pierre Bézoukhov, le jeune comte de *Guerre et Paix* de Tolstoï qui, après sa rencontre avec le franc-maçon Bazdéiev, était convaincu qu'il fallait se rendre utile et faire le bien. En fait, je n'avais jamais abandonné cette posture, mais ce combat pour les dissidents dans la langue de mon enfance était un véritable retour aux sources. Il se constitua très vite un groupe autour de moi, des personnages sortis de la littérature russe, de livres de Gogol, Tchekhov, Dostoïevski, ce qui réjouissait Clara. Chaque jour, un nouveau personnage venait grossir le cercle. Ainsi l'écrivain et journaliste Andreï Amalrik, expulsé par le gouvernement soviétique vers les Pays-Bas. En 1977, il arriva à Paris où il se mit en tête de rencontrer Giscard qui avait invité Leonid Brejnev en France. Le secrétariat du président de la République rejeta sa demande. Par écrit. Je lui suggérai de transformer ce refus en victoire. N'avait-il pas reçu un mot sur papier à en-tête de la présidence de la République ? Je lui fabriquai un écriteau : « Je suis l'homme qui fait peur au président de la République française ». Nous le débarquâmes avec sa pancarte rue du Faubourg-Saint-Honoré, près du palais de l'Élysée, après avoir prévenu la presse. Amalrik, l'homme qui, quelques années auparavant, avait manifesté avec un écriteau similaire place Rouge, devant le Kremlin, put ainsi partager son témoignage avec les journalistes français.

Bientôt, un autre nom surgit, marquant l'histoire de la dissidence : Boukovski. Vladimir Boukovski. Journaliste et écrivain, dans la lignée de Pliouchtch, lui aussi s'appuie, dans sa lutte contre le système concentrationnaire et le Code pénal soviétique qu'il conteste, sur la constitution stalinienne de 1936 qui garantit aux citoyens de l'URSS « la liberté de parole, la liberté de la presse, la liberté de réunion et de meeting, la liberté des cortèges et des manifestations de rue ». « Boukovski enseigne le code comme une Table de Moïse », dira de lui l'historien Georges Nivat. Traqué par le KGB, les autorités l'internèrent plusieurs mois en hôpital psychiatrique.

En 1967, il est condamné à trois ans de prison et à un an dans un camp de travail pour avoir organisé, place Pouchkine à Moscou, une mini-manifestation contre l'arrestation de plusieurs dissidents. À sa libération, début 1970, Boukovski, employé comme secrétaire par le dissident Vladimir Maximov, décide de s'en prendre aux détentions psychiatriques soviétiques. Il donne plusieurs interviews et réunit témoignages de victimes, photos, notes et expertises dans un dossier de quatre cents pages dans le but d'en informer l'Occident. Il fallait être fou pour croire que les autorités ne réagiraient pas. Le KGB reprit ses filatures. Au prix de sa liberté, il parvint à ses fins : il fit connaître cette nouvelle forme de répression au-delà des frontières soviétiques. Pour les dirigeants russes, une critique du régime ne pouvait émaner que de schizophrènes. En 1972, Boukovski fut à nouveau condamné, cette fois-ci à une peine de douze ans.

Le 21 septembre 1976, nous organisâmes un meeting à la Mutualité pour sa libération et contre l'utilisation de la psychiatrie à des fins politiques. Le comité des mathématiciens français présidé par Laurent Schwartz ainsi qu'Amnesty International s'y associèrent. La salle était comble. Les médias donnèrent à notre cause l'écho mérité.

C'est à cette occasion qu'ils découvrirent Vladimir Maximov. Cet écrivain dissident, qui avait

« hébergé » Boukovski à Moscou, était arrivé en France deux ans plus tôt. C'était un homme chaleureux, fraternel et loyal, à la russe. C'est lui qui me présenterait plus tard au violoncelliste Mstislav Rostropovitch. C'est lui encore qui m'annonça la libération imminente de son ami Boukovski :

— Énorme ! hurla dans le téléphone Pliouchtch, qui se trouvait à ses côtés. Énorme !

En effet, la nouvelle était de taille. Brejnev venait d'accepter de libérer Boukovski en échange de Luis Corvalán, secrétaire du parti communiste chilien emprisonné par Augusto Pinochet, le général qui, trois ans auparavant, avait pris le pouvoir par la force au Chili, tuant notre ami Allende. Le président américain Jimmy Carter aurait participé aux négociations.

L'échange devait avoir lieu le 18 décembre 1976 à l'aéroport international de Zurich, en Suisse. Nous partîmes avec Pliouchtch et Olga. Il neigeait abondamment. Une meute de photographes et de caméramans attendait impatiemment l'événement. Imaginez une scène sortie d'un film de James Bond, mais réelle, et qui allait se dérouler devant nos yeux ! Un ami suisse de mon collectionneur Dov Biegun, qui travaillait à l'aéroport, nous avait placés près de la porte gardée par un cordon de police.

Enfin, vers midi et demi, nous vîmes, à quelques minutes d'intervalle, arriver sur la piste l'Iliouchine 18 de l'Aeroflot qui amenait Boukovski et le Boeing de la Lufthansa qui transportait Corlaván. Au moment où Boukovski, entouré par les membres de l'ambassade américaine et la police suisse, se dirigeait dans notre direction, la porte qui menait au tarmac céda sous la pression de la foule de journalistes. Je fus projeté en avant et tombai dans la neige, aux pieds de Boukovski. J'eus le temps de capter une question en français : « Monsieur Boukovski, monsieur Boukovski, vous sentez-vous plus proche du camp de gauche ou du camp de droite ? » Me tendant la main pour m'aider à me relever, le dissident répondit en anglais : « Je ne connais qu'une seule sorte de camp, les camps de concentration. »

À Paris, il rejoignit notre groupe auquel il apporta une note d'humour que les autres dissidents n'avaient pas. Trois ans plus tard, j'eus avec lui une controverse concernant l'attitude à adopter à l'approche des Jeux olympiques de Moscou.

Cet été-là, Sam Hoffenberg, le père de la meilleure amie de Clara, Adélie, nous proposa sa villa à Sainte-Maxime. J'invitai Bernard-Henri Lévy et sa femme de l'époque, Sylvie, à se joindre à nous. J'avais commencé à prendre des notes pour un livre qui retracerait l'histoire du peuple juif, mais à travers une seule famille. Une sorte d'arbre généalogique grâce auquel les lecteurs pourraient facilement comprendre l'histoire d'un peuple disséminé parmi les nations. Une histoire qui commencerait par la destruction de Jérusalem par les Romains en 70 de notre ère et finirait par la mort de mon grand-père Abraham lors de la révolte du ghetto de Varsovie. J'avais donc apporté, en prévision, une valise de livres d'histoire qui formèrent très vite une pyramide sur la longue table en bois de la salle à manger que je partageais avec Bernard. Il y étala ses propres livres ainsi que la documentation dont il avait besoin pour la correction de son manuscrit du *Testament de Dieu* qu'il publierait en 1979. Il avait lu Levinas et nos échanges d'alors lui firent prendre conscience de la complexité et de la richesse de la pensée juive.

Nous étions, lui fis-je remarquer, tous deux héritiers du prophète Osée, l'un des plus intéressants selon moi, qui, en 750 avant notre ère, nous exhortait à prendre des mots par poignées pour revenir à l'Éternel.

Depuis, l'histoire a enseigné aux juifs que, faute d'une terre à labourer, il fallait apprendre à cultiver le langage. Chaque mot devenait ainsi un grain à semer, chaque texte un jardin à fertiliser. Bernard lisait la Bible et nous commentâmes longuement le chapitre 8 du livre de Samuel dans lequel le dernier des juges d'Israël tente de dissuader les représentants du peuple de se donner un roi. Voilà un des rares textes de la Bible, court, incisif et vrai, consacré à la politique, aux déviations possibles et aux conséquences d'un pouvoir personnel. Est-ce un hasard si c'est à cet endroit précis, dans ce livre du Livre, qu'apparaît pour la première fois le mot « prophète » ? Comme si les auteurs de cette somme monumentale avaient compris que tout pouvoir, à partir du moment où on l'accepte comme tel, doit accepter à son tour le questionnement de ceux qui l'interpellent au nom de la justice. « Prophète », *nabi* en hébreu, vient de l'akkadien *nabu* qui signifie « cri ». Les prophètes étaient donc des hommes qui criaient. La leçon nous paraissait limpide : tout pouvoir refusant d'être questionné devenait totalitaire. En effet, le prophète Osée fut tué par le roi Menahem dont il critiqua avec virulence la férocité, les mœurs politiques et les alliances ruineuses.

Je crois que c'est lors de nos innombrables discussions que Bernard a découvert cet « esprit juif » auquel il consacrerait un livre.

Quant à moi, je découvrais cet « édifice invisible du judaïsme » qui fascinait Freud. Édifice bâti par les juifs de la diaspora et qui devait les protéger de la disparition. Je m'étais plongé dans le Talmud, prodigieux monument spirituel, intellectuel, historique et littéraire de plus de six mille pages.

Bien évidemment, le Talmud n'avait pas consommé à jamais la soif de savoir, de compréhension et d'interrogation de l'homme, son rapport à Dieu et au monde qui, désormais, définissait la culture juive. Deux autres séries d'ouvrages prirent place : le Midrash, le « commentaire », et la Kabbale, la « tradition » que l'on pourrait qualifier de visage intérieur et mystique du judaïsme auquel je rendrais hommage des années plus tard à travers mon roman *Le Kabbaliste de Prague*.

Malgré les persécutions et les autodafés, d'autant plus à l'époque de Saint Louis où des centaines de Talmud furent brûlés sur la place de Grève, ce livre, dont Bernard et moi essayions de comprendre la construction, continue à s'enrichir des apports des commentaires contemporains.

Le Traité des pères dit : « Moïse a reçu la Loi sur le Sinaï et l'a transmise à Josué. Et Josué aux Anciens. Et les Anciens aux prophètes. Et les prophètes l'ont transmise aux gens de la Grande Assemblée. Ceux-ci ont dit trois choses : “Soyez prudents dans vos jugements, formez de nombreux disciples, et faites une haie autour de la Loi.” » Bref, étudier n'est pas suffisant si l'on n'apprend pas à transmettre. Et, pour transmettre, il est impératif de conserver, en permanence, une relation au savoir. C'est l'assiduité de l'étude qui devient en soi un moyen de transmission. « Un homme, dit le Talmud, doit toujours étudier, même s'il oublie ce qu'il lit, même s'il ne comprend pas. » Autrement dit : celui qui transmet apprend, celui qui apprend transmet.

N'était-ce pas ce que nous faisions à l'époque tous les deux ? Bernard comprenait vite, absorbait et commentait. Le partage du savoir entre deux personnes non démunies d'ambition posa cependant vite un problème. Le Talmud, toujours lui, dit : « Fais-toi un maître, acquiers-toi un compagnon d'étude. » Mais Bernard ne pouvait me prendre pour maître, nous étions trop égaux. Et, visiblement, il ne me voulait pas comme compagnon d'étude car mon ancienneté en matière de judaïsme m'avantageait.

Bernard se fabriqua alors un maître à lui, un maître personnel. Une idée géniale. Il s'appelait Benny Lévy. Je ne sais si Bernard connaissait déjà Benny Lévy. Ce que l'on apprend en revanche, à la lecture de la biographie de ce dernier, c'est que, au moment où nous discutions de judaïsme tous les deux, Benny Lévy découvrait Levinas.

Puis, un jour, reprenant la démarche de Franz Rosenzweig, l'auteur de *L'Étoile de la rédemption* qui, sur le point de se convertir au christianisme, décida de revenir à la synagogue et au judaïsme, Benny Lévy renonça au rêve révolutionnaire et à la Gauche prolétarienne. Il partit à Strasbourg, s'enferma dans une *yeshiva* et en sortit rabbin. Et c'est lui qui, en fondant l'Institut d'études lévinassiennes, devint la passerelle entre Bernard-Henri Lévy et l'auteur de la *Difficile liberté*. Bref, Benny Lévy, dont Bernard devint le chantre, meurt en 2003 à Jérusalem, apparaissant dans la biographie de mon « compagnon d'étude » de Sainte-Maxime comme ce maître dont parle le Talmud.

Un dicton yiddish prétend qu'il est préférable de perdre face à un homme intelligent que de gagner face à un idiot. Or, Bernard est un homme extrêmement intelligent et cette histoire n'entacha par conséquent pas notre amitié. La rupture vint plus tard.

Que l'on soit en Russie, en Argentine, à Sainte-Maxime ou ailleurs, le Proche-Orient n'est jamais loin. Peu de temps après la visite d'Anouar el-Sadate à Jérusalem, Arafat me proposa une entrevue à Beyrouth. Était-ce le fruit de cette dépêche de Reuters qui avait reproduit la réponse de Clara – Sadate « remerciait Marek » – aux journalistes qui l'avaient interrogée sur le tarmac de l'aéroport de Tel-Aviv ? Les politiques sont comme nous tous. Ils veulent être à la page, pouvoir parler d'un film à l'affiche, d'un livre qui se vend bien, rencontrer l'homme qui alimente l'actualité... J'avoue n'avoir pas été insensible à cette sollicitation.

Je descendis, comme convenu, à l'hôtel Saint-Georges. Personne ne m'attendait. Vers 1 heure du matin, un certain Fahti me téléphona pour me donner rendez-vous dans la matinée du lendemain.

Comme d'habitude en Orient, je dus patienter plus de deux heures dans le hall de l'hôtel avant que n'arrive un messager. Un jeune homme en jean et baskets. C'était seulement pour m'annoncer que quelqu'un viendrait me chercher vers midi. À 14 h 30, enfin, une grosse Mercedes s'arrêta devant l'entrée et m'embarqua. Le chauffeur était armé.

Nous arrivâmes, une heure plus tard, devant une sorte de pavillon de banlieue qu'un groupe de fedayin à kalachnikov gardait. Le chauffeur parlementa un moment puis gara la voiture dans un va-et-vient d'hommes en armes. On me conduisit à un salon, à la fois nu et cossu, peuplé d'hommes armés assis sur des canapés. Je n'avais jamais vu autant de fusils d'assaut, de mitraillettes et de pistolets. Au centre, Arafat en treillis, un revolver à la ceinture.

— *Welcome back to Beyrouth*, dit-il en anglais, en me tapant sur l'épaule.

— Merci, dis-je, la dernière fois, nous sommes venus vous voir avec Clara et vous étiez à Damas.

Arafat sourit :

— Eh oui, c'est la vie des terroristes.

Puis, m'indiquant un siège :

— Alors, comment va la paix ?

— Mieux, dis-je. Sadate a fait le premier pas.

— Sadate, c'est l'Égypte. Et l'Égypte voulait récupérer ses territoires.

— Et vous ? demandai-je.

— Pour nous, répondit Arafat en haussant la voix de sorte que tout le monde l'entende, c'est de la Palestine qu'il s'agit.

— De toute la Palestine ?

Arafat prit un air soupçonneux :

— Qu'Israël commence par rendre les territoires occupés pendant la guerre de 1967.

Je saisis l'occasion et lui demandai s'il était prêt à faire le même geste que Sadate.

Ma question le surprit.

— Vous voulez que j'aille à Jérusalem ? Mais c'est aux Israéliens de nous reconnaître d'abord !

Arafat attrapa un tabouret et s'approcha de moi. Puis il me regarda de son œil éternellement mouillé et me demanda :

— Vous voulez que je fasse comme Sadate, *my friend* ? Le terroriste Begin accepterait-il de parler avec Arafat ?

— Avec le terroriste Arafat, certainement. Mais il vous faudrait, auparavant, déclarer que vous venez parler de paix.

— Si je comprends bien, vous voudriez que je me présente sur le pont Allenby et que je dise aux soldats israéliens : « Je suis Yasser Arafat, le président de l'OLP, conduisez-moi auprès de Begin, s'il vous plaît ! »

— Pourquoi pas ! Je serais alors à vos côtés.

Les hommes armés s'agitèrent sur les canapés. Arafat se leva.

— *My friend, I have to go !* dit-il à nouveau en anglais. Il n'est pas impossible qu'un jour nous fassions quelque chose ensemble.

— Pourquoi pas maintenant ? lui demandai-je en me levant à mon tour. Vous ne risquez rien.

— À part ma vie ! Si je fais la déclaration que vous me demandez, le docteur Habache me tuera.

Le fondateur du FPLP avait alors revendiqué la plupart des actes terroristes palestiniens.

Je perdis patience :

— Monsieur le président, vous avez peur de risquer votre vie pour votre peuple ?

Colère de Yasser Arafat :

— Je n'ai jamais eu peur de risquer ma vie pour mon peuple !

Les hommes armés se levèrent. Je poursuivis :

— Il faut parfois plus de courage pour parler à son ennemi que pour le combattre.

— Dites cela à vos amis israéliens, s'écria Arafat.

Et il ajouta d'une voix plus calme :

— Chaque chose en son temps. Il est trop tôt.

Puis il quitta la pièce en répétant « Il est trop tôt ».

« C'est tout ? » me demanda Clara.

En effet, je ne comprenais pas pourquoi Arafat avait tenu à me rencontrer. À moins que la préparation, en cours, d'une initiative diplomatique ou militaire ne nécessitât de connaître l'état d'esprit d'hommes qui, comme moi, faisaient l'opinion. Cette rencontre, que la presse mentionna, déconcerta les gauchistes français. Confrontés d'une part au problème des *boat people,* à ces Vietnamiens qui fuyaient le communisme et que mon ami Bernard Kouchner, avec son bateau-hôpital l'*Île de Lumière,* tentait de secourir, et d'autre part au conflit entre maoïstes et purs communistes en France, ils s'accrochaient à la cause palestinienne, voyant en moi une sorte d'agent œuvrant au profit des « méchants sionistes ». Ma proximité avec le leader de l'OLP leur posait problème. Il était temps de reprendre l'initiative au Proche-Orient.

Par ailleurs, un autre défi m'attendait : les juifs d'Union soviétique. Jusque-là, on en parlait seulement lorsqu'un acte antisémite touchait l'un d'eux mais jamais en tant que groupe ou communauté. Or, les choses changeaient : ces « juifs du silence », auxquels Elie Wiesel avait consacré un livre, commençaient à donner de la voix.

À leur tête, il y avait Natan Sharansky. Suivant la leçon des dissidents, qui n'opposaient pas une idéologie à celle du communisme, ni la démocratie au système autoritaire en place, mais demandaient le respect de la constitution sur laquelle le système lui-même s'appuyait, il transposa cette démarche à la question juive. Puisque l'Union soviétique avait signé, le 1er août 1975 à Helsinki, des accords avec les États-Unis reconnaissant aux individus le droit de voyager, Sharansky exigea que ce droit soit appliqué aux juifs désireux de se rendre en Israël, pays reconnu par l'Union soviétique dès la proclamation d'indépendance en 1948.

Ce droit, revendiqué publiquement, entraîna un véritable phénomène de masse : des dizaines de milliers de juifs soviétiques prirent d'assaut les bureaux des visas de sortie à travers l'Union. Cet élan identitaire juif risquait de faire tache d'huile dans le pays aux soixante-treize minorités. Le Kremlin ordonna à l'administration le refus en bloc de tous les dossiers. D'où le terme russe *refuznik*, « les refusés », et l'impulsion, en 1976, par Sharansky, du mouvement du même nom qui devint très vite une cause nationale.

L'initiateur et porte-parole du mouvement fut arrêté en mars 1977, puis jugé et condamné, pour l'exemple, à treize ans de travaux forcés, accusé de trahison et d'espionnage pour le compte des États-Unis.

Avec l'aide des dissidents présents en France, qui avaient compris que cette cause mobiliserait enfin la communauté juive qui, jusque-là, n'était pas particulièrement active sur ce terrain, nous organisâmes une campagne pour les juifs d'Union soviétique.

La France est un pays particulier : passé le 14 juillet, et jusqu'à la fin août, aucune mobilisation, qu'elle soit d'ordre syndical ou humanitaire, n'est envisageable. Le pays se met en sommeil. Si nous voulions faire une manifestation pour la libération de Sharansky, nous devions donc la prévoir avant les vacances. Nous profitâmes du passage à Paris de son épouse Avital – née sous le nom de Natalia Stieglitz en Ukraine en 1950, elle avait réussi à obtenir un visa pour Israël où elle vivait depuis le lendemain de son mariage en 1974 – et convoquâmes un rassemblement le 11 juillet.

Pour quelles raisons une cause mobilise-t-elle plus qu'une autre, si juste soit-elle, voilà une question à laquelle je n'ai pas encore trouvé de réponse. Conjoncture, mode, disponibilité, calendrier… Les Arméniens et les Tutsis en savent quelque chose.

Ce 11 juillet 1978, la place de la République à Paris était noire de monde. En tête du cortège, Avital Sharansky et ses deux avocats, Daniel Jacoby et Roland Rappaport. Toutes les couleurs politiques étaient là. Même (fait inédit) le parti communiste ! Cette manifestation fut le lieu de ma première rencontre avec le polémiste Jean-Edern Hallier et le philosophe André Glucksmann, qui allait devenir l'un de nos compagnons d'aventures. Le journal *Le Monde* publia un compte rendu généreux de cet événement sous le titre : « Plusieurs milliers de personnes ont manifesté à Paris ».

Après le 14 juillet, Avital Sharansky partit, je crois, en Israël et nous à Tourrettes-sur-Loup, petit village des Alpes-Maritimes.

Bernard y avait loué, avec l'éditeur Olivier Orban, une vaste maison, avec piscine, et, au fond du jardin, un pavillon, plus modeste, que Clara et moi choisîmes. J'ai toujours détesté la promiscuité. Comme le dit si bien Musset, « mon verre n'est pas grand mais je bois dans mon verre ».

Sur la terrasse de notre petite maison, j'avais installé une table pour que Clara puisse travailler. Elle y passa des heures à aligner, à l'aide d'une loupe, des traits sur un carton blanc. Des lettres déstructurées, le plus souvent, qui devenaient, sous sa plume, des signes indéterminés et, s'ajoutant aux autres signes, finissaient par couvrir entièrement l'espace, formant un magma mouvant, telle la lave couvrant le flanc d'un volcan. Mais en silence. Sans aucun bruit. Son travail fascinait et Bernard en fit un très beau texte, « Les voies du silence ». Depuis qu'elle avait troqué son rôle de journaliste contre le dessin, Clara s'attachait à déconstruire le sens. Elle n'utilisa, pour son art, qu'un seul mot entier et signifiant : *paix*. Jouant avec ses graphies, elle le répéta dans de multiples langues et alphabets dont elle couvrit différents supports : papier, carton, pierre…

Nous avions, à Tourrettes-sur-Loup, beaucoup de visiteurs. Un jour vint l'architecte Jean-Michel Wilmotte. Curieux, il s'aventura jusqu'au fond du jardin pour voir le travail de Clara. Il en fut impressionné. Il lui proposa une collaboration. Ainsi sont nés, à Paris, Saint-Pétersbourg et Hiroshima, les monuments pour la paix aux parois ornées des calligraphies de Clara.

Notre « isolement » dans notre pavillon n'était bien sûr pas total : nous avions l'habitude de nous retrouver autour de la piscine l'après-midi et dans la maison principale aux heures de repas. À table, nous étions rarement moins d'une quinzaine. Nous avons eu la visite de Daniel Toscan du Plantier. Alors directeur de Gaumont, il nous parla des films et des acteurs dont il faisait la promotion. Vinrent aussi Yves Montand et César, qui préparait une exposition à Nice, ou encore l'écrivain Jean-Marie Rouart. Les sujets de discussion ne manquaient pas. Il suffisait d'élever la voix pour se faire entendre. Lors de ces joutes, Bernard était dans son élément. Il avait toujours une anecdote à partager à propos de quelqu'un, un commentaire à faire sur les actualités relayées par les gazettes. Olivier Orban, admiratif, le relançait à merveille. Pour ma part, je ne me sentais pas vraiment à l'aise. Je ne connaissais pas la moitié des personnes dont on parlait autour de la table. Ces situations me donnaient l'impression de venir d'ailleurs. Si je partageais avec mes amis les joies des vacances ou les plaisirs des conversations savantes, mes références littéraires, historiques, et ma mémoire n'étaient pas les leurs. Nous n'avions pas le même passé. Une seule fois, lors d'une discussion à propos d'un film que je n'avais pas vu et qui faisait débat, j'ai pu glisser une histoire qui intéressa visiblement mes amis et les quelques acteurs et cinéastes présents à ce moment. Je leur rapportai ma rencontre avec Michael Cimino, le réalisateur du bouleversant *Voyage au bout de l'enfer, The Deer Hunter*, superbement interprété par Robert De Niro. Michael, qui devint un ami par la suite, me reprocha d'avoir monopolisé, en tant que juif, toute l'empathie du monde pour la Shoah. Tandis que personne ne parlait, disait-il, du génocide amérindien, peuple dont il se réclamait et auquel il consacra un western contemporain. Nous eûmes lui et moi un long débat sur le choc des mémoires.

Un jour vint Max Gallo. En voisin. C'était un après-midi et nous étions tous au bord de la piscine. Il travaillait à l'époque aux éditions Robert Laffont et cherchait de nouveaux auteurs. Bernard était lié aux éditions Grasset. Et Olivier Orban était éditeur lui-même. Il ne restait donc plus que moi. Max Gallo voulut savoir si j'avais un projet, si je travaillais sur un nouveau livre. Je lui parlai de *La Mémoire d'Abraham*, saga familiale qui devait traverser quatre-vingts générations et deux mille ans d'histoire juive. J'avais commencé ce roman un an plus tôt à Sainte-Maxime où nous avions passé l'été avec Bernard-Henri Lévy, précisément.

— Mais c'est un travail titanesque ! s'exclama Max. Et qui exige beaucoup de documentation !

En effet, outre les faits historiques, je devais connaître les cultures – mœurs, traditions, modes vestimentaires, alimentation... – de tous les pays que la famille que je décrivais avait traversés au cours de ses pérégrinations. D'autant que, à partir de l'invention de l'imprimerie moderne au XVe siècle, cette famille devenait mienne.

Max Gallo aimait le caractère ambitieux et inédit de ce projet littéraire mais il se demandait où le lecteur trouverait le suspense nécessaire à le tenir en haleine. Je lui expliquai que le récit se présentait sous forme d'un rouleau sur lequel les membres de la famille, génération après génération, inscrivaient tous les événements qui marquaient leur vie quotidienne : naissances, mariages, décès, persécutions, drames, joies... Et, ce rouleau si précieux, unique, qui résumait également l'histoire d'un peuple, devenait l'enjeu même de cette aventure. Volé, vendu, négocié, recherché, retrouvé, comme le Graal dans la littérature populaire chrétienne, il devait être, selon moi, ce fil conducteur attendu par le lecteur.

Autour de la piscine, chacun m'écoutait en silence. Max Gallo, qui savait lui aussi raconter des histoires qu'il partageait dans ses propres livres, paraissait fasciné. Il me téléphona le lendemain. Robert Laffont, à qui il avait raconté mon projet, voulait me rencontrer d'urgence et m'envoyait un billet d'avion aller-retour pour Paris.

À l'époque, les éditions Laffont se trouvaient place Saint-Sulpice, entre l'église du même nom, construite à partir de 1646, dont la chapelle des Saints-Anges fut peinte deux siècles plus tard par Eugène Delacroix, et le Café de la Mairie, fréquenté par des écrivains et des jeunes filles en quête d'aventure.

Le bureau de Robert Laffont se trouvait au dernier étage d'un hôtel particulier, sans ascenseur. C'était un grand espace mansardé dominé par un immense fauteuil que seul le patron de la maison avait le droit d'occuper. Devant le fauteuil, un tabouret matelassé lui servait de repose-pieds. Deux larges fenêtres donnaient sur la place.

Laffont était bel homme : grand, visage lisse, sourire bienveillant, voix suave. Démobilisé après avoir servi dans les rangs de l'armée des Alpes, il avait créé, en 1941, sa maison d'édition au quatrième étage d'un vieil immeuble de la rue Venture à Marseille. Après la Libération et le départ des nombreux auteurs qui foisonnaient en zone libre, il décida de s'installer à Paris où il fit rapidement prospérer son affaire. Les nouvelles collections se succédaient. Peu avant notre rencontre, sans doute à son apogée, Laffont venait, entre autres, de racheter les éditions Julliard, qui s'occupaient tout particulièrement des jeunes auteurs français.

Nous bavardâmes quelques minutes : Gallo lui avait bien résumé mon projet. Brusquement, il me demanda :

— Le sujet est certes superbe, mais qu'est-ce qui vous fait croire que vous êtes plus capable que d'autres écrivains d'origine juive de le mener à bien ?

— Mon accent, répondis-je.

Laffont ne me demanda pas d'éclaircir cette étrange affirmation. Elle lui suffisait.

— Votre contrat est prêt, dit-il en souriant. Max vous attend au deuxième étage.

Clara passe ses journées alitée dans la pièce d'à côté. Hier, son jeune frère David, rhumatologue à la retraite, est venu la voir. Gentil, doux, il m'a raconté comment, pendant des décennies, il avait vécu avec la mauvaise conscience d'avoir été celui à qui leurs parents avaient décidé de payer des études. Sa sœur aurait dû être encouragée, regrettait-il, elle était plus douée pour les études que lui. Malheureusement, leurs parents, plus que modestes, avaient eu à faire un choix. Ils avaient privilégié David, parce que garçon.

Clara semblait dormir. L'arrivée de David et sa main caressant ses cheveux ne la réveillèrent pas. Assis près de son lit, il avait engagé la conversation avec moi. Le sachant presque sourd, on dirait aujourd'hui « malentendant », je parlais fort pour me faire comprendre. David répondait d'une voix forte également. Clara ouvrit les yeux et poussa un cri, comme si elle voulait nous signifier que tout ce bruit l'indisposait.

J'observe les trois femmes qui s'occupent de Clara : Biba, Natacha et Ada. Je ne doute pas qu'elles sont attachées à la malade. J'en suis même sûr. Elles s'occupent d'elle depuis deux ans. Mais maintenant que l'immobilité et le mutisme ont eu raison d'elle, elle est devenue à leurs yeux une chose, une chose à entretenir. Au mieux, si possible. Elles la lavent, donc, la nourrissent et sont attentives à ses besoins. Je les regarde faire et je suis malheureux. Malheureux de voir que Clara, ma Clara, puisse être traitée comme une chose. Mais comment exiger de ces femmes une attitude différente ?

Et voilà que son exclamation nous rappelle que nous avons affaire à un être vivant. Peut-être pas assez pour participer à la discussion entre son frère et moi, pas suffisamment pour comprendre les pages que je lui lis et qui décrivent l'été 1978 à Tourrettes-sur-Loup, mais apte à accueillir un miracle. Celui qu'elle attend, sans doute, depuis le début de sa maladie contre laquelle les médecins n'ont jusque-là pas trouvé de remède. Mais Lui, Celui qui nous promet la résurrection des corps ?

On dit que les voyages forment la jeunesse. Peut-être. Cela dépend comment on voyage et avec qui. Ce dont je suis certain, avec Sénèque, c'est qu'un voyage commun forge l'amitié.

En 1979, Willy Brandt, alors président fédéral du parti social-démocrate allemand, m'invita à Berlin pour dire quelques mots à l'occasion d'un colloque consacré à la Shoah. Apprenant que Simone Veil était invitée elle aussi, je lui téléphonai pour lui proposer de partir ensemble. Ce qu'elle accepta avec joie. Elle n'aimait pas, me confia-t-elle, voyager seule. À l'aéroport, elle remarqua que ce n'était pas un passeport que je présentais aux contrôles de police, mais un carton jaune plié en accordéon et noirci de tampons, le si repérable document de voyage des réfugiés apatrides que l'on appelle le passeport Nansen, créé en 1922, initialement pour les Russes soviétiques fuyant la terreur rouge, par l'explorateur polaire norvégien Fridtjof Nansen alors haut-commissaire à la Société des Nations, et relancé par l'inoubliable auteur de *Belle du Seigneur* quand il travaillait au siège des Nations unies à Genève.

Surprise que, trente ans après mon arrivée en France, je ne sois toujours pas français, Simone promit de lancer, dès notre retour à Paris, une procédure de naturalisation. Elle était alors ministre de la Santé et allait devenir présidente du Parlement européen. Ce qui nous permettrait de faire encore quelques voyages ensemble.

Simone, fidèle à elle-même, tint parole. Un an plus tard, en 1980, je devins français, ce dont je suis fier jusqu'à aujourd'hui. Cela dit, ce fut le début d'une succession de petites contrariétés administratives. La carte d'identité que je reçus comportait deux fautes : ma date de naissance et mon prénom. Ne me doutant pas une seconde qu'il serait si difficile, voire impossible, de corriger un acte officiel, je suis retourné à la préfecture. La date, à la limite, ne me gênait pas trop. Quatre ans de plus me rendaient plus jeune d'apparence. Le prénom, néanmoins, me posait problème. Je me retrouvais avec un prénom qui non seulement n'était pas le mien mais que je détestais : « Aron ». Frère aîné de Moïse, Aaron n'était-il pas, selon le récit de la Bible, le créateur idolâtre du veau d'or ?

Je mis trois ans à récupérer mon prénom, sans parvenir à me débarrasser d'Aron. J'avais ainsi deux prénoms. Pour me faire plaisir, et à titre exceptionnel, le responsable de l'état civil accepta de souligner « Marek » et d'ajouter, à côté, la mention « prénom usuel ».

J'étais donc devenu français avec une identité écorchée. Est-ce pour cette raison que j'ai tendance à m'identifier à cet Usbek des *Lettres persanes* de Montesquieu qui regarde Paris, la France et ses habitants de l'extérieur, les renvoyant à une image d'eux-mêmes qu'ils ne connaissent pas ? J'écris le mot « Usbek » et je souris. N'ai-je pas été, pendant des années, un jeune Ouzbek, là-bas à Kokand, en Ouzbékistan, à la frontière afghane ? Tout cela est complexe. Quoi qu'il en soit, cette situation paradoxale m'offre une liberté que certains de mes amis n'ont pas : elle me permet de ne pas être prisonnier d'une seule culture, d'une seule histoire, du lot commun des référents du pays où je vis. Je suis aussi marqué par l'Europe centrale où je suis né, l'Asie centrale de mon enfance, l'Argentine de ma jeunesse, enfin, par les langues que j'ai apprises, bien ou mal, et que je pratique régulièrement, bien ou mal.

Je sais que j'ai un accent en français, celui qui a su séduire l'éditeur Robert Laffont, d'ailleurs je crois que j'ai ce même accent dans toutes les langues que j'ai apprises lors de mes déplacements. Cela ne m'a jamais freiné. Lorsque j'ai rencontré le pape Jean-Paul II, je lui ai parlé en polonais. Lorsque je me suis trouvé interviewé à la télévision allemande, à l'occasion du colloque auquel nous étions invités Simone et moi, j'ai eu l'audace de répondre en yiddish, satisfaisant ainsi un défi que je m'étais lancé à moi-même. Après tout, bien que les nazis se soient attelés à l'éradiquer, le yiddish, dérivé de l'allemand, devait être compréhensible par les spectateurs. Je voulais que l'on réentende ma langue maternelle.

Le philosophe Vladimir Jankélévitch, que j'aimais beaucoup, s'était quant à lui promis, en souvenir d'Auschwitz, de ne jamais mettre les pieds en Allemagne. Ni d'échanger un mot en allemand, langue qu'il connaissait pourtant bien. Et Simone ? La question la mettait, je crois, mal à l'aise. Femme politique, elle savait pertinemment que rancœur et désir de vengeance n'aideraient pas à l'édification d'un avenir commun. Elle avait d'ailleurs une grande estime pour Willy Brandt qui, lors de son voyage à Varsovie en 1970, s'était agenouillé, en signe de pardon, devant le monument en hommage aux combattants du ghetto. C'est en partie pour cette raison qu'elle avait accepté son invitation.

Simone aimait parler. Expliquer. Sa voix était douce et son débit s'accélérait quand elle voulait être persuasive, se faire comprendre. Nous parlâmes également de la mode identitaire et du rejet de l'étranger – de ces Français qui n'étaient pas « de souche » comme on le dit aujourd'hui.

Jean Giraudoux, dans son pamphlet contre les émigrés, *Pleins pouvoirs* (1939), les décrivait ainsi : « habitués à vivre en marge de l'État et à en éluder les lois, habitués à esquiver toutes les charges de la tyrannie, [ils] n'ont aucune peine à esquiver celles de la liberté ». Nombreux sont les Français, et pas seulement d'extrême droite, qui seraient prêts à signer un tel texte aujourd'hui. Concernant les musulmans qui vivent parmi nous, par exemple, ces Français ne comprennent en effet pas pourquoi, bien que détenteurs des mêmes droits qu'eux, ils tiennent tant à leur différence. Sans doute est-ce l'une des raisons de l'islamophobie montante dans notre pays. D'où le malentendu entre les mots « intégration » et « assimilation ».

Les musulmans de France sont, pour la plupart, intégrés. Le nombre incroyable d'artistes comiques d'origine maghrébine qui nous font rire en français le prouve. En revanche, ils ne sont pas assimilés. Pourquoi le seraient-ils ? Leur histoire et la nôtre s'entremêlent depuis qu'ils vivent en France. Mais avant ? Doivent-ils tout oublier pour devenir de bons Français ? À l'époque où je suis arrivé en France, le débat sur les étrangers qui s'installaient dans le pays se traduisait en termes d'assimilation. C'était ainsi, l'immigré devait devenir semblable. L'idée choquerait presque à présent.

Simone Veil n'était pas d'accord. Dénoncée, déportée, condamnée, elle ne s'est jamais sentie étrangère. Elle était juive, bien entendu, mais ne s'était jamais posé la question de savoir si elle était assimilée ou intégrée : elle était française. Et, comme elle était faite d'un seul bloc, elle ne comprenait pas non plus que la question puisse encore se poser à propos de la deuxième ou de la troisième génération des descendants d'immigrés venus de l'autre rive de la Méditerranée.

Nous parlâmes encore de choses et d'autres. De ses fils, je crois. Puis, à brûle-pourpoint, je lui demandai si elle avait eu des amants. Elle eut un temps d'arrêt avant d'éclater de rire. D'un rire joyeux que je ne lui connaissais pas. D'ordinaire, sa joie se limitait à un sourire. En arrivant à l'aéroport de Berlin, elle riait encore.

À Paris, mes amis dissidents m'attendaient. En colère. J'avais, avant mon départ pour Berlin, écrit un article à propos des Jeux olympiques d'été qui devaient se dérouler en Union soviétique. Je l'avais intitulé « Tous à Moscou » et publié dans *Le Monde* du 16 novembre 1979. Je partais du principe que chaque pays avait son histoire, ses traditions et que les pouvoirs totalitaires, sans doute comparables en certains points, différaient justement parce qu'ils s'appuyaient sur ces histoires et ces traditions particulières. Le combat que nous menions contre eux devait prendre ces différences en compte. L'Argentine était dirigée par une junte militaire sanguinaire, mais le pays était ouvert au tourisme qui rapportait des devises. Boycotter le Mondial de Buenos Aires, c'était couper à la junte une grande partie de ses revenus. En revanche, l'Union soviétique était une forteresse où tout Occidental était considéré comme porteur de cette peste que l'on appelle « démocratie ». Y aller en masse, pour assister aux Jeux, c'était à coup sûr contaminer ce peuple merveilleux mais qui ignorait tout de ce qui se passait hors de ses frontières.

Mes amis n'étaient pas du tout, mais pas du tout d'accord. Le plus virulent d'entre eux fut Vladimir

Boukovski. Maximov et Pliouchtch partageaient son avis. D'après eux, ce qui comptait aux yeux du Kremlin n'était pas la réaction des individus mais celle des États. Si nous pouvions, par nos manifestations, par nos appels au boycott, pousser les gouvernements occidentaux à poser des conditions à la participation de leurs équipes nationales, nous gagnerions au moins une bataille.

Quand trois personnes prétendent qu'il fait nuit, dit le proverbe yiddish, la quatrième va se coucher. Ce que je fis. Nous décidâmes donc de créer le comité Droits de l'homme-Moscou 80 et je leur promis de publier un autre article dans *Le Monde* afin de préciser nos objectifs. D'autant que, ce jour-là, Andreï Sakharov me fit passer une proposition singulière : affilier, à chaque athlète invité à Moscou, un, deux ou trois prisonniers d'opinion dont seule la libération pouvait conditionner la participation aux Jeux. Nous adhérâmes à sa proposition que j'introduisis dans mon article. Quant au reste, nous reprîmes la stratégie qui s'était avérée payante pour l'Argentine. Nous organisâmes des manifestations, non pas tous les jeudis mais tous les mercredis (pour changer), devant l'ambassade de l'Union soviétique, boulevard Lannes à Paris. La première eut lieu le 23 janvier 1980 et, selon les médias, elle mobilisa plusieurs milliers de personnes. Mes amis Bernard-Henri Lévy et André Glucksmann étaient là. Et, pour ne pas laisser le temps au pouvoir soviétique d'inventer une riposte, nous convoquâmes le lendemain une conférence de presse en présence de Vladimir Jankélévitch, Eugène Ionesco, Raymond Aron, Pierre Emmanuel et Max Euwe, l'ancien président de la Fédération internationale des échecs, jeu si prisé chez les Russes. Et, bien entendu, tous les dissidents soviétiques encore en France, Boukovski étant parti entre-temps en Angleterre.

Et voilà qu'à nouveau, aujourd'hui rejoint hier. Au moment où je me remémore ce passage de ma vie et que je trace sur le papier le nom de Boukovski, je reçois un coup de fil du fameux chef d'orchestre russe, Valeri Guerguiev. Il m'invite à Rome dans le cadre de son festival consacré à Tchaïkovski. Il y dirige, me dit-il, la *Symphonie n° 6, « Pathétique »*, que nous aimons tous les deux tout particulièrement. Je prends l'avion. Et je le retrouve dans l'auditorium Parco della Musica, devant une foule de mélomanes enthousiastes. Puis, comme toujours après un concert, nous dînons dans un restaurant, en présence d'une poignée de groupies qui suivent le maestro d'une ville à l'autre, d'un concert à l'autre. Une dame d'un certain âge, assise entre lui et moi, se présente : Luce Danielson, épouse du petit-fils de Churchill, Winston Churchill junior. Elle me demande d'emblée si j'ai aimé *Les Heures sombres*, le film de Joe Wright consacré au grand-père de son mari et interprété par Gary Oldman. Puis elle se souvient avoir entendu parler de moi par un dissident russe qui séjourna quelque temps chez eux à Londres, avant de rejoindre Cambridge où il était invité par l'université de biologie : il s'appelait Boukovski.

Nous échangeons alors quelques souvenirs à propos de Volodia (c'est son diminutif). Et j'apprends que, au petit déjeuner, Volodia trempait ses toasts dans le thé. Avec le bacon. Madame Churchill m'avoue s'être toujours demandé si c'était une coutume russe ou une bizarrerie propre à Boukovski. Ainsi, devant tous les convives de Guerguiev, je me retrouve à expliquer comment, chaque matin, dans les camps soviétiques, les prisonniers recevaient leur gamelle de *kipiatok*, de l'eau bouillante, avec une miche de pain rassis. Chacun devait, bien sûr, tremper ce pain dur comme la pierre dans l'eau chaude afin de pouvoir le manger. J'appris ainsi que mon ami Boukovski, survivant du goulag, n'en était pas sorti indemne. Mais peut-on vivre « normalement », comme si de rien n'était, après avoir vécu dans un camp ? C'est la question que se posait, il n'y a pas si longtemps, Simone Veil.

Quant à la conférence de presse de notre comité en janvier 1980, elle eut beaucoup de répercussions, mais reçut aussi des critiques. Acerbes. Il ne faut pas oublier que, en ce temps, le parti communiste était encore très puissant en France et la gauche toujours sympathisante du bloc soviétique. Aussi chacune de nos prises de position provoquait-elle des répliques plus ou moins violentes en chaîne. Nous fûmes traités de réactionnaires.

Le soir même de notre conférence de presse, je reçus un appel de Maximov qui passa aussitôt le combiné à un homme qui se présenta rapidement, en russe : Mstislav Rostropovitch. Je connaissais bien entendu son nom. Mais je ne l'avais jamais rencontré auparavant. À l'intensité de sa voix et de son débit, je compris que notre bataille allait changer de terrain et d'ampleur :

— *Tragedia !* cria-t-il dans le téléphone. *Tragedia !*

— Que se passe-t-il ? demandai-je.

— Andreï Dmitrievitch [Sakharov] vient d'être arrêté et déporté à Gorki !

— Donnez-moi votre adresse, j'arrive !

Dans son vaste appartement de l'avenue Henri-Martin à Paris, plusieurs dissidents étaient déjà réunis. Galina Vichnevskaïa, sa femme, magnifique soprano, servait du thé. À la russe.

— Ah, te voilà ! s'écria Rostropovitch en me tutoyant d'office. Il faut réagir, vite !

— Laissons parler Marek, fit Maximov, toujours modéré. Que proposes-tu ? Une manifestation ? Une conférence de presse ? Une délégation à l'Élysée ?

— Un concert ! dis-je spontanément.

— Un concert ?

Rostropovitch se leva, tout agité :

— Pourquoi un concert ?

Tout le monde s'était mis à parler à la fois, se poussant du coude, comme dans une pièce de Tchekhov. Maximov, toujours lui, essaya de tempérer la salle :

— Que Marek s'explique.

Au fur et à mesure que je parlais, tout devenait clair, du moins à mes yeux. Les manifs, les pétitions, les conférences de presse ne surprenaient plus les foules. Elles ne touchaient que ceux qui partageaient nos préoccupations et nos colères. Alors, puisque nous avions la chance d'avoir Rostropovitch à nos côtés, nous devions être plus ambitieux…

Rostro était un musicien génial, tout comme son ego. Visiblement séduit par le rôle central qu'il allait incarner dans cette nouvelle forme de lutte que nous nous apprêtions à lancer, la musique contre l'injustice, il s'assit et demanda à Galina de lui apporter de quoi écrire :

— Marek a raison. Nous louerons la salle Pleyel et inviterons les plus grands interprètes du monde…

Il dansait presque d'excitation en égrenant les noms qui nous faisaient rêver.

— Tu peux avoir la salle ? demandai-je.

— *Konietchno*, bien sûr !

— Tu peux téléphoner à tous ces interprètes que tu as cités ?

— *Konietchno*, bien sûr !

— Dans ce cas, dis-je, je commande à un ami peintre polonais un énorme portrait de Sakharov que nous placerons au fond de la salle et ferai venir, de mon côté, le pianiste argentin Miguel Angel Estrella.

— Qui est-ce ? m'interrompit Slava (c'est le diminutif de Mstislav).

— Crois-moi, c'est un grand pianiste, et nous venons de le faire sortir d'une prison uruguayenne. Il y a des prisons en Amérique latine aussi, tu sais ?

— Est-ce important qu'il soit là ?

— Oui, nous montrerons ainsi au monde comment se structure une chaîne de solidarité.

— Et les médias ?

Sur ce, j'appelai Jacques Chancel. À l'époque, c'était une figure de proue de la télévision française, et un grand mélomane. Slava le connaissait un peu. Je le mis au courant de notre projet et nous nous donnâmes rendez-vous le lendemain matin.

Cinq jours plus tard, le mercredi 27 février 1980, dès 17 heures, une immense file d'attente se forma devant la salle Pleyel, rue du Faubourg-Saint-Honoré à Paris. Les médias avaient fait leur travail et le renom des solistes et des chanteurs présents ce soir-là dépassa de loin nos frontières. Sans compter l'objectif de cette soirée : la libération du physicien Andreï Sakharov.

Pendant que la salle se remplissait sous l'œil vigilant de la sécurité et des caméras de vingt-cinq chaînes de télévision venues du monde entier, qu'une foule de photographes prenait d'assaut les deux côtés de la scène, nous tenions en coulisses notre ultime conseil. Slava, qui avait, il est vrai, mobilisé en un temps record Yehudi Menuhin, Leonard Bernstein, Isaac Stern, Lorin Maazel, Martha Argerich, Arthur Rubinstein, et même Sophia Loren, Yves Montand et Simone Signoret qui devaient lire les poèmes de Mendelstam et Akhmatova, avait tout prévu, tout combiné :

— J'entrerai donc en scène, dit-il, et j'expliquerai la raison de cette soirée. Je parlerai de Sakharov.

Puis, après un silence :

— Il me faudra un traducteur.

Colère de Maximov :

— Ce n'était pas prévu comme ça ! C'est à Marek de présenter cette manifestation ! C'est lui qui est à nos côtés depuis des années. Et il le restera après ton départ.

Et, en pointant le doigt sur Rostropovitch :

— Tu te réveilles seulement quand un de tes amis est en danger.

Slava, qui ne s'attendait pas à une contestation aussi véhémente, parcourut de son regard malin les visages des dissidents présents et comprit qu'ils étaient tous du côté de Maximov.

— Bon, dit-il enfin. D'accord pour Marek ! Il le mérite !

Il me prit dans ses bras et m'embrassa. Puis, s'adressant aux autres :

— Moi, je présenterai les musiciens.

Je pris donc la parole devant une salle hyper-comble – François Mitterrand, alors premier secrétaire du parti socialiste, était assis sur une marche d'escalier. Je me souviens avoir axé mon intervention sur ce cri biblique qui force le ciel et qui, ce soir-là, s'était transformé en musique. La musique, qui n'avait pas besoin de traducteur, n'était-elle pas plus tenace et plus efficace que les mots ? Puis je lus le message que m'avait transmis Sakharov. Je perçus à cet instant des bruits de pas, comme ceux du chat dans *Pierre et le Loup* de Prokofiev, et sentis un bras se poser sur mon épaule : Rostropovitch.

C'était une idée géniale. À travers son geste, et sa présence à mes côtés, il avait fait de moi son porte-parole. Le journal *Le Monde* ne se trompa d'ailleurs pas : « Marek Halter était [ce mercredi soir] le porte-parole de Rostropovitch et de Galina Vichnievskaïa, qui, dans un geste parti du cœur, avaient convié les Parisiens à venir protester contre l'exil de l'académicien soviétique. »

Notre générosité a-t-elle toujours besoin de remerciements ou de valorisation ? Oui. Car nous sommes ce que nous sommes. Même les religions, qui nous demandent de manifester notre solidarité et notre générosité envers autrui, nous promettent toutes une récompense. Ici-bas ou ailleurs. D'abord, nous avons besoin de la reconnaissance des autres. Car l'autre n'est pas uniquement l'« enfer » dont parle Sartre, mais le reflet même de notre bonté. Cependant, l'étendue du miroir n'est pas infinie et ne peut refléter plusieurs visages à la fois…

Après que la chorale Tchaïkovski eut introduit la soirée par trois pièces religieuses russes choisies par Slava, je me penchai vers Miguel Angel Estrella, que j'étais allé chercher avant le concert et que j'avais installé au premier rang, entre Clara et Galina Vichnevskaïa. Je l'invitai à monter sur scène. Nous nous sommes retrouvés tous les trois, Slava, Miguel Angel et moi, sous le portrait géant de Sakharov, et la salle se leva, comme transportée. Le symbole était fort : un homme, à peine libéré de prison grâce à notre solidarité, était là, à nos côtés, pour manifester à son tour sa solidarité à l'égard d'un autre homme qui, lui, venait de perdre sa liberté. La chaîne humaine fonctionnait.

Slava boudait. Cette séquence dans le déroulé de la soirée qu'il croyait maîtriser lui avait échappé. Il se rattrapa après un *Nocturne* de Chopin, joué, peut-être pour la dernière fois, par le vieux Rubinstein. Le portrait de Sakharov se décrocha et tomba sur la scène dans un bruit d'enfer. Slava, seul sur scène avec Rubinstein, se précipita pour faire applaudir le portrait de Sakharov à terre. Une belle séquence reprise par les journaux télévisés.

Que de souvenirs ! Mais Slava pouvait aussi être très généreux. Quand il quitta Paris à l'annonce de la chute du mur de Berlin, devant lequel il improviserait une suite de Bach au violoncelle, marquant à jamais l'effondrement de cette séparation entre les hommes, il me téléphona pour m'inviter à le rejoindre.

Embarqué dans le récit des batailles menées avec les dissidents, j'allais oublier une autre aventure : l'AICF, l'Action internationale contre la faim. L'idée revenait à Jacques Attali. Il m'appela un jour et me demanda si j'acceptais d'accueillir une réunion de ses fondateurs.

La faim, j'en connaissais bien le goût. Ce sentiment de vide qui s'installe dans le corps et qui vous fait découvrir la saveur de votre estomac. C'était je crois la veille de notre départ d'Almaty pour Kokand, en Ouzbékistan. Un officier de l'armée polonaise – autorisée par Staline à recruter parmi les réfugiés d'Asie centrale – me remarqua, blotti contre ma mère, sur un banc public. Par générosité, ou simplement par pitié, il déposa à nos côtés un colis qu'il venait sans doute lui-même de recevoir de l'UNRRA, l'administration des Nations unies pour le secours et la reconstruction. Ma mère me laissa ouvrir le paquet. J'y trouvai, ô miracle, cent grammes de cacao et quelques biscottes. Mon rêve ! De quoi préparer un bon petit déjeuner, celui-là même que ma mère me servait à Varsovie et que je refusais de manger.

Dans un abri public, je pus remplir ma gamelle de *kipiatok*, d'eau bouillante. J'y fis dissoudre un peu de cacao et y trempai mes biscottes. Un compagnon d'infortune me procura une grosse cuillère, non sans envie.

Tout le monde, tous ces miséreux comme nous, était suspendu à mes gestes. Je me suis mis à manger. Mais mon estomac, rétréci par la famine, n'absorba pas cette nourriture trop riche, trop sucrée. Au bout de quelques cuillerées pendant lesquelles j'avais tenté, en vain, de retrouver le goût des petits déjeuners d'avant-guerre, je fus obligé de m'arrêter. En regardant mes parents terminer le contenu de ma gamelle, je me mis à pleurer sur mon rêve envolé.

Était-ce la raison de mon engagement, des années plus tard, au sein de l'AICF ? La réunion eut lieu chez nous, dans le Marais. Outre Clara, Jacques Attali et moi, j'avais invité Bernard-Henri Lévy, Françoise Giroud, Guy Sorman, le docteur Robert Sebbag, Alfred Kastler, prix Nobel de physique, et Susan George, auteur de *Comment meurt l'autre moitié du monde* (1976).

Notre idée de départ était originale. Différente. Nous partions du proverbe chinois : « Donne un poisson à un homme, il mangera un jour ; apprends-lui à pêcher, il mangera toute sa vie. »

En peu de temps, notre ONG devint l'une des plus importantes à travers le monde. Nous n'étions certes pas les seuls à nous préoccuper de la nourriture des affamés, mais nous étions les seuls à jumeler des villages d'Afrique et d'Asie avec des villages européens. Nos experts repéraient les pays qui manquaient d'eau. Souvent, pour rendre fertile une terre aride, il suffisait d'une pompe. Un village français se mobilisait, achetait une pompe et partait l'installer dans son village « jumeau » d'Afrique.

Ensuite, les agriculteurs français enseignaient aux agriculteurs de ce village comment procéder. Il n'était donc pas uniquement question de nourriture. Des liens se créaient, que la simple charité ne connaissait pas. Pendant les vacances, les villages français invitaient les enfants d'Afrique, d'Amérique latine ou d'Asie.

Notre action était modeste. La famine menaçait un milliard d'êtres humains. Dans ce monde où l'on flatte les bons mangeurs, où l'on affiche les meilleurs restaurants et où l'on conseille des produits écologiques hors de prix, des hommes continuaient à mourir de malnutrition.

La colère me secouait. Peut-être étais-je le seul, dans notre groupe, à avoir vécu dans ma chair cette famine qui, pour d'autres, se limitait à un concept. Plus tard, une colère s'ajouta à la colère d'alors, la colère contre ceux de nos paysans, bien nourris, qui arrachaient le maïs transgénique et le piétinaient avec rage devant les caméras de télévision. À qui pensaient-ils en faisant ça ? À nous, les hommes rassasiés ? Avaient-ils réellement peur que ce maïs nous fasse mal à l'estomac ? À moi qui m'étais nourri des bouses de vache que, avec mes camarades, je séchais au soleil comme des galettes ? Ou défendaient-ils tout simplement leur intérêt : le prix de leur propre production ?

Oui, je le pensais à l'époque et je continue à penser que si la générosité démange tant ceux qui défendent la nourriture propre, pourquoi ne rejoindraient-ils pas l'AICF et ne se préoccuperaient-ils pas de ces enfants squelettiques, le ventre gonflé par la faim, que ce maïs, qu'ils condamnent à la destruction, aurait pu soustraire à la mort ?

Jean-Marie Lehn, prix Nobel de chimie, partageait alors ma colère : « Les OGM sont déjà partout autour de nous ! s'exclamait-il. Les pommes que nous mangeons sont le fruit de mélanges centenaires organisés par l'homme. Il y a longtemps que les vaches à lait ne sont plus des vaches sauvages. Les OGM ont commencé au néolithique. Dès que l'homme s'est mis à labourer la terre et à modifier la nature. Et maintenant que l'on sait contrôler ces modifications, on aurait brusquement la frousse ! »

Bien sûr qu'il faut lutter contre la pollution et pour la préservation de la nature, bien sûr qu'il faut se préoccuper de la faune qui nous entoure, mais comment accepter la forme radicale de certains mouvements écologistes qui rêvent de nous imposer une nourriture naturelle, des vêtements naturels, des comportements naturels ? Ce romantisme pervers de l'environnement nous rappelle cette « nature humaine invariable » dont parlait Marx et qui, selon lui, falsifiait la réalité pour servir une domination sociale.

La situation n'est pas nouvelle. Le climat de la terre a souvent changé depuis la création du monde. La Genèse décrit en détail un déluge dont la mémoire des hommes a gardé les traces jusqu'en Inde. Nous savons que ce déluge a modifié, en quelques jours, le visage de la Terre.

Qui se souvient de ce surprenant changement d'itinéraire du Gulf Stream, le courant d'eau chaude qui coula, pendant des siècles, le long des côtes sibériennes dans l'océan Arctique ? Il avait transformé l'immense territoire des monts Oural, aux frontières de la Chine, en un jardin fleuri. Pourquoi a-t-il un jour dévié sa route, laissant la Sibérie dévastée, les populations fuyant vers l'Alaska et les animaux géants pris dans la glace ? Personne ne le sait. Il n'y avait pourtant ni usines polluantes ni centrales nucléaires ; aucun déchet ne souillait alors la mer d'Aral. La nature change. L'homme s'adapte, à condition qu'il ne meure pas de faim. Ne pas faire de la nourriture notre priorité serait une honte.

Au début des années 1980, je ne sais plus exactement quand, j'ai été approché par une jeune femme qui était l'assistante de l'animatrice d'une célèbre émission : elle voulait m'inviter à mon tour.

Les conseillers juridiques de mes deux maisons d'édition me déconseillent de donner son nom. Ils me demandent même de supprimer de ces Mémoires toute évocation des relations amoureuses qui ont traversé ma vie. Nous vivons, disent-ils, une époque où la dénonciation fait la loi. Et les personnes citées pourraient me poursuivre pour « atteinte à la vie privée ». Bien sûr, cette « vie privée » est aussi la mienne… Alors pourquoi ne pourrais-je en disposer à ma guise ? L'amour que j'ai porté, à un moment donné, à telle ou telle personne dont je parle dans ce livre est-il moral ou amoral ? Curieusement, les trois livres révélés auxquels sont attachés des milliards de croyants à travers le monde sont moins sévères envers ceux qui aiment que les juges d'aujourd'hui. Prenons David, le roi qui terrassa Goliath et qui nous légua d'admirables psaumes. Amoureux de Bethsabée, il envoya le mari de celle-ci, le général Uri, à la guerre pour pouvoir coucher avec elle. Leur amour donna naissance à un garçon, Salomon, le « plus sage des rois » et l'auteur du Cantique des cantiques. Personne n'a essayé de censurer le passage de la vie de ce grand roi juif, admiré sous le nom de Daoud par les musulmans et avec lequel les chrétiens commencent la lignée de Jésus.

Revenons donc à la journaliste de la télévision. Je me demande aujourd'hui, tant d'années plus tard, ce qui m'attira d'abord : elle, ou ce qu'elle représentait ? Quand finirai-je par saisir les répercussions de cet aphorisme simple : le papillon, fasciné par la lumière, s'y brûle les ailes. Le concert Sakharov – durant lequel il avait suffi de quelques projecteurs, de quelques caméras, pour nous faire perdre, à Slava et à moi, le sens de l'amitié – avait pourtant été révélateur.

De son côté, Clara avait fait sienne la devise d'Aristote : travailler, tant qu'il y a de la lumière. Et lorsque la lumière baisse ? Aujourd'hui, avec le selfie, chacun produit sa propre lumière. Bref, incapable de décliner une invitation à la télévision, je connus celle qui m'accompagna durant quelques années. La seule aussi, parmi toutes, qui provoqua la colère de Clara.

La journaliste était une personne vive, aux yeux bleus rieurs. Notre premier voyage commun fut, je crois, à Jérusalem, où je devais mener des recherches pour *La Mémoire d'Abraham*. Ce projet, que j'avais présenté devant Max Gallo et qui avait enthousiasmé Robert Laffont, avançait. Je me demande comment j'ai pu poursuivre le récit de quatre-vingts générations d'hommes et de femmes, que j'avais intégrés à l'histoire de ma propre famille, tout en me démenant sur la place publique. À présent, mon ambition est peut-être plus modeste : raconter le parcours d'un homme dont la corbeille, dans laquelle il avait été lâché sur le fleuve de la vie, dérive, d'une berge à l'autre, depuis quatre-vingts ans.

Non, mes actions, mes engagements, ne m'avaient pas détourné de mon projet : raconter l'histoire du peuple juif à travers une seule famille. Pour pouvoir avancer, je lisais et relisais le début de mon livre. Il me semblait beau et je l'aménageais à chaque lecture, ce qui me donnait un élan nouveau pour poursuivre le récit. J'ai toujours pensé que la première phrase d'un livre était ce « point d'appui » qui, selon Archimède, permettait de soulever tout édifice.

« À son habitude, Abraham le scribe s'éveilla d'un coup et, immobile sur sa couche, les yeux grands ouverts, il attendit le jour. L'aube, à Jérusalem, est une promesse qui vous emplit le cœur et Abraham, chaque matin, y cherchait confusément le signe que les choses de la terre et du ciel étaient en ordre. » Cette scène dans la vie d'Abraham, fondateur de la dynastie des scribes et imprimeurs dont je me réclame, eut lieu au mois d'Av de l'année 3830 du calendrier juif, le 31 août de l'an 70 après Jésus-Christ, jour de la destruction du Temple de Jérusalem par les légions romaines. C'était hier.

Mais, en imaginant cette journée commémorée depuis, chaque année, par les juifs du monde entier, j'étais loin de penser que *La Mémoire d'Abraham* deviendrait un best-seller planétaire.

Difficile de concevoir un livre qui vacillait constamment entre histoire et fiction. Pour moi, *La Mémoire d'Abraham* devait être la vraie histoire d'une vraie famille. Mais mon éditeur insista pour annoncer, sous le titre, en couverture : « roman ».

Cela dit, je tins à m'assurer de la véracité de mes sources et, tout d'abord, de l'origine même de mon nom, Halter.

Cet épisode me rappelle l'affirmation d'une Éthiopienne, que j'ai rencontrée bien plus tard à Addis-Abeba. Elle ressemblait à la reine de Saba, à qui je m'apprêtais à consacrer un livre. Selon elle, il était possible de retrouver une trace de notre provenance, même dans les rivières desséchées. L'idée me plut. Encore fallait-il pouvoir retrouver le lit de la rivière. Pour ce faire, je comptais sur les trois personnes que je devais rencontrer à Jérusalem.

La première était un vieux rabbin, croisé un an auparavant, un jour de pluie, et qui affirmait posséder un ouvrage imprimé par mon grand-père. Je le retrouvai, tel que je l'avais quitté, éternel, un *schtreimel* sur la tête, des papillotes et vêtu d'un caftan noir au tissu élimé. Dès que j'ouvris la porte, il me reconnut sans hésitation. Il me souhaita la bienvenue et répéta par deux fois qu'il était temps que je vienne. Il comprit alors que je pensais à son grand âge et une sorte de gloussement de joie lui échappa :

— Oh, non, moi je vais très bien, dit-il. Mais c'est le quartier qui va mal !

Les Israéliens avaient en effet entrepris d'immenses travaux de rénovation et j'avais eu du mal à reconnaître la rue. Il saisit, avec assurance, parmi des livres de prières, un volume cartonné, à la couverture rouge brunie par l'humidité. Il était là, à portée de main, comme si rav Haïm, c'était son nom, m'avait attendu chaque jour depuis mon précédent passage.

— Faites attention, dit-il, le temps l'a rendu fragile.

Il hésitait à me le confier :

— Ce sont des commentaires du Talmud. On ne perd jamais son temps à lire des commentaires du Talmud. Mais vous y trouverez aussi une lettre... Une lettre d'un de vos ancêtres. Regardez, dit-il tout excité, en me la tendant, vous pouvez lire ?

Il déplia la lettre sur la table et pointa de son index la signature : « Meir-Ikhiel ».

— Voilà un élément important, dit le professeur Dov Sadan, la deuxième personne que je devais rencontrer à Jérusalem. En vérité, l'usage des patronymes n'est pas très ancien chez les juifs. Et c'est par le prénom que l'on reconstitue leur généalogie. Quel est votre prénom ?

— Marek.

— Oui, je sais, mais en hébreu ?

— Meir-Ikhiel.

Dov Sadan sauta de son tabouret :

— Comme ce Meir-Ikhiel dont vous a parlé rav Haïm ? Vous avez la lettre ?

— Il n'a pas voulu me la donner.

— Mais vous avez vu où et quand elle a été écrite ?

— En effet, ce Meir-Ikhiel de la lettre se trouvait à Narbonne en l'an 4830 d'après le calendrier juif. Et il se disait scribe.

Le professeur Sadan m'interrompit :

— Cela veut dire... Cela veut dire... 1070 du calendrier chrétien. Qui d'autre s'appelait ainsi dans votre famille ?

— Mon arrière-grand-père à Varsovie, qui était imprimeur et qui s'appelait déjà Halter.

— Dans ce cas, il faudrait qu'il y ait d'autres Meir-Ikhiel à travers les âges. Chez les juifs, on porte régulièrement le nom de ses ancêtres.

Dov Sadan était un chercheur de renommée internationale, ses cours d'histoire à l'université hébraïque attiraient des centaines d'étudiants. C'était un homme petit, agile et agité. Il m'avait été recommandé par Hannah Arendt qu'il avait, m'avait-elle dit, beaucoup aidée lors du procès d'Eichmann, quand elle écrivait ses reportages pour le *New Yorker*.

— Cherchons les Halter, puisque c'est là votre souhait, mais cherchons aussi les Meir-Ikhiel. Le hasard nous mettra peut-être sur la piste.

Sa femme nous apporta du café.

Je ne me rappelle plus comment, mais la conversation glissa sur Kafka, que le professeur détestait, et qu'il trouvait même dangereux.

— Il est en partie responsable de notre passivité devant la montée du nazisme, expliqua-t-il. Parce qu'il nous a habitués à l'idée que l'homme peut se métamorphoser en bête. D'ailleurs, Kafka lui-même était conscient du danger que représentait son œuvre. N'oubliez pas que, sur son lit de mort, il a demandé à Max Brod de brûler tous ses manuscrits, ce que Brod n'a heureusement pas fait !

Nous nous mîmes à nous interroger sur le bien-fondé du geste de Max Brod. Mais Dov Sadan ne m'écoutait pas. Il arpentait la pièce d'un pas nerveux, avalant son café sans s'asseoir, fouillant ses poches, prenant un cendrier ici pour le poser là. Cela ne l'empêchait pas de poursuivre son idée :

— Un jour, dit-il, Martin Buber, de passage à Prague, alla voir Max Brod. Celui-ci, à son habitude, parla de Kafka et proposa de lui lire un passage d'un de ses manuscrits. Mais, dès qu'il trouva la page qu'il cherchait, l'obscurité envahit la pièce : une panne d'électricité. Et, non seulement dans la pièce, mais dans tout l'appartement, et même toute la ville de Prague. Exactement comme si Dieu n'avait pas voulu que ce manuscrit voie le jour.

Je trouvai l'histoire belle. Mais Dov Sadan n'avait pas oublié l'objet de notre rencontre :

— Savez-vous si des Halter ont été écrivains ? Après tout, éditeurs, imprimeurs, écrivains sont de la même famille, et ils ont besoin les uns des autres ! J'ai quelque part une bibliographie de tous les auteurs hébraïques jusqu'au début du siècle.

Il disparut. Sa femme me fit la conversation, évoqua le désordre de son mari, répéta qu'elle avait entendu dire le jour même, par quelqu'un qui l'avait entendu à la télévision, qu'il ne faudrait pas s'étonner s'il neigeait cet hiver-là à Jérusalem, puis me proposa à nouveau du café qu'elle sortit préparer, au moment où Dov revenait avec une pile de livres cartonnés qu'il posa sur la table. Il avait l'air de quelqu'un qui vient de gagner à la loterie. Il prit un gros volume et commença à le feuilleter :

— Halter, répéta-t-il, Halter, Halter... Ah !

À ce moment précis, nous fûmes plongés dans l'obscurité.

— Dov ! appela sa femme depuis la cuisine. Que se passe-t-il ?

— Allume une bougie, Hannah !

Une lueur jaune apparut dans l'embrasure de la porte, éclairant du dessous le visage de Hannah Sadan.

— Excusez-moi, fit-elle. Je voulais brancher le *koumkoum*, la bouilloire électrique, pour le café, et puis...

Dov partit changer le fusible. Quand la lumière fut revenue, je ne pus m'empêcher de dire :

— Quand même, quelle coïncidence !

Mon regard accrocha le nom Halter que me pointait Dov et je fus pris d'une sorte d'angoisse : j'avais l'impression de recevoir un message du fond des âges, avec ce Halter dont je ne soupçonnais pas l'existence et dont la notice m'apprenait qu'il se prénommait Meir-Ikhiel, encore un, qu'il avait vécu à Piotrkow, en Pologne, et qu'il avait écrit plusieurs ouvrages. Il y avait aussi une date : 1766 de l'ère chrétienne.

— Maintenant, dit Dov Sadan en agitant ses deux mains comme s'il voulait saisir la vérité dans le vide de l'espace, il nous faut découvrir les titres et la description de ses œuvres.

Il passa un moment à tourner les pages, puis me tendit le livre : ce Meir-Ikhiel était vénéré comme un saint par ses hassidim, ses dévots. Considérant que les hommes ne pouvaient vivre sans pécher, il jeûna pendant vingt ans afin que Dieu lui accorde de ne commettre, chaque jour, qu'un seul péché véniel, plutôt que de se rendre coupable, un jour, d'un péché mortel. Il paraît, selon le texte, que ce Meir-Ikhiel payait chaque jour un jeune homme pour qu'il mange à sa table. Il le servait lui-même. « Mange, mange, répétait-il, mange afin que je puisse jeûner et prendre sur moi tous les péchés de mon peuple ! Qu'il vive en paix ! »

Dov Sadan se frottait les mains :

— Voilà le lit de votre rivière.

La troisième personne avec laquelle j'avais rendez-vous s'appelait Adin Steinsaltz. C'était le plus grand commentateur du Talmud de notre temps. Il a traduit ses vingt-quatre volumes en hébreu moderne.

Il faisait déjà sombre et pourtant il était à peine 18 heures. En Orient, le jour s'éteint comme une ampoule qui rend l'âme. Soudainement. Le quartier où habitait le rabbin était mal éclairé. Je fis le tour du pâté de maisons, interrogeai plusieurs passants, mais aucun n'avait l'air de connaître le nom de cette rue. Un postier m'indiqua enfin le chemin. Mais ce n'était pas le bon. La maison, je la découvris par hasard, une bâtisse du début du siècle. Le rabbin ne s'étonna point de mon retard : personne n'arrivait jamais à l'heure chez lui, m'expliqua-t-il.

J'avais imaginé un homme âgé, sans doute par association d'idées, rabbin-sagesse-âge, et sa jeunesse me surprit. Il était roux, comme dans un poème d'Apollinaire, cheveux, visage, papillotes, barbe rare, regard pétillant. Il paraissait extrêmement doux et patient.

Ce qui était déroutant avec le rabbin Steinsaltz, c'est que, plutôt que d'essayer de me donner des réponses, il tentait de comprendre mes questions. Il ne m'imposait rien, il m'aidait seulement à poursuivre ma pensée jusqu'au bout. « Aïe, aïe, aïe, disait-il en tirant sur sa maigre barbe, c'est très intéressant ce que vous dites là. Essayons de voir où vous mène votre raisonnement. » Et il avançait ainsi, avec une gentillesse infinie et une logique implacable, jusqu'à ce que je m'aperçoive que ma proposition ne tenait pas debout. J'en avançais une autre. « Aïe, aïe, aïe, disait-il, c'est intéressant... »

Pour Adin Steinsaltz, le fait d'avoir trouvé, parmi mes ancêtres, des écrivains Halter prouvait que la thèse développée dans *La Mémoire d'Abraham*, et qui consistait à affilier mon nom, Halter en allemand, aux scribes et gardiens de registres des synagogues d'Alsace la veille de l'invention de l'imprimerie, pouvait être le second lit d'une rivière dans lequel je pouvais puiser les traces de ma mémoire :

— Scribes, écrivains, imprimeurs, les Halter ont une histoire. Ne la lâchez pas ! Vous vous perdriez dans votre labyrinthe.

Il éclata d'un bon rire doux et roux.

Je suivis son conseil.

De retour à Paris, je me plongeai fébrilement dans l'écriture et atteignis rapidement la fin du XVe siècle. Mes ancêtres, imprimeurs à Soncino, ville fortifiée à mi-chemin entre Milan et Venise, poussés par l'animosité du pouvoir et de l'Église, durent se réfugier à Salonique, alors ottomane. De là, ils rejoignirent Constantinople où se trouvait à l'époque une forte communauté juive, constituée principalement de marranes, ces juifs convertis au catholicisme qui avaient fui l'Inquisition en Espagne et au Portugal. Le sultan Soliman le Magnifique les accueillit à bras ouverts. En arrivant à Constantinople, comme la tradition familiale le voulait, l'imprimeur Abbakhou, fils de Meshulam de Soncino, s'aventura dans le cimetière juif d'Egri Capou, par-delà la porte Caliguria, pour lire à voix haute, devant tous ces morts, et en présence de son fils Abraham, le rouleau familial. Celui qui avait été imprimé par Gabriel de Strasbourg, le premier de notre lignée à porter le nom de Halter, « gardien du registre ».

L'imprimerie que cet Abbakhou installa à Constantinople, et que nous visitâmes quelques siècles plus tard avec Clara, donnait sur la Corne d'or et offrait une vue splendide sur l'arsenal et le chantier naval, dont le vent portait, et porte encore aujourd'hui, les odeurs de goudron.

En ce temps, la communauté juive de Constantinople était soutenue par une femme, doña Gracia Mendes. Née à Lisbonne en 1510 d'une famille marrane espagnole, elle avait épousé un Portugais fortuné, marrane lui aussi, dont la famille, les Benveniste, était originaire de Narbonne. Elle dirigeait un important négoce de pierres précieuses ainsi que la banque Mendes dont le siège espagnol avait été transféré à Anvers. Femme entreprenante et féministe, bien des siècles avant que ce mouvement ne voie le jour, elle avait constitué un conseil de femmes, avec l'aide duquel elle avait acquis plusieurs flottes marchandes. En 1555, à l'annonce, par le pape Paul IV, d'un nouveau statut discriminant pour les juifs, suivi des persécutions à l'encontre des communautés d'Ancône, elle lança en représailles un embargo sur son port auquel elle associa les juifs de Constantinople, de Salonique, d'Andrinople et de Bursa, ainsi que ceux d'Asie Mineure. Elle fut ainsi, d'une certaine manière, précurseur de nos luttes contemporaines. Sa stratégie fut payante et les juifs d'Ancône retrouvèrent leurs droits et leurs demeures.

Ce personnage m'a longtemps intrigué et je songeais même à lui consacrer un livre. Un jour, nous nous retrouvâmes, Simone Veil et moi, dans le train pour Strasbourg – où j'allais donner une conférence et elle diriger un débat au Parlement européen qu'elle présidait. Je lui parlai de doña Gracia Mendes. Elle m'écouta avec intérêt et me demanda si cette femme n'était pas par hasard une ancêtre de Pierre Mendès France. Je n'y avais pas pensé. Je lui promis de me renseigner et de la tenir informée. En attendant, je lui confiai que je trouvais que, par sa force de caractère et son action en faveur des juifs persécutés, doña Gracia Mendes était certainement parente d'une certaine Simone Veil. Simone protesta. Par politesse. Mais je soupçonne que l'idée ne lui déplaisait pas. À la gare de Strasbourg, elle m'embrassa.

Nous nous revîmes juste après l'attentat antisémite contre la synagogue de la rue Copernic à Paris. La bombe posée devant ce lieu de culte fit quatre morts et beaucoup de blessés. En l'apprenant, ma mémoire s'ouvrit, comme un vieil album de photos dont les pages se soulèvent sous le souffle d'un courant d'air. Photos, photos de mon enfance. Je me rendis sur place : vitres brisées, plafonds effondrés, foule prostrée. Je vis arriver Pierre-François, le fils cadet de Simone :

— Appelle maman, elle attend ton coup de fil.

La voix de Simone était saccadée, comme si elle traversait des larmes :

— Tu organises quelque chose ?

— Oui, dis-je, certainement. Je pense à un grand rassemblement...

— Place de la République ?

Alors, comme d'habitude, le projet s'affina dans mon esprit :

— Non, cette fois-ci, nous descendrons les Champs-Élysées. Il faut que le monde entier nous voie.

Le lendemain, 500 000 personnes rassemblées autour de l'Arc de triomphe empruntèrent, derrière Simone Veil, cette avenue dont la France se glorifie, pour crier leur haine de la haine. La photo que j'ai devant moi, et que certains magazines ont republiée à la mort de Simone, est impressionnante.

Mais qui avait posé la bombe ? Aujourd'hui, on dirait des « fanatiques musulmans ». Alors, on accusa des « fascistes français ». Ceux qui répétaient à la ronde : « Auschwitz, y en a marre ! »

« Non, jamais ! » répondis-je dans un article paru le lendemain dans *Le Monde*.

L'enquête, qui dura vingt ans, permit finalement à la justice d'attribuer l'attentat au FPLP, le Front populaire de libération de la Palestine. Et, au moment où j'écris ces lignes trente-huit ans plus tard, le coupable présumé, un certain Hassan Diab, que l'on retrouva à Ottawa au Canada et qui avait été mis en détention provisoire, vient d'être libéré pour non-lieu. Les juges ont estimé que les charges qui pesaient contre lui n'étaient « pas suffisamment probantes ». Ah, si les cadavres pouvaient parler !

Quelques jours après cette manif, je reçus un coup de fil de Pierre Mendès France. Il s'excusait de ne pas avoir été présent : il était malade. J'en profitai pour lui demander la permission de passer le voir. Il me reçut le jour même, chez lui, rue du Conseiller-Collignon, près de la Muette, le cache-col sur la gorge et les yeux rougis par la fièvre. Je lui parlai de mon livre en cours, *La Mémoire d'Abraham*, et lui soumis cette question que nous nous étions posée, Simone Veil et moi, à propos des liens possibles entre doña Gracia Mendes et la famille Mendès France.

Un gros coffre en bois occupait une partie de son vestibule. Pierre Mendès France y conservait une importante documentation touchant à son histoire familiale. Il adorait d'ailleurs en parler et se plaisait à évoquer Montaigne, bordelais comme ses ancêtres, dont la mère, Antoinette de Louppes de Villanueva, marrane d'Espagne, était descendante, tout comme lui, d'une famille juive chassée par l'Inquisition en 1494. Quand il en parlait, son visage s'animait et ses doigts pâles se mettaient à danser devant ses yeux. Il me confia cependant qu'il ne voyait pas en quoi son histoire pouvait influer sur le destin des personnages de mon livre.

Je lui expliquai que, si sa famille était de quelque façon liée à celle de doña Gracia Mendes, par conséquent les Halter et les Mendès auraient pu se rencontrer à Constantinople au début du XVIe siècle.

— Mon cher Marek Halter, dit-il, ce qui me fait encore sourire aujourd'hui, n'oubliez pas que les séfarades incarnaient alors l'aristocratie du peuple juif. J'imagine mal mes ancêtres entretenir des relations avec de modestes scribes alsaciens.

Il me promit toutefois de vérifier. Et, en m'accompagnant à la porte, il répéta :

— Promis !

Sans faire un geste pour ouvrir son précieux coffre.

Sa réponse m'arriva quatre jours plus tard. Amusé, je la photocopiai et l'envoyai à Simone :

Mon cher ami,

J'ai été très touché par votre démarche. Mais, après avoir vérifié, je suis désolé de vous annoncer que je ne suis pas le descendant de Doña Gracia Mendes qui a joué à un moment donné un rôle très important. La quasi-ressemblance de nos noms est une pure coïncidence et je le regrette un peu...

Sans doute impressionné par mon acharnement, il me souhaita d'avoir « le dernier mot ». Aujourd'hui, je pense qu'il avait certainement raison. Et, si nos familles s'étaient effectivement rencontrées, ce n'était qu'une seule fois, à Paris, dans notre atelier où Clara et moi l'avions convié en 1967, c'est-à-dire la veille dc la guerre israélo-arabe, pour parler de la paix.

Cette journaliste était une femme décidée. À notre retour d'Israël, elle avait obtenu une nouvelle émission où j'apparaissais souvent, ce qui fit jaser le petit milieu parisien. La rumeur prétendait que j'avais fait jouer mes relations avec le président. Ce qui était faux, bien sûr. Elle avait interviewé Mitterrand peu de temps avant son élection et celui-ci lui rendait, en quelque sorte, la pareille.

Comment Clara a-t-elle vécu cette liaison ? Nous n'en avons jamais parlé. Elle en tira malgré tout quelques enseignements, plus que jamais consciente de mon désir d'avoir un descendant. Alors, sans le savoir peut-être, elle suivit l'exemple de Sarah dans la Bible. Sarah qui, dans les mêmes circonstances, offrit à son époux Abraham de faire un enfant avec une autre femme, leur servante égyptienne, Agar.

Mais commençons par le commencement. Chez mon ami Nissan Engel, peintre israélien, j'avais rencontré un jour un jeune homme plus que sympathique, attachant : Guy Sorman. Guy dirigeait les éditions Sorman, entreprise de presse qui marchait bien. Je lui avais proposé de se joindre à l'équipe de l'AICF. Puis je l'invitai, avec sa femme Marie-Dominique, à dîner à la maison. Clara les adopta aussitôt. C'était un couple intéressant : lui, de mère juive (bien juive), qui, comme celle de Romain Gary, voyait son fils atteindre la gloire dans cette France qui les avait accueillis ; elle, de parents catholiques (bien catholiques), qui, me semble-t-il, n'avaient jamais connu de juifs auparavant. Nous devînmes amis. Guy acheta un manoir en Normandie où nous allions souvent. Il avait le talent rare de pouvoir résumer les idées compliquées de manière simple et compréhensible. Je n'ai connu que deux personnes sachant expliquer Spinoza le temps d'un dîner : mon ami Luc Ferry et lui. Clara encouragea d'ailleurs Guy à écrire. Grâce à son insistance, il publia son premier livre, *La Révolution conservatrice américaine*, qui eut beaucoup de succès. Guy et Marie-Dominique avaient quatre filles. Je les avais surnommées « les quatre filles du docteur Sorman », paraphrasant le film *Les Quatre Filles du docteur March*, du réalisateur américain Mervyn LeRoy.

Pour Marie-Dominique, chaque enfantement avait été un supplice. Le mois qui précédait l'accouchement la contraignait à l'alitement. Clara, qui l'aimait bien, restait souvent auprès d'elle. Guy disait qu'elles partageaient les douleurs de la conception. C'est dans un moment comme celui-là que Clara, en plaisantant, proposa que Marie-Dominique porte mon fils, car Clara était persuadée que ce serait un fils. Ce projet, bien entendu, ne se réalisa pas.

Mon ami Elie Wiesel, qui adorait les récits hassidiques, me raconta l'histoire d'un juif, venu voir son rabbin en quête d'un conseil. Sa femme ne pouvait pas enfanter. Le rabbin lui répondit que sa propre mère avait eu le même problème. Alors, son père alluma trois bougies et dit les psaumes 91, 93 et 102. Puis il répéta cinq fois le psaume 142. « Et ? » demanda le juif. « Et me voici ! » fit le rabbin.

Le juif, tout joyeux, remercia le rabbin et se précipita vers la sortie : « Je cours de ce pas suivre votre conseil, rabbi. » L'autre : « Ne courez pas, ne courez pas, ça ne marchera pas. — Mais pourquoi, rabbi ? — Parce que vous connaissez déjà l'histoire. »

Comme le juif de Wiesel, je connaissais aussi l'histoire de Sarah et d'Agar que nous raconte la Bible et qui finit mal. Nous en payons les conséquences encore aujourd'hui, quatre mille ans plus tard.

C'est lors d'un de nos séjours chez les Sorman en décembre 1979 – Guy et Clara jouaient au golf, ce que Clara adorait – que j'avais appris, par un coup de fil d'Olga Swinzow, l'invasion de l'Afghanistan par l'Armée rouge. Deux ans plus tard, Maximov m'organisa une réunion à Paris avec quelques Afghans en exil.

L'Afghanistan n'était pas pour moi, comme pour beaucoup de Français, une contrée lointaine et inconnue. De Kokand, en Ouzbékistan, je voyais la chaîne de montagnes du Pamir couverte de neige. Derrière ce massif coulait la vallée du Pandjchir, depuis peu sous le contrôle du commandant Ahmed Chah Massoud dont j'ignorais l'existence. Lors de notre réunion, les jeunes Afghans, indignés et volubiles, m'expliquèrent l'importance de cette figure dans la lutte contre l'envahisseur soviétique, soulignant son attachement à la France : il avait été élève au fameux lycée français de Kaboul mentionné par Joseph Kessel.

Tout ce que nos jeunes interlocuteurs disaient était juste et émouvant. Mais nous venions de sortir d'une bataille que nous avions perdue : le boycott des Jeux olympiques de Moscou. Ce que, fait rare, nous avions reconnu, Bernard et moi, dans une tribune du *Monde* datée du 21 juillet 1980 : « Nous avons échoué ». Allions-nous nous lancer dans une nouvelle action et employer les mêmes méthodes et les mêmes moyens que pour les causes précédentes ? Il fallait inventer une démarche plus efficace. Une démarche qui toucherait notre sens de la justice mais aussi notre rêve d'aventure. Le Bien ne valait-il pas, lui aussi, une aventure ? L'aventure était-elle exclusivement inhérente au Mal et à la violence ?

Nous nous interrogeâmes, Maximov et moi, sur l'aide que nous pouvions apporter à la lutte du commandant Massoud. Mobiliser l'opinion publique, cela allait de soi. Mais encore ?

— Pourquoi, s'exclama un jeune Afghan, ne nous donnez-vous pas des moyens de communication afin que nous puissions nous-mêmes informer notre peuple de nos actions ?

À l'époque, les téléphones mobiles et les réseaux sociaux n'existaient pas. Nous décidâmes de remettre un émetteur radio au commandant Massoud, lui permettant ainsi d'atteindre les Afghans en nombre, car tous avaient des radios portables, et même le monde entier, à l'instar des « Français parlent aux Français », l'émission de radio diffusée sur les ondes de la BBC (Radio Londres) pendant l'Occupation.

J'appelai Bernard. Il vint une heure plus tard. Nous lançâmes un appel aux Français, leur demandant de soutenir la lutte afghane et, pour que les Afghans puissent parler aux Afghans, de participer à l'achat et à l'installation d'un émetteur radio. Comme d'habitude, des caricaturistes de renom illustrèrent notre appel aux dons : Folon, Cabu et même Cummings. Sa caricature orna notre texte à la une de la presse nippone. Puis nous publiâmes un article simultanément dans *Le Monde* et dans *L'Express*, dirigé par notre ami Jean-François Revel. Nous fûmes entendus. L'argent vint à profusion. Restait à trouver le moyen d'acheminer l'émetteur en Afghanistan, alors en pleine guerre. Garant scrupuleux de la somme que des personnes de bonne volonté nous avaient confiée, je proposai de remettre la radio, que nous baptisâmes Radio Kaboul libre, en mains propres au commandant Massoud.

Mes compagnons du Comité droits de l'homme n'étaient pas chauds pour un tel voyage. Enfin, après une longue controverse, ils approuvèrent ma proposition. Sans grand enthousiasme. Bernard mobilisa deux jeunes techniciens, ainsi que Renzo Rossellini, fils du cinéaste et fondateur, en 1975, de Radio Città Futura, à Rome, l'une des premières radios libres d'Italie. Nous partîmes donc à cinq, lestés de trois caisses contenant notre équipement : un gros émetteur radio et tous les accessoires nécessaires, un boîtier intégrant un enregistreur et un récepteur radio électrique.

En septembre 1981, nous prîmes l'avion pour Islamabad. Les hôtesses d'Air France, avec qui nous faisions la conversation, avaient vu les articles consacrés à notre initiative et avaient l'impression, en nous transportant, de participer un peu à notre aventure. Nous arrivâmes donc plutôt fatigués le lendemain. Dès notre descente de l'appareil, nous fûmes emportés par un flot de voyageurs arrivés, presque en même temps, de différentes provenances. Chacun cherchant à tout prix à passer, avant les autres, le contrôle de police et des douanes.

Un policier s'approcha, grand, maigre, bardé de revolvers. Dans un anglais approximatif, il nous prévint que des moudjahidin nous attendaient à la sortie de l'aéroport. Puis il nous guida vers un guichet, apparemment réservé aux privilégiés. Mais notre petit groupe ne passa pas inaperçu. Malgré la « tutelle » de notre policier, plusieurs hommes, portant des brassards de la douane, nous entourèrent.

— *You are ?* demanda le plus petit d'entre eux.

Un attroupement se forma. Au Pakistan, un rien devient vite un tout. Notre policier chuchota quelque chose à l'oreille du petit douanier et nous atteignîmes sans encombre le guichet où d'autres policiers nous attendaient. Tout l'aéroport semblait truffé d'agents de la sécurité. Heureusement, Renzo avait eu la bonne idée d'acheter, au départ de Rome, quelques numéros de *Playboy*. Il les posa nonchalamment sur le comptoir. Les femmes nues transfigurèrent nos hommes. Renzo poussa les magazines dans leur direction :

— *A gift !* fit-il.

Pendant qu'ils feuilletaient et se partageaient les revues, nous poussâmes les trois caisses avec l'équipement radio hors de leur champ de vision. Soulagement. J'imagine le nombre d'heures que nous aurions dû passer à expliquer les raisons de ce transport dans le bagage d'écrivains venus en touristes au Pakistan !

Enfin, nous étions dehors. Devant l'aéroport, c'était la cohue. Je revis la place Tahrir au Caire. Une tornade de femmes voilées et d'hommes, des vendeurs en tous genres, des glaneurs de clients au service des hôtels, des taxis racoleurs, des calèches… Des autobus multicolores bondés se frayaient un chemin à coups de klaxon et de vociférations.

Les moudjahidin étaient là :

— *Welcome to Islamabad !*

Le commandant Massoud, lui-même prévenu par nos amis afghans de Paris, les avait envoyés pour nous accueillir. Nos hôtes nous guidèrent vers une camionnette couverte d'une couche de poussière ocre. Nous nous y installâmes tant bien que mal, nos caisses nous servant de banquettes, et prîmes directement la route de Peshawar. La chaussée était toute cabossée et encombrée de chariots traînés par des bœufs faméliques. Grâce à *L'Homme qui voulut être roi* (1888), le livre de Kipling, que j'avais lu en russe, le nom de Peshawar m'était familier. À cette époque, les rois de Peshawar et de Lahore n'étaient pas pakistanais mais hindous.

Nous roulâmes quatre heures pour y arriver. La ville aux teintes sableuses était pleine de moudjahidin et d'étals couverts de tapis. Sur les places, devant des échoppes où l'on servait du café, des hommes, assis sur des nattes à même le sol, fumaient du hachisch. L'odeur si particulière de l'herbe se répandait à travers la ville. Les moudjahidin avaient réservé pour nous des chambres à l'hôtel Intercontinental. Malgré son appellation, l'établissement était misérable. Un énorme ventilateur, installé au milieu du hall d'entrée, faisait tournoyer la poussière. Bernard et moi avions des chambres voisines. Mais seule la mienne était équipée d'un réfrigérateur. Nous le bourrâmes de bouteilles de Coca, unique liquide que nous daignâmes utiliser, que ce soit pour boire, laver nos mains ou nous brosser les dents… Nous voulions éviter les maladies que la plupart des journalistes attrapaient dans cette région. Mes compagnons défilaient donc, à tour de rôle, dans ma chambre.

Nous croisâmes en effet dans notre hôtel quelques journalistes, européens surtout, qui attendaient le moment propice pour passer la frontière.

La première initiative de nos moudjahidin fut de se procurer des armes. Ils ne pouvaient, disaient-ils, nous accompagner le long des pistes de l'Hindou Kouch, où patrouillaient les Soviétiques, sans avoir de quoi nous protéger. Leurs pauvres revolvers ne suffiraient pas. Aussi nous conduisirent-ils à Darra Adam Khel, au sud de Peshawar, dans la zone tribale où les chefs de guerre s'affrontaient entre eux et s'approvisionnaient en armes, tout en résistant aux Soviétiques.

Nous croisâmes en route un camp dans lequel circulaient des jeeps de l'armée américaine. Nos moudjahidin nous expliquèrent qu'il y avait, dans cette zone, plusieurs camps semblables. Les Américains y entraînaient des talibans, des religieux – musulmans fondamentalistes –, les plus ardents, croyaient-ils, à contrer les « satans soviétiques ». Ces talibans dont on entendra massivement parler quinze, vingt ans plus tard, à l'époque de Ben Laden.

Darra Adam Khel. Étonnant endroit. Cette agglomération, faite de rues dessinées dans la poussière du désert et bordées d'échoppes, était le paradis de l'armement : fusils, mitraillettes, mortiers, canons et chars de combat, même... Nous stationnâmes sous une devanture sur laquelle était inscrit, en pachto et en anglais : *Mohamed Azm & Cie, the Best*. Nos moudjahidin avaient l'air d'être en terrain familier. Au son des pétarades d'armes automatiques, une petite foule de curieux se forma autour de nous.

S'assurant qu'elles étaient d'origine, et non des copies égyptiennes, nos moudjahidin choisirent des kalachnikovs ainsi que quelques lance-roquettes.

Nous comprîmes alors pourquoi ils tenaient tant à ce que nous les accompagnions. Ces armes, il fallait bien les payer. Eux n'avaient pas d'argent. Nous non plus. Mais Mohamed avait tout prévu : nous pouvions payer par carte bancaire.

— *American Express is OK !*

Je n'aurais jamais imaginé me retrouver un jour en train d'acheter des armes, moi qui répétais à qui voulait l'entendre que ma seule arme était le stylo. Ce à quoi Mohamed avait, là encore, une réponse.

— *And you, professor ?* me demanda-t-il en me tendant un pistolet-mitrailleur Uzi de fabrication israélienne.

Mohamed était un imposant Pachtoune, la tête enturbannée et la poitrine encombrée de ceintures sur lesquelles pendaient toutes sortes d'armes. Il me faisait penser à un représentant de commerce.

— Moi, je n'ai pas besoin d'arme, répétai-je, sortant un stylo de ma poche.

Mohamed éclata de rire et partit fouiller l'arrière-boutique. Il revint, un stylo en acier à la main. Il me le tendit :

— *For you ! A gift !*

Je le remerciai et l'essayai sur un carton qui traînait sur le comptoir. C'était un vrai stylo. Alors, Mohamed me l'enleva des mains, le dévissa, y introduisit une balle et tira sur une cible accrochée au fond de l'échoppe, comme chez nous dans les stands de tir à la fête foraine. Nous entendîmes une détonation et vîmes l'impact sur le faquin. La petite foule applaudit.

De retour à Paris, ce stylo qui tue fit l'admiration de tous mes amis. Amateur de curiosités, François Mitterrand insista pour que je le lui prête. Il ne me l'a jamais rendu.

Quant à mon titre de professeur, qui faisait rire Bernard, je le devais à ma barbe. Dans cette partie du monde, cet agrément, surtout blanchi, était considéré comme un signe de sagesse. Ainsi, lors de notre longue marche jusqu'à la vallée du Pandjchir, tous les chefs des tribus que nous croisâmes ne voulaient parler qu'à moi.

— *You, shut up !* disaient-ils agacés à Bernard et à Renzo.

Et à moi :

— *You, professor, speak !*

Pour finir, Bernard se laissa pousser une moustache et une barbe. Mais qui, en un temps si court, ne purent égaler mon poil antique.

Avant que nous nous mettions en route, les moudjahidin tenaient également à acheter, pour nous, des habits pachtounes : nous devions éviter d'attirer l'attention des dénonciateurs de toutes sortes qui pullulaient à Peshawar. Ce que nous fîmes de bonne grâce.

Une mise en abîme intégrale du dicton « l'habit ne fait pas le moine » ! Bernard, Renzo et moi étions devenus de vrais moudjahidin. Même nos amis, qui nous connaissaient pourtant bien, nous avaient, sur les photos parues dans la presse mondiale, confondus avec des combattants…

Ces photos firent cependant débat. Des intellectuels, qui prétendaient opposer les mots à la violence, pouvaient-ils s'afficher avec des kalachnikovs, symbole même de cette violence qu'ils combattaient ? C'était une faute, que je reconnais, un regret qui m'habite jusqu'à ce jour.

Les mots, parlons-en. Après une semaine de préparatifs, nous prîmes enfin la route. Nous empruntâmes les pistes sinueuses du col de la passe de

Khyber. Les moudjahidin qui nous entouraient – ils étaient une quinzaine – portaient les caisses contenant le matériel radio et un carton de Coca-Cola exigé par Bernard. Nous avancions prudemment, à cause des mines antipersonnel que les Soviétiques avaient posées tout le long de la frontière entre l'Afghanistan et le Pakistan. Devant notre scepticisme, un moudjahid lança une pierre en direction d'un objet conique caché par des feuillages. L'explosion nous terrifia.

La réaction de Bernard me surprit. Il me prit à part et sortit d'une poche la photo de son fils Antonin :

— C'est ton filleul, dit-il. S'il m'arrive quelque chose, promets-moi de t'en occuper !

Son geste m'émut aux larmes. Que pouvais-je répondre ?

— Et toi, fis-je, si je devais ne pas revenir, promets-moi de t'occuper de Clara.

Nous nous étreignîmes.

Des mots, encore. Profitant d'une halte dans une clairière, nos techniciens se mirent à expliquer le fonctionnement de l'émetteur aux proches du commandant Massoud. Ils apprenaient vite et étaient impatients de lancer les émissions.

Nous avions également apporté des appels, enregistrés en russe sur des cassettes audio, à l'intention des soldats soviétiques stationnés en Afghanistan. C'étaient des appels du général major Piotr Grigorenko, héros de Stalingrad, de Boukovski, de Soljenitsyne et de Maximov. Des appels à la désertion. Nous apprîmes bien plus tard que plusieurs soldats soviétiques avaient répondu à ces exhortations. Mais Massoud, ne sachant que faire d'eux, les avait remis à la Croix-Rouge à la première occasion. Ils furent ensuite acheminés en Suisse qui, selon les vœux de Moscou, les livra aux autorités soviétiques. Nous n'avons jamais su ce qu'ils étaient devenus.

Cet épisode nous tourmenta longtemps. Nous espérions que ces hommes avaient pu survivre et voir se fissurer l'empire qui les avait sacrifiés. « Il ne suffit pas de faire le bien, disait Diderot, il faut encore le bien faire. »

Quant au commandant Massoud, que nous vîmes à la hâte – pourchassé, il devait changer de planque constamment –, farouchement opposé aux talibans (armés par les Américains) et à Ben Laden, il serait tué vingt ans plus tard, l'avant-veille du 11 septembre 2001, par des hommes d'Al-Qaida, deux Tunisiens déguisés en journalistes belges.

Notre action en Afghanistan fut peut-être la plus médiatisée de toutes celles que Bernard et moi avons entreprises. Notre reportage et les photos sur lesquelles nous apparaissions en moudjahidin armés aux côtés de Massoud furent repris par des dizaines de journaux à travers le monde et nous nous partageâmes les chaînes de télévision qui s'arrachaient le film tourné par Renzo. Devenus ennemis de la patrie soviétique, la presse nous prit pour cibles et nous occupâmes longtemps la une du quotidien du parti communiste russe *Izvestia*.

Malheureusement, les gouvernements occidentaux ne tirèrent aucune leçon de nos témoignages. Les talibans continuèrent à bénéficier des aides américaines, même après le retrait de l'Armée rouge d'Afghanistan, et ce jusqu'à l'apparition de Ben Laden. En fait, jusqu'à la destruction du World Trade Center à New York !

Quant à notre compagnon de voyage, Renzo Rossellini, un accident de voiture en Italie, dans lequel son épouse succomba, lui fractura plusieurs os et côtes. Nous nous sommes croisés un jour dans un avion en partance pour New York. Sa sœur Isabella Rossellini poussait sa chaise roulante.

Mais non, ces actions ne me faisaient pas oublier mon livre. La saga familiale que je ficelais continuait à trotter dans mon cerveau. Robert Laffont me téléphonait régulièrement pour s'enquérir de son avancement. Connaissant mon penchant à embellir l'histoire en privilégiant les héros positifs, il me rappelait que seule l'existence des personnages négatifs rendait les bons crédibles.

J'eus l'occasion d'évoquer cette remarque de mon éditeur fin 1982 lors d'un déjeuner à l'Élysée. François Mitterrand, féru de littérature, s'attarda sur le sujet qu'il nourrit de nombreux exemples. Son invitation était-elle le fruit des indiscrétions que mon éditeur distillait dans la presse à propos de l'édition à venir de *La Mémoire d'Abraham*, ce roman démesuré retraçant l'histoire du peuple juif ? Ce peuple, dispersé et tenace, avait, depuis toujours, fasciné Mitterrand qui écrivit, à la sortie de mon livre, un très beau texte que les journaux reprirent et dont je fus très fier. Il m'invitait donc, supposai-je, à un déjeuner littéraire. Oui. Et un brin disparate, il faut avouer. Il y avait tout d'abord Jean d'Ormesson, homme cultivé, à la belle écriture, ce à quoi le président était très sensible. Il y avait aussi Max Gallo, homme de gauche, lui, biographe de Victor Hugo ; Jean-Pierre Faye, notre comparse de l'année 1967 ; Michel Foucault, devenu la référence de toutes les discussions, l'homme qui bouscula les sciences humaines. Enfin, Régine Deforges, figure du féminisme et éditrice de textes érotiques qui ne déplaisaient pas à notre président.

Ah, le pouvoir ! Nous étions tous à l'heure, bien entendu, et échangions quelques propos sans importance pour passer le temps. J'appris ainsi que Michel Foucault habitait le Marais et que nous étions voisins. Puis, avec une demi-heure de retard, nous aperçûmes, de loin, la silhouette de Mitterrand. Il paraissait voûté, l'air préoccupé. Or, dès que l'huissier eut annoncé, d'une voix de stentor, « Le président de la République ! », Mitterrand, comme la bête de Kafka, se transforma brusquement. Il se redressa, leva la tête, habilla son visage émacié d'un sourire avenant, comme si le rappel de sa fonction l'obligeait à une apparence particulière, et il s'approcha de nous d'un pas allègre, ainsi que devait l'être celui du président de la République.

Notre déjeuner littéraire fut sympathique, intelligent. Chacun s'efforçait de paraître plus cultivé que les autres. Des citations et des noms survolaient la table, comme le gazouillis des hirondelles. François Mitterrand mangeait salement, s'essuyant souvent la bouche. C'est qu'il voulait terminer rapidement pour pouvoir parler lui aussi. Il voulait briller devant une telle assistance. Enfin, le déjeuner terminé, nous nous levâmes. Il nous salua un à un. Quand vint le tour de Régine Deforges, il la retint par la main :

— Pouvez-vous rester, chère Régine ? Nous reprendrons un café.

Mon « voisin » Foucault et moi prîmes un taxi ensemble et nous promîmes de nous revoir. Pour ma part, je devais préparer ma valise. Je partais en Pologne le soir même pour les besoins de mon livre. C'était une première depuis notre départ pour Paris, en 1950, avec mes parents. Je savais qu'il ne restait rien de la Varsovie de mon enfance. Aussi avais-je constamment repoussé ce voyage. Mon éditeur polonais insista. Et, outre le lancement de mon livre *Le Fou et les Rois* en polonais, je voulais m'imprégner des lieux de mon enfance que j'avais décrits dans *La Mémoire d'Abraham*. En Pologne, vu le poids de la communauté juive dans son histoire, ce livre était très attendu.

Pour m'appâter, mon éditeur polonais m'avait promis une surprise : une rencontre avec mon double. Un homme qui portait, paraît-il, mon nom, et qui avait le même âge que moi. Une histoire peu banale. Stupéfiante, même.

Mon éditeur avait tout organisé. Mon double et moi-même devions nous rencontrer seuls, sur la petite place du Marché, au cœur de la vieille ville. Parlant tous deux polonais, nous n'avions pas besoin d'interprète.

— Est-ce vous ? ai-je demandé en m'approchant d'un homme aux cheveux grisonnants et aux yeux bleus cerclés de lunettes en acier.

Après une hésitation, l'homme fit « oui » de la tête. Je lui tendis la main et me présentai :

— Marek Halter.

Il me serra la main et se présenta à son tour :

— Marek Halter.

Non, ce n'était pas un jeu, et encore moins une mascarade. Cet homme était bien réel. Debout, les yeux dans les yeux, je l'observais comme l'on se regarde dans un miroir. Physiquement, il ne me ressemblait pas. Avec ses yeux bleus, son teint pâle, son nez aquilin, il avait tout de l'aristocrate polonais, raboté par quarante ans de communisme. Les similitudes étaient pourtant considérables : même nom, même prénom, même date et même ville de naissance, jusqu'à la profession de son père et de son grand-père qui, comme les miens, furent imprimeurs. Une différence notable, tout de même : il était catholique et moi juif.

Nous discutâmes, mon double et moi, de la nature du lien qui nous unissait. Quoi de plus troublant que de partager avec un autre le nom dont on se croyait l'unique héritier ! Pour faciliter nos rapports avec l'entourage, nous avons décidé de nous donner des numéros : Marek Halter un et Marek Halter deux. Au bout d'un long échange de politesses, il accepta d'être le numéro un. La question réglée, nous nous sommes mis à la recherche de nos liens de parenté. Mais, hormis une lointaine rencontre possible entre son grand-père et le mien à Varsovie, et entre son père et le mien à Lódz, nous n'avons rien trouvé.

Tout dans ce rendez-vous me paraissait irréel : l'homme à côté de moi, d'abord, bien sûr, mais aussi la place du Marché, fondée au XIIIe siècle, dont les maisons colorées, de style fin Renaissance, furent construites au début du XVIIIe siècle par Tylman Gamerski, partiellement rasées par les nazis et reconstruites à l'identique après-guerre. Dans cet ensemble qui me rappelait vaguement la place des Vosges à Paris, je repérai la maison qui abritait, en 1608, l'une des premières imprimeries polonaises. Elle n'avait pas bougé. Mon père m'y avait conduit jadis. Devant la bâtisse, quelques calèches attendaient vainement le touriste.

Numéro un sembla discerner le sentiment qui m'envahissait. Il se leva et suggéra une promenade à travers la vieille ville. Voulait-il me divertir ? Est-ce pour m'aider à oublier les images de mon enfance qu'il se mit soudain à parler trop vite ? Ou était-ce simplement pour se libérer, enfin, d'un long silence ?

Marek Halter un me parla de lui, de son parcours. J'appris ainsi une bien étrange histoire, l'histoire d'un homme sans problème, que le destin avait placé sous la dépendance d'un autre, dont il ne soupçonnait même pas l'existence.

Tout avait commencé en 1968, au beau milieu du printemps de Prague, quand le général Moczar, alors ministre de l'Intérieur polonais, lança sa grande campagne, dite anti-sioniste, un antisémitisme pur, dans cette Pologne où il ne restait que quelques milliers de juifs. On se mit à distinguer juifs, demi-juifs et même quarts de juifs. Accusés d'être des agents de l'impérialisme cosmopolite, ils furent brimés et chassés de l'administration.

Numéro un, alors ingénieur électronicien pour le Centre national de recherche nucléaire de Swierk, près de Varsovie, fut convoqué par la police. On l'interrogea sur ses origines juives. Son père, assura-t-il, avait déjà prouvé aux nazis l'héritage catholique de sa famille, depuis au moins trois générations. Cela ne suffit pas. On ne le crut pas. Il fut victime de poursuites administratives, de contrôles judiciaires, et même de menaces téléphoniques. Le pire, c'est qu'il ignorait pourquoi. Ce n'est qu'en 1982, en découvrant dans *Trybuna Ludu*, l'organe du PC polonais, un article consacré aux « activités subversives » de numéro deux, qu'il comprit enfin les raisons de son malheur : la police politique nous croyait parents. L'article en question soulignait le judaïsme de numéro deux et évoquait son engagement au Proche-Orient.

Je ne sais pourquoi, mais le récit de numéro un m'irritait. Comme s'il me rendait responsable de son infortune, celle d'un homme dont je venais à peine de faire la connaissance, comme si, à mesure que je m'engageais pour les droits de l'homme, cet homme-là, dont j'ignorais tout, perdait ses propres droits. Je le pressai de questions, réclamai des précisions. Ce n'est pas parce qu'un journal polonais me critiquait que l'on devait le persécuter.

Numéro un se tut. Puis, sans doute affecté par ma défiance, au lieu de poursuivre le récit de sa vie comme il l'avait fait jusqu'alors, il me jeta à la figure des dates et des faits, avec une hargne à laquelle je ne m'attendais pas.

— 1980 ! cria-t-il presque, tu as organisé avec Rostropovitch une campagne pour libérer Andreï Sakharov de Gorki ? Exact ?

Sans y prendre garde, il me tutoyait :

— Résultat : ma fille Dorota n'a pas pu se présenter au concours de la faculté de médecine. Quant à moi, j'ai perdu mon travail. Septembre 1981, tu t'es rendu en Afghanistan et tu as écrit des articles condamnant la présence soviétique dans ce pays ! Exact ? Résultat : la police m'a interrogé pendant vingt-quatre heures et j'ai fait mon premier infarctus. Au mois de décembre de la même année, tu as appelé à une manifestation de solidarité avec Lech Walesa, arrêté en Pologne ! Exact ? Résultat : j'ai perdu mon poste au ministère de l'Industrie lourde, où j'avais retrouvé du travail ! Tu penses sans doute, continua-t-il, que tout cela est absurde, que la police polonaise avait les moyens de vérifier nos véritables liens, de savoir que nous n'avions aucune relation, ni proche ni lointaine ? C'est une réaction naturelle, pour un Occidental de Paris.

À tes yeux, Kafka, c'est de la littérature. Chez nous, c'est notre quotidien.

Numéro un me relata ensuite sa rencontre, quelques mois après sa dernière arrestation, dans le parc Lazienki, avec l'agent du renseignement chargé de son dossier. L'ordre venait de haut, lui avoua l'homme, qui savait qu'il n'y avait pas de lien entre numéro un et moi. Mais il ne pouvait révéler la vérité, sous peine de dévoiler l'incompétence de son chef, et d'aller lui-même en prison.

Le lendemain, numéro un m'accompagna, avec sa femme Élisabeth, à l'aéroport de Varsovie. En le regardant agiter le bras en signe d'adieu, la panique me gagna. Je me pris à penser que la police politique n'avait peut-être jamais cessé ses activités, qu'elle trouvait enfin, dans la familiarité de nos rapports, la confirmation de ses noirs soupçons.

Je quittai la Pologne et mon double avec un sentiment de culpabilité, ce sentiment qui accompagne toutes mes actions, y compris les plus réussies, persuadé que j'aurais pu en faire plus, et mieux.

Mais, pour pouvoir parler, et pour se faire entendre, il fallait être, comme le prétendaient les Américains, *somebody*. Autrement, nous n'étions qu'un parmi tant d'autres à manifester, approuver, conspuer, applaudir… Oui, pour faire bouger les wagons, il faut une locomotive. Pour produire du miel, les fleurs ne suffisent pas, il faut des abeilles.

Je reconnais qu'il y a là une injustice profonde, car chacun de nous a quelque chose à dire, quelque chose à partager, et pourtant, nous finissons par écouter un autre qui, plus connu, dit ce que nous pensions nous-mêmes depuis longtemps. C'est cet « autre » qui occupe la tribune, cette place privilégiée qu'il nous faut, selon Voltaire, non seulement conquérir mais surtout conserver. Mais, si notre notoriété baisse, si les médias ne répondent plus à nos appels ? Alors Voltaire nous conseille de prendre du temps pour écrire un livre, un pamphlet, un roman ou une pièce de théâtre. Puis, profitant de l'effet provoqué par la publication en question, revenir dans la bataille, non « pour plaindre les malheureux » mais « pour les servir ».

Bien sûr, il arrive que cela ne suffise pas. Dans ce cas, il reste l'étranger. L'écho des applaudissements et des protestations qui retentiront dans un pays proche ou lointain provoquera, à coup sûr, une réaction en France. L'autorité de Voltaire se renforça considérablement à dater de son voyage à Berlin auprès du roi de Prusse, Frédéric II, en 1749. En septembre 1763, Catherine II de Russie lui écrivit pour la première fois. Voltaire fit reproduire sa lettre par dizaines d'exemplaires afin de l'envoyer aux gazettes et à tous les grands du royaume. Un coup de maître. Aujourd'hui, il aurait eu recours à Internet et aurait fait le buzz.

Il fallait donc que ce livre, *La Mémoire d'Abraham*, sur lequel je travaillais depuis si longtemps, « fasse le buzz », ce dont je n'avais aucune certitude, hormis la confiance de mon éditeur et le soutien de Clara. Démêler toutes les histoires qui composent un livre comme *La Mémoire d'Abraham* équivalait à dévider une pelote de laine. Ne souriez pas. Dégager le fil, d'abord, pour pouvoir faire quelque chose de la matière. Si le bout est bon, alors nous pouvons commencer à le dérouler, en veillant à ne pas le rompre. Pas si simple pour celui qui ignore les règles du tricot. Est-ce un hasard si, durant les vingt années d'absence d'Ulysse, Homère mit entre les mains de Pénélope un long ouvrage de tapisserie ? Elle tissait, selon l'auteur, un grand voile, le linceul de Laërte, son beau-père. Et si tout simplement elle tissait *L'Odyssée* ?

Depuis que j'avais saisi le bout du fil de la pelote qui contenait l'histoire familiale, celle-ci se déroulait tout naturellement. Il ne me restait qu'à le doubler du fil provenant de la seconde pelote, celle qui contenait l'histoire du peuple juif. Pour réussir cet exploit, je devais apprendre à changer d'aiguille afin de former une maille au-dessus de l'autre. Il me fallut plus de trois longues années pour accomplir ce travail.

Je me souviens très nettement du sentiment qui me submergea quand ma plume traça le dernier mot de *La Mémoire d'Abraham* : un mélange de joie intense et de profond désarroi, d'angoisse. Cependant, comme le disait si bien le rabbi Alter de Gour, un proche de mon grand-père, « ne pas partager une histoire d'hommes avec des hommes, c'est trahir l'humanité ».

Ainsi prirent fin les merveilleux moments passés sur le métier à tisser. « Adieu paniers, vendanges sont faites », écrivait Rabelais (*Gargantua,* XXVII). Comme je regrettais déjà ces juifs de mon enfance qui peuplaient, avant-guerre, les rues de Varsovie ! Et ceux de Narbonne, les meuniers, à l'époque de Pépin le Bref, et ceux de Strasbourg, scribes de leur métier, les Halter, « gardiens du registre », et ceux de Soncino, les premiers imprimeurs juifs d'Italie, sous la gouvernance des Sforza, et encore ceux de Constantinople, sur la Corne d'or, à l'époque de Soliman le Magnifique. Sans oublier ceux de Troyes en Champagne, qui cultivaient la vigne, tout en étudiant, avec Rachi, le rabbin Salomon ben Isaac (1040-1105), l'un des plus fameux commentateurs de la Bible et du Talmud. Et, bien sûr, les sans-papiers et les sans-culottes qui participèrent à la Révolution française, rêvant une société dans laquelle ils partageraient les mêmes droits que leurs compatriotes. Enfin, ceux du ghetto de Varsovie en révolte. Je me sentis tout à coup orphelin de ces générations de juifs qui m'avaient précédé et dont j'étais l'héritier.

Pour concevoir d'autres projets et d'autres livres, je devais parvenir à me libérer du sentiment de nostalgie si envahissant, si paralysant, que m'avait laissé l'écriture de *La Mémoire d'Abraham*.

— Pour avancer, il faut se libérer du poids du passé, me conseilla James Baldwin, transformer la chaîne qui enchaîne en chaîne de transmission.

Nous allions ensemble à Berne, en Suisse, participer à une manifestation pour défendre la libre circulation et le droit à l'information des citoyens russes.

Dans l'avion du retour, Baldwin se tourna vers moi, avec un sourire malicieux :

— Alors ? Heureux d'avoir pu amener ton nègre à cette manif ?

Je fus choqué par ses propos. Pourtant, je les comprenais. Combien de fois avais-je moi-même été invité à une manifestation parce que les organisateurs avaient besoin d'un juif de service. Comme on le ferait aujourd'hui avec un musulman.

Souvenance, souvenance. Pour arrêter ce flux d'images, de situations et d'échanges qui défilait devant mes yeux à peine libérés de l'épopée d'Abraham, en un rythme de plus en plus rapide à faire éclater mon cerveau, je rassemblai les milliers de feuilles noircies, corrigées, retouchées, modifiées, et qui formaient une sorte de suite de partition dont je connaissais le contenu mais pas le son, et soulevai le tout comme on lève un nouveau-né. En poussant un cri si fort qu'il fit vibrer les fenêtres sur lesquelles, à ce moment, ruisselait la pluie.

— Que se passe-t-il ? demanda Clara, accourue.

— Ça y est, dis-je, tendant vers elle le paquet de pages manuscrites, je l'ai fait !

À ma grande surprise, Clara ne dit mot. Elle s'approcha, effleura les pages de ses doigts encore engourdis par le sommeil. Comme si elle les bénissait. Après quoi, nous bûmes du thé au citron, ainsi que l'auraient fait nos parents, en parlant de tout et de rien. Le livre parut le 1er octobre 1983 et eut un immense succès.

Aujourd'hui, tant d'années plus tard, j'ai envie de partager à nouveau cet épisode avec Clara. Elle dort. Dois-je pousser un cri pour la réveiller ? La femme qui la garde cette nuit vient vérifier si tout est en ordre. Clara respire avec difficulté. La femme remonte le drap et éteint la lumière. Je retourne à ma table de travail. Déçu. Puis j'ouvre le dossier où sont classés les articles parus à la sortie de mon livre en France, que mon assistante a préparé. Mon regard glisse sur un papier de Claude Mauriac. Le chapeau reprenait ces mots qui, à l'époque, me secouèrent littéralement : « Un long livre fascinant sans précédent dans aucune littérature, peut-être, si douloureux et si enrichissant et si beau. »

Bien que venus de loin et caressant agréablement mon ego, ces mots ne remplacent malheureusement pas le regard de Clara. Qu'écrira-t-on à la parution de mes Mémoires ?

Oui, *La Mémoire d'Abraham* « fit le buzz ». Le livre se vendit à des millions d'exemplaires à travers le monde. Aussi, comme l'avait prédit Voltaire, ma voix prit du poids, mes projets de la crédibilité, leur réalisation fut plus aisée. J'étais devenu *somebody*. François Mitterrand m'invita à nouveau. Seul, pour que je lui parle de l'histoire des juifs de France et surtout de leur participation à la Révolution française. Il avait dû suivre le conseil de son beau-frère Roger Hanin, qui m'envoya un mot enthousiaste à la sortie de mon livre. Un huissier m'introduisit dans le bureau du président. Mitterrand se leva, me salua et vint s'asseoir près d'une table basse, me conviant à faire de même.

Son regard était malicieux, son sourire carnassier. Il avait été surpris, m'avoua-t-il, par mon idée de transmettre toute l'histoire du peuple juif à travers le prisme familial.

— C'est une idée téméraire, dit-il, et je vois qu'elle a fonctionné.

Il voulut savoir si mon ancêtre Berl, venu à Paris la veille de la Révolution, avait vraiment existé. Je lui répondis que ce Berl était un personnage réel et que, pour raconter son histoire, j'avais dû faire beaucoup de recherches grâce auxquelles j'avais découvert que, de tout temps, il avait existé un Paris juif curieusement ignoré des guides. Ainsi cette synagogue, siégeant à l'emplacement de l'actuel parvis de Notre-Dame, décrite en 582 par Grégoire de Tours ; ainsi cette cour de la Juiverie sur laquelle fut construite la gare de la Bastille au XIXe siècle, cœur de la vie juive à Paris jusqu'à la politique d'expulsion décrétée par Philippe Auguste en 1182. Au Moyen Âge, la rue de la Harpe s'appelait rue de la Harpe juive. Sous Saint Louis s'y tenait la *yechivah* du fameux rabbi Yehiel. En ce temps-là, le cimetière juif s'étendait à l'endroit précis où se trouvait la librairie Hachette, au croisement du boulevard Saint-Germain et de la rue Hautefeuille. On y découvrit, lors des grands travaux haussmanniens de 1852, des pierres tombales portant des inscriptions hébraïques. Au XIIIe siècle, à l'époque où mon ancêtre Abraham, fils de Yohanan le scribe, venu de Troyes où il habitait, regardait brûler les talmuds en place de Grève, la grande synagogue s'élevait rue de la Cité, où se dresse maintenant l'église de la Madeleine-en-la-Cité. Elle fut détruite après la deuxième expulsion des juifs de Paris par Philippe le Bel, en 1306.

J'aurais pu continuer ainsi sans fin si une secrétaire n'était pas venue nous apporter du café. J'ai donc sauté quelques siècles pour arriver à ce Berl Halter, employé comme typographe à l'imprimerie Jacob Simon, rue Montorgueil à Paris, et qui intéressait le président. Lors de la rédaction de mon livre, j'étais allé rue Montorgueil pour vérifier l'information. La rue avait bien sûr changé avec le temps. Aux portes, des digicodes montaient la garde. Au 24, une cour – un carré pavé de grosses pierres inégales, au vieil escalier ébréché – me parut pouvoir constituer un décor convenable pour une imprimerie de la fin du XVIIIe siècle. J'y rôdai un peu. Un dépôt de conserves y occupait tout le rez-de-chaussée. Une vieille femme sans âge, descendant l'escalier, me regarda avec méfiance :

— Vous cherchez ?

— Une imprimerie.

— Il n'y a pas d'imprimerie ici, monsieur.

— Il y en avait une, jadis, rue Montorgueil, et j'ai pensé que cela pouvait être ici.

La vieille dame restait perplexe :

— Une imprimerie ici ? Il y a longtemps ?

— Pendant la Révolution.

La vieille dame parut soulagée. Sa mémoire ne lui avait pas joué de tours :

— Alors là, je ne peux pas vous dire. Je ne suis ici que depuis soixante ans.

Mitterrand eut l'air amusé :

— Et vous êtes sûr qu'il y avait une imprimerie juive à l'époque de la Révolution ?

Sa question me donna l'occasion d'étaler mes connaissances, mais aussi ma ferme conviction que les juifs, par leur présence même, donnaient un sens particulier aux grands événements.

— Par exemple ?

— Par exemple, dis-je, le 28 août 1787. Selon moi, tout commença ce jour où l'Académie de Metz décida d'assigner à son concours le thème « Est-il des moyens de rendre les juifs plus utiles et plus heureux ? ». Plusieurs candidats ont déposé leurs manuscrits que Jean Birnbaum a réunis dans un ouvrage. Parmi les trois vainqueurs de ce concours, il y avait un juif polonais comme moi, Zalkind Hourwitz, et un abbé, Henri Jean-Baptiste Grégoire, dit l'abbé Grégoire...

— Et alors ?

— Alors, cette décision provoqua un tollé au sein de la noblesse et de l'Église et suscita un âpre débat dans les rangs de ceux qui lancèrent la Révolution et la destitution du roi. Même Robespierre se sentit obligé, lorsque l'abbé Grégoire présenta une motion en faveur des juifs devant la toute jeune assemblée, de prononcer un discours pour le moins révolutionnaire sur cette question. Quant aux juifs qui se retrouvèrent soudainement parachutés au centre d'un débat sur l'égalité entre Français et étrangers, la plupart d'entre eux, y compris les 5 000 sans-papiers de Paris, rejoignirent la Révolution. Certains vinrent même de loin. Ainsi, les frères Junius et Emmanuel Frey, originaires de Bohême (notre actuelle République tchèque), rallièrent Danton qu'ils admiraient et le club des Cordeliers qu'il pilotait depuis sa création en 1790. Ils furent guillotinés avec leur mentor quatre ans plus tard.

Mitterrand m'écoutait, littéralement fasciné. Il admirait les personnes qui connaissaient leur propos et trouvait que ce sujet, en particulier, devait être largement partagé avec les Français. Savoir que les juifs de France n'étaient pas des étrangers en ferait, pensait-il, réfléchir plus d'un. Il m'offrit le parrainage d'un colloque sur les juifs en France.

C'est ainsi que fut lancée, dans notre pays, la première grande manifestation culturelle juive : le Mois du judaïsme. Il eut lieu en même temps à la Sorbonne et à l'espace Rachi, rue Broca, sous le haut parrainage du président de la République. Le comité d'organisation n'était pas moins prestigieux : Alain Poher, président du Sénat, Jack Lang, ministre de la Culture, Jacques Chirac, maire de Paris, Jacques Soppelsa, président de l'université Paris-I, et le grand rabbin René-Samuel Sirat.

Ce fut la première fois, je crois, que toute l'intelligentsia française, et non plus seulement juive, accepta de débattre du judaïsme devant des amphithéâtres combles. Je viens de retrouver un numéro du mensuel *L'Arche*, le premier magazine consacré au judaïsme français, lancé par le merveilleux Roger Ascot, journaliste et écrivain. Tout entier consacré à cet événement. Tant de souvenirs ! Ce fut aussi l'occasion de découvrir que j'avais des ennemis. Roger Ascot, dans son éditorial, prit ma défense. Pour moi qui mets un point d'honneur à être aimé, ce fut un coup dur. J'en parlai à Bernard. Me reprochait-on ma position sur le conflit israélo-palestinien ? Me voyait-on trop souvent à la télévision ? Sur toutes les barricades ? Ou, comme le soutenait Roger Ascot dans son édito, certains avaient-ils l'impression que je leur faisais de l'ombre ? Bref, aujourd'hui, je serais tenté de penser qu'avoir des ennemis prouve que l'on existe. À l'époque, je me contentai d'être malheureux.

En feuilletant ce numéro de *L'Arche*, je découvre la liste impressionnante des personnalités qui avaient accepté de prendre part à nos nombreux colloques. Certaines s'étaient proposées d'elles-mêmes. Ainsi Catherine Deneuve, qui m'expliqua au téléphone combien elle avait été frappée par les premières pages de *La Mémoire d'Abraham*. Un « coup de cœur », dit-elle. Ces pages, elle les lut merveilleusement bien devant une foule compacte et admirative.

Le Mois du judaïsme, donc. Par le nombre et la notoriété des participants – Levinas, Jankélévitch, Simone Veil, Foucault, Deleuze, Lanzmann, Bernard-Henri Lévy, Marguerite Duras, le romancier A. B. Yehoshua, venu exprès d'Israël, le poète Pierre Emmanuel, Ionesco... – et le public, qui faisait la queue pendant des heures pour pouvoir pénétrer à la Sorbonne ou au centre Rachi, cet événement surprit tout le monde. Pour une fois, on ne parlait pas des juifs uniquement à la suite d'un acte antisémite ou en souvenir de la Shoah. Ils étaient au cœur même de l'histoire de France. François Mitterrand avait raison.

En décrivant ces journées mémorables, je parcours les extraits de presse que mon assistante m'a préparés et je tombe sur un titre du *New York Times* : « L'éveil du judaïsme français ».

Les années 1984-1985 avaient été mortifères. Après Pierre Viansson-Ponté, l'homme à qui je devais tant, disparu six ans auparavant, était venu le tour de Vladimir Jankélévitch, ce merveilleux philosophe à l'éternelle mèche rebelle sur le front qui m'avait soutenu et conseillé dans toutes mes batailles. Disparu aussi Alfred Kastler, prix Nobel de physique, avec qui, six ans plus tôt, nous avions fondé l'Action internationale contre la faim. Puis Fernand Braudel, qui m'avait aidé dans les recherches entreprises pour *La Mémoire d'Abraham*. Le 30 septembre 1985 était morte Simone Signoret, elle qui nous avait rejoints tous les jeudis devant l'ambassade d'Argentine et qui, la première, avait arboré le badge « Touche pas à mon pote » de SOS Racisme. Disparu aussi Heinrich Böll, prix Nobel de littérature, qui fut, avec Günter Grass, autre prix Nobel de littérature, le premier membre allemand de notre Comité pour la paix au Proche-Orient. Enfin, Marc Chagall, l'homme avec qui je partageais, selon Clara, non pas le complexe de Portnoy mais le « complexe de Chagall », ce besoin permanent de reconnaissance.

Les projets sont comme ces numéros sur une table du casino de la vie. On joue un jeton sur un numéro qui ne sort pas. Inutile de désespérer, il en reste trente-cinq autres ! Et puis, les joueurs autour de la table changent. Quand certains disparaissent, d'autres arrivent. « Une génération s'en va, une autre vient, et la Terre subsiste toujours », dit l'Ecclésiaste (I, 4).

1984 vit l'émergence d'une génération nouvelle qui militait pour un comportement nouveau : SOS Racisme. Bien sûr, au moment où j'écris ces lignes, ses dirigeants, jeunes à l'époque, ont vieilli : ils sont rentrés dans le rang. Certains ont eu des enfants et se sont engagés dans la vie professionnelle. D'autres font de la politique, comme leurs prédécesseurs dont ils voulaient se distinguer.

Mais alors, au début de l'année 1985, quand je les reçus dans mon atelier du Marais, tous incarnaient cette nouvelle génération d'enfants d'immigrés qui aspiraient à se faire entendre. Bernard-Henri Lévy me les avait envoyés. Dès notre premier échange, je m'aperçus qu'ils comprenaient de quoi je parlais. Et moi, je comprenais ce qu'ils désiraient. « Première, deuxième, troisième génération ; nous sommes tous des enfants d'immigrés », clamaient-ils. Comment pouvais-je refuser de leur tendre la main ?

Ils étaient quatre garçons et deux filles : Harlem, Malik, Éric, Fadela, Caissa et Rocky. Je n'ai jamais su pourquoi on appelait ce dernier ainsi. De son vrai nom Didier François, il est, depuis, devenu un magnifique reporter à Europe 1 et *Libé*. Plusieurs années après, alors qu'il avait été blessé lors d'un reportage à Gaza, je suis intervenu pour qu'on le transfère dans un hôpital israélien. Tous, donc, voulaient l'union dans la diversité et rêvaient d'une société multiple. À leur image. Certains avaient participé à la marche des Beurs en 1983 quand une vingtaine d'enfants d'immigrés, partis de Marseille, s'étaient vus plusieurs dizaines de milliers en arrivant à Paris deux mois plus tard. Ils étaient déjà organisés au sein d'une association : SOS Racisme. Ils avaient même un slogan et un logo : une main jaune, ouverte, portant les mots « Touche pas à mon pote », traduction moderne, leur fis-je remarquer, de « Tu aimeras ton prochain comme toi-même ». Ils s'étaient en prime donné un porte-parole au nom prédestiné : Harlem Désir. Ils avaient déjà tout pour réussir et n'avaient, en réalité, pas besoin de moi. Sauf peut-être pour se rendre visibles.

— Il faut vous faire connaître, vous et votre combat, dis-je. Je vais vous aider à organiser une conférence de presse.

— Mais nous en avons déjà fait une, protesta Harlem, et personne n'est venu.

— Alors, oubliez-la et recommençons de zéro.

Ce que nous fîmes, Bernard et moi, dans la grande salle de l'hôtel Lutetia à Paris. Toutes les chaînes de télévision étaient là, comme je le leur avais promis, des photographes, des journalistes et, pour soutenir nos jeunes, une foule de personnalités du monde culturel et politique.

Ce ne sont pas leurs idées qui eurent, alors, le plus d'effet mais les personnes qui les portaient : Coluche, d'abord, le plus connu d'entre nous, Christian Delorme, « le curé des Minguettes » à l'origine de la marche des Beurs, Bernard et moi, Harlem, bien entendu, Julien Dray et Éric Ghebali, alors président de l'Union des étudiants juifs de France.

Parmi ceux qui étaient venus les épauler, il y avait des visages célèbres que les caméras n'ont cessé de filmer : Jean-Jacques Goldman, Renaud, Bernard Lavilliers, Smaïn, Anne Sinclair...

Celui qui se démenait le plus était Éric Ghebali, plutôt petit de taille, une gueule à la Robert De Niro, intelligent, au courant de tout, parlant de tout et ayant un avis sur tout. Il me séduisit dès notre première rencontre. Sur le coup, son engagement auprès des jeunes Beurs me paraissait essentiel. Preuve que la fraternité entre juifs et musulmans était possible, chez nous en France, mais aussi là-bas, de l'autre côté de la Méditerranée. Cependant, avec le recul, je me demande si nous n'avons pas commis une erreur. Les juifs devaient certes soutenir ce mouvement d'émancipation des immigrés venus du Maghreb et de l'Afrique noire, pour la plupart musulmans. Seulement, hormis quelques-uns comme moi, la plupart des juifs de France étaient en réalité, ce que je rappelle dans *La Mémoire d'Abraham*, des sujets des rois de France, quand les Normands ou les Bretons ne l'étaient pas encore. Ils représentaient certes une minorité religieuse, à l'égal des protestants, mais étaient considérés comme français et, depuis la Révolution, citoyens comme les autres.

Le soutien des juifs, donc, à ces jeunes issus de l'immigration, devait être total. Exemplaire. Mais, en se glissant eux-mêmes dans la peau d'immigrés qu'ils n'étaient pas, les juifs allaient créer une distinction entre les privilégiés qu'ils étaient et les autres. Distinction qui susciterait très vite chez ces derniers une animosité, une haine même, envers les juifs qui les avaient soutenus, allant jusqu'à les identifier aux juifs qui, installés en Israël, persécutaient, eux, les Palestiniens. À méditer.

Enfin, puisque la machine de l'histoire n'est pas pourvue de marche arrière, il ne me reste qu'à poursuivre le récit. La conférence de presse que nous organisâmes, Bernard et moi, à l'hôtel Lutetia, lança le mouvement. Et le concert, que nos jeunes camarades conçurent quelques mois plus tard, le 15 juin 1985, sorte de Woodstock à la française place de la Concorde, les propulsa comme le plus important mouvement antiraciste d'après-guerre en France.

Espérer remplir un espace aussi vaste n'était-il pas une ambition démesurée ? Nous passâmes la veille du concert dans l'angoisse. Dès le matin, nous fûmes rassurés : d'après la police, que Harlem avait consultée, il y avait déjà sur les lieux plus de 50 000 personnes. Et des milliers de milliers d'autres continuaient à arriver par vagues. Quand Bernard, Jack Lang et moi rejoignîmes la scène par le jardin des Tuileries, une foule immense de jeunes, de « potes » disait-on, remplissait le pont de la

Concorde jusqu'aux marches du Palais-Bourbon. À 6 heures du soir, on annonça à la radio 400 000 personnes. Et d'autres arrivaient encore. Les Champs-Élysées étaient noirs de monde, jusqu'aux abords de l'Arc de triomphe, place de l'Étoile.

Sur scène, face à l'obélisque que l'humoriste Guy Bedos désigna du doigt en demandant à la foule, qui approuva en riant, s'il était bien français celui-là, commencèrent à défiler les meilleurs musiciens du moment.

Serge Gainsbourg, qui nous avait rejoints, remarqua que, sur cette place où l'on tranchait autrefois les idées par les lames, on les affirmait dorénavant par la chanson. Harlem Désir prit la parole. Il ne proposa aucun projet de société, ne cita ni Marx, ni Lénine, ni Mao, ni Guevara, comme il l'aurait fait, peut-être, en mai 1968. Il ne montra aucune ambition politique. Il s'adressa simplement aux « potes » qui ne se faisaient guère d'illusions sur l'état du monde. Un monde qui portait encore la marque d'Auschwitz, d'Hiroshima, du goulag... Et des crimes de la colonisation. Il ne croyait pas davantage aux promesses d'un monde lointain. En revanche, il était persuadé et, à en croire l'ampleur des applaudissements, les « potes » avec lui, que l'on pouvait améliorer la vie de tous les jours en y introduisant un peu plus de justice, un peu plus de fraternité, un peu plus de compréhension envers l'autre, notre voisin, plus ou moins proche.

SOS Racisme proposait aux jeunes des banlieues, parfois paumés, désœuvrés, drogués, une autre aventure. J'étais heureux de pouvoir la partager avec eux.

Bernard, Jack Lang – qui, en tant que ministre de la Culture, aida énormément à l'organisation du concert – et moi étions euphoriques.

— J'aurais bien aimé pouvoir m'adresser à un demi-million de jeunes, reconnut Bernard.

— Moi aussi, fit Jack.

— Et moi donc, dis-je.

Mais aucun d'entre nous n'osa prendre le micro. Nous ne nous y sentions pas habilités. Sur scène, se succédèrent, je me souviens, Carte de séjour, Téléphone, Indochine, Francis Cabrel, Murray Head, Charlélie Couture et Tom Novembre, Coluche, Smaïn... et j'en oublie. Ce fut la première fête antiraciste de cette portée en France. Elle dura toute la nuit. Sans débordements.

Par leur action, ces jeunes ont-ils changé notre société ? Ce dont je suis certain, c'est que, comme en mai 1968, ils la firent au moins réfléchir.

La nouveauté de la démarche de SOS Racisme avait rendu les anciennes associations antiracistes quelque peu désuètes. La presse mondiale s'en fit d'ailleurs l'écho. Parmi les nombreuses lettres que je reçus, l'une, en particulier, me fit plaisir : celle de l'écrivain israélien Amos Oz. Il citait une histoire bédouine, me demandant de la partager avec les « potes » : « Un vieux bédouin se retrouve chassé de sa tente par le chemin de fer qui traverse l'oasis. Durant des mois, assis dans la poussière, il regarde la locomotive passer et repasser en sifflant. Un jour, un ami de la ville l'invite à prendre le thé. En entendant la bouilloire siffler, le vieux bédouin la frappe de sa canne et dit : "Ces engins-là, il faut les briser tant qu'ils sont encore petits !" » « Pareil pour le racisme, disait Amos Oz, il n'est jamais trop tôt pour commencer à le combattre. »

Un jour, un personnage drôle et attachant m'invita à Milan : Armando Verdiglione, l'homme qui se disait psychanalyste, dans la lignée de Lacan, et qui resta au cœur de la vie intellectuelle européenne pendant plusieurs années. Il organisait un colloque sur ce qu'il appelait « la deuxième renaissance ». Bernard-Henri Lévy, qui se trouvait déjà sur place, insista au téléphone pour que j'accepte cette invitation. J'avais deux journées de libres, je m'y rendis.

À l'aéroport de Roissy, d'où partait notre avion, nous fûmes, comme d'habitude, emportés par un flux de voyageurs traînant leurs valises à roulettes. Soudain, rompant le bourdonnement ambiant, un homme qui courait après un gamin d'un ou deux ans peut-être appela : « Marek, Marek ! » Nos regards se croisèrent. Il attrapa le garçonnet par la main et le traîna vers moi.

— Je venais de terminer la lecture de *La Mémoire d'Abraham*, m'expliqua-t-il, quand mon fils est né. Nous l'avons appelé Marek.

Ce Marek-là, sans doute âgé de trente-cinq ans aujourd'hui, lira-t-il le livre que je suis en train d'écrire ? En 1984, dans le hall de l'aéroport de

Roissy, je le regardai disparaître avec son papa dans la foule, la gorge serrée par l'émotion.

Dans l'avion, je croisai Philippe Sollers, qui allait lui aussi à Milan, à l'invitation de Verdiglione. Il me plut dès le premier abord. Il demanda à la personne qui se trouvait près de nous de changer de place et nous pûmes faire plus ample connaissance. Philippe était à mes yeux un vrai Français. Ceux que l'on appelle aujourd'hui « de souche ». Enraciné depuis toujours dans les terres girondines. Jusque-là, j'avais affaire à des hommes et des femmes dont les parents, ou grands-parents, venus d'ailleurs, s'efforçaient de devenir de vrais Français. Nous étions loin du mois de mai 1968, quand nous étions tous fiers d'être des « juifs allemands ».

Philippe était ce qu'il était. Il assumait. Et, de surcroît, il avait un profond sens de l'humour. À force de l'entendre répéter qu'il était né à Bordeaux, sous l'influence britannique, et qu'il avait, depuis toujours, une maison familiale à l'île de Ré, je lui lançai à la figure, avec une certaine défiance, l'exemple de Montaigne, descendant de marranes portugais, élu maire de Bordeaux en 1581 et 1583. Mais Philippe, malicieux, m'expliqua qu'il considérait Montaigne, Français d'adoption, comme son épouse, Julia Kristeva, venue de Bulgarie. Julia est une femme gaie, enthousiaste et savante. Clara, Philippe, elle et moi prîmes l'habitude de nous retrouver à la Closerie des Lilas. Je n'ai jamais su si Julia était juive ou orthodoxe. Elle a toujours pris soin d'entretenir le flou.

Armando Verdiglione nous attendait en personne à l'aéroport. Court sur pattes, visage poupin, cheveux gominés, veste en tissu rayé et chaussures lustrées, à talonnettes, il faisait penser à ces parrains italiens que l'on voyait dans les films de l'époque. Il parlait français à l'italienne, en roulant les « r ». J'aimais son accent. Il venait d'acquérir, ce dont il était très fier, un manoir à Senago, près de Milan, la villa San Carlo Borromeo. Pendant le trajet, il nous annonça, à Philippe et à moi, qu'il avait déjà acheté les droits de nos œuvres pour les faire publier en Italie, dans sa maison d'édition Spirali.

Outre Borges et Ionesco, je revis avec plaisir mon vieil ami Michel-Antoine Burnier. Il était, depuis quinze ans, rédacteur en chef de la première revue française *underground*, selon l'expression américaine : *Actuel*, reprise en 1970 par Jean-François Bizot. C'était plutôt drôle de le voir dans un environnement aussi éloigné de la génération qui lisait son magazine. Il prétexta, avec sa causticité habituelle, que, « quand on vous dépêche de superbes Italiennes, billet d'avion en main, pour vous inviter à un colloque où l'on va côtoyer Borges, Kundera, Dante ou Machiavel, il est difficile de refuser ».

De son côté, Armando, qui avait compris que l'avenir, en ces dernières années de communisme, appartenait aux dissidents, comptait sur moi pour les faire venir à Milan. Lors de l'organisation à New York d'un colloque à l'hôtel Plaza sur le thème « Sexe et langage », un journaliste américain lui avait posé la question : où le mécène trouvait-il tout cet argent ? 250 000 dollars pour organiser un colloque représentait tout de même une somme considérable. Verdiglione répondit alors d'une manière que je trouvai plutôt drôle : « Il faut apprendre à marcher sur le ciel. »

Deux ans plus tard, Armando Verdiglione a été traîné devant les tribunaux. Son accusatrice : Giuliana Sangali, une riche Milanaise en psychanalyse avec lui depuis plus de dix ans. Le juge considéra que Verdiglione avait profité de sa faiblesse psychologique pour obtenir d'elle d'importantes donations au profit de sa fondation, la Deuxième Renaissance. Celle-ci entretenait par ailleurs l'activité éditoriale et médiatique d'Armando Verdiglione.

Bernard fut encore le premier à m'annoncer son procès. Lui-même avait été alerté par Cristina, la femme d'Armando, qui le supplia de venir à Milan d'urgence, avec moi si possible, pour prouver aux journalistes italiens que son époux n'était pas seul.

Nous prîmes l'avion. Le palais de justice de Milan, architecture des années 1930, est un immense édifice rectangulaire, nu, froid, en granit gris. En haut d'une vingtaine de marches, deux colonnes aux lignes droites ornent l'entrée. À l'intérieur, des salles interminables aux sols et murs de marbre. Une ambiance mortuaire. Il fut construit sous Mussolini, à l'image du fascisme triomphant. Sans humour. Dès notre arrivée, une meute de photographes et de caméras nous assaillit. Nous prîmes, bien entendu, la défense d'Armando. Son soutien à la cause des dissidents soviétiques était à nos yeux une raison suffisante. Sans oublier de rappeler aux journalistes qui nous questionnaient que c'était là le premier procès d'un intellectuel depuis la Seconde Guerre mondiale.

J'étais en train de me demander si nous n'en faisions pas trop quand nous vîmes notre ami arriver, entouré de carabiniers et traînant deux lourdes chaînes, l'une aux poignets, l'autre aux chevilles, toutes deux cadenassées. Cette image justifiait à elle seule notre présence à Milan. Nous rendîmes par la suite compte, dans la presse, de ce procès que Bernard qualifia, à juste titre, de « moyenâgeux ».

Pour ma part, je n'oublierai jamais que Verdiglione est à l'origine de l'une des plus émouvantes et fortes rencontres de ma vie : une rencontre avec moi-même. Et avec mon histoire. Non pas ces rencontres que l'on trouve dans les livres, y compris dans les miens, ou que l'on transmet en parlant, mais une rencontre véritable, palpable, visible, charnelle, bref, existentielle, avec mon ancêtre Gabriel de Strasbourg, dit « le Halter », à Soncino.

La Mémoire d'Abraham, publiée en Italie par Spirali, fut, comme en France, un best-seller. Je consacrais, dans mon livre, une vingtaine de pages à ce Halter qui ouvrit, en 1446, l'une des premières imprimeries juives d'Italie, dans la petite ville de Soncino, sur la rive nord de la plaine du Pô, au bord de la rivière de l'Oglio. Verdiglione eut la brillante idée de m'y inviter. Il organisa ainsi, avec le maire de Soncino, où, jusqu'à aujourd'hui, on préserve religieusement la maison de mes ancêtres, la Casa degli Stampatori Ebrei, une réception incroyable.

Nous partîmes avec Clara, qui tenait à voir de ses propres yeux la partie réelle de *La Mémoire d'Abraham*, et avec notre ami Daniel Rondeau, journaliste curieux, toujours friand d'événements inédits. Le jour de notre arrivée, il faisait beau.

L'apparition soudaine d'un descendant des imprimeurs juifs de Soncino qui, les premiers, éditèrent la Bible avec des signes qui remplaçaient les voyelles, absentes de la langue hébraïque, fit sensation. Le *Corriere della Sera*, le grand quotidien italien, titra à la une « Le juif errant revient cinq siècles plus tard à Soncino ». La Maison des imprimeurs faisait la gloire touristique de la petite ville. Aussi avons-nous été accueillis par une foule en liesse, par des écoliers autorisés, pour l'occasion, à sécher la classe et qui nous offraient des fleurs, par des habitants qui suivaient notre progression de leurs balcons, nous lançant des confettis. Réjoui, Daniel Rondeau décrivit avec enthousiasme cet accueil élogieux dans les colonnes de *Libération*.

Mais le moment le plus fort m'attendait dans cette bâtisse en brique rouge grignotée par le temps, dont la façade, percée en quinconce par trois fenêtres découpées à l'orientale, en ogives, donnait sur les fortifications construites au XVe siècle par le condottiere Francesco Sforza, duc de Milan, homme fort de l'Italie d'alors, et qui aida mon ancêtre Gabriel. À l'entrée de la bâtisse, une plaque signalait « La Casa degli Stampatori Ebrei ». Devant cette porte, une foule de curieux nous attendait en compagnie de la fanfare municipale.

Au rez-de-chaussée, dans une grande salle plutôt sombre, un carré de lumière, filtré par la fenêtre sous plafond, éclairait la fameuse presse, symbole de notre savoir. À côté, sur un présentoir protégé par une plaque de verre, était exposé un exemplaire de la Bible de Soncino : celui que Pic de la Mirandole aurait acheté pour donner en présent à Luther et à partir duquel ce dernier avait rédigé une traduction en langue dite vulgaire : la Vulgate.

Je vis soudain – une hallucination ! –, je vis, à pouvoir le toucher, mon ancêtre Gabriel de Strasbourg vêtu d'une redingote noire élimée à capuche noire (attribut réservé aux juifs), avec sa barbe blanche, semblable à celle que portait mon grand-père Abraham à Varsovie. L'émanation de Gabriel leva son index vers le ciel et, d'une voix particulière, plaintive et ferme à la fois, il paraphrasa le prophète Isaïe : « De Sion sortira la Torah, et de Soncino, la parole de l'Éternel. » Exactement comme je l'avais décrit dans *La Mémoire d'Abraham*. Alors, des voix que je ne connaissais pas roulèrent sous la voûte : « *Baruch haba !* Bienvenue, bienvenue à la Maison des imprimeurs ! »

— Bienvenue à la Maison des imprimeurs, fit le maire de Soncino.

Le son de sa voix me ramena à la réalité. Clara, Armando et Daniel Rondeau avaient l'air ravis. Le maire de Crémone, située à vingt-cinq kilomètres au sud de Soncino, avait fait le déplacement. Il tenait à m'inviter personnellement dans sa ville pour me présenter le premier violon fabriqué par Stradivarius, un siècle après l'impression de la Bible de Soncino.

Ma visite et son écho dans les médias italiens aidèrent le maire de la ville à obtenir, peu de temps après notre passage, le label « musée national » pour la Maison des imprimeurs. Les petits événements, comme les ruisseaux qui alimentent les rivières, ajoutent bien souvent de la connaissance à la connaissance. Ma venue à Soncino fit découvrir aux Italiens une histoire dont ils ignoraient presque tout. Quant à moi, je resterai toujours redevable à Verdiglione de ce moment rare qui me permit de croiser mon présent avec mon passé et, qui sait, m'encourage à poursuivre, aujourd'hui encore, l'écriture de mes Mémoires.

À Crémone, une autre rencontre m'attendait : mes retrouvailles avec le violon. Certes le violon de Stradivarius, que le maire de la ville sortit, rien que pour nous, de sous une boîte de verre incassable et fermée à clef, n'avait rien en commun avec le petit violon de mon enfance que la chaussure d'un voisin apeuré par les bombardements nazis avait piétiné. Mais c'était un violon et le conservateur du musée insista pour nous en faire entendre le son. Un son pur, sonore. Non pas celui, plaintif, des cordes arrachées de mon petit violon. Ni celui, grinçant, que j'avais pu extraire du violon d'Oïstrakh à Kokand et que le fameux violoniste, contrairement à moi, avait complètement oublié. C'était peut-être un son m'annonçant, qui sait, d'autres rencontres avec la musique. Or, concernant l'avenir, je laissais la parole au hasard, mon frère, mon complice.

Quelques mois après notre voyage à Soncino, je m'envolais pour New York. La maison d'édition Henry Holt & Co venait de faire paraître *La Mémoire d'Abraham* sous le titre *The Book of Abraham*, titre qui rappelait peut-être mieux ces livres imprimés par ma famille au XVe siècle à Soncino. Richard « Dick » Seaver, l'éditeur de la *beat generation*, me réserva une chambre à l'hôtel Claridge que Bernard m'avait recommandé. La femme de Seaver, Jeannette, une Française, m'avait préparé une liste impressionnante de rencontres. Tous deux croyaient fermement que mon livre allait devenir un gros best-seller.

Bob Silvers, directeur de la très influente *New York Review of Books*, informé de mon arrivée grâce à un *previous article* de Herbert R. Lottman dans le prestigieux *Publishers Weekly*, avait laissé un message chez mon éditeur : il m'attendait pour dîner au Russian Tea Room.

— Tu te souviens ? Malheureusement, Hannah Arendt n'est plus...

J'aimais beaucoup Bob Silvers et j'étais content de retrouver son beau sourire et son français délicieux. Nous nous remémorâmes notre dîner, treize années auparavant, avec Hannah Arendt.

— La relation de l'homme à la musique, fit remarquer Bob, est étrange. On prétend qu'elle adoucit les mœurs ; or, un orchestre attendait les déportés sur le seuil d'Auschwitz.

Nous parlâmes ensuite de mon livre, qu'il avait commencé à lire. Il se demandait à quel journaliste il allait le confier. Il aimait, souligna-t-il, l'optimisme qui s'en dégageait. J'évoquai alors mon projet de faire un film sur les trente-six Justes sur lesquels, selon le Talmud, repose le monde. Sur ceux qui sauvèrent des juifs pendant la guerre. Simplement, naturellement. Que faire, m'interrogeais-je, pour que ces hommes et ces femmes deviennent des personnages auxquels les jeunes auraient envie de s'identifier, comme ils s'identifient aux acteurs qui jouent dans les films populaires des rôles de gangsters, de guerriers, de tueurs, de violeurs, personnages dont les exploits remplissaient tous les jours les médias ?

Il ne s'agissait pas de la morale abstraite, que l'on apprenait à l'école, mais du moyen le plus efficace de la partager et d'y adhérer. La fiction, ainsi que le croyait Tolstoï – qui fit de la morale chrétienne le principe de toute activité littéraire –, pouvait-elle être ce moyen ? Je racontai à Bob mon altercation avec Simone Veil à ce propos. Elle n'aimait pas l'idée de la série américaine *Holocaust*, qui, soit dit en passant, révéla Meryl Streep. Parce que, prétendait Simone, la fiction dont Auschwitz faisait l'objet ne pouvait qu'affaiblir le symbole de Mal absolu qu'il était devenu. Voire l'humaniser. Beaucoup partageaient cette opinion en France. Aussi avais-je dû, c'était à la fin des années 1970, publier un appel pour que le public participe à l'achat de la série par la télévision française. Enfin, après une longue polémique, la troisième chaîne programma la série dont le premier volet mobilisa 75 % des téléspectateurs.

Lors de ce débat âpre sur l'utilisation, ou non, de la fiction pour faire connaître la Shoah, j'avais été plutôt seul, bien que soutenu, il est vrai, par Raymond Aron. Nous nous retrouvâmes ainsi, lui et moi, pour commenter la réaction publique à la une du quotidien *France Soir* qui tirait à l'époque à 1 million d'exemplaires.

Nous en vînmes alors à parler de Céline. Je lui dis comment, un jour, j'entraînai Bernard-Henri Lévy à signer avec moi un article dans *Le Monde* par lequel nous nous demandions si l'humanité aurait perdu quelque chose si ses textes les plus antisémites étaient restés dans l'oubli.

Bob se souvint que, pour Hannah Arendt, comparer les écrits d'Hitler et ceux de Céline était une ineptie, même si chacun, à sa manière, propageait la haine des juifs. Le premier avait un projet politique qu'il s'appliqua à mettre en œuvre. L'autre avait un projet littéraire. Même si certains de ses protagonistes étaient antisémites, ils restaient cloîtrés dans les pages d'un livre.

Le plus troublant est que, alors que je transcris le souvenir de ma rencontre avec Bob Silvers dans la somptueuse salle vert, rouge et or du Russian Tea Room de New York, et de notre discussion à propos de Céline, une polémique a surgi en France, générée par l'annonce de la réédition, par Gallimard, des œuvres de Céline, et notamment *Bagatelles pour un massacre* (1937).

Serge Klarsfeld, qui réalisa en 1978 une œuvre monumentale, *Le Mémorial de la déportation des juifs de France*, en reconstituant la liste de tous les juifs français déportés par les nazis, s'élève violemment contre ce projet. George Steiner aurait sans doute partagé avec lui son émotion. Pour ce spécialiste de la littérature comparée, qui a consacré sa vie à la réflexion sur le statut de la culture après Auschwitz, il est préférable de prendre le risque de perdre une œuvre littéraire que de se sentir coupable, dans le sens « dostoïevskien », du meurtre d'un enfant juif incité par la haine de Céline.

En cette année 1986, j'étais donc aux États-Unis pour la promotion de mon livre *The Book of Abraham*. J'avais cinquante ans et j'étais rongé par le doute.

On raconte qu'un jour Socrate interrogea l'oracle de Delphes pour savoir s'il existait un homme plus sage que lui. « Il y a bien un autre sage que [toi], fit l'oracle. Le prophète Jérémie. » De nature curieuse, Socrate passa de longs mois à chercher ce Jérémie. Il vivait à Jérusalem, avait précisé l'oracle. Socrate finit par trouver un vieillard, qui se lamentait sur les ruines d'un temple : « Tu es bien Jérémie ? — Oui, reconnut le vieillard. — L'oracle dit que tu es l'homme le plus sage de ce monde et tu pleures sur les ruines d'un temple que n'importe quel vivant, s'il en avait les moyens, pourrait reconstruire ? — Ce n'est pas sur le temple lui-même que je pleure, dit le Prophète, mais la mémoire du temple. » Socrate resta silencieux. « Que t'arrive-t-il ? s'étonna Jérémie. — Je viens de découvrir une émotion que je ne connaissais pas encore. — Ah ? Et laquelle ? — Le doute. »

J'attendais beaucoup de la réaction des Américains à mon livre. N'était-ce pas aux États-Unis que vivait la plus importante communauté juive du monde ? Quelle serait sa réaction à cette histoire deux fois millénaire qui est aussi la sienne ? Comment réagirait cette presse si puissante et que nous admirions en France, le *Washington Post*, le *New York Times* ?

Bob Silvers avait remarqué mon désarroi et, en bon ami, il tenta de me tranquilliser :

— Ton livre est bon et tu as déjà un article plus qu'élogieux dans *Publisher Weekly*. Mais si tu es si angoissé, dit-il en riant, va voir les loubavitch à Brooklyn, tu te replongeras dans l'eau du bain de ton enfance.

Je suivis son conseil. Le lendemain matin, je me rendis à Brooklyn chez le Rabbi, comme on appelait Menahem Mendel Schneerson, chef spirituel des Loubavitch dont j'avais tant entendu parler. Le Rabbi siégeait à Crown Heights, au 770 Eastern Parkway. Dans ce quartier en brique rouge, les rues étaient remplies d'hommes en redingote noire, certains pressant sur leur poitrine un *mahzor*, le livre de prières, d'autres tirant, comme à Varsovie, des charrettes pleines de marchandises. Les femmes, qui suivaient les hommes à distance, portaient, sur leurs cheveux, un fichu, une grappe d'enfants accrochés à leurs jupes si longues que certaines traînaient par terre. Tous, hommes et femmes, parlaient le yiddish, la langue de mon enfance. Pour les hassidim, cette langue servait à communiquer entre hommes ; l'hébreu, le *lachon ha-kodech*, langue sacrée, était réservé à la communication avec Dieu.

Le mouvement loubavitch, ou hassidisme de Loubatvitch, fut fondé au début du XVIIIe siècle en Biélorussie par le rabbin Shneur Zalman de

Liadi qui recommandait à ses ouailles les bonnes œuvres, la kabbale et l'étude. Le mouvement qu'il créa s'appelait Habad, par combinaison des trois éléments kabbalistiques : sagesse, compréhension et savoir. Les descendants de Shneur Zalman de Liadi s'installèrent, eux, dans un village nommé Lioubavitchi, du russe *lioubov*, amour, au bord de la Bérézina, la rivière qui symbolise la fameuse défaite napoléonienne lors de la retraite de l'armée française de Russie.

Trapu, barbe blanche, yeux noirs plissés, le regard vif sous un chapeau noir, le Rabbi Schneerson, ancien étudiant à la Sorbonne, me reçut, comme tant d'autres visiteurs juifs ou non juifs venus de toute l'Amérique, entouré de deux bedeaux, deux juifs costauds, en redingote et chapeau noirs, comme lui. Les deux hommes distribuaient à chaque visiteur un billet d'un dollar. Heurté par ce surprenant mélange de ferveur mystique et d'argent, je m'en ouvris au Rabbi. Pour toute réponse, il m'entraîna dans la rue et, le long du mur, m'indiqua d'un geste les dizaines de mendiants assis par terre :

— Bien des gens qui viennent me voir n'ont souvent même pas un dollar pour faire l'aumône. En passant devant ces miséreux, ils se sentent mal à l'aise. L'argent que je leur distribue leur permet d'accomplir une bonne action.

Nous nous serrâmes la main chaleureusement et nous promîmes de nous revoir. Quant à l'aumône, je la fis avec mon propre argent et gardai, jusqu'à aujourd'hui, le dollar du Rabbi en guise de talisman.

La mémoire est notre seule éternité. Je m'assieds près de Clara pour partager avec elle le récit de cette rencontre avec le Rabbi de Loubavitch. Un signe du destin nous interrompt. Informé de sa maladie, le chef des Loubavitch en France, le rabbin Yossef Pevzner, s'invite, avec quelques-uns de ses disciples. Ils prient pour son rétablissement. Car Clara est toujours là. La vie l'abandonne mais elle n'abandonne pas la vie. Elle ne comprend plus, j'ai l'impression, ce que je lui lis, mais quand je l'embrasse, son regard sourit.

Clara, qui ne pensait pas que l'homme ait besoin d'un intermédiaire pour accéder à Dieu, n'a jamais été à l'aise avec les rabbins. Aussi je demande à mes amis loubavitch de prier dans la pièce d'à côté. Les trois femmes qui veillent sur elle les regardent avec curiosité. Elles n'ont jamais vu de juifs accoutrés comme autrefois en Europe centrale. Et si gais ! Dieu, croient-ils, préfère les chants et les danses aux prières et autres sacrifices.

Après leur départ, j'essaie d'expliquer leur histoire à Biba, Natacha et Ada. Mais cela ne les intéresse guère. Comme deux d'entre elles sont musulmanes, je leur expose la démarche des loubavitch à travers cette fable aux teintes hassidiques : un jeune garçon originaire d'Algérie me demanda un jour si les juifs avaient, comme les musulmans, un paradis. Je lui répondis que, il y avait longtemps, à Médine, un disciple du Prophète avait posé la même question à son voisin juif. « Oui, répondit ce dernier, les juifs ont un paradis comme tous les croyants. » Le disciple du Prophète lui dit qu'il aurait aimé le visiter. « Mais tu ne le peux pas ! Nous sommes encore vivants ! — Mais si, mais si », insista le disciple du Prophète. Pressé par son ami, le juif finit par céder : « Cette nuit, pendant que tu dormiras, je viendrai te chercher et nous irons ensemble visiter le paradis juif. » C'est ainsi que, durant son sommeil, le disciple du Prophète sentit la main de son ami juif prendre la sienne. Ils quittèrent Médine, traversèrent les champs, une rivière et parvinrent à un jardin. « C'est ici ? — Oui. — Mais il n'y a rien d'exceptionnel ! — C'est vrai, mais je ne t'ai rien promis de tel. — Et alors ? Où sont les vierges ? — Il n'y en a pas. — Mais il n'y a personne ? » À ce moment, ils aperçurent au loin, sur un banc, un vieillard assis, un grand livre sur les genoux. « Et celui-là ? demanda le disciple du Prophète. — Celui-là, c'est rabbi Akiva, l'un de nos plus grands sages. — Qu'a-t-il fait pour mériter le paradis ? — Il a lu tous les livres. — Et que fait-il maintenant ? — Il lit. — Alors, quelle différence ? s'étonna le disciple du Prophète. — Maintenant, il comprend ce qu'il lit. »

Les trois femmes apprécient mon histoire. Mais aucune ne croit au paradis.

L'Amérique, donc. Ce que j'aime aux États-Unis, c'est qu'on a toujours l'impression d'avoir affaire à une jeune nation – composée d'immigrés et de mémoires accumulées. Aussi l'élite se fait et se défait constamment. Tout un chacun peut un jour en faire partie. Le mépris, que nous connaissons en Europe, envers l'autre moins bien loti, n'existe pas là-bas.

Si j'insiste pour parler au téléphone au directeur du *New York Times*, j'y parviens. Il me donne une chance, comme il la donnerait à d'autres. Si je lui apporte un scoop, j'aurai directement accès à lui la fois d'après. En France, indubitablement, il n'y a pas moyen, pour un inconnu, d'avoir le directeur du *Monde* au téléphone. Ce sentiment de liberté et d'accessibilité proprement américain incite à arpenter, à pied, les rues et avenues new-yorkaises coupées au carré.

Dick Seaver, mon éditeur, m'organisa un déjeuner avec quelques journalistes, un *author lunch*, dans un restaurant italien de la 7e Avenue – qui traverse Manhattan de Houston Street à Central Park et que Clara appelait « l'avenue tape-cul ». Sur toute sa longueur, la chaussée y était cabossée. On décourageait même les femmes enceintes d'y prendre un taxi, au risque d'accoucher prématurément.

Dick invita ce jour-là Mel Elfin, que j'avais rencontré à Paris à la fin des années 1950, quand il était correspondant de *Newsweek*, et sa femme Margery. Il dirigeait alors un influent hebdomadaire : *U.S. News & World Report*. Dick avait également invité Mort Zuckerman, propriétaire de cet hebdo et aussi de *The Atlantic Monthly*, revue très intello, ou, par la suite, du quotidien populaire *New York Daily News*. Je ne le connaissais pas personnellement mais j'en avais entendu parler. Il vivait à l'époque avec la styliste Diane von Furstenberg que je rencontrai au Café de Flore à Paris où une amie commune, la cinéaste Danièle Thompson, organisait des déjeuners dominicaux. Ainsi va la vie. Un nom suit un autre et on finit par les égrener, comme les curés à l'ancienne leur chapelet. Je ne peux parler de Danièle Thompson sans évoquer son mari et producteur Albert Koski, juif polonais comme moi, et Gérard Oury, père de Danièle et réalisateur du film *Les Aventures de Rabbi Jacob* que je vis pour la première fois au Brésil, dans une petite salle de cinéma au fin fond de l'État de Bahia, et qui me fit rire aux larmes. Maître de l'autodérision, Gérard Oury avait un véritable sens de l'humour. Devant le film, les Brésiliens, qui n'avaient probablement jamais vu un juif de leur vie, rirent de bon cœur. À cette époque, Gérard Oury commença à perdre la vue. Il me demanda si j'avais un exemplaire audio de *La Mémoire d'Abraham*. Il voulait partager les aventures de nos ancêtres communs.

Au déjeuner donc, organisé par Dick Seaver, nous parlâmes de la France, où certains avaient l'habitude de venir, mais aussi d'Israël. Tous connaissaient mon engagement en faveur du dialogue israélo-palestinien. Nous parlâmes, évidemment, de mon livre. Mel, qui était le seul à l'avoir lu dans sa version française, se proposa de contacter Larry King, journaliste de renom, dont le talk-showquotidien diffusé sur les ondes de la radio nationale était écouté par des millions d'auditeurs. C'était peu de temps avant qu'il ne devienne l'homme de télévision aux grosses lunettes et larges bretelles qui, sur CNN, battait tous les records d'audience.

Mon éditeur qui, à l'américaine, prenait les promesses à la lettre, se précipita à la recherche d'un téléphone. Il y en avait un sur le comptoir, comme dans les films policiers de l'époque. Mel téléphona à King. Nous le vîmes parler à grands gestes. Il revint quelques minutes plus tard avec un rendez-vous fixé au lendemain. L'émission fit vendre, selon mon éditeur, plus de 50 000 exemplaires en une seule journée.

Étonnante Amérique. Il suffit de se saisir d'un maillon pour que toute la chaîne se mette à vibrer. Et ce pour une raison bien simple : les hommes se font confiance, ce que les Européens traduisent par « naïveté ». Ce jour-là, Mel avait aussi promis de me présenter les frères Kolb dont l'un, Larry, était très influent dans le milieu des médias et l'autre, Charles, avocat de formation, conseiller pour l'Éducation auprès du président Reagan. Quant à Mort Zuckerman, il promit de réunir quelques *good people* autour de moi à l'occasion de son prochain brunch dominical.

Je planais. Pour un petit juif de Varsovie, hooligan à Kokand, côtoyer des hommes si puissants, et en même temps si amicaux, était déjà un triomphe. Le soir, chez Sam LeFrak, sa femme Ethel m'annonça tout heureuse que leur ami, l'écrivain critique Frederic Morton, avait été délégué par le *New York Times* pour faire un papier à propos de mon livre.

La critique a paru sous le titre « *Salvation Through Memory* » et fut même annoncée à la une du journal. Une semaine plus tard, j'étais dans la liste des best-sellers du *New York Times*.

Dès que mon nom parut sur cette liste, un dénommé Harry Walker me contacta. Il dirigeait l'une des plus influentes agences d'organisation de conférences, un business très en vogue aux États-Unis. Harry Walker Agency avait une liste faramineuse de conférenciers allant de Martin Luther King à Henry Kissinger, en passant par le maître des échecs Garry Kasparov.

Harry Walker vint à notre déjeuner avec un contrat en main. Mon éditeur, à qui je le montrai, le trouva fort bon. Je le signai. Walker, lui, s'en garda. Qu'attendait-il ? Que je monte dans la liste des best-sellers du *New York Times* !

Une semaine plus tard, j'étais cinquième et Harry Walker me félicita au téléphone, sans pour autant m'envoyer mon contrat signé. Puis je grimpai d'une place et, une semaine plus tard, d'une place encore. Mon ascension s'arrêta là. Harry Walker me réinvita à déjeuner pour m'annoncer qu'il renonçait à notre collaboration.

— J'attendais, dit-il en toute franchise, que vous soyez le premier. Ce sera pour une prochaine fois !

Si mon éditeur américain paraissait content de moi, j'étais sur la réserve. Mon livre se vendait plus que bien aux États-Unis mais j'accumulais les maladresses et je n'aimais guère cela. Trop sûr de moi, je ne m'étais pas préparé à affronter la société américaine qui, comme toute société, a ses propres codes.

Impressionné par le récit de ma vie, notamment par mon enfance polonaise et mes années kazakhes et ouzbeks, Larry Kolb, ami de Mel Elfin, m'organisa, au restaurant de la Maison-Blanche à Washington, un déjeuner avec son frère Charles, conseiller du président. Ce dernier avait déjà prévu une rencontre avec Ronald Reagan et souhaitait la préparer à l'occasion de ce déjeuner. Or, ce jour-là, au lieu de lui montrer ce que je savais faire, « raconter des histoires », je me suis mué en intellectuel français. Ce que les Américains détestent. Pourtant, ce que j'ai dit n'était pas, me semble-t-il, sans intérêt. Je me suis lancé dans une explication à propos de l'organisation du ghetto de Varsovie, de son Judenrat, sorte de Parlement juif interne, alors présidé par un certain Tcherniakov... Comment, chaque semaine, cet homme devait remettre à la Gestapo une liste de juifs à déporter. Ce qu'il faisait, malgré lui, retardant parfois l'échéance et espérant sauver d'autres hommes, d'autres femmes, d'autres enfants. Comment il finit par se pendre, quand enfin il s'aperçut qu'il n'arriverait pas à sauver un seul de ces juifs. Était-il collaborateur ou victime ? Devant Charles Kolb, je tentai d'analyser cette page peu connue de la Shoah. J'ignorais bien sûr tout de la nécessaire scission américaine entre les *story tellers* et les *scholars*, que l'on recrute dans les universités et les centres de recherches. D'ailleurs, qui invite-t-on à la télévision dès qu'il s'agit de discuter d'une question d'actualité ou d'un événement survenu quelque part ? Un expert. Jamais un écrivain. Chacun son rôle !

Pourquoi n'avais-je pas répété, ce jour-là, l'histoire que j'avais déroulée au micro de Larry King et qui avait, paraît-il, ému des millions d'auditeurs ? Pour ne pas me répéter. Ben Bradlee, à qui je rendis compte de ce déjeuner, me fit remarquer avec humour que les choses les plus évidentes sont souvent les plus justes. Soutenir que deux plus deux ne font pas quatre complique la suite de l'argumentation. Résultat : mon rendez-vous avec le président fut annulé. Et moi qui l'avais annoncé à tous mes amis !

J'admirais Ben, le rédacteur en chef du *Washington Post*. Je l'avais connu quand il était correspondant à Paris. Nous parlions en français. J'adorais son accent. En France, dire à un étranger qu'il parle sans accent est un compliment. Or cela reviendrait à préparer un plat sans saveur. L'accent de Ben ajoutait au français toute l'histoire des États-Unis. J'avoue avoir été fier de me montrer aux côtés de l'homme qui avait été au cœur de l'affaire du Watergate. Comme si grâce à lui je faisais moi-même partie du film d'Alan Pakula, *Les Hommes du président*.

Les vrais héros du Watergate, les journalistes Bob Woodward et Carl Bernstein, je les ai rencontrés dans les Hamptons, dans la maison de Mort Zuckerman. Ils ne ressemblaient guère aux héros du film de Pakula, Robert Redford et Dustin Hoffman. Vifs, volubiles, ils étaient au courant de tout ce qui se passait dans les coulisses de la Maison-Blanche. J'étais déconnecté.

Ce jour-là, il y avait aussi le journaliste vedette du *New York Times*, Richard Bernstein qui, impressionné par le récit de ma rencontre avec mon double à Varsovie, en fit, quelques années plus tard, un beau papier par lequel il se demandait, avec raison, quel était le degré de reproche chez l'un et de mauvaise conscience chez l'autre. Il y avait aussi cet autre journaliste du *New York Times*, Roger Cohen, qui, dix ans plus tard, ferait un article très envolé me concernant, quand le maire frontiste de Toulon, Jean-Marie Le Chevallier, refusa de me remettre le prix que la Foire annuelle du livre m'attribuait. Mais c'est encore une autre histoire, dans laquelle Brigitte Bardot jouera un rôle inattendu.

À ce brunch assistait également Richard Chesnoff, que Mort avait chargé de m'interviewer pour *U.S. News & World Report*. Susan Warburg, son épouse, tint à me présenter une amie, Martha Stewart, polonaise comme moi. Un personnage ultra-populaire aux États-Unis, un peu à la Oprah Winfrey mais dans le domaine de la décoration et de l'art de vivre : le *housekeeping*. Son émission à la télévision était suivie par des millions de femmes. Martha avait une demeure somptueuse, avec un joli parc, non loin de la maison, plus modeste, de Chesnoff.

Martha avait l'air heureuse de faire ma connaissance et elle organisa une *party* en mon honneur. Elle me présenta à cette occasion son homme d'affaires, Samuel Waksal, à la tête d'un gros groupe bio-pharmaceutique. C'est grâce à lui, qui fréquentait les milieux à la mode et passait ses soirées dans des boîtes de nuit, que je croisai un soir Michelle Pfeiffer. J'adorais cette actrice. J'ai vu la plupart de ses films. Son meilleur, pour moi, est *Le Temps de l'innocence* de Scorsese, d'après le roman d'Edith Wharton. Aussi ai-je été tout excité à sa vue, comme le gamin de Kokand face à sa prof de russe, aussi rayonnante et blonde que Michelle. L'actrice, qui occupait une table voisine, était en conversation avec deux copines. Elle nous invita à nous joindre à elles. J'étais en verve. Malgré le brouhaha ambiant, mêlé au son du free-jazz déversé par un trio noir, je pus placer quelques blagues yiddish. Les filles riaient aux éclats. Michelle me fit remarquer que je racontais les histoires juives mieux que Woody Allen.

Une semaine plus tard, je rentrai à Paris.

Clara m'attendait. Mais pas seulement. Simone Veil m'avait, pour sa part, laissé plusieurs messages. Nous avions, bien avant mon voyage aux États-Unis, projeté un événement particulier dans le cadre de notre Fondation européenne des sciences, des arts et de la culture (FESAC) à laquelle elle tenait énormément. Encore une aventure passionnante, parsemée de joies, de rencontres et de brouilles.

Mon ami Robert Parienti, qui avait pris les rênes de l'Institut Weizmann des sciences, et moi-même avions eu l'idée de cette fondation quelques années auparavant, à la suite d'une rencontre avec Jean Monnet, le père de l'Europe.

Au cours de la conversation, ce dernier fit une réflexion qui nous frappa :

— Si je devais recommencer, dit-il, je commencerais par la culture.

Nous associâmes Simone Veil à notre idée. Nous partagions avec elle le sentiment que l'Europe de la culture nous manquait cruellement. On ne pouvait bâtir une société sur le seul profit. Les entreprises françaises, elles, n'ont jamais bien compris le poids de la culture. L'idée était, nous semblait-il, forte. Mais nous n'avions point de moyens. C'est donc grâce à l'aide financière de mon ami Amnon Barness et de son Fund for Higher Education que nous avons enfin pu réaliser notre projet. La liste des hommes et des femmes qui acceptèrent spontanément de rejoindre nos rangs ferait pâlir d'envie toutes nos associations, nos ministres de la Culture compris. Prenons au hasard : Maurice Béjart, Ingmar Bergman, Pierre Boulez, Fernand Braudel, Montserrat Caballé, Jacques-Henri Lartigue, Joseph Losey, Yehudi Menuhin, Joan Miró, Henry Moore, Iris Murdoch, Laurence Olivier, Iannis Xenakis…

Notre initiative mobilisa les médias. Lors de ce premier congrès, qui avait pour but de proposer Paris comme capitale culturelle de l'Europe, Simone Veil, qui prit tout naturellement la présidence d'honneur de la fondation, et Laurent Fabius, alors encore Premier ministre, prononcèrent des discours qui nous semblèrent historiques.

Mais mon penchant mégalo nous coupa vite les ailes. Comme tous les métèques, je suis très attaché à mon pays d'accueil, la France. Aussi je ne pouvais imaginer une autre capitale culturelle européenne que Paris. Je suis allé voir François Mitterrand, toujours président de la République. Je lui proposai d'accueillir dans notre capitale, au printemps 1987, un événement international dont il serait le maître.

Dans mon esprit, il s'agissait d'inviter à l'opéra Garnier tous les chefs d'État européens, ainsi que les grands noms de la culture, pour la première conférence de la fondation lors de laquelle nous nous apprêtions à proclamer Paris capitale culturelle de l'Europe. Sorte de mélange entre la politique et le festival de Cannes.

François Mitterrand se montra enthousiaste. Il me suggéra même quelques noms de personnalités qu'il tenait à inviter lui-même. Enfin, après avoir vérifié grâce à sa secrétaire le calendrier de l'Opéra de Paris, nous fixâmes une date. Le soir même, je la communiquai à Simone Veil. Le lendemain, elle me téléphona et, d'une voix grave que je ne lui connaissais pas, elle m'invita à déjeuner. Quand je suis arrivé, elle était déjà à table, en compagnie de Jérôme Monod, l'un des proches de Jacques Chirac. Elle se tourna vers moi :

— Ton projet est beau...

Je l'interrompis :

— Notre projet...

— Si tu veux. Je t'ai cependant fait venir pour te dire qu'il est irréalisable.

— Pourquoi cela, Simone ? lui demandai-je, ahuri.

— Parce que nous nous approchons de l'élection présidentielle et que je n'ai pas l'intention d'offrir sa victoire à François Mitterrand.

Nous n'avons rien mangé. Nous avons débattu pendant plus de deux heures. Nous avons même, elle et moi, haussé le ton sous le regard indisposé des habitués du restaurant chic. Jérôme Monod était là pour l'épauler.

— Tant que je serai à la tête de cette fondation, répétait-elle d'une voix tenace, nous ne l'utiliserons pas à des fins politiques.

— Mais notre projet n'a rien de politique, dis-je. Nous voulons donner une base solide à cette Europe à laquelle nous tenons tant. Si on la laisse entre les mains des financiers, elle fera faillite... François Mitterrand est aujourd'hui président de la République, c'est un fait. Si le président était de droite, je serais allé le voir de la même manière.

Mes arguments n'ébranlèrent pas Simone Veil. Quelques jours plus tard, je repris le chemin de l'Élysée. François Mitterrand, croyant que je lui apportais de bonnes nouvelles, m'accueillit avec le sourire. Il m'annonça que plusieurs chefs d'État avaient déjà donné leur accord.

Je savais que j'allais le contrarier, mais comment ne pas lui dire la vérité ?

Quand j'eus terminé mon récit, son visage pâle était figé. Ses lèvres, naturellement minces, s'étaient pincées davantage. Comme dans le bureau de Golda Meir quinze ans plus tôt, le langage, ce lien qui nous unissait jusque-là se rompit brusquement. Je continuais de parler, je tentais de le persuader que nous pouvions réaliser cette idée sous une autre appellation. François Mitterrand ne desserrait pas les lèvres. Pour lui, j'étais devenu transparent. J'ai même essayé de lui raconter l'une de ces histoires juives qui l'amusaient sans réussir à forcer le moindre sourire. Il ne me raccompagna pas à la porte comme à l'accoutumée. Ma parole s'était consumée sur l'autodafé de son amour-propre.

Comme quoi... Il ne suffit pas toujours de se lancer pour obtenir les effets escomptés. L'échec fait aussi partie de notre aventure, de notre expérience et de notre enseignement. Paris, capitale culturelle de l'Europe. Je continue à croire que cette idée est toujours d'actualité. En effet, que restera-t-il des multiples réunions de nos dirigeants européens, à Bruxelles ou ailleurs, des rencontres répétées entre les présidents français successifs et Angela Merkel ? Ce qui est certain, c'est que, dans un siècle, nous lirons encore *Le Monde d'hier* de Stefan Zweig, nous écouterons Tchaïkovski, et nous citerons Goethe, Voltaire ou Zola...

Ce projet, qui ne vit pas le jour, me permit cependant de rencontrer des gens admirables, me faisant sentir pousser des ailes, ne serait-ce qu'un instant, avant que la dure réalité ne les brûle… Par chance, pas totalement.

Armando Verdiglione, qui suivait religieusement mes activités, m'appela pour partager ma déception. Et, à cette occasion, il m'annonça que *L'Osservatore Romano* avait publié un long article consacré à *La Mémoire d'Abraham*. « C'est bon signe, fit-il au téléphone, une preuve que tu seras bientôt invité au Vatican. »

Son intuition était juste. De mon côté, cela faisait un moment que j'avais envie de faire la connaissance de Karol Józef Wojtyla, ce prêtre polonais devenu pape sous le nom de Jean-Paul II et qui m'avait impressionné dès ses premières apparitions publiques. Cependant, comme le dit le proverbe chinois, « le fruit mûr tombe de lui-même, mais il ne tombe pas dans la bouche ». Aussi, suivant le conseil de cette belle maxime, je me renseignai : qui était l'ambassadeur de France auprès du Saint-Siège ? Une chance : c'était Xavier de La Chevalerie, l'ancien directeur de cabinet du général de Gaulle, le père de mon ami Guy.

Je lui envoyai un mot, avec un exemplaire de mon livre en italien pour le souverain pontife. Il me fit savoir, quelques jours après, qu'il avait fait remettre mon roman à Jean-Paul II. Un mois plus tard, je recevais une invitation officielle du Vatican, jointe à un mot très sympathique, écrit en polonais par Stanislaw Dziwisz, directeur de cabinet du pape. Stanislaw Dziwisz deviendrait un véritable ami et serait, à la mort de Jean-Paul II, nommé archevêque de Cracovie.

Pour comprendre ce que j'ai pu ressentir en pénétrant dans le palais du Vatican, il faut se souvenir que je ne suis pas né en France, où la séparation de l'Église et de l'État est un fait. Depuis la Révolution française, l'Église a progressivement cessé de peser sur la vie des gens – sur leurs démarches quotidiennes, leur pensée, leurs comportements, leurs engagements, leurs réactions… Ce qui n'était pas le cas en Pologne au temps de mon enfance. À l'époque, il était impensable qu'un Polonais, fût-il communiste, puisse manquer une messe du dimanche ! De même, aucun pogrom, aucune manifestation antijuive n'avaient pu être organisés à l'insu de l'Église, sans l'accord et le soutien de sa hiérarchie. Annonçant ces violences, les cloches sonnaient à toute volée et ma mère m'interdisait de me montrer au balcon. Il fallait que les juifs ferment à la hâte les rideaux de fer de leurs boutiques et rentrent se terrer chez eux. Peu après, on voyait apparaître l'une de ces processions précédées d'une gigantesque croix sur le passage desquelles on cassait du juif en toute bonne conscience. Malheur, s'il était juif, à l'attardé, à l'égaré qui traînait sur les lieux !

Pourquoi sonnent-elles,
Pourquoi continuent-elles de sonner,
Ces cloches orgueilleuses qui nous terrifient ?

J'ai entendu cette chanson yiddish pour la première fois à Varsovie, dans la cour de l'immeuble où habitait mon grand-père Abraham. Très jeune garçon, je commençais tout juste à apprendre le monde, et cette chanson, à elle seule, en disait long sur la façon dont un juif du ghetto pouvait percevoir les emblèmes du christianisme.

Pour l'enfant que j'étais, ces deux symboles majeurs de la chrétienté, la croix et les cloches, étaient d'emblée associés à la figure d'un ennemi implacable. D'un ennemi qui nous pourchassait depuis toujours et dont l'intouchable et ombrageux grand prêtre siégeait au Vatican. Me rendre en un tel lieu signifiait donc pour moi pénétrer dans le sanctuaire, le saint des saints de cette mémoire d'enfant juif.

C'était aussi revenir à d'autres évocations : la prétendue « neutralité » du pape Pie XII, cet homme froid et ascétique qui avait refusé d'intervenir en faveur de ses frères juifs pendant la guerre. Y compris en faveur de ceux que l'on arrêtait sous ses fenêtres. Les appels pressants de la hiérarchie de l'Église ou des hauts responsables catholiques qui lui demandaient de dénoncer les persécutions antijuives avaient pourtant été nombreux.

Des pressions qui s'avérèrent néanmoins inutiles : « Le pape, écrivit l'ambassadeur allemand auprès du Vatican Ernst von Weizsäcker le 26 octobre 1943, bien que pressé de toutes parts, ne s'est laissé entraîner à aucune réprobation démonstrative de la déportation des juifs de Rome. »

Imagine-t-on l'effet produit sur les catholiques de l'Europe occupée si, à la tête de l'Église romaine, l'on avait, de manière officielle, solennelle, appelé à lutter contre le Mal ? Ou, tout du moins, à le condamner, ne serait-ce qu'en pensée ? Voici, selon Hannah Arendt, la réponse du successeur de Pie XII, le futur Jean XXIII – dont les actions sauvèrent de 24 000 à 80 000 juifs pendant la guerre –, face à la demande de censure prononcée par l'Église à l'encontre du dramaturge allemand Rolf Hochhuth, auteur du *Vicaire*, pièce dans laquelle il accusait Pie XII d'avoir, sans réagir, laissé déporter les juifs, y compris des juifs italiens : « Faire contre [cette pièce] ? Que peut-on faire contre la vérité ? »

J'entrai donc dans l'enceinte du Vatican. Je marchai entre deux gardes suisses, fasciné par leur splendide et archaïque uniforme bleu, jaune et rouge dessiné, non par Michel-Ange, comme le veut la légende, mais par le commandant Jules Repond, qui s'inspira des fresques de Raphaël. Tout à coup, les cloches sonnèrent. J'eus à peine le temps de revivre ma peur d'enfant que, déjà, je pénétrais dans une grande salle tout en dorures où Jean-Paul II m'attendait. Lorsqu'il se leva pour m'accueillir, je le vis déposer une fiche sur une table : il venait à l'évidence de lire une note me concernant. Il s'adressa à moi en polonais :

— Bonjour, cher compatriote, dit-il en me tendant les bras. Alors, nous sommes de Varsovie ?

— Non, Saint-Père, répondis-je, nous sommes du *ghetto* de Varsovie.

Jean-Paul II s'approcha alors de moi, me prit dans ses bras et me demanda pardon. Puis il m'indiqua un siège.

Philip Roth, à propos de Primo Levi qu'il interviewa à Turin quelque temps après ma rencontre avec le pape, fit une remarque qui m'interpella. Il divisait l'espèce humaine en deux catégories : ceux qui vous écoutent et ceux qui ne vous écoutent pas. Jean-Paul II, lui, écoutait, comme Primo Levi, d'une oreille attentive, le visage tendu vers son interlocuteur. D'autant que nous parlions tous deux polonais. Une fois encore, je pus constater combien un échange entre deux personnes partageant la même langue pouvait marquer positivement leurs relations futures.

Le juif que j'étais l'intéressait. Né en 1920 à Wadowice, près de Cracovie, où vivaient alors des milliers de juifs, il les connut bien. On raconte même que, avant de rejoindre l'Église, Karol Wojtyla avait une amie juive qui fut, quel symbole, déportée par les nazis le jour de la mort de son père. Il voulut donc que je lui raconte comment mes parents et moi nous en étions sortis.

Je ne savais pas s'il était permis d'interrompre le pape. Mais, peu respectueux des usages et des bienséances, je lui demandai quels avaient été ses rapports avec les juifs de Wadowice. S'il avait des amis juifs. Je crois que ma hardiesse l'amusa. L'étincelle qui s'alluma alors dans ses yeux se teinta de tendresse. Il se pencha légèrement vers moi et me parla de sa première vocation d'acteur, de la pièce qu'il monta dans son village avec quelques amis juifs, sans grand succès…

Stanislaw Dziwisz, homme fragile au visage décidé, était né comme Karol Wojtyla à Cracovie. Ils se connaissaient donc depuis l'enfance. Aussi suivit-il naturellement son ami au Vatican quand celui-ci fut nommé pape. Devenu secrétaire du souverain pontife, il assistait à notre audience. Voyant la tournure amicale et inattendue que prenait notre conversation, il fit remarquer que le Saint-Père avait une très belle voix. Je fredonnai alors la berceuse polonaise que me chantait Marysia à

Varsovie. À ma grande surprise, et je crois bien à la surprise de Stanislaw Dziwisz, le pape reprit l'air avec moi. Il avait en effet une belle voix. Ce fut un moment très particulier. Unique. Je me demande d'ailleurs si ce n'est pas pour retrouver un peu la magie de ce moment qu'il me réinvita par la suite à plusieurs reprises. Deux de ces rencontres furent particulièrement fortes. Mémorables, même.

La première eut lieu sept ans plus tard, en 1993. Je préparais mon film sur les Justes, ces hommes et ces femmes qui sauvèrent des juifs pendant la Seconde Guerre mondiale, auquel il accepta de participer à titre exceptionnel. La seconde fut en février 2000, un mois avant son voyage à Jérusalem. Il souhaitait que l'on organise ce voyage ensemble.

Mais dans un livre comme celui que je suis en train d'écrire et qui avance au rythme de ma vie et de ma mémoire, je ne peux brusquer les années. Je préfère laisser au temps le temps de respirer. La plume me démange, je me retiens.

Sakharov avait demandé à Maximov si je pouvais organiser une rencontre avec quelques personnalités françaises pour sa femme, Elena Bonner. Elle devait s'arrêter pour un jour à Paris, en route pour Boston où habitait sa fille (de son premier mariage), Tatiana Yankelevich, et où elle devait subir un pontage aorto-coronarien à la suite de deux infarctus.

Je rentrais de Rome le matin et l'avion d'Elena Bonner décollait le lendemain. Ce qui ne nous laissait qu'un seul jour pour mobiliser les intellectuels français populaires en Union soviétique. Clara et moi nous mîmes à l'œuvre. Le soir, Elena Bonner rencontra chez nous des personnes qu'elle admirait, Françoise Sagan, Yves Montand, elle fit connaissance avec Philippe Sollers et André Fontaine, alors directeur du *Monde*. Elle sembla pleinement satisfaite.

Elena Bonner ressemblait à Olga Swinzow : mêmes lunettes, même désinvolture vestimentaire propre aux militantes, mêmes envolées face à un point sensible ou à un sujet de désaccord dans une conversation...

Selon son analyse, qui était peut-être aussi celle de Sakharov, le pouvoir en Union soviétique s'affaiblissait. L'économie ne tournait pas rond et la génération Gorbatchev souhaitait s'ouvrir à l'Occident.

Elena Bonner avait raison. L'Union soviétique bougeait.

Dans le courant de cette année 1987, Sakharov me téléphona :

— Ici Andreï Dmitrievitch. J'aimerais vous inviter à Moscou. Il faut que nous fassions connaissance.

Que dire ? Lorsque Voltaire obtint la réhabilitation du protestant Jean Calas, abusivement accusé d'avoir étranglé son fils pour l'empêcher de se convertir au catholicisme, et écartelé de ce chef, il pleura de joie : « C'est pourtant la philosophie toute seule qui a remporté cette victoire. Quand pourra-t-elle écraser toutes les têtes de l'hydre du fanatisme ? »

Je ne sais si la philosophie seule sauva Calas. Mais, comme dans le cas de Sakharov, c'est bien certainement la solidarité humaine.

Je ne me rendis en Union soviétique qu'au mois de novembre 1988. Car, entre-temps, je fus happé par le procès Barbie en France. On me signale que cette séquence de notre histoire est enseignée dans les écoles, j'essaie tout de même de la résumer à ma façon. Elle en vaut la peine. Nommé chef de la Gestapo de la région lyonnaise en 1943, pendant l'occupation nazie, Klaus Barbie est responsable de la déportation de milliers de juifs à Drancy, mais aussi, le 6 avril 1944, de celle de quarante-quatre enfants réfugiés dans une colonie de vacances à Izieu, dans l'Ain. Tous furent gazés à Auschwitz. Sa tendance à torturer tout Français supposé lié à la Résistance lui valut le surnom de « boucher de Lyon ». C'est aussi lui qui arrêta et tortura Jean

Sur mon balcon rue Smocza, à Varsovie, en 1939.
J'ai trois ans et demi et ce sont les derniers mois de mon enfance heureuse.

Dans les années 1990 devant Jérusalem,
cette ville quatre fois millénaire,
à l'endroit même où, vingt ans plus tôt,
je me suis promis d'apporter la paix.

Les Halter, imprimeurs de père en fils depuis l'époque de Gutenberg

Mon arrière-arrière-grand-père Abraham (vers 1880).

Mon arrière-grand-père Meir-Ikhiel (vers 1908).

Collection auteur

Mon grand-père Abraham (vers 1930).

Collection auteur

1947, retour en Pologne. Avec mon père, imprimeur, Salomon, et ma mère, poétesse yiddish, Perl, dans un jardin de Lódz.

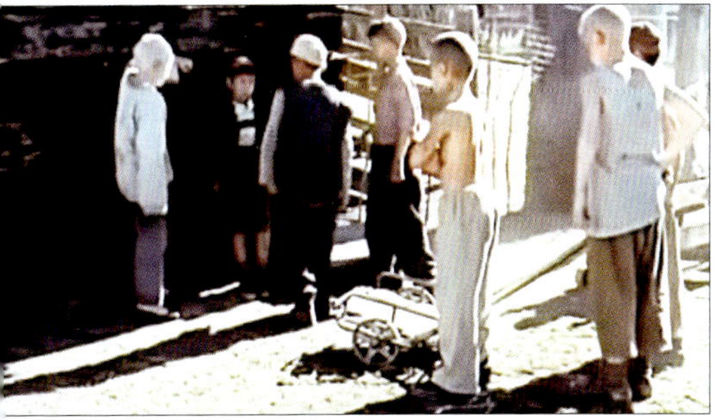

Réfugié pendant la guerre à Kokand, je me fais attaquer par une bande de voleurs ouzbeks. Bientôt un des leurs, je passerai des soirées à leur raconter des histoires (extrait du film *Un cadeau pour Staline* de Rustem Abdrachev).

Le 5 mai 1946, célébration du premier anniversaire de la victoire sur le nazisme place Rouge, à Moscou. J'ai été choisi pour offrir des fleurs à Staline (image d'archive extraite du documentaire de Sergueï Kostine, *Marek Halter, fils de la Bible et d'Alexandre Dumas*).

i dix ans. Ma professeur de russe, Olga, dix-neuf ans, est mon premier amour.

1955, mon premier voyage en Israël. Dans le kibboutz Guivat-Brener, au sud de Rehovot.

Collection auteur

Années 196(

Je suis peintre. J'ai choisi d'installer mon atelie à Autheux, en Picardie, pour sa proximité ave Amiens, ville de Jules Verne et de la cathédra admirée par Prous

966, avec Clara dans la campagne picarde. Elle partagera ma vie et mes combats jusqu'à son dernier souffle.

·85, Clara et moi sommes invités à Soncino, en Italie, pour le 500e anniversaire de l'une des plus anciennes
ıprimeries juives, dans laquelle mon ancêtre Gabriel, dit « le Halter », avait publié, en 1483, la première Bible
ı hébreu, avec les voyelles : la Bible de Soncino.

J'ai consacré à la paix au Proche-Orient (mon combat numéro un) plusieurs années de ma vie. Avec l'Égypte, nous avons réussi, jusqu'à ce que Sadate soit tué. Avec les Palestiniens, il y a eu les accords d'Oslo. Mais dans la région, la paix n'est toujours pas à l'ordre du jour. À cause de l'assassinat de Rabin ? Je reste sur la barricade.

Chez David Ben Gourion. Homme visionnaire, bâtisseur de l'Israël moderne. Je l'ai rencontré tardivement, en 1967 ou 1968, à l'heure de sa retraite dans le kibboutz Sdé Boker, aux portes du désert du Néguev.

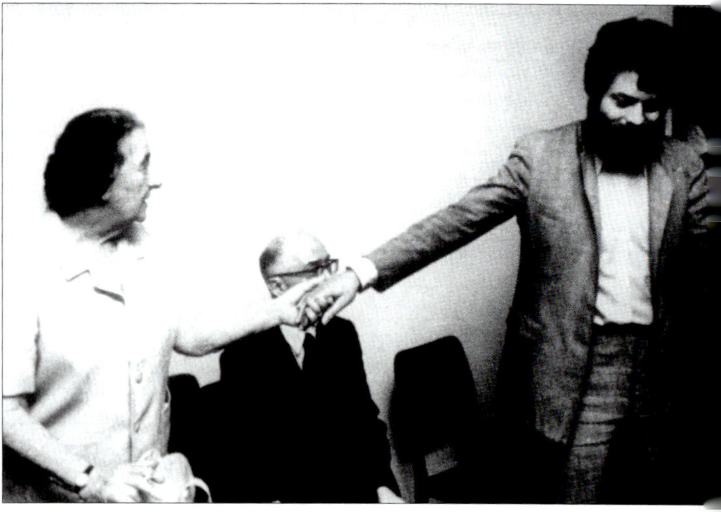

Tel-Aviv, 1969. Avec Golda Meir, Premier ministre d'Israël. Elle était pour moi une sorte de grand-mère d'adoptio[n]. Elle reste à mes yeux un « homme » politique d'exception.

Je rencontre le Premier ministre Yitzhak Rabin dans son bureau de Tel-Aviv à la fin des années 1970. Soldat et intellectuel, il est le dernier « kibboutznik » à la tête de l'État d'Israël. Le jour de son assassinat est gravé d'un signe de sang dans ma mémoire.

2003, avec Yasser Arafat à Ramallah. Peut-être le dernier dirigeant arabe capable de séparer Dieu de la politique. C'est pourquoi il a pu signer la paix avec Israël.

Avec Shimon Peres, Premier ministre d'Israël, en 1996. Le compagnon de toutes nos batailles, le premier à avoir tendu la main à un « terroriste ».

Mars 1985.
Manifestation avec
Michel Rocard à la suite
de l'attentat perpétré
contre le cinéma Rivoli
Beaubourg, à Paris,
qui programmait
un festival du film
israélien. À nos côtés,
Simone Veil,
Harlem Désir,
Simone Signoret,
Yves Montand,
Patrick Bruel,
Enrico Macias…

À Auschwitz, en 2005,
avec Jacques Chirac,
Simone Veil et
Claude Lanzmann
pour le 60e anniversaire
de la libération du camp.
Un moment fort.
J'ai pleuré.

Avec Simone Veil
pour le lancement
de la Fondation
européenne des sciences,
des arts et de la culture,
en 1987.

Le 4 décembre 1980, devant l'ambassade d'Argentine à Paris, avec Catherine Deneuve, Michel Piccoli et Yves Montand. J'étais fier de les avoir mobilisés pour manifester notre solidarité envers les disparus d'Argentine.

1981, manifestation pour les dissidents soviétiques avec Bernard Kouchner et André Glucksmann. Un de mes combats les plus lumineux : nous avons réussi à sortir du goulag une vingtaine d'entre eux.

Le 27 février 1980, j'organise, salle Pleyel, avec Mstislav Rostropovitch, un concert de soutien à Andreï Sakharov. J'ai aussi invité le pianiste Miguel Ángel Estrella, à peine libéré d'une geôle uruguayenne.

Septembre 1981, voyage en Afghanistan. Avec Bernard-Henri Lévy et Renzo Rossellini, nous offrons un émetteur radio au commandant Massoud.

1984, rue des Minimes dans le Marais, réunion à la maison pour les dissidents, autour d'Elena Bonner (au premier plan sur la gauche, de profil), l'épouse d'Andreï Sakharov. L'hirondelle qui annonçait le printemps J'ai pu mobiliser à la hâte quelques amis pour l'accueillir : André Fontaine, directeur du *Monde*, Françoise Sagan Yves Montand, Philippe Sollers, Raphaële Billetdoux…

Le 10 février 1993,
avec Gérard Depardieu,
venu soutenir
mon action en Russie
pour le 2e anniversaire
du Collège universitaire
français (CUF) de Moscou.

En 2002 à Moscou.
Lors d'une conférence
au CUF – la première
université occidentale
en Russie
post-communiste,
conçue avec
Andreï Sakharov –
en présence de
Mikhaïl Gorbatchev
et du recteur
de l'université d'État
Lomonossov,
Victor Sadovnichy.

En grande discussion avec
des étudiants du CUF.

François Mitterrand, avec qui j'ai entretenu des rapports amicaux quoique parfois houleux, me remet, le 1er avril 1988, les insignes de chevalier de la Légion d'honneur, sous l'œil amical de Charles Aznavour.

Avec Jacques Chirac, alors maire de Paris. L'amour de la culture russe nous a rapprochés. Il m'a soufflé l'idée du CUF de Saint-Pétersbourg en 1992 et, en l'an 2000, il a inauguré le *Mur pour la Paix* de Clara et de l'architecte Jean-Michel Wilmotte sur le Champ-de-Mars à Paris.

Juin 2008, à l'Élysée. Nicolas Sarkozy me remet les insignes d'officier de la Légion d'honneur. Direct, amical, il a toujours soutenu mes combats.

En 2000, au Kremlin, dans le bureau du président russe Vladimir Poutine. Je lui offre mon livre *Le Messie* dans sa traduction allemande ainsi qu'un porte-plume gravé par Clara. Nous nous sommes rencontrés huit ans plus tôt à l'occasion de l'inauguration du CUF de Saint-Pétersbourg. Il était alors maire adjoint de la ville, chargé des relations internationales. Nous sommes restés en contact jusqu'à ce jour.

Avec François Hollande en 2015. Je l'ai connu lorsqu'il était premier secrétaire du PS. Quand il a été élu président de la République, je l'ai entraîné au Kazakhstan pour qu'il inaugure notre université française à Almaty. Un geste de reconnaissance à l'égard des Kazakhs qui m'ont sauvé de la famine, enfant, pendant la guerre.

Je salue le président Macron après la signature, le 25 mai 2018, avec le président Poutine, des accords de double diplomation du CUF de Saint-Pétersbourg.

Avec le cinéaste polonais Andrzej Wajda en 1993. Il a tenu à m'accompagner, *La Mémoire d'Abraham* à la main, au cimetière juif de Varsovie, à la recherche des sépultures de mes ancêtres.

Le 27 janvier 2015, à Terezín, pour le 70e anniversaire de la libération des camps, avec l'acteur Ben Kingsl – génial interprète du comptable de *La Liste de Schindler* nous présentons devant un parterre de chefs d'É le concert de Nathalia Romanenko « La musiq contre l'oubli ».

Nathalia à son piano lors du concert « La musique classique en couleurs » à l'occasion de la Fête des Lumières à Lyon, en 2011.

En 1989, au Palais de Justice de Paris, avec l'abbé Pierre, Jean-Claude Petit, directeur de *La Vie*, et Noël Copin, directeur de *La Croix*, venus me soutenir lors du procès que m'avait intenté une association d'extrême droite.

Juillet 2007, rencontre avec Ahmad Badr al-Dîn Hassoun, grand mufti de Syrie, à la mosquée des Omeyyades, à Damas. Durant ce voyage, j'ai rencontré Khaled Mechaal, chef du Hamas, pour lui demander la libération du soldat israélien Gilad Shalit.

Après les terribles attentats de 2015, l'imam de Drancy Hassen Chalghoumi et moi avons organisé la Marche des musulmans contre le terrorisme, à Berlin, Bruxelles, Toulouse et Paris.

En 1984, très ému, je suis invité par Jean-Paul II au Vatican. Cette poignée de main inaugura une série de rencontres et une proximité étonnante entre l'écrivain juif que je suis et le pape polonais.

Le 25 septembre 2013, le pape François me reçoit à son tour, mais la délégation d'imams qui m'accompagne ne sera pas autorisée à gravir les marches de la basilique Saint-Pierre.

Clara en 2000, lors de la construction du *Mur pour la Paix*, l'œuvre de sa vie, cette paix pour laquelle nous menâmes elle et moi tant de combats.

Moulin, l'homme que le général de Gaulle avait envoyé à Lyon pour unifier tous les courants de la Résistance.

Or, en 1951, ce personnage s'enfuit en Amérique latine, sous le faux nom d'Altmann, avec la complicité des collabos français, et du contre-espionnage américain qui pensait pouvoir l'utiliser dans son concours aux dictatures militaires et sa lutte contre le communisme. Il aurait pu, comme tant d'autres, y finir tranquillement ses jours sans la persévérance du couple Beate et Serge Klarsfeld. Serge, l'homme doux et tenace, dont j'ai déjà parlé et qui fut, durant le procès, l'avocat des familles des enfants d'Izieu. Beate, née à Berlin, militante anti-nazie, qui n'avait jamais pardonné aux siens d'avoir pu commettre de semblables crimes. Après une longue traque à travers l'Amérique latine, les Klarsfeld réussirent à retrouver la trace de Barbie à La Paz, en Bolivie.

Bien que dignes d'un film d'espionnage, je passe sur les nombreuses péripéties qui survinrent à compter de ce jour jusqu'à l'année 1983, date à laquelle les familles des victimes avaient finalement obtenu, grâce à l'intervention du garde des Sceaux de l'époque, Robert Badinter, l'extradition de Barbie vers la France. Le procès, quant à lui, fut fixé au 11 mai 1987. Il aura fallu cinq longues années aux juges et aux avocats de la défense et de la partie civile pour rassembler les dossiers et retrouver les témoins.

Dès son annonce, le procès – qui fut le premier jugement d'un responsable nazi dans notre pays – suscita des polémiques sans fin. Certains disaient même que, quarante ans après la guerre, il était temps de pardonner. Les juifs, eux, c'était par exemple le cas de Simone Veil, craignaient une controverse médiatique qui reléguerait au second plan la raison même du procès. De plus, ils redoutaient que la polémique puisse faire oublier que la Shoah, en soi, distinguait la Seconde Guerre mondiale de toutes les autres guerres.

J'étais parmi les rares à soutenir sans états d'âme la décision de Robert Badinter. La raison ? Montaigne la résume en une seule phrase : « On ne corrige pas celui qu'on prend, on corrige les autres par lui. » Or, 50 % de la population française d'alors était née après-guerre et n'avait jamais entendu parler de Barbie. L'affaire méritait plus que quelques lignes dans les manuels d'histoire. J'appartiens à cette tradition antique selon laquelle un homme qui commet un crime devant les hommes doit en répondre devant l'humanité.

J'étais donc naturellement engagé dans ce débat qui, comme tous les débats en France, fut repris à l'étranger. Je fus alors approché par deux hommes fort sympathiques, Me Alain Jakubowicz, l'un des avocats de la partie civile, qui présiderait la Licra de 2010 à 2017, et le Dr Marc Aron, responsable du CRIF lyonnais. Affolés par les controverses qui, donnant la parole aux négationnistes de tous bords, sortaient souvent des rails, ils espéraient que j'accepterais le rôle de porte-parole des associations juives engagées dans le procès. J'en fus flatté et me sentais prêt au combat. Six cents journalistes du monde entier étaient attendus à cette occasion à Lyon, ainsi que cent cinquante chaînes de télévision. Mégalo, je pensais être capable de les affronter. Mais étais-je assez crédible ? J'avais connu, il est vrai, la guerre, la persécution et la mort, mais je n'avais connu aucun de ces camps dont le nom seul nous fait frémir : Auschwitz, Treblinka, Majdanek…

Comme pour me dédouaner, je proposai à Jakubowicz et Aron de faire part de leur souhait à Simone Veil et à Elie Wiesel, tous deux rescapés d'Auschwitz. Contacté au téléphone, Elie m'écouta sans réagir, comme à son habitude, puis dit comprendre mon hésitation. Enfin, après plusieurs silences, il me donna sa bénédiction. Pensait-il être plus crédible pour ce rôle que moi ? Il ne le dit pas. Il promit en revanche de venir lui-même au procès en tant que témoin. Ce qui était normal.

Simone Veil, elle, chez qui nous nous rendîmes place Vauban, se montra catégorique : elle n'aimait pas du tout notre projet.

— Ce n'est pas le festival de Cannes, fit-elle sèchement, où chaque producteur a un service de presse et le festival lui-même un porte-parole.

Sa réaction me donna l'impression que ce n'était pas le principe qu'elle rejetait, mais moi. Moi, tel que j'étais, juif polonais, médiatique, barbu, parlant français avec un accent... Bref, je ne la représentais pas.

Mes deux nouveaux amis, Alain Jakubowicz et Marc Aron, ne s'attendaient pas à un tel accueil : la controverse était devenue personnelle. Intelligente, Simone Veil s'en rendit compte. Elle étouffa sa colère et dit, d'une voix plus calme :

— J'aime Marek.

Comme si cela répondait à la question posée.

— Je t'aime aussi, dis-je, même s'il nous arrive de ne pas être d'accord.

Nous aurions pu continuer ainsi sans fin, mais Simone se leva, une manière de nous signaler que la séance s'achevait là. Puis, en serrant la main de Jakubowicz et d'Aron, elle ajouta :

— Je fais confiance à Marek.

L'estime de Simone ne m'aida pas. D'autant que, d'une certaine manière, elle n'avait pas tort. L'annonce du procès avait libéré la parole. Celle de l'extrême droite, notamment, qui cherchait sa revanche sur ce qu'elle appelait la bien-pensance et relançait ainsi le doute sur la Shoah. Lyon se transforma en une foire d'empoigne. Les journalistes, venus du monde entier, se mirent à la recherche de sujets qui, amplifiés par leurs soins, nourrissaient les controverses au sein de la communauté juive. Jacques Vergès, l'avocat de Barbie, homme astucieux et retors, essaya d'en tirer profit. Il loua une salle à l'hôtel Sofitel et annonça une conférence de presse quotidienne.

La stratégie de Vergès consistait à déplacer les projecteurs des médias de son client vers cette France qui avait collaboré et qui, à l'époque, n'avait été dénoncée par aucun responsable politique. Il faudrait pour cela attendre près de dix ans encore et la présidence de Jacques Chirac.

Lors de ses conférences de presse quotidiennes, Jacques Vergès accusa le lobby juif d'utiliser le procès Barbie pour cacher les méfaits de la politique israélienne en Palestine. Quant au débat sur la collaboration, il ne pouvait, selon lui, que profiter aux ennemis de la France.

Il faut reconnaître que, à ses débuts tout du moins, Vergès avait eu un certain succès médiatique. Faisant front, la communauté juive avait loué, à proximité du palais de justice, un local où elle organisait des rencontres avec les survivants de la Shoah : le vécu contre l'affabulation. Cependant, le « complotisme » anticipé de l'avocat de Barbie bénéficia d'un écho plus large.

Enfin, au café Sur le Quai, à proximité du palais, se réunissaient les représentants de l'extrême droite française et les groupes révisionnistes, membres du collectif La Vieille Taupe ou de la bande à Faurisson. Des tracts contre la mainmise juive sur la justice française furent distribués. Des bagarres éclataient chaque jour entre les néofascistes et les jeunes juifs.

Dans ce climat de tension, et sous le regard attentif et peut-être satisfait des médias, que devais-je faire, moi, porte-parole de la communauté juive de Lyon, partie prenante au procès ? Jouer le jeu ? Répondre aux conférences de presse de Vergès par d'autres conférences de presse ? Apporter à ceux qui mettaient en question les fours crématoires les preuves de leur existence ? Les amis me donnaient des conseils contradictoires.

Avant tout, nous devions, comme le pensait Simone Veil avec raison, remettre ce procès sur les rails qui menaient à Auschwitz. Pour ce faire, Clara proposa de déplacer le centre d'intérêt médiatique des abords du palais de justice vers un lieu plus emblématique. Mais lequel ? J'avais une vague idée. Toutefois, ne sachant comment la réaliser, je me tournai vers mon ami Maurice Lévy, président de Publicis. Il me recommanda à Gérard Unger, un homme cultivé, mesuré et de bon conseil, qui, à son tour, me présenta le publicitaire Henri Baché, un homme à l'allure de boxeur, à la voix lourde et à l'humour léger. Henri Baché m'aida énormément.

Mon idée était simple : construire, à Lyon, sur la rive du Rhône opposée à celle où siégeait le palais de justice, un mémorial, à l'image de Yad Vashem à Jérusalem, où l'on pourrait présenter tous les documents, photos ou récits de survivants, qui témoignaient de la déportation des juifs de France. Henri Baché se montra très enthousiaste. Ce mémorial allait à coup sûr drainer le public et les médias. Or, si l'idée était simple, sa réalisation ne l'était pas. Il fallait tout d'abord trouver des architectes capables de concevoir un bâtiment de la sorte, dans lequel on pouvait déposer le souffle de millions de morts, en très peu de temps.

Mais, outre les architectes, nous devions aussi trouver un lieu pour accueillir ce monument et l'argent pour le construire. Vinrent alors à mon secours plusieurs hommes que je ne connaissais pas encore et qui deviendraient, comme c'est souvent le cas entre acteurs d'une aventure partagée, de très proches amis : Gérard Collomb, tout d'abord, pas encore maire de la ville, puis Michel Noir, alors ministre du Commerce extérieur, et son ami Christian Boiron, lyonnais lui aussi et pionnier de l'homéopathie en France. À nos côtés également Alain Carignon, ministre de l'Environnement et, en tant que maire de Grenoble, président des villes compagnons de la Libération. Enfin, un homme merveilleux, engagé et fidèle, qui m'a été présenté par mon ami Jean-Marie Lustiger : le cardinal Albert Decourtray, archevêque de Lyon.

Comme d'habitude, la chaîne d'amitié s'était mise en branle. Michel Noir m'introduisit auprès du maire d'alors. Nous trouvâmes ensemble l'emplacement du mémorial à venir : la place des Terreaux, juste en face de la mairie, en plein cœur de Lyon. Gérard Collomb obtint les premiers dons auprès de l'administration et des industriels locaux. Henri Baché mit la main sur les deux meilleurs architectes lyonnais : Gilles Perraudin et Françoise-Hélène Jourda. Avec l'aide de Gérard Unger, il persuada également le P-DG d'Air France de nous offrir des billets, à lui, Clara et moi, afin que nous puissions nous rendre aux États-Unis et mobiliser la communauté juive.

Je découvris ainsi, grâce à lui, le fabuleux Concorde, l'avion de ligne supersonique : trois heures trente pour atteindre New York ! Ce fut un voyage éclair. Juste le temps qu'il fallait à Abraham Foxman, président de la puissante organisation ADL, Anti-Defamation League, et à mon vieil ami Sam LeFrak pour recueillir l'argent nécessaire à la construction du mémorial.

À notre retour, les architectes nous présentèrent des plans. Ils avaient saisi, à la virgule près, ce que j'avais en tête. Et, à la grande surprise de tous nos détracteurs, ils arrivèrent à élever le monument en trois jours. Le mémorial lui-même se présentait sous forme d'un cube monumental tendu de tissu blanc. Le carré (monastique), selon les architectes, que l'on retrouvait dans les abbayes cisterciennes et même dans la salle centrale du Temple de Jérusalem, symbolisait l'élévation vers Dieu. La structure, haute de quatre étages, comportait deux salles. La première était constituée d'une pièce d'eau, dans laquelle se reflétait le ciel. Elle était encadrée d'un promenoir qui suivait un mur de béton brut éclairé de fins faisceaux de lumière, sur lequel étaient accrochées des photos d'archives des camps d'extermination et, découverte par Baché à Prague, une collection de dessins réalisés par les enfants de Terezín. Ce camp où les nazis avaient aussi enfermé la plupart des compositeurs et musiciens juifs dont, trente ans plus tard, nous ferions connaître les partitions, retrouvées par la pianiste Nathalia Romanenko.

Comme au mémorial Yad Vashem de Jérusalem, une voix sourde y égrenait, en permanence, les noms de ces enfants de Terezín qui avaient tous été gazés à Auschwitz.

La seconde salle, aussi haute sous plafond que la première, était axée, elle, autour d'une veilleuse géante. Les murs, toujours en béton, étaient gravés des noms des camps d'extermination nazie. Le chant des morts, en hébreu, accompagnait les visiteurs.

Mauthausen. À la vue du nom du camp où son père résistant avait été enfermé, Michel Noir, bouleversé par l'atmosphère qui régnait dans le mémorial, écrivit, dans *Le Monde*, une tribune qui, à l'époque, fit date. Il y était question des élections à venir et des éventuelles alliances entre son parti, le RPR (le Rassemblement pour la République), et l'extrême droite. « Mieux vaut perdre les élections que perdre son âme », concluait-il.

Quant à Elie Wiesel, il tomba, dans la première salle, nez à nez avec la photo où, le jour de la libération du camp, il figurait, allongé parmi les rescapés squelettiques de Buchenwald, dans les lits « clapiers » où dormaient, agglutinés, les prisonniers.

Notre monument à la mémoire de la déportation fut inauguré le 11 mai 1987, le premier jour du procès de Klaus Barbie. Les portes du mémorial furent ouvertes par quarante-quatre enfants âgés de huit à onze ans, comme ceux d'Izieu déportés par l'accusé que l'on jugeait, à deux kilomètres de là, dans la salle des pas perdus du palais de justice de Lyon. Un moment saisissant.

Albert Decourtray eut alors une riche idée : poser un livre d'or sur une table, près de la sortie du mémorial, pour permettre aux visiteurs, aux enfants notamment, d'exprimer leurs sentiments. René Monory, ministre de l'Éducation nationale, fit déplacer, en car, des écoliers de toute la France.

Beaucoup de ces jeunes étaient issus de familles musulmanes, fait symbolique qui alimenta un moment les reportages de la presse et des médias.

Les réactions de ces jeunes, que nous découvrîmes, le cardinal Decourtray et moi, dans le livre d'or, étaient bouleversantes. Nous décidâmes d'en publier un recueil préfacé par nos soins. L'original se trouve jusqu'à aujourd'hui au Centre d'histoire de la Résistance et de la déportation, inauguré à Lyon en 1992 par Michel Noir, devenu maire de la ville.

Quelques jours avant la fin du procès Barbie, Simone Veil fit une courte apparition au mémorial, en compagnie de Raymond Barre. En revanche, elle refusa de paraître au palais de justice où Jacques Vergès avait eu l'idée, pour donner un nouveau sens au procès, de se faire assister par deux avocats tiers-mondistes, l'un algérien (Nabil Bouaïta), l'autre congolais (Jean-Martin Mbemba).

Le 4 juillet 1987, au terme de neuf semaines de débat, et après six heures et demie de délibérations, la cour d'assises du Rhône reconnut Klaus Barbie coupable de dix-sept crimes contre l'humanité et le condamna à la prison à perpétuité.

Le 25 septembre 1991, Barbie, âgé de soixante-dix-sept ans, mourait dans l'indifférence générale à la prison Saint-Paul de Lyon. J'étais pour ma part à Moscou. Mais c'est une tout autre histoire.

Clara dort. Sa tête est légèrement penchée, comme chez les oiseaux assoupis. Elle respire encore. Mal. J'appelle le professeur Sonia Alamowitch, chef du service de neurologie à l'hôpital Saint-Antoine. Cette femme, mi-juive, mi-arabe, est adorable : elle me propose d'accueillir Clara le jour même. Le temps de faire des analyses.

Wahiba (que Clara et moi appelons Biba), l'une des trois gardes-malades, fait venir une ambulance. Le véhicule arrive enfin, avec trois quarts d'heure de retard. Les deux ambulanciers, plutôt gentils, connaissent mal Paris. Je les guide. Je tiens Clara par la main. Elle me regarde, confiante. Comment cette confiance a-t-elle survécu à tous les heurts et conflits qui ont jalonné notre vie commune ? D'où vient ce regard si clair, si innocent, qui me fait mal ? Je me sens coupable.

Pendant la semaine qui suit, je ne quitte pas l'hôpital. Clara paraît reconnaissante. S'intéresse-t-elle encore à la suite de mes Mémoires ? Difficile de le savoir. J'essaie d'éveiller ses souvenirs, en lui rappelant notre voyage à Tunis, avec Suha, celle qui deviendra la femme d'Arafat, ce passage de nos aventures que je m'apprête à écrire. Son visage s'égaye mais quelque chose me dit qu'elle ne me comprend pas. Les infirmières changent les draps, prennent la tension. Bref, elles font leur travail. Pendant ce temps, je regarde les souris traverser le couloir et attends le miracle.

Grâce aux médicaments, grâce aux inhalations et aux perfusions, ou peut-être simplement grâce au changement d'air, Clara respire mieux. Une ambulance, encore. Une sorte de corbillard pour les vivants. Et nous voilà de retour à la maison. Je reprends la plume et sors la pelote. Le fil est là. Il m'attend. Je le saisis et recommence à le dérouler. Contrairement à celle de *La Mémoire d'Abraham*, cette pelote-là n'a pas de nœuds. Elle s'étend facilement et à une vitesse incroyable. Mon métier à tisser n'arrive pas à suivre.

Après l'expérience mémorielle du procès Barbie, j'eus l'envie d'écrire une suite à *La Mémoire d'Abraham*. J'avais l'intention de redonner la parole à ce Hugo, dont je parlais déjà dans *Le Fou et les Rois*, ce lointain cousin venu d'Allemagne pour nous prévenir de l'arrivée du déluge qui allait nous engloutir. Cet avertissement dont ma famille ne saisit pas tout de suite la gravité, omettant, ainsi que le fit Noé, de construire d'urgence une arche pour sauver ce que nous pouvions de l'humanité. Lire l'histoire ne suffit pas toujours à la prendre en exemple.

J'allai voir Robert Laffont pour lui exposer ce nouveau projet littéraire. Il m'attendait, mais pour une tout autre raison. Sachant que je connaissais bien Yasser Arafat, le célèbre chef de l'OLP, visage mal rasé et éternel keffieh sur la tête, il espérait pouvoir obtenir, grâce à moi, ses Mémoires. À l'époque, nous étions encore bien, bien loin des miennes… Quant à la publication de mon livre, *Les Fils d'Abraham*, qui verrait le jour deux ans plus tard, Laffont était évidemment partant. Il me prévint cependant que le second volet d'une œuvre qui avait bien marché risquait d'avoir moins de succès.

J'appelai donc Arafat. Depuis son départ de Tripoli, avec quatre mille de ses combattants, protégés par les navires de la flotte française, il se trouvait à Tunis. Je dus réessayer à plusieurs reprises. Le standard du siège de l'OLP ne répondait pas. Enfin, un jeune homme décrocha. D'abord méfiant. Puis rassuré par Mahmoud Abbas qui se trouvait à proximité et avait entendu prononcer mon nom, il me promit de passer le message à Arafat. Il tint parole. Le chef de l'OLP me rappela dès le lendemain. Il paraissait de bonne humeur et essaya même de me taquiner en anglais, langue dans laquelle il avait fait des progrès :

— Alors, *my friend*, vous vous cachez toujours derrière votre barbe ?

Quant à ses Mémoires, il prétendit n'avoir pas de temps pour les écrire.

— Après l'indépendance de la Palestine, fit-il.

Mais, mon insistance aidant, il accepta l'idée. À condition qu'un journaliste, de préférence palestinien, enregistre son histoire que je corrigerais, bien entendu.

— De toute manière, ajouta-t-il, il est temps qu'on se revoie.

Il m'assura avoir des choses intéressantes à me dire.

Clara, à qui je rendis compte de cette conversation, me suggéra de téléphoner à la journaliste Raymonda Tawil, sorte de pasionaria palestinienne, avec qui elle avait lancé plusieurs débats dans les médias israéliens et arabes. C'était une chrétienne de Saint-Jean-d'Acre, intelligente, une femme de tempérament, au verbe facile. Selon Clara, Raymonda était la mieux placée pour interviewer Arafat. Mais, contactée au téléphone, la journaliste ne se dit pas chaude pour cette mission. Elle nous proposa la plus jeune de ses trois filles : Souha. Cette dernière, contrairement à sa mère, était une grande admiratrice d'Arafat. Elle s'enflamma. Clara lui suggéra de venir à Paris afin que nous puissions nous rendre à Tunis ensemble.

J'ai dans mes archives des photos de nous trois chez Edgar, un restaurant très en vogue à l'époque, rue Marbeuf, où nous avons préparé le voyage ainsi que l'interview. Que nous paraissions jeunes alors !

Ce jour-là, Souha invita pour le café un proche à elle, un homme d'affaires libanais : Raghid el-Chammah, ami du président tunisien Ben Ali. Raghid m'aidera beaucoup par la suite. Notamment pour la construction de la Tour de la Paix de Clara à Saint-Pétersbourg.

Après de multiples échanges téléphoniques avec Arafat et son entourage, nous arrivâmes à Tunis au mois d'août 1988. Une petite délégation, dépêchée par le raïs, nous attendait à l'aéroport, avec des bouquets de jasmin pour Clara et Souha. J'adore l'odeur du jasmin.

Nous descendîmes à l'hôtel Hilton où se trouvaient de nombreux Palestiniens venus pour une conférence. Nous pûmes ainsi retrouver certaines de nos connaissances : le poète Mahmoud Darwich, le frère de Ghassan Kanafani, Marwan, et Edward Saïd. Outre la revendication de la même terre, les Palestiniens ont l'amour des mots en commun avec les juifs. Nous restâmes à palabrer au bar de l'hôtel tard dans la nuit. Ils étaient au courant du moindre événement dans les territoires occupés et suivaient avec passion les élections législatives israéliennes à venir.

À 3 heures du matin, au moment où nous nous préparions à monter dans nos chambres, la voiture d'Arafat arriva. Elle nous conduisit au siège de l'OLP. Le « Vieux », comme l'appelaient les Palestiniens, reprenant le sobriquet que les Israéliens donnaient à Ben Gourion, ne dormait jamais. La nuit, prétendait-il, était plus apte à accueillir des amis sans être importuné.

Dans le bureau voisin, je revis quelques-uns des leaders de l'OLP que j'avais croisés à Beyrouth. Il y avait là Abou Alaa, de son vrai nom Ahmed Qoreï, qui jouera un rôle important dans les négociations d'Oslo. Et bien sûr Mahmoud Abbas. Tous avaient vieilli. En bras de chemise, les yeux fatigués, ils relisaient la dernière mouture d'une déclaration. Une de plus. Des pages éparpillées sur la table palpitaient sous un ventilateur.

Arafat avait changé lui aussi. Sa barbe avait blanchi et je le vis mettre des lunettes. Saisissant mon regard, il expliqua :

— *Yes, my friend, I need glasses, now.*

Avait-il besoin de lunettes pour parcourir le document qu'on lui tendait ou pour ausculter plus attentivement Souha qu'il ne connaissait pas ? Après tout, c'était avec elle qu'il devait écrire ses Mémoires. Une étincelle parcourut son regard. J'en conclus que la jeune et blonde Palestinienne était à son goût. Je ne sais si ce fut la présence de Souha, ou l'envie d'échanger des souvenirs lointains avec Clara et moi ; le raïs nous garda jusqu'au petit matin... en nous gavant de noisettes et de thé à la menthe.

Sans interprète, la conversation prit vite un tour personnel. Arafat se sentait vieillir et espérait vivre assez longtemps pour voir naître la Palestine. Je l'écoutais, bouleversé. Il nous annonça que le paragraphe de la charte de l'OLP qui prévoyait la destruction d'Israël allait être annulé. Qu'il admettait le principe des négociations avec Israël. Qu'il acceptait l'idée d'un État palestinien à côté de l'État d'Israël et en paix avec lui.

Pour finir, il prit mes mains entre les siennes et précisa :

— Ce n'est pas un entretien, *my friend*, je me suis engagé à n'en donner aucun avant notre Conseil national qui se tiendra à Alger au mois de novembre.

Je lui répondis que j'avais compris et que j'allais me débrouiller.

— *I trust you*, fit-il, appelant un photographe pour fixer cette rencontre.

Le 31 août 1988, je décrivis cette conversation, stupéfiante pour l'époque, dans un article publié simultanément dans le *New York Times*, *Le Monde*, le *Corriere della Sera*, *Maariv* en Israël, *Expressen* à Stockholm, *Cambio 16* à Madrid et *Al-Ahram* au Caire.

Quant à Souha, elle resta à Tunis pour commencer à interroger Arafat. Ce livre n'a jamais vu le jour. Mais, comme cela se passe dans les contes, ils se marièrent et eurent un enfant, une fille.

Mon article provoqua un scandale au sein de l'OLP. Mais Arafat ne le démentit pas. Il avait vraiment changé : un an plus tôt, il ne se serait pas gêné pour m'accuser de provocation. Peu de temps après, de passage à Paris, il accepta l'invitation au journal de 20 heures de Patrick Poivre d'Arvor. Le journaliste me suggéra secrètement que nous l'interrogions ensemble. La surprise fut totale. Quand Arafat me vit, il sursauta sur son siège :

— *But this is my friend ! This is my friend !*

Ayant laissé passer quelques questions de Patrick Poivre d'Arvor, je lui fis remarquer – nous étions en direct – qu'il y avait, sur son uniforme, une épaulette sur laquelle était dessinée la carte de la Palestine et que celle-ci englobait Israël. Arafat arracha sa « décoration » et répondit que la carte qui y figurait, ainsi que la charte de l'OLP, étaient devenues « caduques », mot qu'il prononça en français.

La déclaration du raïs fit, à l'époque, un bruit énorme. Chacun se mit à chercher le mot « caduque » dans son dictionnaire : « qui n'a plus cours… Synonyme : périmé, annulé… »

Mais l'histoire ne s'arrêta pas là. À la suite de la publication de mon article dans *Maariv*, Clara et moi fûmes invités en Israël par plusieurs organisations pacifistes. Shimon Peres, alors vice-Premier ministre et ministre des Finances, au fait de notre arrivée, nous convia chez lui pour le repas de chabbat. Toute la famille Peres était réunie, ainsi que quelques proches. Nous parlâmes, comme d'habitude, de la paix et des Palestiniens. Soudain, Shimon se tourna vers moi par-dessus la table et demanda :

— Comment va ton ami de Tunis ?

Clara et moi lui donnâmes des nouvelles.

— Et encore ?

— Il vieillit, dis-je, comme nous tous. Il s'est acheté des lunettes.

— Ah bon ! s'exclama Peres d'un ton intéressé. Il s'est acheté des lunettes ?

Et il répéta « Ah bon ! » comme si cette nouvelle anodine avait une importance capitale.

Je crois que, à ce moment précis, Peres comprit que, dorénavant, il avait en face de lui non un terroriste mais un homme vieillissant, avec qui il pourrait peut-être, à l'avenir, parler de la paix.

Moscou, enfin. Répondant aux invitations répétées de Sakharov, je décidai de me rendre en Russie. J'avais connu Moscou sous les bombes, je la retrouvai, grise certes, mais rebâtie. Je m'en réappropriai la langue, les chansons, les mœurs, l'odeur du pétrole mal raffiné si caractéristique des pays communistes, les chapkas de fourrure et les immenses casquettes-assiettes de la police soviétique qui font sourire les Occidentaux.

La voiture qui me conduisait de l'aéroport suivit l'interminable rue Gorki, aujourd'hui Tverskaïa. Sur les façades uniformes, apparaissaient çà et là quelques enseignes. Nous contournâmes le Kremlin devant lequel quelques centaines de manifestants agitaient des banderoles et des pancartes. Une manif à Moscou, qui l'eût cru !

Nous arrivâmes devant l'hôtel Metropol qui fut, m'expliqua Boukovski, réquisitionné en 1917 par le pouvoir bolchevique, et dont le grand hall abrita, un temps, les discours de Lénine et de Trotski... L'hôtel avait gardé son style Art nouveau qui rappelait Moscou d'avant la révolution. Les babouchkas, postées à chaque étage pour contrôler les allées et venues des clients, rappelaient, elles, que le système était toujours en place.

Impatient d'arriver chez les Sakharov, je présentai mon passeport au réceptionniste qui le sonda un long moment : cela faisait belle lurette qu'il n'avait pas vu un passeport français. Je déposai ensuite ma sacoche dans ma chambre et redescendis héler un autre taxi. Un taxi qui n'en était pas un. À cette époque, tout Moscovite possédant une voiture se proposait de vous conduire, y compris d'une ville à l'autre, pour quelques dollars. Ces « taxis », qui sentaient le tabac, ne se payaient que dans cette monnaie. Personne n'acceptait les roubles dont la valeur dégringolait, à l'image de la neige qui, bien que venant de couvrir la ville, se transformait en boue sous nos pas.

Devant le Kremlin, la manif ne s'était pas encore dispersée. Elle était à présent accompagnée d'une mini-fanfare et de quelques drapeaux rouges. Rue Tchkalov, au quatrième étage d'un immeuble sans ascenseur, le couple Sakharov m'attendait. Elena Bonner, que je connaissais déjà, venait de rentrer de Boston. Andreï, tête dégarnie, légèrement penchée, regard doux derrière de grosses lunettes, corps voûté enveloppé d'un pull trop grand pour lui, me serra chaleureusement la main et m'introduisit dans un salon encombré de livres, de journaux et de bibelots en tous genres. Une odeur de thé noir venait de la cuisine.

Il me remercia encore de mon aide et s'enquit de mon prochain livre. Slava lui avait dit que je préparais une suite à *La Mémoire d'Abraham*. Elena apporta une grosse théière bleue et remplit nos tasses. Elle demanda si je prenais du sucre. Il n'était pas question de citron, trop cher alors en Union soviétique. Je fis allusion au rassemblement devant le Kremlin.

— Enfin la démocratie ! m'exclamai-je.

Andreï Dmitrievitch, qui avait retiré ses lunettes, me gratifia d'un sourire ironique.

— La démocratie, cher Marek, c'est comme une orange. Celui qui n'a jamais vu d'orange n'aura pas l'idée d'en réclamer une. Nous devons tout d'abord faire connaître à la jeunesse russe l'existence de ce fruit exotique, expliquer ses qualités. Alors, seulement, peut-être, par curiosité ou par désir, notre jeunesse descendra dans la rue pour réclamer des oranges.

— C'est donc un problème d'éducation, répliquai-je, vous savez ce qu'il vous reste à faire, Andreï Dmitrievitch ?

— Non, protesta-t-il. Nos écoles, nos universités font partie de l'ancien régime. Aucune ne permettra la promotion de l'orange. Il nous faut une université occidentale, la première en Union soviétique…

Et, après réflexion :

— Pourquoi pas française ?

Puis il ajouta en riant :

— Vous savez donc ce qu'il vous reste à faire, Marek Halter.

— Moi, cher Andreï Dmitrievitch, je ne suis allé à l'école que pendant six mois. Je ne sais même pas ce qu'est une université !

Sakharov balaya mon argument d'un geste de la main :

— Oui, mais vous savez ce qu'est une orange !

Nous prîmes le thé puis il téléphona au Kremlin. Voilà ce que les Russes ont en commun avec les Américains : une parole dite est aussitôt mise à l'épreuve. Et celle de Sakharov ouvrait en ce temps toutes les portes.

Le Kremlin. Cœur de l'empire soviétique. L'entrée des visiteurs, plutôt modeste, se trouvait place Rouge, du côté du mausolée de Lénine, là où, quarante-deux ans auparavant, j'avais remis un bouquet de fleurs à Staline. En arrivant au seuil de ce saint des saints, dont les images avaient marqué mon enfance, je me dis que, décidément, le meilleur des romans était la vie.

Le garde devant l'entrée avait visiblement été prévenu de mon arrivée. Il appuya sur un bouton rouge, près d'une porte vitrée et, aussitôt, un autre garde, réplique du premier, apparut et me demanda de le suivre. Nous nous retrouvâmes sur une vaste place pavée de pierre grise. Nous marchâmes un long moment en silence. Le Kremlin est une ville dans la ville, pourvue d'allées bordées de bâtiments en brique rouge ou en pierre blanche, de nombreuses tours, enfin d'églises et de cathédrales, toutes différentes, toutes belles. Puis, comme lors de ma visite au Vatican, les cloches se mirent à carillonner. À toute volée.

Le garde qui me guidait se détendit brusquement et m'expliqua que *kremlin* voulait dire forteresse. Que les murailles du Kremlin formaient un triangle parfaitement isocèle, dont le côté oriental longeait la place Rouge et le côté occidental la place du Manège. Quant à la base, elle doublait le fleuve, la Moscova. Nous fûmes dépassés par une suite de grosses limousines noires, des GAZ Volga, escortées par deux motards. Mon regard se heurta à la muraille crénelée en brique rouge, parsemée de miradors. Le garde suivit mon regard et demanda :

— *Eto krassivo* ? C'est beau, n'est-ce pas ?

Après quoi, il me confia à un autre garde coiffé, tout comme les précédents, d'une énorme casquette-assiette. Contrairement à eux, ce dernier portait sur son *chinel* (manteau militaire soviétique) plusieurs décorations. Les Russes aiment les parures. Ils en raffolent. Nous arrivâmes sur une place dégagée au milieu de laquelle trônait une cloche ébréchée en bronze, monumentale : la cloche d'Ivan le Terrible. Je me retrouvai face au palais du Sénat badigeonné d'ocre jaune, comme la plupart des bâtiments de la Renaissance russe. Au sommet de sa coupole flottait un drapeau rouge. Nous gravîmes les marches et suivîmes de longs couloirs couverts d'une épaisse moquette rouge et ponctués de hautes portes en bois massif. Au bout de ce dédale, un homme souriant, vif, parlant un français parfait : Andreï Gratchev, porte-parole du président.

Le bureau de Mikhaïl Gorbatchev était vaste. L'homme chaleureux, sorte de grand frère pressé et attentif à la fois. Je ne sais pourquoi, il me fit curieusement penser à Sadate. Peut-être à cause de cette tache que chacun avait au front ? Tache de vin chez l'un, « raisin » de la prière chez l'autre, elles n'avaient pas la même signification. La langue aidant, Mikhaïl Gorbatchev et moi ne tardâmes pas à nous mettre d'accord.

— Vous serez la perestroïka dans nos universités, m'offrit-il. Le président Mitterrand est-il au courant de votre projet ?

— Oui, ai-je menti.

Il se tourna vers Andreï Gratchev.

— Quelle date sommes-nous ?

— Le 20 novembre, monsieur le président.

— Vous avez de la chance, dit Gorbatchev, je vois votre président ici même dans cinq jours exactement. Nous aurons ainsi une amorce pour notre conversation.

Me retrouvant une demi-heure plus tard sur la place Rouge, à côté du mausolée, je me rendis compte que je venais d'engager le président de la République française à son insu. J'éclatai de rire. La situation me rappelait l'histoire du marieur juif de Cholem Aleikhem. Je devais impérativement parler avec François Mitterrand avant sa rencontre avec Gorbatchev. De retour à l'hôtel, je téléphonai à l'Élysée.

— C'est urgent ! dis-je.

Mais le président se trouvait à Latche, dans sa maison de campagne landaise. Il me fallut trois jours pour mettre la main sur son numéro de téléphone. Là, le président était déjà reparti pour Paris. Que faire ? J'appelai plusieurs ministres, en vain. J'arrivai enfin à avoir au bout du fil Thierry de Beaucé, alors secrétaire d'État chargé des Affaires culturelles internationales auprès du ministre des Affaires étrangères français. Je lui exposai brièvement la situation. Mon histoire eut l'air de l'amuser.

— Je vais essayer de rattraper le président, ne t'inquiète pas !

Beaucé me raconta plus tard la suite de l'aventure. En arrivant à l'Élysée, on lui annonça que Mitterrand avait déjà pris la route. Il avait cependant prévu de faire un crochet par chez lui rue de Bièvre. Beaucé s'y rendit. Il arriva au moment où le président s'installait dans la voiture pour se rendre à l'aéroport.

— J'ai quelque chose à vous dire, monsieur le président. D'urgence.

— Eh bien montez, répondit François Mitterrand, vous me raconterez cela en route. Je suis déjà en retard.

François Mitterrand adorait les situations farfelues. Mon problème l'était de toute évidence. Aussi le récit de Thierry de Beaucé le mit de bonne humeur. Quand, au Kremlin, Mikhaïl Gorbatchev reçut son homologue français sur les marches du même palais du Sénat, après quelques amabilités traduites en simultané par les interprètes, il en vint à ce qui était l'essentiel pour moi :

— Je suis d'autant plus heureux de vous rencontrer aujourd'hui qu'avant même d'engager notre discussion, nous avons déjà un projet en commun…

Et François Mitterrand :

— Bien sûr : un Collège universitaire français à Moscou !

Il y a six ans, nous avons fêté, avec Mikhaïl Gorbatchev – qui avait depuis bien longtemps perdu la présidence –, le vingtième anniversaire de cette université rêvée par Andreï Sakharov et que nous avons en effet baptisée Collège universitaire français de Moscou. Mais, entre ces deux dates, que d'histoires, que d'aventures !

Dès mon retour à l'hôtel, le téléphone de ma chambre sonna. Je fus surpris. À part Clara et les Sakharov, personne n'avait eu vent de ma présence en ville. C'était Andreï Gratchev. Le président, ravi de notre rencontre, avait chargé Alexandre Chokhine, ministre du Travail et des Affaires sociales, de trouver un bâtiment pour installer notre université. Andreï Gratchev précisa :

— Comme vous le savez, les immeubles appartenant au parti communiste seront réquisitionnés... Chokhine a pour mission de leur donner une nouvelle vie. Son chef de cabinet viendra d'ici une heure à votre hôtel et vous fera visiter quelques-uns de ces bâtiments susceptibles d'accueillir l'université française.

Tout se précipita. Je voulais rendre compte à Sakharov de mon entretien avec Gorbatchev mais son téléphone ne répondait pas. Le chef de cabinet de Chokhine arriva. Un jeune homme sympathique. Il connaissait quelques mots de français. J'ai oublié son nom. La voiture du ministre nous attendait devant l'hôtel. Les bâtiments que nous visitâmes étaient tous délabrés : escaliers abîmés, ascenseurs en panne, toilettes cassées... Les bureaux que nous parcourûmes n'avaient pas été repeints depuis la révolution. Je ne me voyais pas chercher de l'argent pour y aménager une université.

Il faut aussi reconnaître que, à l'époque, ce projet, né de la rencontre entre deux rêveurs soucieux de l'avenir de ce pays qu'ils aimaient chacun à sa façon, était encore pour le moins confidentiel.

À l'occasion de ce premier séjour en Russie depuis la guerre, je pris conscience de l'attrait qu'y exerçait la France. C'est pourquoi on perçut là-bas très mal le silence de François Mitterrand lors du putsch avorté contre Gorbatchev trois ans plus tard, en 1991. Un jour, Mikhaïl Gorbatchev, se rappelant cette époque, me dit non sans amertume : « François Mitterrand devait m'appeler. Il ne l'a pas fait. »

Pour ma part, en ce mois de novembre 1988, l'avant-veille de l'arrivée du président français à Moscou, il fallait que je rende compte de la progression de notre idée à Sakharov. Je le rappelai. Ce fut Elena Bonner qui répondit. Elle était en train de préparer le bortsch pour dîner et m'invita à le partager avec eux. Nous mangeâmes dans la cuisine. La table du salon était encombrée de manuscrits, de documents pour la plupart tamponnés, ainsi que de photos. Andreï Dmitrievitch était plongé dans ses archives. Il cherchait à les placer en sécurité. À sa mort, Elena créerait une fondation à Moscou. Puis, après maintes discussions, le fonds serait établi en 1993 au département des archives de la Brandeis University dans le Massachusetts, avant d'être transféré à Harvard en 2004.

Sakharov appartenait, comme Primo Levi ou Jean-Paul II, à cette frange de l'humanité que Philip Roth appelait les « hommes à l'écoute ». Ce soir-là à Moscou, autour du bortsch d'Elena Bonner, il m'écouta donc attentivement. Ensuite, en bon scientifique, il commença par le début. Toute université avait besoin d'étudiants. Or chercher à recruter dans un pays où la communication passait encore mal serait une mauvaise approche. Il fallait aller là où les étudiants se trouvaient, c'est-à-dire au sein d'une université existante. La plus importante de l'Union soviétique était, selon lui, l'université d'État de Moscou, du nom de Lomonossov. Dans le désordre bureaucratique qui régnait en Russie, il serait, pensait-il, plus facile de squatter deux ou trois amphithéâtres et quelques bureaux dans une institution. De surcroît pour une cause comme la nôtre, soutenue par le président de l'Union soviétique. Dans un pays comme la Russie, un papier officiel couvert de tampons n'avait pas de prix. Sakharov savait aussi que, au moment où nous parlions, aucune université française n'était au courant du projet.

— Faire connaître les oranges n'est pas une mince affaire.

Le lendemain, j'appelai Gratchev. Il m'invita à dîner chez un ami à lui, « un juif », précisa-t-il. Il s'appelait Micha Tsivine. J'allais rencontrer, me prévint-il, des personnes qui pourraient m'aider.

Tsivine était en effet le spécimen type du juif ashkénaze : volubile, glissant dans la conversation une kyrielle de mots yiddish et récitant dans la foulée des poèmes de Pouchkine ou d'Evtouchenko, comme pour se justifier, prouver qu'il était bien un patriote russe. C'était un grand gaillard à lunettes. Sa femme, Russe orthodoxe, était une blonde imposante. Elle administrait l'orchestre de l'Armée rouge. Quant à lui, il dirigeait l'un des magasins de la chaîne Beryozka, réservée aux Russes capables de payer en devises étrangères, les hauts fonctionnaires et le personnel diplomatique notamment. La table était joliment garnie.

Parmi les invités, le cinéaste Nikita Mikhalkov, gloire nationale de l'époque ; quelques généraux ; Alexandre Orlov, alors responsable du département Europe au ministère des Affaires étrangères – il deviendra un ami et l'ambassadeur de la Fédération de Russie en France de 2008 à 2017 ; enfin, un certain Anatoli Logounov, physicien et recteur de l'université Lomonossov. Avec sa longue barbe blanche effilochée, un de plus qui se faisait la tête de Dostoïevski. Nationaliste farouche, comme l'auteur des *Frères Karamazov*, il considérait que Pinochet pouvait incarner un modèle de démocratie applicable à la Russie.

Conscient que Gratchev, en voulant me le présenter, pensait surtout à l'installation de notre université au sein de l'institution qu'il dirigeait à Moscou, je me gardai de lui parler d'oranges. Je mis simplement mon projet sur la table. Chacun donna son avis. Logounov parut intéressé. Mais il partait le lendemain pour un mois en Chine. Quant à moi, selon le conseil de Sakharov, je devais rapidement prendre contact avec les institutions françaises prêtes à garantir les diplômes. Il n'y avait aucun sens à m'attarder en Russie. J'appelai Clara.

Elle m'informa que, après la récente décision du roi Hussein de Jordanie de rompre tous les liens administratifs et judiciaires avec la Cisjordanie, annulant l'union des deux rives du Jourdain proclamée par son grand-père Abd Allah ibn Hussein en 1950 et laissant ainsi Palestiniens et Israéliens face à face, la situation au Proche-Orient s'était détériorée et ravivait les révoltes de la première Intifada.

— Tu devrais appeler Peres, me conseilla-t-elle. Si tu le fais de Moscou, surtout après avoir vu Gorbatchev, il sera impressionné.

Clara. Après la mort de mes parents, elle était mon unique famille. Le seul ancrage dans ce monde où je ne possédais rien. Les autres femmes furent pour moi ce miroir du fameux conte populaire auquel on s'adresse et qui vous rassure : « Miroir, miroir, dis-moi que je suis le meilleur. Dis-moi que je suis encore jeune. Encore séduisant... » Peut-on vivre sans aucun ancrage ? Je ne crois pas. Peut-on vivre sans miroir ? Je n'ai encore jamais essayé.

Peu de temps après, Andreï Gratchev m'annonça la venue à Paris de personnalités russes proches du président et me demanda de recevoir la délégation.

Clara me proposa d'organiser un dîner en leur honneur. Elle aimait la langue et la littérature russes.

Les invités de Gratchev étaient étonnants : gais, communicatifs, heureux d'avoir pu, enfin, sortir de l'Union soviétique et d'être reçus par un intellectuel à Paris. Il y avait parmi eux Iegor Iakovlev, directeur de la première revue post-communiste *Moskovskie Novosti, Les Nouvelles de Moscou,* ainsi que l'historien et politologue Alexandre Tsipko, le journaliste Len Karpinski, oreille attentive de Gorbatchev et petit-fils du premier président de l'Académie des sciences soviétique, Alexandre Karpinski, ami de Lénine. Enfin, Iouri Levada, fondateur de la sociologie en Union soviétique et du premier institut de sondage, le Centre panrusse d'étude de l'opinion publique VTsIOM, qui existe toujours sous une autre appellation. Il y avait encore trois personnes dont j'ai oublié les noms. Pour impressionner ces hommes venus du froid, je fis venir Hélène Carrère d'Encausse. N'avait-elle pas publié, en 1978, un livre prophétique : *L'Empire éclaté* ? Et Michèle Gendreau-Massaloux qui, en tant que recteur chancelier des universités de Paris, signerait, deux ans plus tard, nos accords avec l'université d'État de Moscou pour la création du Collège universitaire français. D'ailleurs, c'est elle qui proposa cette appellation que les Russes ne comprirent pas très bien (ils ne connaissaient pas le Collège de France). Il était, selon elle, difficile de prononcer « université française / université d'État de Moscou ». Le mot « collège » lui semblait plus coulant. Voilà comment se fait l'histoire. Bref, à l'époque, et c'est ce qui importait aux yeux de nos invités, elle était porte-parole de la présidence de la République. J'invitai aussi notre Premier ministre, celui qui continuait à m'appeler

« le voyou », sans que je sache pourquoi : Michel Rocard. Il me promit de nous rejoindre pour le café.

Nous ne servîmes pas de vodka, mais du champagne. Nos amis russes vidèrent sept bouteilles qu'ils trouvèrent fort bonnes. Pendant le dîner, Gratchev nous confia comment s'était déroulé le premier face-à-face Gorbatchev-Mitterrand et m'apporta, comme un cadeau, la copie des accords qu'ils avaient signés et qui avaient été publiés dans le *Journal officiel* d'Union soviétique. La création d'une université française à Moscou y figurait et, chose unique selon lui, mon nom était mentionné en tant que futur président de cette première institution universitaire française dans ce pays alors fermé à l'Occident.

Quant à Iegor Iakovlev, il nous apporta un coffret d'une douzaine de tasses à café en porcelaine fine, qu'il venait de commander et sur lesquelles était imprimé le logo des *Nouvelles de Moscou*, au-dessus d'un dessin de Malevitch. Clara adorait ces tasses qu'elle sortit ensuite à toutes les occasions.

Lorsque Rocard arriva, nous étions tous déjà bien gais et chantions en russe, *Otchi tchornye*, « Les yeux noirs ».

— Alors, voyou, fit-il, tu les as saoulés ? Maintenant ils ne pourront plus rentrer à Moscou !

— Mais l'Union soviétique a changé, monsieur le Premier ministre, rétorqua Gratchev.

— Alors, buvons à ce changement, répondit Rocard en prenant place aux côtés d'Hélène Carrère d'Encausse.

Ce soir-là, quelqu'un eut l'idée, peut-être Rocard lui-même, d'envoyer une délégation d'intellectuels français en Union soviétique.

— Là-bas, ils se saouleront à la vodka et ne remarqueront pas de changement.

Iegor Iakovlev promit de prendre en charge le voyage et de fournir du vin français. Ou géorgien.

En effet, faire venir officiellement à Moscou les amis qui, pendant des années, avaient été à nos côtés lors de nos manifestations de solidarité avec les dissidents, avec Sakharov, avec les juifs d'URSS et qu'on avait, comme Bernard et moi, insultés dans les gazettes soviétiques, était une idée percutante. Dès le lendemain, je demandai à Éric Ghebali, fidèle et enthousiaste, de composer la liste et de la transmettre à l'ambassade soviétique pour l'obtention des visas.

Je viens de l'avoir au téléphone. Il se trouve à la montagne, en vacances d'hiver avec sa fille. Il me donne les noms des participants à ce fameux voyage : Bernard-Henri Lévy, Luc Ferry, Pascal Bruckner, Blandine Kriegel et Guy Konopnicki. Plus, bien sûr, lui et moi. Ce fut une riche visite dont mes amis se souviennent encore.

Nous arrivâmes à Moscou le 17 décembre 1989. Trois jours après la mort d'Andreï Sakharov. J'avais du chagrin. J'aurais tellement aimé qu'ils se rencontrent ! Ils s'étaient démenés si longtemps pour sa libération. Mais cela valait la peine car des hommes comme lui, en Union soviétique, en Pologne, en Tchécoslovaquie avaient bousculé le monde. N'était-ce pas grâce à eux que, un mois plus tôt, le 11 novembre 1989, le mur de Berlin était tombé ? C'était hier. Ce mur que j'avais, quatre ans auparavant, qualifié, à tort, d'inamovible dans un long reportage paru dans *Le Monde*, « Un État de l'après-guerre », fut dégagé par la poussée d'hommes et de femmes à la recherche de nouveaux espoirs. Mon ami Mstislav Rostropovitch m'avait appris la nouvelle au téléphone :

— *Gdie ty ?* Où es-tu ?

— À Paris.

— Que fais-tu à Paris ? C'est à Berlin que cela se passe ! Derrière moi, le mur tombe... *Ponimaiech ?* Tu comprends ? Le mur...

Muraille de Chine, murs de la paix à Belfast, ligne verte à Chypre, mur des sables dans le Sahara, pour une fois que les hommes, ensemble, détruisaient une barrière qui les séparait plutôt que d'en dresser une autre, j'y allai. Là, devant ce qu'il restait du mur de Berlin qui s'écroulait, Slava, impassible, assis sur une chaise, jouait du Bach. Une image inoubliable. Autour de lui, une foule admirative. Des photographes aussi. Et des caméras de télévision. À chaque coup de marteau, à chaque son sorti du violoncelle, des cris, des applaudissements retentissaient. Des deux côtés de l'Allemagne brusquement réunifiée.

Bousculé, poussé, je me retrouvai tout près de Slava, face au mur. Ce mur bientôt réduit en cailloux que l'on allait vendre comme des reliques ou des œuvres d'art. Sur un pan de cette clôture encore debout, j'aperçus soudain un tag ; en grandes lettres noires cerclées de blanc, il annonçait : « Nietzsche est mort ». Signé : « Dieu ».

Lorsque Slava cessa de jouer, je lui montrai le tag. Nous contemplâmes un long moment, et la foule avec nous, ce message prophétique qui nous prédisait, dans un monde soudainement uniformisé, la fin des espoirs laïcs de nos ancêtres ainsi que le remplacement des idéologies par les religions. Le monde changeait. Devant l'absence d'alternatives politiques, certains théoriciens, Francis Fukuyama en tête, proclamèrent même la « fin de l'histoire ». Je n'y croyais guère. Toute histoire a un avant et un après. En revanche, je compris, à ce moment précis, que c'était dorénavant au nom de Dieu que les hommes allaient s'affronter.

Quand notre délégation arriva à Moscou, en décembre, toutes les églises, à l'abandon depuis des dizaines d'années, étaient en train d'être rénovées. Une quête nationale avait été lancée pour la reconstruction de la cathédrale du Christ-Sauveur, édifiée entre 1839 et 1883 à la mémoire des victimes de la guerre de 1812, dynamitée par Staline en 1931 avant de devenir, en 1958, la plus grande piscine de l'époque. La résurrection de cette cathédrale, qui dominait jadis la Moskova, la rivière qui traverse la ville, deviendra par la suite le symbole même du retour de l'Église orthodoxe en Russie.

Il neigeait légèrement. Les passants portaient des *choubas* (des fourrures), des cache-cols et d'énormes chapkas. On nous installa à l'hôtel d'Octobre, l'hôtel du parti. Non loin de l'ambassade de France. Deux gardiens, brassards rouges épinglés au manteau, filtraient les visiteurs. Les chambres étaient confortables, les tapis usés mais propres.

Iegor Iakovlev avait organisé un véritable colloque. La salle était remplie de journalistes des *Nouvelles de Moscou* mais aussi d'écrivains, comme Erofeev et Oulitskaïa, de professeurs d'université, tous désireux de voir de près à quoi ressemblaient ces si réputés « intellectuels français ». Le sujet du colloque ? Je ne m'en souviens pas très bien. « L'intellectuel face à la perestroïka », je crois. Vitali Tretiakov, rédacteur en chef adjoint, officiait. Il parlait français. Seule Blandine Kriegel prit les débats au sérieux. Les autres n'avaient qu'une seule envie : visiter Moscou.

Andreï Gratchev, adorable, nous fit faire le tour du Kremlin. Gorbatchev était en déplacement. Devant l'entrée de la place Rouge, du côté du manège, une vingtaine de limousines alignées attendaient, pensions-nous, le touriste. Nous fûmes surpris de voir les coffres s'ouvrir automatiquement à notre approche. Ils débordaient de boîtes de caviar, russe et iranien, sevruga, osciètre, béluga, caviar pressé, œufs de saumon, tout y était. Des chapkas, aussi, en agneau, astrakan, lapin, mouton, loutre, renard même, vison et, summum du luxe, zibeline. Les vendeurs, pour la plupart tchétchènes, comme les chauffeurs de taxis improvisés, ne prenaient que les dollars. Nous dûmes chercher une banque pour changer nos francs. À la fin de la journée, chacun de nous se retrouva loti d'un sac en plastique bien garni. Le temps de déposer nos achats à l'hôtel, nous devions à nouveau sortir : l'ambassadeur de France à Moscou, Jean-Marie Mérillon, organisait pour nous un dîner. Quelques Russes, quelques Français – des hommes d'affaires intéressés par les échanges franco-russes – et quelques chercheurs parlant notre langue. Parmi les invités, une jeune fille, plutôt jolie, qui ne se séparait pas de sa belle chapka – il faut avouer qu'elle lui allait plutôt bien. Elle s'appelait Liouba Stoupakova. Elle sera l'une des premières étudiantes du Collège universitaire français de Moscou et obtiendra une bourse pour terminer sa formation à Paris. Mais c'est la mode qui l'intéressait. Elle devint mannequin, épousa le fils de l'illustre marchand d'art multimillionnaire Daniel Wildenstein et fit, à la mort de son mari en 2008, un scandale retentissant lié à son héritage.

Quant à moi, ce voyage fut enfin l'occasion de visiter l'université Lomonossov où nous projetions d'installer notre Collège. On la voyait de loin : un gratte-ciel blanc imposant, en forme pyramidale, construit sur ordre de Staline au sommet de l'une des sept collines de la ville, la colline des Moineaux, anciennement appelée mont Lénine. Ce bâtiment monumental de 240 mètres de haut siégeait au cœur d'un immense campus composé de soixante bâtiments, quinze facultés et plus de mille laboratoires. Tout cet ensemble occupait, selon le vice-recteur d'alors, Victor Antonovich Sadovnichy, notre guide, une surface de trois cent soixante hectares. Le recteur Anatoli Logounov n'était pas encore rentré de son voyage en Chine.

Victor Antonovich est un mathématicien, membre de l'Académie des sciences de Russie. Un homme rondelet, au débit lent et amical. Il avait suivi notre projet d'installer un Collège universitaire français au sein de son université et s'en réjouissait. « Cette fois-ci, les Français ne viennent pas pour brûler la ville mais pour l'enflammer », plaisanta-t-il. Peu de temps après notre implantation à l'université d'État de Moscou, il sera nommé recteur à la place de

Logounov grâce à moi et me restera fidèle jusqu'à aujourd'hui.

Mais, jusque-là, eu égard à la hiérarchie, j'avais dû régler les détails de l'établissement de notre Collège à l'université d'État de Moscou avec Logounov lui-même. Je le vis à Moscou où je revins au début de l'année 1990 avec Clara.

Ce voyage, tant désiré par Clara, eut lieu juste après la nouvelle année russe. Il neigeait toujours, dirait Victor Hugo. Bien équipée, Clara portait la chapka en vison que j'avais achetée aux Tchétchènes de la place Rouge, et qui lui allait à merveille, une fourrure et des bottines dotées de semelles antidérapantes. Elle était heureuse comme une écolière, découvrant ce lieu dont lui avait tant parlé son professeur de littérature.

Dès notre arrivée à l'aéroport de Cheremetievo, elle me parla de la maison des Rostov, cette famille autour de laquelle s'articule le roman *Guerre et Paix* de Tolstoï. Je demandai au chauffeur de taxi, un vieux Russe à la tête d'oiseau couverte d'une énorme casquette, de passer par la rue Povarskaïa, la rue « des Cuisiniers », devant le palais Bode, où résida la famille princière Dolgorouki et dont Lev Tolstoï s'inspira pour décrire la demeure où se croisent Natacha Rostov, le prince Bolkonsky et Pierre Bézoukhov.

Nous arrivâmes à l'hôtel Metropol à la tombée du jour. La salle à manger était installée sous une verrière colorée de style Art déco, entourée de balcons où, dans le temps, on plaçait de petits orchestres et où, ce soir-là, une harpiste à lunettes jouait aux clients des airs d'Édith Piaf. Clara, comme il se doit, nageait en pleine littérature.

Micha Tsivine organisa chez lui, au huitième étage d'un immeuble qui surplombait la Moskova et dont il était très fier, un somptueux dîner en l'honneur de Clara. Convives captivants, comme le sont les Russes quand ils sont cultivés. Parmi eux, Gratchev, sa femme Aliona (de son vrai nom Alla), que Clara avait déjà vue à Paris, et plusieurs ministres.

Avec le temps, Micha Tsivine devint, pour tous mes amis français, cette antichambre de la Russie de nos rêves. À cette époque, la Russie était, pour les amateurs d'aventures, comparable au Texas de la ruée vers l'or. Les Collèges universitaires français, qui étaient sur le point de naître, allaient devenir deux haltes incontournables pour tous ceux qui mettaient leurs pas sur les traces de Michel Strogoff.

Peu après l'inauguration de notre Collège à Moscou, je fus contacté par Alain-Dominique Perrin, patron de Cartier. Il se proposait de financer une filière Gestion du luxe au sein de notre université. « Toute idée est bonne, lui dis-je, a priori. Elle est encore meilleure quand on la réalise. » Je lui proposai d'en parler avec nos étudiants et de récolter leurs réactions. Nous partîmes avec son avion. À l'aéroport de Pulkovo, où atterrissaient les jets privés, nous attendait un homme qui, à lui seul, mériterait un roman : Malik Youyou.

Malik Youyou était l'un de ces aventuriers partis à la conquête du nouveau marché russe de l'après-perestroïka. Son père, kabyle, ami de Ben Bella, devint consul général à Nancy où vivait une forte communauté algérienne. Sa mère était franco-russe. Jeune, il passa plus de temps à jouer au poker que sur les bancs de l'école. C'est lors d'une partie de cartes à Los Angeles qu'il croisa Alain-Dominique Perrin. Ils devinrent amis. Ce dernier lui suggéra de représenter Cartier en Russie. Malik accepta et réussit.

De l'aéroport, je les conduisis directement chez Tsivine où quelques entrepreneurs russes les attendaient. Le joaillier français était bien connu à Moscou. La table ployait sous le poids du caviar rouge et noir, des cornichons et des bouteilles de vodka. Tous deux en parlent encore aujourd'hui.

Le lendemain de notre dîner chez Tsivine avec Clara, nous déjeunâmes avec le recteur Logounov. Il nous invita, sans doute pour me faire plaisir, au restaurant Ouzbékistan. À Moscou, chaque république soviétique avait son restaurant. Tous les vice-recteurs de l'université d'État de Moscou étaient présents à ce déjeuner, y compris Victor Sadovnichy. Le *plov*, plat national ouzbek à base de riz sauté épicé, de légumes et de viande, était délicieux. Mais la nappe nous parut sale et la lumière tamisée ne nous permettait pas de nous en assurer. Logounov avait lu notre projet d'accord et n'avait rien à y ajouter. Concernant les amphithéâtres, il en prévoyait deux. Il fallait que je repasse à l'université pour les visiter. En revanche, tous les bureaux étaient occupés.

— Il y en a un qui pourrait convenir, remarqua Sadovnichy avec malice, l'ancien bureau du parti communiste... Mais il est sous scellés, par décision du ministère de l'Intérieur.

Il se proposa de me le faire visiter quand je serais entre leurs murs. Nous nous donnâmes rendez-vous le lendemain matin et nous promîmes de signer les accords avec le recteur de la Sorbonne, juste avant l'inauguration officielle du Collège.

Logounov, bien que réactionnaire, était efficace. Une dépêche résumant nos accords parut le jour même dans le bulletin de l'agence de presse officielle, Tass. Sa parution me valut deux coups de fil : l'un de l'ambassadeur Jean-Marie Mérillon, que j'avais oublié de prévenir de notre présence en ville et auprès duquel je m'excusai platement ; l'autre d'Oleg Borisovich Dobrodeev, rédacteur en chef de la radio-télévision d'État, qui me voulait pour le programme d'information *Vesti*, très populaire en Russie. Il parlait parfaitement le français. Il vint nous rencontrer à l'hôtel et nous prîmes le thé sous la verrière Art déco, toujours au son des chansons d'Édith Piaf.

Oleg Borisovich était un jeune homme délicieux. Chaleureux. Nous avons immédiatement sympathisé. Il nous expliqua le déroulement de l'émission : on nous verrait, Clara et moi, arriver à la télévision. Puis, la caméra me chaperonnerait du maquillage au plateau où deux journalistes me poseraient des questions. Une deuxième caméra filmerait Clara en train de me regarder à l'écran. Des millions de téléspectateurs ont, paraît-il, suivi l'émission. J'étais, du jour au lendemain, devenu une star. Quant à mon récit, ce qui frappa le plus les Russes fut l'histoire du bouquet que, enfant, j'avais remis à Staline. « Les hommes qui n'ont pas de légende, me dit un jour Borges, risquent de mourir de froid. »

Après l'émission, Oleg Dobrodeev nous invita à dîner. Il choisit la Maison centrale des littérateurs qui se trouvait, comme par hasard, à proximité de la « maison des Rostov ». Installée dans l'ancienne loge maçonnique, la Maison centrale des littérateurs était, à l'époque, le plus beau restaurant de Moscou. Tout en bois, avec de vieilles balustrades, une énorme cheminée à l'ancienne et un assortiment complet des symboles de la franc-maçonnerie. Un lieu qui aurait fait la joie de Mozart ! Nous y croisâmes l'écrivain Victor Erofeev qui dînait là avec une bande de journalistes.

Nous évoquâmes, comme il est d'usage pendant les repas, les projets des uns et des autres. Au café, j'eus une idée :

— Peux-tu, cher Oleg, m'envoyer demain matin une équipe de télévision à l'université Lomonossov ?

— Pour quoi faire ?

J'expliquai.

Le lendemain matin, deux cameramen m'attendaient devant l'entrée principale de la faculté, accompagnés de journalistes de l'agence Tass et de deux radios. Victor Antonovich Sadovnichy était au rendez-vous. Il nous fit visiter les amphithéâtres qui se trouvaient au rez-de-chaussée puis nous montâmes par l'un des six ascenseurs devant lesquels quelques dizaines d'étudiants faisaient la queue. Certains, je le remarquai à leur façon de me regarder, avaient dû me voir la veille à la télévision.

Le bureau du parti communiste dont Sadovnichy nous avait parlé se trouvait au neuvième étage. Nous le suivîmes le long d'interminables couloirs parsemés de portes à la hauteur imposante. Sur chacune d'elles, une plaque indiquait le nom et la fonction du locataire. Nous nous arrêtâmes devant celle où était inscrit « parti communiste », effectivement sous scellés. Nous les montrant du doigt, Sadovnichy haussa les épaules dans un geste d'impuissance. Les journalistes semblaient perplexes. De mon côté, j'avais tout prévu. Avec un tournevis emprunté à l'hôtel, je dévissai la pancarte du PC et la remplaçai par une autre que j'avais dessinée, sur un carton celle-ci : « Collège universitaire français de Moscou », en deux langues. Après quoi, j'arrachai les scellés.

Le bureau était modeste mais la vue grandiose. Par la fenêtre, on voyait tout Moscou, au-delà de la Moskova et jusqu'au Kremlin.

Le soir même, cette séquence qui marquait l'appropriation, par un écrivain français, d'un ancien bureau soviétique, passa au journal télévisé et fit sourire toute la Russie. Aussi ai-je pu prétendre, lors de mes rencontres en ville, que la véritable perestroïka avait commencé ce jour-là.

Dès notre retour à Paris, je pris rendez-vous avec des présidents d'université. Eux seuls, pensais-je, pouvaient me fournir les professeurs dont j'avais besoin. Mais, pour commencer, je suis allé voir Lionel Jospin, alors ministre de l'Éducation nationale. Nous avions fait connaissance lors de la manif que nous avions organisée après l'attentat de la rue Copernic et nous avions sympathisé depuis.

Son accueil fut plus qu'amical : simple, direct, fraternel. Il me posa des questions élémentaires qui pourtant me déstabilisèrent. Il voulait savoir, par exemple, quelles filières j'avais pensé introduire dans nos universités. Je n'en savais rien. Il me demanda dans quelle langue se feraient les cours, en français ou en russe, ce à quoi je n'avais pas pensé. Avais-je déjà les professeurs ? Non. Avais-je une équipe sur place ? Non plus. Quelle était la sanction universitaire prévue, en clair, quels diplômes recevraient nos étudiants une fois leurs études terminées ?

Je le regardai hébété, conscient soudain que Sakharov avait tort de penser que connaître l'orange suffisait à créer une université. En sortant du bureau de Lionel Jospin, rue de Grenelle, j'étais accablé.

Heureusement, Michèle Gendreau-Massaloux qui, entre-temps, était devenue recteur des universités, me redonna un peu de courage.

— Vous m'avez l'air complètement perdu, fit-elle, en me faisant entrer dans son bureau de la Sorbonne, rue des Écoles.

Je lui rendis compte de mon entrevue avec le ministre.

— Mais, Marek, dit-elle, à chacun son métier. Vous avez eu l'idée, vous la porterez. Quant à moi, je vous trouverai une équipe qui préparera des réponses aux questions de Lionel Jospin. Je vous ai vu parler aux Russes, ils buvaient vos paroles. Ils vous font confiance. Mais, avant que mon équipe ne se mette au travail et qu'elle prenne contact avec vos amis russes, que voulez-vous faire, vous ?

— Faire venir à Moscou nos meilleurs philosophes, sociologues, historiens, ouvrir les portes de la culture occidentale aux jeunes soviétiques confinés depuis soixante-treize ans derrière le mur idéologique qui les entoure.

Michèle applaudit.

— Voilà qui est dit. Et vous pensiez à qui ?

Encore une question à laquelle je n'étais pas préparé.

— Derrida, dis-je à tout hasard.

— Acceptera-t-il ?

— Je lui parlerai.

Je connaissais Jacques Derrida depuis la guerre des Six Jours. Il avait adhéré à notre Comité. Mais je ne l'avais pas revu depuis. Il me donna rendez-vous le surlendemain au bar de l'hôtel Lutetia. Derrida était bel homme et il le savait. Ses cheveux blancs et ses sourcils noirs lui allaient bien. Peut-être était-il trop petit pour sa tête... ce qui le rendait plus impressionnant assis que debout. Le conflit israélo-palestinien le préoccupait, bien sûr, mais c'est surtout le retour de l'antisémitisme en France qui le tourmentait. Mon invitation à venir donner la conférence inaugurale de la première université occidentale de Russie post-soviétique à Moscou était, me dit-il, « un honneur ». Il voulut connaître le nom des personnalités que je pensais inviter après lui. Je répondis au hasard : Paul Ricœur, Michel Foucault, Jacques Le Goff, Marc Ferro, Jean Tulard, Edgar Morin... C'étaient des hommes à son niveau, il en fut satisfait.

Il y a des moments où l'on a l'impression que l'histoire s'accélère. J'eus juste le temps de contacter quelques conférenciers potentiels quand un événement imprévu s'abattit, comme une vague d'océan sur une plage : Carpentras.

Dans la nuit du 8 au 9 mai 1990, des inconnus avaient, dans le plus ancien cimetière juif de France, profané trente-quatre sépultures et déterré le cadavre d'un certain Félix Germon, mort quinze jours plus tôt. Posant son corps nu face contre terre, ils simulèrent un empalement. Cette profanation aurait pu se résumer à un fait divers sordide ; mais elle tomba au moment où la mauvaise conscience qui gouvernait les rapports entre juifs et non-juifs depuis la Shoah commençait à s'estomper, notamment chez les générations nées après-guerre. La profanation du cimetière de Carpentras, ville où la communauté juive avait été, pendant des siècles, protégée par les papes, marqua la levée d'un tabou, la fin de la retenue que l'Occident s'était imposée à l'égard des juifs depuis 1945.

Le premier à comprendre l'importance symbolique de cet acte fut Laurent Fabius, alors président de l'Assemblée nationale. Je l'avais entendu à la télévision et l'appelai aussitôt. Il se dit touché par mon appel et me suggéra d'organiser une marche à Paris. Or, comme toujours, les idées viennent en parlant.

— Ce n'est pas à nous d'organiser cette marche, lui dis-je, mais à l'Église.

Le pape Jean-Paul II ne venait-il pas d'obtenir, de l'épiscopat polonais, la lecture dans toutes les églises d'une lettre pastorale d'amitié envers les juifs ?

Oui, il fallait briser ce cercle vicieux qui consistait à mobiliser les juifs chaque fois qu'ils étaient agressés. Quant aux non-juifs, on s'adressait à eux pour signer des pétitions. J'appelai Jean-Marie Lustiger, cardinal de Paris.

— As-tu parlé avec Albert Decourtray ? me demanda-t-il. C'est lui le primat de l'Église de France.

Il avait raison. Tout cardinal qu'il était, pour la majorité des Français, Jean-Marie Lustiger restait juif. Le cardinal Albert Decourtray, contacté au téléphone, me promit de faire descendre tout le clergé dans la rue. La communauté juive se mobilisa, naturellement, et moi, je lançai, dans *Le Journal du Dimanche* du 13 mai 1990, un appel « à toutes les organisations, à tous les partis politiques, aux représentants de toutes les confessions, aux personnalités du monde artistique et culturel, bref, à tous les démocrates, pour qu'ils se joignent à la communauté juive le lundi 14 mai à 18 h 30, place de la République, pour manifester au monde qui nous regarde que, face à la souillure morale et au crime, la France est et restera unie ».

Le 14 mai, à 19 heures, avec une demi-heure de retard, une foule imposante se mit en marche à partir de la place de la République. Étaient-ils 500 000 ou 1 million ceux qui étaient descendus dans la rue à notre appel ? Les estimations divergent. Ils étaient innombrables.

J'étais heureux, mais inquiet. J'avais le sentiment que cette manifestation de solidarité avec les juifs était peut-être la dernière de cette ampleur. Et je n'avais pas tort. Il y en eut certes d'autres par la suite, comme il y eut d'autres actes antisémites, mais jamais plus le peuple français n'a soutenu, d'une manière aussi forte et fraternelle, les juifs de France. Comme si notre capacité d'empathie avec tel ou tel individu, ou groupe d'individus, avait une action limitée.

Ce jour-là, fait inouï, l'Église se trouvait à la tête du cortège. Jean-Marie Lustiger cacha mal son émotion : « C'est comme lors du premier concile, celui du Jérusalem, quand tous parlaient l'hébreu. »

À cet événement exceptionnel, s'en ajouta un autre : François Mitterrand, informé de la magnitude du rassemblement, vint à notre rencontre. Il m'avoua un jour qu'il aurait aimé faire du théâtre. Il avait en effet le sens de la mise en scène !

Quand le haut du cortège atteignit le métro Chemin-Vert, boulevard Beaumarchais, à une centaine de mètres de la place de la Bastille, la marée humaine occupait encore la place de la République. Alors, à l'improviste, et à la surprise des journalistes et des multiples chaînes de télévision qui couvraient l'événement, une autre masse d'hommes et de femmes surgit, le président Mitterrand en tête. Nous eûmes juste le temps de nous serrer la main lorsque les deux cortèges fusionnèrent. C'était beau. Mais était-ce suffisant ? Suffisant pour arrêter la haine ?

Je regarde dans le dictionnaire le mot « haine » et je trouve des synonymes qui en disent long sur ceux qui la porte : acrimonie, aversion, détestation, hostilité, fanatisme, fiel, fureur, intolérance, jalousie, rancœur, répugnance, répulsion, malveillance, venin, racisme, xénophobie, acharnement, aigreur, dégoût, persécution...

Puis, aussitôt après, un autre mot vient sous ma plume : « dénoncer ». Comme ceux qui dénoncèrent Anne Frank ou les enfants d'Izieu. Le dictionnaire nous donne là encore bien des synonymes. Au choix : désigner, indiquer, livrer, trahir, balancer, cafarder, cafeter, brûler, griller, cracher, donner, fourguer, moucharder, vendre...

Il paraît que Sanson, c'était le nom du bourreau qui actionnait la guillotine pendant la Révolution, éprouvait un certain plaisir. Tout comme les tricoteuses, ces femmes du peuple qui passaient la nuit à enfiler leurs mailles pour être aux premières loges, quand, au petit matin, les têtes des hommes, hier encore célèbres, se détachaient des corps. À présent, la guillotine a changé de forme et les tricoteuses ont troqué leurs aiguilles contre des smartphones.

Qu'éprouvèrent-ils, ces individus qui déterrèrent le cadavre de Félix Germon dans le cimetière de Carpentras ? Que cherchaient-ils ? Des dents en or ? À savoir à quoi ressemblait un juif ?

Un jour à Kokand, là-bas au pied des monts Pamir, je fus encerclé par une bande de voyous rivale de la mienne, celle de Kalvak.

— Alors, p'tit juif, maintenant que tu es tout seul, tu es moins fier, hein ! Quelles histoires vas-tu encore nous inventer ?

Que faire ? Devais-je me battre à un contre vingt ?

— P'tit juif ? répondis-je. Avez-vous déjà vu un juif avant ?

Et, à leur grande surprise, je baissai mon froc.

— Regardez mon zizi ! Même circoncis, il est exactement comme les vôtres.

Stupéfaction. Mon petit sexe fit l'effet d'un « orgue de Staline » pendant la bataille de Stalingrad. La bande se débanda.

Je n'avais donc malheureusement pas tort quand, le jour de la manifestation de solidarité avec les juifs qui suivit la profanation du cimetière de Carpentras, devant mon ami Kouchner, je dis aux cardinaux Decourtray et Lustiger que cette mobilisation serait la dernière de cette ampleur. D'ailleurs elle succédait à l'affaire dite du carmel d'Auschwitz, symboliquement aussi forte que celle de Carpentras. Mais il n'y eut point de manifestation.

En quelques mots : des carmélites polonaises avaient eu la « bonne » idée de s'installer à l'intérieur du camp d'extermination d'Auschwitz afin de « vivre en acte de prière et d'offrande pour satisfaire à Dieu pour les crimes [nazis] ». Ne cherchaient-elles pas plutôt à « christianiser la Shoah » ? En 1984, sans en informer la communauté juive ni l'Unesco – autorité en charge de la mémoire de ce lieu –, la mairie d'Oswiecim avait remis aux sœurs bâtiment et terrain « en usufruit perpétuel ». Quatre ans plus tard, malgré de nombreuses controverses, elles plantèrent, à proximité du Block 11, une croix catholique de sept mètres de haut. Voulaient-elles ainsi montrer au monde que la plupart de ces juifs morts à Auschwitz étaient polonais ? Oubliant, de ce fait, qu'ils avaient été exterminés parce que juifs.

On peut imaginer l'émotion provoquée par l'implantation de cette croix monumentale, non loin de la devise « *Arbeit macht frei* » qui orne le fronton du camp d'Auschwitz, et son impact au sein des communautés juives à travers le monde. Dans cette affaire, ceux qui se proclamaient amis des juifs avaient paru mal à l'aise. Quelques-uns avaient certes essayé d'argumenter avec les carmélites et de négocier avec l'Église polonaise l'enlèvement de la croix, mais rien n'y fit.

Je fus bouleversé comme tout le monde. Peut-être un peu plus : la conduite des Polonais, parmi lesquels je suis né et dont deux m'avaient sauvé la vie, représentait une sorte d'effraction à ma mémoire. Une effraction d'une violence inouïe. J'envoyai un mot au pape, le prévenant que je ne pourrais me taire et que je m'apprêtais à exprimer mon émotion publiquement. La réponse vint de son secrétaire Stanislaw Dziwisz et se résumait en deux mots : « Faites-le ! » Mon papier parut dans *Le Figaro* le 30 octobre sous le titre « Réflexions sur Auschwitz ». Malgré ce titre plutôt pacifique, l'article provoqua un tollé dans le monde et fut même repris par *L'Osservatore romano* : « L'histoire des Églises de l'Est, écrivais-je, au moins depuis la dernière guerre, n'est pas celle de l'Église de l'Occident. (...) Elles n'ont connu ni le travail de réflexion qui a pris place ici, au lendemain du nazisme, ni Vatican II, ni Jean XXIII. Ce sont des Églises archaïques, xénophobes, souvent racistes et antisémites. »

Cet article, qui fut repris par tous les médias, suscita, en Pologne, une avalanche de réactions. Certaines carrément antisémites. Je reçus des centaines de lettres. Étonnamment, ce ne furent pas les carmélites polonaises qui me poursuivirent en justice mais une association française proche du Front national, l'AGRIF, l'Alliance générale contre le racisme et pour le respect de l'identité française et chrétienne. Les avocats de cette association jugèrent mes propos diffamatoires à l'égard de l'Église catholique dans son ensemble. Ce procès, qui s'ajoutait aux images de la croix de discorde du camp d'Auschwitz, alluma les médias.

Le jour où je dus me présenter devant le tribunal correctionnel de Paris, des dizaines de caméras et de photographes m'attendaient. Je n'étais pas venu seul : j'avais à mes côtés plusieurs témoins, parmi lesquels l'abbé Pierre, mon vieux complice, le père Jean-Michel Di Falco, porte-parole de l'Église de France, ainsi que Noël Copin et Jean-Claude Petit, directeurs des journaux catholiques *La Croix* et *La Vie*.

Le pape Jean-Paul II, de son côté, avait bien travaillé. Quand je me présentai devant le juge, celui-ci avait déjà entre ses mains une déclaration de l'archevêché polonais par laquelle l'Église polonaise déniait à l'AGRIF tout droit de la représenter. L'Église polonaise, précisait le texte, comprenait l'émotion d'un écrivain français d'origine juive, né à Varsovie peu avant la Seconde Guerre mondiale.

Le jugement de la cour, qui me dégageait de toute sorte d'agression contre la chrétienté, fut annoncé solennellement le 13 juillet 1990. Soulagé, le cardinal Jean-Marie Lustiger me félicita au téléphone.

Cette affaire renforça mes liens avec l'abbé Pierre. Nous nous voyions plutôt régulièrement à cette époque. Drôle de personnage. Attachant. Si prompt à critiquer ce livre qu'il appelait l'Ancien Testament, il avait toutefois compris, mieux que la plupart des rabbins, le comportement, le langage et les revendications de ces prophètes juifs, Isaïe, Jérémie, Ézéchiel (pour ne citer que les grands), dont l'histoire formait le livre central de la Bible.

Cet homme, né à Lyon en 1912, fut l'un des premiers à comprendre que les méthodes de communication des prophètes d'Israël n'étaient pas si éloignées de celles des conseillers médias de nos politiques. L'abbé Pierre commença par se fabriquer une image. Faire de lui un personnage singulier, reconnaissable : une légende. Isaïe, dont Jésus cita si souvent les paroles, passait pour un illuminé. Reconnaissable, cependant. Vêtu d'un habit écarlate, il courait dans les rues de Jérusalem en poussant des cris. Lorsque, autour de lui, s'ameuta une foule attirée par sa conduite bizarre, il rappela le peuple à l'ordre.

Qui, en France, ne connaît pas l'homme à la pèlerine et au béret noirs, avec une canne à la main ? Qui ne se souvient pas, même s'il ne l'a pas entendu lui-même, de son cri, l'hiver 1954, sur les ondes de RTL : « Mes amis, au secours ! » Avec la vigueur d'Isaïe en son temps, l'abbé Pierre avait crié pour sauver ceux qui mouraient de froid dans la rue.

Craignant que sa critique de la Bible (ou de l'Ancien Testament, précisément) n'apparaisse à mes yeux comme l'expression d'un antisémitisme latent, il me confia un jour comment, pendant la guerre, il avait participé au sauvetage des juifs. Et, en passant, peut-être voulait-il nourrir notre complicité, il avoua même avoir eu une relation avec une femme. « Le péché de la chair », dit-il.

Le rapport complexe qu'il entretenait avec les juifs souleva une polémique quand, quelques années plus tard, en 1996, il apporta son soutien à Roger Garaudy, philosophe communiste converti à l'islam, celui qui, ainsi que je le relate dans les premières pages de mon livre, traita avec mépris le chef du parti communiste israélien dans ce café parisien où nous nous étions retrouvés. Garaudy venait de publier un pamphlet franchement négationniste. L'abbé et moi eûmes alors une longue explication à ce propos. Mais ceci est une autre histoire.

Début 1991, je fis un nouveau voyage à Moscou, en compagnie de François Mitterrand cette fois.

Ce voyage avait démarré d'une curieuse manière. Je fus prévenu la veille par Anne Lauvergeon, nommée depuis peu secrétaire adjointe de l'Élysée :

— Le président souhaite vous compter à ses côtés pour ce voyage. Pouvez-vous passer à l'Élysée en fin de journée ?

Anne Lauvergeon m'accueillit, souriante. Belle, énergique, elle m'annonça d'emblée :

— Il est prévu que je vienne également. Ce sera mon premier voyage en Russie.

Puis elle me devança jusqu'au bureau du président. Nous attendîmes quelques minutes. Il signait des documents. Il leva enfin la tête, nous aperçut et vint me saluer.

— Où en est votre université à Moscou ? Nous en avons parlé, comme vous le savez, avec le président Gorbatchev.

Son débit était rapide, expéditif, comme s'il voulait me faire comprendre que notre rencontre allait être brève. Je lui rendis compte de mes avancées en quelques mots, précisant que nous avions pensé signer une convention au mois de mai et inaugurer le Collège de Moscou au mois de septembre.

— Cela tombe bien, fit-il, toujours de la même voix pressée. Vous pourrez profiter de ce voyage pour revoir la convention.

Et, après un court silence, comme s'il cherchait à se rappeler quelque chose :

— C'est un beau projet. Avez-vous pensé à quelqu'un en particulier pour la conférence inaugurale ?

— Jacques Derrida.

— Vous visez haut !

Puis, se rasseyant et nous laissant Anne et moi debout :

— Vous savez que vous faites partie de ma délégation ? Je vous propose cependant de prendre l'avion appareillé par Elf Aquitaine. Il est prévu qu'il suive le mien. Le président Loïk Le Floch-Prigent doit signer, lors de notre voyage, d'importants contrats et j'aimerais que vous le conseilliez. Vous m'avez dit un jour, il me semble, que connaître son interlocuteur, ses traditions, ses goûts était, et particulièrement en Russie, essentiel à toute négociation. J'ai vu, lors de ma conversation avec Gorbatchev, que les Russes vous apprécient.

Il se releva. Notre audience prenait fin.

— Loïk vous téléphonera et passera vous prendre. Quant à nous, nous nous retrouverons à Moscou.

Et, nous raccompagnant à la porte de son bureau :

— Vous aurez quatre heures de vol pour bavarder.

Enfin, à demi-mot :

— Loïk pourra vous aider dans vos projets universitaires en Russie.

Loïk Le Floch-Prigent m'appela en effet le jour-même. Il m'envoya une voiture le lendemain matin pour me déposer à l'aéroport.

Je ne sais si mes explications à propos de la Russie et des Russes l'ont beaucoup aidé. En revanche, mes relations dans ce pays, oui, je crois.

Sa connaissance du monde pétrolier m'impressionna. Pendant plus d'une heure, dans cet avion privé confortable où nous étions seuls ou presque – une secrétaire discrète était assise au fond de l'appareil –, il m'offrit un aperçu de la diplomatie mondiale indexée sur les flux du pétrole. Il fit même projeter sur un écran la carte du monde sur laquelle il dessina, comme l'on tracerait la route de la soie, les routes du pétrole ainsi que les centres de raffineries, les pipe-lines et les sites portuaires d'où les tankers prenaient la mer.

Nous retrouvâmes le président de la République à l'ambassade de France vers 17 heures. Le cortège, composé d'une dizaine de limousines et d'autant de voitures de police, nous attendait. Il se mit en branle dès que nous arrivâmes. Nous ne prîmes pas la route du Kremlin. Mikhaïl Gorbatchev tenait à recevoir son homologue français dans la datcha gouvernementale de Novo-Ogaryovo, à trente kilomètres à l'ouest de Moscou.

François Mitterrand était pressé. Il voulait rentrer le soir même à Paris. Nous roulâmes à deux cents kilomètres-heure et, ce qui était une première pour nous tous, nous vîmes les voitures de police qui nous précédaient, équipées de haut-parleur, ordonner aux automobilistes de dégager la voie. Toutes les rues adjacentes avaient été fermées au trafic. Anne Lauvergeon, qui se trouvait comme moi dans la voiture de l'ambassade, était aux anges. Loïk était dans un minibus avec d'autres hommes d'affaires français qui accompagnaient le président. Dans notre véhicule, il y avait un jeune diplomate fort sympathique, conseiller culturel à l'ambassade : Philippe Étienne. Au dernier moment, Lionel Jospin nous rejoignit. Il souhaitait être dans ma voiture.

J'aime beaucoup Lionel Jospin. Un homme droit qui, comme tel, apparaissait souvent un peu gauche. Intelligent, fidèle, efficace. C'est lui qui m'avait introduit auprès des différents présidents d'université que je tenais à embarquer dans notre aventure russe. Il vint à plusieurs reprises à la maison. Clara l'appréciait beaucoup. Je n'oublierai jamais ce geste (unique dans les annales de la République) qu'il aura, plus tard, en sa qualité de Premier ministre.

C'était en 1998. Nous avions projeté, Clara et moi, d'organiser une fête pour célébrer Roch Hachana, la nouvelle année juive. Lorsque nous en avons parlé à Lionel, il me proposa spontanément que cet événement ait lieu à l'hôtel Matignon : « Comme ça, il n'y aura pas de malentendu. La réalité rejoindra ta théorie. » C'est ainsi que mes amis reçurent une invitation dont j'ai encore un exemplaire sous les yeux : « Clara et Marek Halter, ainsi que Sylviane Agacinski et Lionel Jospin, vous invitent à dîner à l'occasion de la nouvelle année juive, à l'hôtel Matignon, rue de Varenne. »

La datcha de Novo-Ogaryovo était imposante. Quand nous arrivâmes, les deux présidents accueillirent les invités, un verre de vodka à la main. De grosses voitures noires occupaient la vaste place qui séparait le bâtiment principal, reconstruit dans la première moitié des années 1950, et une forêt de bouleaux. Après quelques mots de bienvenue, Mikhaïl Gorbatchev et François Mitterrand s'enfermèrent pour un tête-à-tête d'une heure. Parmi les invités, je retrouvai Boris Eltsine, que j'avais croisé à Paris le 9 mars de cette année 1990, à l'occasion de la présentation de son livre *Jusqu'au bout*. Nous avions, ce jour-là, pris un thé en compagnie de l'historien communiste Jean Elleinstein au café du Grand Hôtel de la rue Scribe, à côté de la place de l'Opéra. Il nous confessa s'être senti humilié par le refus du président français de le recevoir.

— Parce que vous n'êtes pas au pouvoir, dis-je.

— Mais je le serai ! répondit-il du tac au tac.

Il ne se trompait pas. Après le putsch avorté contre Gorbatchev, les premières élections au suffrage universel le portèrent au pouvoir.

Deux ans plus tard, lors de sa visite officielle en France, Boris Eltsine aurait, paraît-il, exigé une réception au palais de Versailles, à l'image de celle organisée en son temps pour Pierre le Grand. J'étais présent. Quand le président russe me remarqua, il courut vers moi :

— Je l'avais prédit !

Et, à la russe, nous nous claquâmes la paume de la main. Surpris, François Mitterrand s'approcha et me demanda à quoi nous jouions. Je lui résumai notre histoire. Je vis alors le président français lever vers Eltsine un regard plein d'intérêt. Il semblait avoir compris, soudain, qu'il avait face à lui, non seulement un amateur de vodka, mais un homme de caractère. Rusé.

Mais revenons à la datcha de Gorbatchev. Grâce à Loïk Le Floch-Prigent, qui devait assister à plusieurs réunions d'affaires le lendemain, je pus rester un jour de plus à Moscou. Je profitai de ce temps pour rencontrer un vieil ami francophone, Mikhaïl Chvidkoï, qui deviendrait par la suite ministre de la Culture, revoir le recteur Logounov ainsi que mon ami Oleg Dobrodeev. Le recteur me remit le texte d'accord qu'il avait annoté dans la version russe et se proposa de le signer lors d'une séance solennelle au mois de septembre, le jour de l'inauguration du Collège. Au risque de nous faire sourire, les Russes ont un penchant pour les solennités. L'idée me parut excellente. La cérémonie à venir allait nous permettre non seulement d'obtenir des lettres de soutien des deux présidents mais de faire venir les médias russes et français, ce qui, dès les premiers jours, attirerait une foule d'étudiants.

Je promis à Logounov de remettre ses remarques au recteur de la Sorbonne Michèle Gendreau-Massaloux qui suivait avec attention les préparatifs du lancement de cette première université française en Russie. Oleg Dobrodeev, quant à lui, fidèle et prévenant, me fournit une équipe de la télévision russe pour couvrir l'événement. Et Philippe Étienne, ce jeune diplomate avec qui j'étais devenu ami, accrédita les journalistes français en poste à Moscou. Il appela d'ailleurs sur-le-champ Ulysse Gosset, le correspondant de TF1 qui, intéressé, nous annonça un reportage au journal télévisé. Ce qui, a posteriori, me pourrit la vie pendant plusieurs mois. Ce n'était pas sa faute. Mais cette séquence mérite une page spéciale dans ces Mémoires.

Loïk Le Floch-Prigent était satisfait de ses rencontres. Selon lui, les personnes que je lui avais recommandées l'avaient bien aidé. Il m'interrogea sur l'avancement de notre université. Je lui répondis que les autorités universitaires soviétiques prévoyaient l'ouverture de ses portes au mois de septembre, que son budget était garanti par les ministères français des Affaires étrangères et de l'Enseignement supérieur. Cependant, je souhaitais organiser une fête, ainsi que les Russes les affectionnent, le soir de l'inauguration officielle et, pour cela, je n'avais pas encore de financements. Il me proposa spontanément de prendre en charge notre réception.

— Vous le méritez, dit-il.

Quelques jours plus tard, sa secrétaire m'appela. Il me conviait à un déjeuner dans la tour Elf à La Défense. C'était la première fois que je pénétrais dans le bureau d'un grand patron. Jusque-là, j'avais eu le privilège des bureaux des hommes politiques. Celui de Loïk Le Floch-Prigent était vaste, très vaste et très clair. D'immenses baies vitrées donnaient sur Paris, offrant un panorama spectaculaire. Quelques années auparavant, lors du grand concert de SOS Racisme, j'avais pu admirer les Champs-Élysées depuis le jardin des Tuileries. Cette fois, je les voyais de l'angle opposé. Du côté « descendant », si l'on en croit Sacha Guitry.

Le président d'Elf était de bonne humeur. Sa barbichette blanche était soigneusement taillée et son œil bleu éveillé. Nous parlâmes de François Mitterrand, qu'il admirait, et de la Russie, qu'il aurait aimé mieux connaître. Il venait, me dit-il, d'acheter un domaine, à crédit, sur lequel il avait décidé de faire paître des moutons. Sa femme aimait bien. Il me dit n'avoir pas oublié sa promesse et me demanda de lui faire parvenir le RIB du compte de l'Association des amis du Collège universitaire français de Moscou.

Au cours du repas, je remarquai qu'il se frottait souvent les poignets. Il suivit mon regard et m'expliqua très simplement qu'il avait une maladie de peau. Ni dangereuse ni transmissible, mais désagréable. Puis, à la fin du repas que nous prîmes dans son bureau, la ville à nos pieds, il m'annonça qu'il allait proposer au conseil d'administration d'Elf un partenariat avec le Collège.

— Elf, comme toutes les grandes entreprises, parraine un certain nombre d'associations et d'événements culturels. Pourquoi pas la première université française de Russie post-communiste ?

Pour ce faire, il avait besoin des statuts de notre association et de la copie des accords signés entre la Sorbonne et l'université d'État de Moscou. Je ne pus que le remercier.

Loïk tint parole. La fête qui suivit l'inauguration du Collège à Moscou fut financée par Elf. Mon assistante de l'époque, Oksana Podetti, envoya directement la facture à l'assistante de Loïk, qui l'honora rapidement. Quant à l'accord entre notre association et sa compagnie, il tarda. Je ne le reçus qu'au mois de juillet 1993. Un mois plus tard, Loïk quittait Elf pour la présidence de Gaz de France. Son successeur, le roux Philippe Jaffré, décida de l'annuler. Ainsi nous redevînmes pauvres avant d'avoir été riches.

Je suivis, bien après, dans les médias, les multiples déboires juridiques de Loïk Le Floch-Prigent. Son emprisonnement au Togo en 2012 à la suite de la plainte pour escroquerie d'un homme d'affaires de Dubaï ou, plus tôt, son procès à Paris pour détournement de fonds publics, dans le cadre de l'affaire Elf. Le procureur, qui n'était autre qu'Eva Joly, tint à ce que Loïk garde les menottes pendant toute la durée du jugement. L'hostilité à son égard me troubla, comme quand Verdiglione avait dû porter ses chaînes à Milan. Je me pris à imaginer sa souffrance, sachant que les fers devaient aggraver sa maladie de peau.

Je ne fus pas le seul à avoir été choqué par l'acharnement du procureur. Claude Chabrol en fit un film en 2006, *L'Ivresse du pouvoir,* avec Isabelle Huppert dans le rôle d'Eva Joly.

J'ai croisé Loïk des années plus tard, dans un restaurant. Primo Levi avait raison de dire que l'homme survit à tout. Mais est-ce que le « tout » survit à l'homme ?

L'inauguration du Collège universitaire français de Moscou eut lieu comme prévu en septembre 1991. Mon amie journaliste était là. L'ambassadeur de France Bertrand Dufourcq avait tenu à nous loger à sa résidence. L'après-midi du même jour, Jacques Derrida donna sa conférence au centre de Moscou, dans le bâtiment historique de l'université Lomonossov, face au Manège, à deux pas du Kremlin. J'ai encore en ma possession une VHS filmée par un étudiant. On y aperçoit une queue interminable d'hommes et de femmes curieux de voir et d'entendre le philosophe français. Bousculades, chahut, échauffourées. Deux événements, qui n'étaient certes pas de même nature mais qui, à ses yeux, avaient la même signification, marquèrent, selon Mikhaïl Gorbatchev, la transformation de la Russie : la file d'attente devant le premier McDonald's place Pouchkine et celle pour suivre la conférence inaugurale du Collège universitaire français.

Après la conférence de Derrida, nous nous déplaçâmes en cortège jusqu'à la colline des Moineaux où siège, depuis 1953, l'université d'État de Moscou. L'amphithéâtre de deux mille places était bondé. Plusieurs ministres russes étaient présents ainsi que Gavriil Popov, maire de Moscou. Sur l'estrade dominée par un énorme logo du Collège que les designers de Publicis, grâce à mon ami Maurice

Lévy, avaient imaginé, défilèrent des orateurs, des artistes… Michèle Gendreau-Massaloux lut le message de François Mitterrand et le vice-recteur Sadovnichy celui de Mikhaïl Gorbatchev (son dernier en tant que président). En décembre, à peine trois mois plus tard, il cédait sa place à Boris Eltsine. Quant à Sadovnichy, il succéda à Logounov. Et, jusqu'à ce jour, il s'imagine que c'est un peu grâce à moi, à une remarque glissée à Gorbatchev devant notre ami Gratchev (qui la lui rapporta). Ce dont je ne suis pas certain… J'avais simplement dit au président que s'il souhaitait vraiment une perestroïka à l'université de Moscou, il fallait qu'il remplace son recteur.

La cérémonie d'inauguration du Collège se poursuivit par la signature du protocole au son des hymnes nationaux russe et français. Les télés étaient là. Dobrodeev et Gosset avaient tenu parole. Ainsi Clara put suivre la cérémonie en direct à la télévision. Elle tomba soudain sur mon amie journaliste qui était dans la salle… Ce qui laissa des séquelles tant dans ma relation avec Clara qu'avec la journaliste.

En France, l'implantation de notre Collège à Moscou eut de nombreux échos. La presse publia la liste des conférenciers qui devaient suivre Jacques Derrida : Michel Crozier, Marc Ferro, Hervé Le Bras, Paul Veyne, Georges Duby, René Rémond, Alain Touraine… Une dizaine d'universités proposèrent leur collaboration. La France était de retour dans le pays de Dostoïevski et de Tolstoï !

C'est alors que je reçus un coup de fil de Jacques Chirac. Il était alors maire de Paris et m'invitait à prendre le café avec son homologue de Saint-Pétersbourg, Anatoli Sobtchak.

— Quand ? demandai-je.

— Mais maintenant, mon cher Halter, vous n'habitez pas loin !

Chirac ne m'a jamais appelé par mon prénom. Direct, amical, j'eus toujours plaisir à le voir. Grand amateur, comme Clara, de la littérature russe, il voulut, tout jeune, me dit-il un jour, apprendre la langue de Pouchkine, « pour pouvoir traduire en français *Eugène Onéguine* ». Sa mère lui trouva donc un professeur. Deux semaines plus tard, il se rendit compte que son professeur n'était pas russe mais serbe et qu'il lui enseignait sa langue natale. Quand Chirac riait, il soulevait le sourcil et vous prenait par le bras pour faire de vous son complice.

Anatoli Sobtchak, premier maire post-communiste de la deuxième plus grande métropole russe, plus de six fois Paris en taille, était un homme imposant, aussi grand que Chirac mais les épaules plus larges. Cheveux poivre et sel en bataille, œil rieur, il voulait lui aussi un Collège universitaire français dans la ville de Pierre.

— La cathédrale Saint-Isaac, la plus colossale de Russie, n'est-elle pas l'œuvre d'un Français ? De même que la statue équestre de Pierre le Grand ? Il nous manque une université où l'on parlerait la langue de Voltaire. Ah, Voltaire et la tsarine Catherine la Grande...

— Bon, l'interrompit Chirac.

Et, en s'adressant à moi :

— Maintenant Halter, au travail !

Le Collège universitaire français ouvrit ses portes à Saint-Pétersbourg un an plus tard, en 1992. Une belle aventure de plus. Et l'occasion de faire connaissance avec le jeune Poutine !

Mais, entre-temps, une autre cause se rappela à mon bon souvenir : le Proche-Orient. Eh oui, j'avais oublié que la Terre continuait à tourner ! Cette vérité que Giordano Bruno cria face aux juges de l'Inquisition qui le brûlèrent, plus de quatre siècles auparavant, sur le Campo dei Fiori à Rome.

C'est ainsi. Avec ou sans nous, l'histoire poursuit son cours.

C'était tôt le matin. J'allais préparer mon café quand Ahmed Qoreï, dit Abou Alaa, m'appela :

— Connaissez-vous un certain Yair Hirschfeld, professeur à Haïfa ?

— Non, pourquoi, mon cher Ahmed ?

— Il dit être un proche de Yossi Beilin, chef de cabinet de Peres, et propose une rencontre à Londres où je dois me rendre demain.

— Comment le sait-il ?

— Grâce à Hanan Achrawi.

— Bon, dis-je, je me renseigne et vous rappelle. Toujours le même numéro à Tunis ?

Les affaires reprenaient. Hanan était une femme énergique. Intelligente. Elle était alors le porte-parole officiel de la Délégation palestinienne auprès de l'ONU. Hanan Achrawi parlait un bon français et

Paris Match réalisera entre elle et moi une interview croisée plutôt intéressante. Je l'appelai à Jérusalem. Elle m'expliqua, en quelques mots, qu'Abou Alaa – surnommé à tort « le banquier de l'OLP » parce qu'il avait été, jadis, banquier –, avait publié un document destiné aux représentants de la Commission européenne portant sur l'avenir économique du Proche-Orient. Shimon Peres l'avait eu entre ses mains et s'était montré enthousiaste. Ainsi, de fil en aiguille, Beilin, son chef de cabinet, demanda au professeur Hirschfeld, qu'il connaissait bien, de contacter Abou Alaa. Hanan conseilla à Yair Hirschfeld de se rendre à Londres où Abou Alaa avait un rendez-vous avec le diplomate norvégien Terje Roed-Larsen, directeur d'un important institut de recherche, la fondation Fafo, qui travaillait, depuis la fin des années 1980, sur le problème des territoires occupés et les négociations de paix au Proche-Orient. C'était selon elle une bonne opportunité, et pas trop voyante.

— Et, comme vous le savez, fit-elle pour conclure, tous les chemins mènent…

— … à la paix, dis-je.

Abu Alaa ne me donna pas de nouvelles après sa rencontre avec Hirschfeld. Je le rappelai. J'appris plus tard ce qu'il s'était réellement passé lorsque, avec Éric Laurent, un journaliste brillant, nous fîmes une reconstitution de tous les contacts palestino-israéliens qui aboutirent à la conférence d'Oslo et, enfin, à la signature des accords de paix à Washington. Nous les publiâmes deux ans plus tard sous le titre *Les Fous de la paix*, l'expression préférée d'Abou Alaa, précisément.

Le 13 juillet 1992, quelque temps après ma conversation avec Hanan Achrawi, Yitzhak Rabin fut élu Premier ministre d'Israël. Shimon Peres devint son ministre des Affaires étrangères.

Je ne me souviens plus si c'est lui ou moi qui en eut l'idée. Peut-être était-ce lui ? Lors d'une conversation téléphonique (nous voulions Clara et moi le féliciter de la victoire des travaillistes aux élections législatives), il me demanda si j'étais toujours en contact avec « l'homme qui avait besoin de lunettes ».

— Je crois que c'est le moment de nous rencontrer, fit-il.

— D'accord, dis-je.

— Mais je ne veux ni journalistes ni photographes. La nouvelle d'une telle rencontre pourrait faire sauter le gouvernement.

Clara, qui écoutait la conversation, suggéra d'organiser cette rencontre chez nous à Paris.

— Chez nous, dis-je.

— Personne d'autre que Clara et toi, d'accord ?

— Personne d'autre.

L'histoire de Cholem Aleikhem, cette fille d'un pauvre paysan prête à se marier avec le fils de Rothschild, non encore avisé de ce dessein quant à lui, pouvait se décliner à l'infini. Je devais encore persuader Arafat.

Pour Clara, un voyage à Tunis s'imposait, ce que je jugeai pertinent. Un contact personnel avec Arafat, que nous n'avions pas revu depuis son mariage avec Souha, au mois de juillet 1990, serait probablement plus efficace qu'un échange de lettres ou un coup de téléphone.

Prévenue de notre arrivée, Souha nous envoya une voiture à l'aéroport de Tunis et réserva une chambre à l'hôtel Hilton. Je retrouvai avec plaisir le parfum du jasmin et la gentillesse des Tunisiens. Mais, cette année-là, le mois d'août fut particulièrement chaud. Nous dînâmes tous les quatre dans l'appartement des Arafat, au son du ronron d'un énorme ventilateur.

— Vous voyez, *my friend*, fit Arafat en riant, voici mon livre !

Il pointa du doigt le ventre de sa femme.

Ce n'est qu'à la fin du repas, lorsqu'on nous apporta un thé à la menthe, qu'Arafat demanda :

— Une raison spéciale à votre visite ?

Je lui racontai l'histoire yiddish de Cholem Aleikhem.

— Alors, qui est le fils de Rothschild ?

Il rit et me tira la barbe affectueusement, comme pour s'assurer qu'elle était authentique.

— Vous voyez bien que nous sommes à présent les juifs du Proche-Orient !

— Vous avez intérêt, mon cher Yasser, à rester tel que vous êtes. Il est préférable que vous ayez les juifs en face de vous. Si vous aviez affaire à un autre peuple que le peuple juif, pensez-vous que l'on parlerait autant des Palestiniens ? Regardez les Kurdes, personne ne s'intéresse à eux !

— Notre cause n'est pas juste, donc, à vos yeux ?

— Si, elle l'est, tout comme la cause kurde. Mais c'est l'histoire et la particularité de votre adversaire qui vous placent à la une des médias.

Il allait me répondre, mais Clara, qui aimait les choses claires et qui voulait éviter que nous nous enlisions dans un débat sans fin, parla franchement :

— Yasser, nous sommes venus vous inviter à Paris.

— *With whom ?* demanda-t-il, sagace.

— Avec Shimon Peres.

— C'est trop tôt, lady Clara. C'est trop tôt.

J'éclatai de rire :

— Vous venez d'appeler Clara comme Sadate, mon cher Yasser, remarquai-je.

— Ah bon ?

Je le mis au courant des rendez-vous israélo-palestiniens en cours. Il les connaissait. Quant à Hanan Achrawi, il lui faisait confiance.

— Mon ami, dis-je, moi je n'ai confiance qu'en vous.

Il me regarda, surpris, et, comme cela lui arrivait quand il ne trouvait pas les mots pour manifester sa gratitude, il m'embrassa. Clara précisa que, ainsi que Peres l'avait exigé, cette rencontre serait absolument confidentielle. Souha, moins modérée et diplomate qu'Arafat, s'emporta, rappelant les dires de Rabin à propos des lanceurs de pierre palestiniens de la première intifada à qui il fallait, selon lui, « briser les os ». Elle ne faisait pas confiance aux travaillistes qui venaient de prendre le pouvoir en Israël.

Arafat l'interrompit, agacé, et changea de sujet. Il voulut savoir comment était Gorbatchev, comment je voyais la Russie de demain. Il me confia, ce que je savais déjà, qu'Abou Mazen, Mahmoud Abbas, avait étudié à Moscou. Et qu'il n'était pas le seul.

Tard dans la nuit, il demanda au chauffeur de nous raccompagner à l'hôtel. Puis il se pencha vers moi et ajouta, presque en chuchotant :

— *When* ? Quand ?

Les histoires juives sont drôles et tristes à la fois. Drôles parce que absurdes, tristes parce qu'elles n'aboutissent que rarement. Quand Cholem Aleikhem écrit l'anecdote du marieur qui veut unir la fille d'un paysan au fils de Rothschild, il n'a même pas besoin de dire que ce projet n'a aucun sens. Tout lecteur le comprend de fait. Le rire est provoqué par l'incongruité du projet. Les intéressés sont finalement d'accord pour se rencontrer. L'apagogie devient réalité. Mais, ce que Cholem Aleikhem ne dit pas, c'est comment organiser la suite.

En sortant de chez les Arafat, nous croisâmes Abou Alaa. Je lui demandai :

— Alors, le « fou de la paix », où en êtes-vous ?

La bonne bouille d'Abou Alaa se mua en une grimace.

— Il manque l'implication des chefs, répliqua-t-il.

Après cela, nous nous donnâmes l'accolade habituelle.

Nous rentrâmes à Paris le lendemain et téléphonâmes à Peres :

— L'homme aux lunettes est d'accord. Reste à lui proposer une date.

— Après-demain ! proposa Peres. Je dois me rendre à Londres et je peux m'arrêter pour trois heures à Paris.

— Quelle heure ?

— Midi.

Arafat acquiesça.

Le raïs arriva le premier. Il s'émerveilla comme un enfant lorsqu'il reconnut, sur le mur de notre atelier, parmi les inscriptions du mot paix en toutes les langues, *salam*, en arabe. Clara servit du thé. Puis arriva Peres. Ses *bodyguards* se retrouvèrent avec ceux d'Arafat sur notre palier. Clara leur demanda s'ils avaient besoin de quelque chose. Ils déclinèrent.

Peres et Arafat se serrèrent la main. Peres contempla à son tour le mur couvert de calques calligraphiés par Clara et, comme Arafat un quart d'heure plus tôt, se réjouit de trouver le mot *shalom*, paix en hébreu. Il y eut ensuite un moment de flottement. Peres prit la parole le premier. Il raconta comment mon récit à propos des lunettes d'Arafat l'avait encouragé à proposer cette rencontre. Arafat sortit ses lunettes et les tendit à Peres. Ce dernier les essaya et les trouva trop fortes pour lui.

Tous deux étaient au courant des contacts et des transactions en tout genre entre Israéliens et Palestiniens. Chacun tenta de démontrer qu'il en savait un peu plus que l'autre. Puis Peres résuma l'objet de cette rencontre :

— Monsieur le président, dit-il, nos hommes négocient. Nous n'allons pas, en une demi-heure, régler tous les problèmes accumulés depuis des décennies. L'important, maintenant, est que nous soyons, vous et moi, rassurés et convaincus de la volonté de chacun de nous d'aboutir à la paix.

Il se leva et s'excusa. Il ne pouvait rater son avion pour Londres. Arafat se leva à son tour.

— Merci d'être venu, monsieur le ministre. Marek nous expliquera peut-être un jour qui d'entre nous est le fils de Rothschild...

Peres parti, Arafat resta un instant songeur.

— *Your friend Peres,* dit-il enfin, *is a good man. But to make peace, I need a general.*

Il nous remercia à son tour d'avoir organisé ce face-à-face.

Peres nous rappela le soir même de Londres. Il voulait connaître la réaction d'Arafat. Je lui transmis les paroles du chef palestinien. Sans doute blessé, Peres se tut. Il surmonta cependant son amour-propre écorché et lança :

— S'il veut un général, alors va voir Rabin !

Il raccrocha, sans même me donner ses coordonnées, certain que nous les avions. Or, Clara et moi n'avions croisé Rabin que deux fois auparavant. Le lendemain de la guerre des Six Jours et, une fois, lors d'un passage à Paris. La rivalité entre les deux hommes était telle que celui qui se considérait comme ami de l'un ne pouvait se prétendre ami de l'autre.

Clara se souvint de Ran Rahav, que nous avions connu lors de notre dernier voyage en Israël. C'était un jeune homme communicatif et agile, bien qu'enveloppé. Il dirigeait la meilleure agence de relations publiques en Israël. Il avait alors, avec sa femme Hila, organisé une réception en notre honneur, sur le toit de sa maison à Tel-Aviv. Un moment fort sympathique. Clara subodorait qu'il s'occupait également de l'image de Rabin. Je l'appelai et lui expliquai la situation : Arafat était venu chez nous à Paris la veille et nous tenions à en parler à Rabin. Je ne mentionnai pas la présence de Peres, pour ne pas l'effrayer. Ran me demanda si nous étions nous aussi mêlés à la filière norvégienne. En Israël, nul secret ne pouvait le demeurer plus d'un jour.

— Toutes les filières sont bonnes si elles ont une chance d'aboutir, répondis-je, comme toujours face à une porte entre-ouverte sur la paix.

Ran réfléchit une seconde et nous demanda si nous étions prêts à venir à Tel-Aviv dès la semaine suivante. Je confirmai. Il promit de me rappeler. Le soir même, il me téléphona :

— J'ai parlé au Premier ministre. Il prendra, le week-end prochain, deux jours de repos avec sa femme à l'hôtel Dan Accadia, à Herzliya. Si tu veux, je réserverai pour vous une suite à côté de celle de Léa et Yitzhak Rabin. Vous aurez ainsi le temps nécessaire pour vous expliquer. Rabin a lu ton livre *La Mémoire d'Abraham*, qui l'a impressionné.

Ran nous prévint : de nature timide et d'esprit militaire, Rabin n'était pas facile à cerner, y compris pour ses proches.

Né à Jérusalem en 1922, Rabin avait passé une partie de sa jeunesse dans les kibboutzim avant de rejoindre, à l'âge de quatorze ans d'abord, puis à seize ans, les rangs de la Haganah, l'organisation paramilitaire de défense juive. Clara et moi l'avions donc croisé pour la première fois en 1967. Nous étions en compagnie de notre ami journaliste Amos Elon. Il nous avait conviés à l'université hébraïque du mont Scopus où Rabin devait prononcer un discours. Un discours qui nous étonna et que nous commentâmes le soir avec Amos, sa femme Beth et Jamil Hamad, correspondant palestinien du *Time* pour les territoires occupés. Ce soir-là, nous avions dîné dans un délicieux petit restaurant d'Abu Dis choisi par Hamad.

Rabin nous avait tous soufflés. C'était, ne l'oublions pas, au lendemain de la conquête de la Cisjordanie, du Sinaï, du Golan ainsi que de Jérusalem-Est. Et voilà que le général vainqueur déclarait que le peuple juif n'était pas un peuple dominateur, qu'Israël était une démocratie et qu'il lui faudrait rapidement choisir entre démocratie et domination. Car les deux étaient, selon lui, incompatibles.

Aussi, en ce début du mois de septembre 1992, alors que les initiatives de paix se multipliaient du côté israélien comme du côté palestinien, nous avions hâte, Clara et moi, de connaître le sentiment du Premier ministre. Le soir de notre arrivée, nous dînâmes sur la terrasse de sa suite, face à la mer. Léa était présente. Belle, regard clair et ardent, l'usure du temps lui donnait une expression de force. Je crois qu'elle était la seule à pouvoir faire fléchir Rabin.

J'ai souvent remarqué que les hommes qui paraissent durs sont en fait des êtres fragiles. Rabin était l'un d'eux. Il suffisait de l'observer : dès qu'il semblait céder à l'affect, son penchant naturel je crois, il écrasait sa cigarette dans le cendrier et inclinait la tête sur le côté, comme un gosse que l'on aurait envie de consoler.

Il nous raconta comment Shimon Peres l'avait averti des négociations à Oslo et comment il lui avait répondu, tout simplement : « Essayons ! »

— J'ai très vite compris, nous expliqua-t-il, que les négociations multilatérales n'aboutiraient à rien. Car si à Washington, il y avait Dieu entre Begin et Sadate, entre Israéliens et Palestiniens, aujourd'hui, il n'y a que les médias.

Ran avait évoqué notre rencontre récente avec Arafat et il voulait savoir ce que ce dernier avait à dire.

Nous passâmes la quasi-totalité de ces quarante-huit heures ensemble. La théorie n'était pas son fort. Rabin, en bon politique, était un homme pragmatique. Un stratège. Les préoccupations, ainsi que les antagonismes entre les dirigeants d'en face devaient, selon lui, être pris en compte. Aussi nous interrogea-t-il sur le pouvoir de décision d'Abou Mazen ou d'Abou Alaa... Lui-même spéculait sur le rôle des Palestiniens dits « de l'intérieur » comme Husseini, Achrawi ou Abd Rabbo.

Selon nous, Arafat verrouillait tout. Ce n'était pas un hasard s'il était le seul autorisé à signer un chèque sur le compte de l'OLP.

— À part Souha, intervint Clara.

Les circonstances de la rencontre entre Souha et Yasser Arafat intéressèrent beaucoup Yitzhak et Léa. Le lendemain, au petit déjeuner, Rabin nous fit remarquer que nos regards « extérieurs » ne pouvaient correspondre au leur quant à la situation en Israël.

— Mettez-vous une seconde à la place de l'homme qui a à sa charge cet État et qui devrait, selon vous, parler de paix avec quelqu'un qui, non seulement voulait le détruire hier encore et, qui plus est, a du sang d'enfants juifs sur ses mains. Ces mains que j'aurais peut-être à serrer en public !

Mêmes mots, même réaction que son prédécesseur au poste de Premier ministre à la fin des années 1960 ! Je lui racontai mon incident avec Golda Meir que j'aimais pourtant beaucoup. Il ne connaissait pas cette histoire. À son tour, il nous confia que, quelques jours auparavant, il avait eu la visite d'une délégation d'anciens combattants. Quand son directeur de cabinet, Eitan Haber, lui rappela ce rendez-vous, qu'il avait totalement oublié, il fut pris d'une telle angoisse qu'il dut avaler deux verres de whisky avant de faire entrer ses visiteurs.

— Et imaginez, fit-il en écrasant sa cigarette dans le cendrier et en penchant légèrement la tête, le porte-parole de la délégation s'est avancé vers moi sur sa chaise roulante pour m'annoncer… le soutien de ces estropiés aux négociations de paix avec les Palestiniens ! J'ai pleuré ! avoua-t-il. Oui, j'ai pleuré pour la première fois de ma vie ! En public.

Dans l'après-midi, il m'interrogea sur Gorbatchev, sur ses rapports avec les juifs et Israël. Il me parla alors de sa petite-fille Noa qui aurait aimé apprendre le russe. Il voulait savoir si, le moment venu, elle pourrait s'inscrire au Collège universitaire français de Moscou. Je lui promis qu'il pouvait compter sur moi.

Avant de nous quitter, il nous autorisa à annoncer à Arafat que le Premier ministre approuverait tout accord de paix, à condition que l'OLP reconnaisse d'abord l'État d'Israël.

Nous rentrâmes le soir même à Paris. Je devais préparer l'inauguration du deuxième Collège universitaire français de Russie, celui de Saint-Pétersbourg.

Il restait peu de temps. Nous étions en septembre et l'inauguration du Collège devait avoir lieu au début du mois de novembre. Élisabeth Guigou, ministre des Affaires européennes, y représenterait notre gouvernement et la conférence inaugurale serait prononcée par François Furet.

Fidèle, Lionel Jospin, qui n'était plus ministre de l'Éducation depuis quelques mois, tint à suivre pas à pas mes démarches. Il me conseilla. D'ailleurs, dès qu'il devint Premier ministre, en 1997, il se rendit dans notre Collège à Moscou où il fit un discours remarqué devant une foule d'étudiants enthousiastes. Quant à son successeur, Jack Lang, il me fit parvenir un message de soutien, plein d'envolées lyriques.

En revanche, je ne me souviens pas qui étaient les membres de la délégation française à s'être rendus à l'inauguration de ce deuxième Collège universitaire français en terre russe. Il y avait, je crois, plusieurs présidents d'universités associés à notre projet et qui s'étaient engagés à garantir nos diplômes. La personne qui marqua nos débuts à Saint-Pétersbourg fut indéniablement Lyudmila Verbitskaya, recteur de l'université. C'était une femme forte et douce à la fois, une sorte de « grand-mère » à la Golda Meir. Deux générations de personnalités publiques russes lui devaient leur formation, y compris Poutine et Medvedev. « Quand les roubles tombent du ciel, disent les Russes, la malchance n'a pas de sac. » Oui, Lyudmila Verbitskaya fut notre chance. Dès notre première rencontre, elle me prit sous sa protection. Elle me trouva même une aide, Mikhaïl Maroussenko, un moustachu adorable et parfaitement francophone. Il accepta de nous représenter au conseil d'administration de l'université d'État, grâce à quoi il obtint, deux ans plus tard, la présidence de la faculté de langues. Lyudmila, avec qui je suis toujours en contact, nous obtint rapidement un amphithéâtre et un bureau. Le bureau se trouvait au bord de la Neva, dans l'un des douze bâtiments qui abritaient les ministères, à l'époque de Pierre le Grand.

Il n'est pas lieu ici de faire une visite touristique de cette formidable ville portuaire, traversée de magnifiques canaux surplombés d'un nombre incalculable de ponts qui dépassent ceux de Venise.

Quand notre délégation arriva à Saint-Pétersbourg, il faisait moins trente. La Neva était gelée et les étudiants s'amusaient à la traverser à pied. François Furet tint à suivre leur exemple. Le soleil était au rendez-vous, comme souvent l'hiver en Russie. Notre historien de la Révolution réussit son parcours. Il attrapa cependant une belle insolation. C'est donc le visage tout rouge, malgré une pommade que nous lui procurâmes, qu'il arriva à la mairie pour le dîner officiel qu'Anatoli Sobtchak avait organisé en notre honneur. Boris Saltykov, ministre des Sciences et des Technologies, ainsi que Victor Antonovich Sadovnichy, mon ami devenu recteur à la place de l'admirateur de Pinochet, vinrent tout spécialement de Moscou.

Anatoli Sobtchak me félicita d'avoir tenu la promesse prononcée dans le bureau de Jacques Chirac et présenta les invités. J'étais assis à la table d'honneur, celle du maire. Ainsi qu'Élisabeth Guigou, très en beauté. Entre elle et moi se trouvait un jeune homme blond un peu timide et, en face, François Furet, le nez toujours aussi rouge.

Après les discours et une salade de harengs, servis avec quelques toasts au champagne, on nous apporta du poulet à la Kiev, poulet pané au beurre aillé adoré des Russes. Puis un trio de violonistes joua Tchaïkovski, l'une des gloires de la ville. C'est à ce moment qu'Élisabeth, d'une voix enjouée, s'adressa à moi par-dessus la tête blonde du jeune homme inconnu :

— Demande à ton voisin qui il est. Il ne cesse de me dévisager et nous n'arrivons pas à communiquer. Il ne parle que le russe et l'allemand. Pas un mot d'anglais…

— Vous travaillez à la mairie ? demandai-je au jeune homme.

— Oui, dit-il, je suis le maire adjoint chargé des relations internationales.

— Mais vous ne parlez pas anglais ?

— Non, dit-il, d'une voix teintée d'excuses, mais je parle allemand.

— Ah ? Et où l'avez-vous appris ?

— À Dresde. J'ai dirigé pendant six ans nos services d'espionnage en RDA.

J'avais enfin, près de moi, un « kgbiste » en chair et en os. Ce jeune homme commençait à m'intéresser.

— Et votre nom ?

— Vladimir. Vladimir Vladimirovitch Poutine.

Je traduisis notre conversation à Élisabeth qui avait visiblement envie de lui poser quelques questions. Mais Anatoli Sobtchak nous invita à rejoindre le salon voisin pour prendre le café.

Notre ambassadeur Pierre Morel, venu lui aussi de Moscou, entraîna Élisabeth et François Furet dans un coin pour échanger quelques propos. Je restai seul avec Poutine. Il me demanda gentiment si je voulais un verre de vodka. Je lui répondis, pour rire, en allemand :

— *Danke schön*, merci beaucoup.

— *Sprechen Sie Deutsch* ? me demanda-t-il, surpris.

— Non, dis-je, je parle le yiddish. Vous connaissez ?

Il m'expliqua alors que cette langue lui était plutôt familière. Il était né à Saint-Pétersbourg (ex-Leningrad) et avait vécu avec ses parents dans un appartement collectif. L'un de leurs colocataires était un juif du nom de Salomon Abramovitch. Il était tailleur. Sa femme Rebecca et lui parlaient le yiddish. Après le travail, Salomon Abramovitch sortait un gros livre et passait une ou deux heures à le lire en se balançant. Le jeune Poutine lui demanda un jour ce qu'il lisait. C'était le Talmud. Et, comme Poutine voulut en savoir plus, il le lui expliqua.

— Je dois vous avouer, monsieur Halter, me dit-il l'air désolé, que cela ne m'a pas intéressé.

Sa franchise, dépourvue d'ambiguïté et de préjugés, me plut. Je souris.

— Cela vous fait sourire ? Mais vous, vous connaissez le Talmud ? Vous êtes écrivain, c'est cela ?

— Vous êtes bien informé, dis-je.

Il rit de bon cœur.

— N'est-ce pas mon métier ?

Je le trouvai sympathique. Nous nous revîmes. Quand il devint président de la Fédération de Russie après la démission d'Eltsine, je fus, je crois, le premier à l'interviewer. Mon papier parut dans *Paris Match* et fut repris par une dizaine de magazines à travers le monde.

Comme à Moscou avec Derrida, la conférence de François Furet à Saint-Pétersbourg attira la foule. Des intellectuels et des universitaires, pour la plupart, curieux de rencontrer cet historien qui avait vilipendé, des années durant, la révolution bolchevique.

Je m'apprêtais à décrire ici les premiers pas de mon aventure saint-pétersbourgeoise quand je reçois un coup de fil de mon ami Hassen Chalghoumi, imam de Drancy. Il me rappelle le dîner annuel du CRIF auquel j'avais prévu d'assister. Qu'un imam me rappelle le dîner annuel du Conseil représentatif des institutions juives de France en fera sourire plus d'un. Chalghoumi, il est vrai, est un personnage particulier dans notre paysage médiatique dessiné en noir et blanc. Je l'ai connu par hasard, il y a quelques années. Comme souvent. C'était un vendredi (jour de prière chez les musulmans), en début d'après-midi. Je venais de recevoir un tweet m'annonçant une manifestation de salafistes devant la mosquée de Drancy où s'étaient barricadés l'imam de la mosquée et quelques fidèles. J'appelai mon chauffeur Farah Mahfoud. Là, dans cette banlieue de Paris, coincés entre un parking et un terrain vague, face au bâtiment où le maire, Jean-Christophe Lagarde, avait installé la mosquée, quelques centaines de jeunes cagoulés s'excitaient mutuellement en lançant des pierres dans la direction de ce lieu de prière étrange – sous l'œil intrigué d'un photographe occasionnel et de plusieurs voisins. Mon chauffeur parqua la voiture entre les excités et l'édifice religieux. Nous sortîmes tous les deux et allâmes à leur rencontre. Les jeunes, surpris, nous suivaient du regard.

— Pourquoi faites-vous cela ? demandai-je.

Farah répéta la question en arabe. Ce discours en deux langues les déstabilisa. Quelques jeunes enlevèrent leurs cagoules.

— L'imam Chalghoumi est vendu aux juifs ! s'écria un grand gaillard maigre, au crâne rasé.

— Et moi je suis vendu aux musulmans..., répondis-je sans sourciller.

Ricanements.

— Qui es-tu, toi ?

— Un écrivain juif, ami des musulmans.

Et, avant qu'il ne réagisse, je demandai :

— Savez-vous qu'il est interdit par le saint Coran de s'attaquer à une mosquée ? Et même à n'importe quel autre lieu de culte ! Vous êtes en train de blasphémer !

— D'où connais-tu le Coran ?

— Je l'ai lu. C'est un grand livre.

Farah ajouta de nouveau quelques mots en arabe. C'est alors que nous entendîmes les sirènes des voitures de police. Quatre voitures l'une derrière l'autre. La bande se dispersa.

— Être l'imam de Drancy, m'expliqua Hassen Chalghoumi, grand de taille et charpenté, un peu voûté, comme tous les hommes qui dépassent les un mètre quatre-vingt-cinq, n'est pas une tâche simple. D'un côté, une région avec une forte population musulmane, souvent travaillée par des extrêmes, de l'autre, le mémorial de la Shoah sur les lieux de l'ancien camp de transit d'où l'on envoyait les juifs à Auschwitz. Cette proximité m'a rapproché des juifs. De leur histoire. Et j'espère pouvoir faire comprendre au monde que l'islam ne se réduit pas à quelques assassins...

Moi qui cherchais des musulmans pour m'aider à élever ce pont jeté au-dessus du précipice qui ne cessait de se creuser entre les deux communautés, j'eus le sentiment d'avoir trouvé un compagnon de plus en la personne de l'imam Chalghoumi. Peut-être se trompait-il parfois dans son langage – n'est-ce pas le cas de toute personne se sentant en danger ? –, mais il paraissait sincère. Et sa démarche courageuse. Il restait pourtant la cible privilégiée des djihadistes de tout poil et était massivement vilipendé et menacé sur les réseaux sociaux. Par conséquent, une brigade de policiers le protégeait jour et nuit. Mais, comme le disait Yasser Arafat, ancien étudiant en ingénierie à l'université du Caire : « Les ponts sont longs à bâtir. »

Depuis cette rencontre fortuite, nous devînmes proches. Et, chose amusante, Hassen Chalghoumi tenait à venir en ma compagnie aux réceptions organisées par la communauté juive, pour montrer à sa propre communauté qu'il était accompagné d'un ami des musulmans.

Je m'arrache donc à mes souvenirs russes et retrouve, sous la pyramide du Louvre, un millier d'invités : juifs, bien entendu, mais aussi dignitaires chrétiens, musulmans et politiques, toutes tendances confondues. Je me dis que les juifs attirent toujours autant de monde.

Le président de la République Emmanuel Macron prononce un discours, pertinent, je crois. En essayant de ne pas heurter la susceptibilité des convives. En une heure, il balaie tous les problèmes, dont certains sont évoqués dans ce livre : antisémitisme, rejet de l'autre, respect de la loi, éducation, paix au Proche-Orient, Jérusalem... Il n'a pas omis de parler des écrits antisémites de Céline que son éditeur, au grand dam de la communauté juive, s'apprête à rééditer. A-t-on le droit de censurer un écrit à tendance antisémite ? Nous avions évoqué cette question, trente ans auparavant, avec Hannah Arendt. Notre président est un homme intelligent. Ses propos le sont donc aussi. Peut-être un peu trop longs, cette fois ? Trop précautionneux ?

Mais je ne suis pas bon juge... Dès le début de son allocution, j'ai eu une envie pressante d'aller aux toilettes. Que faire ? J'étais assis en face du président, et j'avais l'impression qu'il me regardait. Pouvais-je me lever en donnant l'impression de désavouer son discours – pourtant intéressant. Horreur ! Je m'éclipsais toutefois mais, à mon retour des toilettes, et pour me faire pardonner à mes propres yeux, je me précipitai vers Emmanuel Macron pour le féficiter. Pourquoi toute cette histoire ? Parce que, parmi les personnes présentes à ce dîner, je retrouvai quelques témoins des différents événements qui jalonnent ma vie et, par conséquent, ce livre.

Gérard Collomb, entre autres, aujourd'hui ministre de l'Intérieur. Je lui parle de mes Mémoires. Il se souvient du procès Barbie et du mémorial érigé à Lyon, dont il fut l'un des soutiens. Il me donne quelques détails qui m'avaient échappé et que j'ai injectés dans mon récit. Contrairement à ce que nous croyons, nous ne sommes pas les propriétaires exclusifs de nos souvenirs. Et, à l'occasion, nous nous apercevons que nous faisons partie de toutes ces vies que nous avons croisées.

J'aurais pu rester encore des heures à ce dîner, à évoquer le passé avec différents convives. Mais il fallait bien partir. Le président et son épouse Brigitte, entourés d'une meute de gardes du corps, avaient quitté la salle depuis un moment.

En sortant, je croise Dominique Reynié, le politologue, professeur à Sciences po. Il se souvient avoir été, avec son ami et collègue Philippe Habert, le premier enseignant au Collège de Saint-Pétersbourg, après le passage de François Furet. Quelques mois après, Philippe Habert, qui était marié à Claude, la fille cadette de Chirac, mourut brutalement. Certains prétendirent que c'était un suicide, et cette thèse me troubla profondément. Moi qui aime tant la vie, je ne pouvais, et ne peux toujours pas, comprendre un tel acte. « On ne se tue jamais que pour "exister" », croyait Malraux. Était-ce la raison du geste de Philippe Habert ? Il était la première personne de ma connaissance à avoir peut-être choisi cette porte de sortie. Pourquoi ? Quand je vois Clara qui lutte contre la mort, bec et ongles, et qui essaie, depuis près de trois ans déjà, de ne pas franchir le seuil de cette porte qui ressemble à toutes les autres mais qui, comme disait Kafka, est unique pour chacun d'entre nous, il m'est difficile de comprendre celui qui l'ouvre volontairement.

Après la mort de Philippe, sa mère, Jacqueline Habert, me contacta. En la voyant, en l'entendant parler de son fils, partager avec moi les rêves dont elle l'avait investi, décrire, enfin, la place qu'il occupait au sein de cette société française qu'elle admirait tant, elle qui était née en Algérie, deux mots me vinrent à l'esprit. Deux mots auxquels Romain Gary donna tout leur sens : « mère juive ».

Non, elle n'avait aucune explication au geste de son fils. Elle lui avait donné tout son amour. Il avait eu la chance unique de rejoindre une grande et vraie famille française. Non, elle n'était pas venue accuser quiconque. Ni se lamenter devant celui que Philippe, paraît-il, appréciait, et à qui, selon elle, il devait une expérience universitaire toute particulière. Elle voulait seulement savoir comment nous pouvions joindre nos efforts pour prolonger sa vie par-delà la vie. Elle avait une idée mais elle avait besoin de mon aide. Son fils laissait derrière lui un grand nombre de livres en sciences humaines et politiques, une véritable bibliothèque ! Elle désirait l'offrir au Collège universitaire français de Saint-Pétersbourg, à condition que ce fonds porte le nom de son fils. J'acceptai, bien entendu. Elle avait aussi décidé de créer un prix Philippe Habert des Sciences politiques. Et, comme il avait collaboré au *Figaro*, je pensais que créer un Prix Philippe-Habert, décerné conjointement par ce journal et une grande école, Sciences Po par exemple, était une bonne piste.

Le jour de l'inauguration de la bibliothèque Philippe Habert, pour laquelle Lyudmila Verbitskaya nous octroya une belle salle à proximité de notre amphithéâtre, toute la famille Chirac était présente. Hormis Jacques qui était retenu à Paris. Il y avait aussi le maire Anatoli Sobtchak ainsi que l'ambassadeur de France Pierre Morel.

Quant à Bernadette Chirac, elle revint à plusieurs reprises, seule ou en compagnie de sa fille Claude.

Et son association, Le Pont-Neuf, attribua plusieurs bourses Habert à nos étudiants. C'est ainsi que, après avoir été les promoteurs, en quelque sorte, de notre présence à Saint-Pétersbourg, Jacques Chirac et sa famille nous y accompagnèrent pendant des années. « Il y a bien plus de constance à user la chaîne qui nous tient qu'à la rompre », disait Montaigne (*Essais* II, 3).

À cette occasion, Pierre Morel, notre ambassadeur, m'informa qu'une délégation du cinéma français était attendue à Moscou.

— Il faut les inviter à l'université, fit-il. Ils feront connaissance avec une autre Russie, avec sa jeunesse dont aucun journaliste ne parle.

Il avait raison. Je décidai de prolonger mon séjour et de rejoindre la capitale.

Ils arrivèrent, comme des collégiens en vacances. Gais, décontractés et, comme tout Français à l'étranger, râleurs et critiques. Il y avait parmi eux ceux que je connaissais et ceux que je ne connaissais pas encore : Jeanne Labrune, Pierre Richard, Gérard Depardieu, Jean-Jacques Annaud, Jean-Paul Rappeneau, Claude Miller... Ils étaient une vingtaine. Chacun espérait profiter de la déconfiture de la production cinématographique soviétique après la perestroïka. Nikita Mikhalkov, que j'avais connu au dîner chez Tsivine, les reçut à la russe, un verre de vodka à la main. Et un discours-fleuve en prime. L'ambassadeur lui remit, je crois, les insignes de la Légion d'honneur. Je ne cesserai d'être étonné par l'amour que les Russes vouent aux distinctions.

Jean-Paul Rappeneau, tête ronde, chauve, adorable, avec qui nous fîmes connaissance en 1967 quand, avec Claude Berri, il adhéra à notre Comité pour la paix au Proche-Orient, me présenta Gérard Depardieu. Son film, *Cyrano de Bergerac*, adaptation du fameux roman d'Edmond Rostand, avec Depardieu, précisément, était sorti deux années auparavant et avait eu un énorme succès.

Gérard, quant à lui, cherchait des fonds pour deux films auxquels il tenait énormément : *Le Colonel Chabert*, d'après Balzac, rôle interprété une première fois en 1943 par Raimu. Il voulait, grâce aux Russes, pouvoir reconstituer la bataille d'Eylau. Le second était *Raspoutine*, projet qui n'aboutira qu'en 2011 et dont il parlait avec passion. Le personnage le fascinait depuis toujours. Bref, Gérard Depardieu fut le seul de toute la bande à exprimer son intérêt pour une rencontre avec les étudiants du Collège universitaire français de Moscou. Un peu dépité, je me demandai comment auraient réagi nos amis acteurs et réalisateurs français s'ils avaient été en visite à Harvard aux États-Unis...

Mépris et fascination ont depuis toujours marqué le rapport des Français aux Russes et à la Russie. Diderot, grand admirateur de Catherine II, se plaisait à dire par ailleurs que les Russes étaient « pourris avant d'être mûrs ». Madame de Staël, qui avait pourtant fui la colère de Bonaparte en Russie, n'hésita pas à dire le plus grand mal de ses hôtes : « Aucune nation civilisée ne tient autant des sauvages que le peuple russe (...) leurs vices mêmes, à quelques exceptions près, n'appartiennent pas à la corruption, mais à la violence. (...) ils sont toujours ce que nous appelons barbares. » Et Astolphe, marquis de Custine, qui consacra des milliers de pages à ce vaste pays auquel il avait l'air sincèrement attaché, mit tous les Russes dans le même sac : « Rien n'est précis dans la bouche d'un Russe, écrivait-il, nulle promesse n'en sort bien définie ni bien garantie, et sa bourse gagne toujours quelque chose à l'incertitude de son langage. » Quant à Honoré de Balzac qui, par amour pour la Russo-Polonaise Mme Hanska, s'aventura jusqu'à Kiev, il caractérisa la Russie par deux mots : « obéissance et violence ».

Il en va de même aujourd'hui. Pourquoi cette attitude souvent ironique et plus souvent encore agressive envers les Russes ? Considérons-nous la Russie comme un reflet de nous-mêmes ? Aussi, quand nous nous rendons dans cet immense pays, sommes-nous persuadés de trouver des hommes et des femmes qui parlent comme nous, vivent comme nous. Bref, des Français. Finalement, nous rencontrons des Russes. Même Alexandre Dumas, mon cher Dumas, en fut quelque peu perturbé. Il écrivit, dans *En Russie* : « La langue russe n'a pas de gamme ascendante. Quand on n'est pas *brate*, c'est-à-dire frère, on est *dourak* [idiot] ; quand on n'est pas *galoubtchik* (mon petit pigeon), on est *soukinsine*. Je laisse la traduction de ce dernier mot à faire à un autre. » Fils de pute, donc...

Gérard Depardieu partageait ma colère. La dichotomie de l'âme russe le ravissait. Le grand amphi de MGU, l'université d'État de Moscou, était plein à craquer. Gérard, dont la renommée et le talent dépassaient les frontières de notre petit pays, fut accueilli comme un héros. Mes mots d'introduction n'eurent en réalité aucun sens, mais je ne pus m'empêcher de les prononcer. Tout le monde savait qui il était : l'un des leurs, un homme du peuple qui essayait de comprendre les autres et, par-dessus le marché, un magnifique acteur. En réalité, c'était un *brate*, un frère, comme l'aurait dit Dumas.

Pendant plus d'une heure, il tint l'auditoire entre humour et émotion. Il parla de son enfance, certes, mais aussi des personnages qu'il avait interprétés de Martin Guerre à Marin Marais, en passant par Danton et Christophe Colomb. En bon « frère », il n'oublia pas de me remercier ni d'encourager mes étudiants : « Vous ne savez pas la chance que vous avez de faire des études dans deux langues à la fois ! »

Les hommes, comme les animaux, aiment marcher en troupeau. Et, là où il y a troupeau, il y a toujours un ou une égaré. Par distraction ou par curiosité. C'est cet électron libre qui découvre, selon Jankélévitch, ce que le troupeau ne verra jamais. Gérard Depardieu est un perpétuel égaré.

À mon retour à Paris, je trouvai un mot de Nadia Sartawi. Elle me demandait mon soutien pour la création d'un centre à la mémoire de son père, le Issam Sartawi Center for the Advancement of Peace and Democracy à l'université arabe al-Qods de Jérusalem. Il sera inauguré en 1998. Issam Sartawi était un dirigeant palestinien, conseiller d'Arafat à la fin des années 1960. Je l'avais rencontré pour la première fois chez Pierre Mendès France à Paris. Cheveux blancs, sourire aux lèvres, toujours habillé de manière impeccable, toujours avenant. Il fut parmi les premiers à accepter le dialogue avec les Israéliens.

Le petit mot de Nadia fit ressurgir à ma mémoire une histoire vieille de dix ans. Une histoire brûlante, comme toutes celles qui s'accompagnent d'un sentiment de culpabilité. « (...) il faut que nous naissions coupables, disait Pascal, ou Dieu serait injuste. » Était-ce pour cette raison que je n'avais pu oublier ni ma petite cousine argentine Anna-Maria, ni ma petite sœur Bérénice ?

En 1983, dix ans auparavant donc, Mário Soares, leader socialiste portugais, organisa un congrès de l'Internationale socialiste à Albufeira auquel il invita des Israéliens et une délégation palestinienne de l'OLP, espérant lui aussi favoriser un dialogue entre les frères ennemis. Issam Sartawi, chef du Comité exécutif de l'OLP, m'en parla. Je ne pouvais que l'encourager à y participer, si Arafat était d'accord. Le congrès devait avoir lieu au mois d'avril. Le 1er avril, j'eus la visite-surprise de deux Israéliens recommandés par mon ami le journaliste Hezi Carmel. Ils étaient, m'annoncèrent-ils, membres du Mossad, le service secret israélien. Ils tenaient à m'avertir que l'Organisation Abou Nidal (groupe extrémiste palestinien formé en 1974 par Sabri al Banna) projetait d'assassiner Sartawi lors de son séjour au Portugal. Pourquoi s'adressèrent-ils à moi ? Parce que, selon Hezi, j'étais en mesure de le prévenir. Il avait tort. Je n'avais rencontré Sartawi que deux fois et je n'avais même pas ses coordonnées. Mendès France, pour sa part, était en voyage et Arafat aussi. Je laissai quelques messages à Ramallah comme à Tunis à l'intention de Sartawi, lui demandant de me rappeler d'urgence. J'essayai même d'avoir Mário Soares au téléphone. Sa secrétaire me promit de lui transmettre mon message et jusqu'à aujourd'hui, je ne sais si elle a pu le faire. J'avoue que je finis par me demander si cette visite impromptue le 1er avril n'était pas un canular.

Issam Sartawi fut assassiné le 10 avril dans le lobby de l'hôtel Montechoro à Albufeira.

Avais-je déployé suffisamment d'efforts pour le prévenir ? Ou, comme le baron de Clappique dans *La Condition humaine* de Malraux, j'espérais que d'autres le feraient à ma place, qu'il y aurait un miracle. Sommes-nous, dès que nous agissons, ne serait-ce que pour les causes les plus justes du monde, condamnés à nous sentir coupables ?

Quand on se pose des questions, notamment des questions qui font mal, on aime bien avoir quelqu'un avec qui les partager. C'est pourquoi certains font la queue devant les confessionnaux et d'autres attendent des semaines pour obtenir un rendez-vous chez leur psychanalyste. Quant à moi, j'avais l'abbé Pierre. Nous nous retrouvâmes chez lui à Esteville, dans la Halte d'Emmaüs, sorte de maison de repos pour jeunes en difficulté, en Seine-Maritime. Nous attendions Bernard Kouchner. J'avais eu l'idée de proposer à mon éditeur Bernard Fixot, qui dirigeait les éditions Robert Laffont en ce temps, de publier un livre sous forme de dialogue entre l'abbé Pierre et le célèbre *French Doctor* : *Dieu et les hommes*. Kouchner devait venir avec notre ami Michel-Antoine Burnier qui s'était proposé d'animer la discussion. Leur voiture était tombée en panne, ils arrivèrent avec deux heures de retard.

J'eus donc tout le temps de partager avec l'abbé l'affaire Sartawi. Il faisait frais et nous nous promenions dans les prés, moi grelottant et lui protégé par son éternelle pèlerine.

— Je n'aimerais pas être à ta place, fit-il, après réflexion. Il faut s'élever très haut comme tu le fais pour pouvoir descendre très bas au fond de soi-même.

Il me flattait. J'avais tout simplement mauvaise conscience. À tort peut-être.

Le dialogue entre Kouchner et lui parut le 11 mai 1993 et eut un immense succès. Quant à moi, je revis Nadia Sartawi huit ans plus tard, en 2001 à Ramallah. Elle était devenue chef du protocole de l'Autorité palestinienne.

Pendant tout ce temps, à Oslo ou dans ses environs, Israéliens et Palestiniens discutaient. C'est

Abou Alaa qui eut l'idée de coucher par écrit les points sur lesquels les uns et les autres pouvaient se mettre d'accord. Cet exercice quelque peu scolaire fit oublier temporairement les ressentiments accumulés depuis si longtemps de part et d'autre de la frontière. En effet, à partir de ces pages dactylographiées, tout se passa, paraît-il, très vite.

Les hôtes norvégiens, admiratifs, pensaient même avoir, grâce à cette trouvaille, un sésame pour régler tous les autres conflits qui ravageaient le monde. Ils invitèrent à Oslo Serbes, Croates et Bosniaques, puis Britanniques et Irlandais. Sans grand succès. Chaque conflit est particulier, issu d'une histoire singulière. Israéliens et Palestiniens venaient eux du Proche-Orient où, depuis des millénaires, régnait la Loi du Livre. À l'endroit même où fut inventée l'écriture.

Non, ce n'est pas par des rafales de kalachnikov, mais par la force des mots, écrits et relus, que les dernières barrières entre les ennemis d'hier avaient cédé. Le 9 septembre 1993, par lettre adressée à Yitzhak Rabin, Yasser Arafat, chef de l'OLP, reconnut le droit d'Israël à vivre en paix et en sécurité, acceptant les résolutions 242 et 338 du Conseil de sécurité de l'ONU. Le même jour, Rabin fit parvenir à Arafat une lettre par laquelle Israël avait décidé de reconnaître l'OLP comme l'organe représentatif du peuple palestinien et s'engageait à entamer avec elle des négociations dans le cadre du processus de paix au Proche-Orient.

— Ça y est ! me téléphona Eitan Haber, chef de cabinet d'Yitzhak Rabin. La cérémonie de la signature des accords est prévue lundi 13 septembre à Washington.

— Rabin y va ?

— Non, il envoie Peres.

— Dommage qu'il n'y aille pas en personne. Dis-lui de notre part. Clara est de mon avis.

L'histoire est un assemblage de petites histoires. Une heure plus tard, un coup de fil d'Abou Alaa :

— Ça y est...

— Je sais. Yasser y va ?

— Non. Il envoie Abou Mazen.

— Dommage.

J'appris plus tard, lorsque j'écrivais avec Éric Laurent *Les Fous de la paix*, que Yasser Arafat n'annonça sa venue aux Américains que le 10 septembre. Quand, après minuit, le secrétaire d'État Warren Christopher prévint Rabin, ce dernier venait de se lever. Il était 6 heures du matin à Jérusalem. À midi, Ran Rahav me prévint que Rabin avait changé d'idée et qu'il irait lui aussi à Washington. Ce qui ne plut guère à Peres, paraît-il.

La cérémonie se déroula donc le 13 septembre. Clara et moi suivîmes ce moment clef de l'histoire du Proche-Orient à la télévision. Avec émotion. Le monde entier vit la si célèbre poignée de main entre Rabin et Arafat. Nous n'avions pas été conviés. Yair Hirschfeld et Abou Alaa non plus. Peu importe. Je pouvais toujours me consoler en répétant ce qu'Aristote disait déjà à propos d'Alexandre le Grand : l'histoire est faite par ceux qui l'écrivent. Or, même écrite, elle n'est jamais certaine.

Le 25 février 1994, en plein ramadan, le jour de Pourim et la veille de chabbat, un juif, un fou de Dieu, Baruch Goldstein, pénétra dans le tombeau des Patriarches à Hébron, que Juifs et Arabes se partageaient pour la prière. Lourdement armé, il se posta à l'entrée et tira sur une foule de Palestiniens, faisant vingt-neuf victimes et cent vingt-cinq blessés. Il fut battu à mort par les fidèles en colère.

Était-ce un hasard si, pour commettre son crime, Baruch Goldstein avait choisi ce lieu symbolique acquis quatre mille ans auparavant par Abraham, père d'Isaac et d'Ismaël, pour y enterrer sa femme Sarah ? Espérait-il, par cet acte meurtrier, effacer dans le sang la symbolique poignée de main entre le Premier ministre d'Israël et le chef de l'OLP, gage de réconciliation et de paix entre les enfants des Patriarches ?

Ce fut un choc. Baruch Goldstein a tué en tant que juif. Et moi, en tant que juif, je me suis senti coupable. « Suis-je le gardien de mon frère ? » demande Caïn à Dieu quand Celui-ci l'interroge sur la disparition de son frère Abel. Oui, nous sommes les gardiens de nos frères. C'est d'ailleurs ce que je dis à mes amis musulmans lorsqu'ils s'étonnent que je les exhorte, eux en particulier, à condamner ceux qui tuent au nom d'Allah.

Après cet assassinat à Hébron, j'appelai à un rassemblement place de la République. Nous ne fûmes pas nombreux. Et, pour la plupart, les présents étaient des juifs.

Je téléphonai à Rabin. J'eus Léa.

— Fais attention à Yitzhak, lui dis-je. Il pourrait être le prochain...

— Embrasse Clara, répondit-elle après un court silence, et venez en Israël.

J'appelai Arafat.

— Je sais, me dit-il d'emblée. Je vais calmer les miens.

Le jour même, à Gaza, les militants de l'OLP mobilisés retenaient la foule en colère. Et Yitzhak Rabin téléphona à son ennemi d'hier, Yasser Arafat, pour lui exprimer son regret et celui de tout le peuple d'Israël.

Cela me rappelle la fois où Jean-Paul II m'interrogea sur les aspirations des hommes. « Il leur manque l'espoir », lui répondis-je. Les idéaux laïcs et universels avaient failli. Il ne restait que les religions. Le pape m'écouta puis se prit la tête entre les mains.

— Mais c'est dramatique ce que vous dites là. La religion ne représente qu'un ultime recours. En aucun cas un recours exclusif. Ou alors, nous retournerons aux guerres de religion !

Tant que les peuples du Proche-Orient ne comprendront pas les bienfaits de la paix, ils puiseront leurs espoirs dans la Bible et dans le Coran, le doigt sur la gâchette. Les médias ne parlèrent pas longtemps du meurtre de Baruch Goldstein, qui nous secoua tant Clara et moi. Ils étaient déjà occupés par la guerre d'ex-Yougoslavie qui fit, selon les dernières estimations, 150 000 morts, dont deux tiers de civils, et 4 millions de personnes déplacées. Le conflit se propagea dans la région et, en un an, s'étendit à la Bosnie-Herzégovine. Dans un climat nationaliste fort, le vieux réflexe tribal balaya le rêve d'un vivre ensemble. L'armée yougoslave attaqua Sarajevo, la capitale de la Bosnie, qui venait de déclarer son indépendance. Face aux velléités guerrières de Slobodan Milosevic, président serbe, chaque ethnie, chaque religion, depuis longtemps circonscrites au sein du système communiste, se réveillèrent. Catholiques, orthodoxes et musulmans s'affrontèrent en plein cœur de l'Europe pour la première fois depuis six siècles. Le précédent conflit religieux remontait au temps où les Ottomans s'étaient opposés aux chrétiens des Balkans, sur le champ de bataille de Kosovo Polje, en 1389 !

Face à l'ampleur des massacres, de nombreux intellectuels français se mobilisèrent, Bernard-Henri Lévy en tête. J'en fus. Cependant, contrairement à mes camarades, la dislocation de la Yougoslavie ne m'avait pas réjoui. Les revendications séparatistes se fondaient sur des bases ethniques et religieuses, ce qui, ainsi que le pensait Jean-Paul II, me semblait une régression. Le refus des populations de vivre ensemble annonçait les futurs désastres. Le rêve d'un Stefan Zweig ou d'un Romain Rolland volait pour la deuxième fois en éclats.

Bien sûr, lorsque la guerre fut déclenchée, il était vain de s'opposer aux nationalismes en marche, ces populismes que nous combattons toujours aujourd'hui. Tout intellectuel qui se respectait devait prendre position. La mienne était simple : arrêter le massacre. Je me retrouvai donc pour un temps aux côtés de ceux qui demandaient au président de la République, François Mitterrand, d'intervenir en faveur des musulmans de Bosnie assiégés par les Serbes.

L'ONU envoya 38 000 casques bleus pour protéger les populations civiles et François Mitterrand se rendit à Sarajevo. Et, en mai 1994, à l'approche des élections européennes, les intellectuels français mobilisés par le conflit yougoslave décidèrent de présenter, derrière l'eurodéputé Léon Schwartzenberg, une liste de quatre-vingt-sept candidats : « L'Europe commence à Sarajevo », que l'on appela simplement « La liste Sarajevo ». Mon ami et cardiologue Patrick Aeberhard, dont le nom figurait en cinquième place de cette liste, fut le premier à me parler de l'action lancée par mes camarades.

Vieille histoire, vieux débat. Depuis toujours, je considérais l'intellectuel comme celui qui dénonce et interpelle, à l'image de l'affaire Dreyfus autour de laquelle ce concept était né. Or Émile Zola ne prétendait pas à la place du président Félix Faure ! La société démocratique ne peut, selon moi, fonctionner que si chacun d'entre nous remplit son rôle : le roi règne, le fou du roi le moque, le prophète l'apostrophe. Tant que le pouvoir accepte les objections des intellectuels, la liberté de parole reste sauve. Quand le pouvoir commence à se débarrasser des intellectuels en les envoyant dans des camps de rééducation ou au goulag, c'en est fini de la démocratie.

Cette candidature aux élections, au même titre que celles des partis politiques traditionnels, revenait à mes yeux à trahir le rôle de fou du roi, le mien, le nôtre en somme, et à perdre notre liberté de parole. Aussi, lorsque le 29 mai 1994, un journaliste du *Monde* m'appela pour me demander pourquoi mon nom ne figurait pas sur la liste de Sarajevo, je lui répondis : « Si les intellectuels entrent en politique, qui interpellera ces nouveaux politiques ? » J'ajoutai que, pour ces raisons de fond, et en dépit de l'amitié que je portais à Bernard-Henri Lévy, initiateur de ce projet, et à d'autres membres amis de la liste de Sarajevo, j'avais décidé de retirer mon nom du comité de soutien.

Cette déclaration, parue dans un encadré, fut très remarquée et provoqua une crise au sein du comité Sarajevo. À la suite de ma prise de position, Bernard-Henri Lévy démissionna. Cette aventure mit fin à notre longue amitié.

Cette rupture, je ne l'ai pas voulue. Elle me fit de la peine. Même si je reconnaissais ma faute.

J'avais oublié mon propre principe : donner la chance à la parole. J'aurais dû, là comme ailleurs, parler à mes amis, discuter, écouter. Je ne l'ai pas fait. Bernard-Henri Lévy découvrit ma déclaration comme tout le monde dans le journal. Moi qui prétendais depuis toujours qu'il fallait apprendre à parler à ses ennemis, j'avais omis de parler à un ami. Par manque de temps ? Le journaliste du *Monde* m'avait téléphoné vers 10 heures du matin et le journal était en kiosque à 13 heures. L'argument n'est pas suffisant, je le sais.

Je me suis souvent demandé, depuis, si cette faute – car c'en était une – était la seule à avoir causé la fin de mon amitié avec Bernard. Tout divorce, toute brouille ou séparation est le résultat d'une longue maturation. Lors de son mariage avec Arielle Dombasle un an plus tôt à la Colombe d'or à Saint-Paul-de-Vence, je ne m'étais déjà pas senti à l'aise. J'aimais pourtant beaucoup Arielle, personnage peu banal, inattendu, comme ceux que j'affectionne et qui peuplent les romans. Ceux de Proust par exemple. Mais pourquoi ?

Récemment, quand Bernard organisa une exposition rassemblant cent vingt-six peintres qu'il aimait sous le titre « Aventures de la vérité »(sur les rapports entre art et philosophie) à la fondation Maeght, il oublia Clara. Pourtant, sa revue, *La Règle du jeu*, avait consacré tout un numéro à ses dessins. Il avait lui-même signé une très belle introduction. Sa négligence affecta beaucoup Clara qui décida de ne plus mettre les pieds à la Colombe d'or où nous passions tous nos étés. Pourquoi ne lui ai-je rien dit le jour où je l'ai croisé, fortuitement, dans un train Bruxelles-Paris et qu'il me demanda pourquoi nous ne venions plus à Saint-Paul ? Je ne sais. D'ailleurs, peu de temps après, j'ai appris qu'il avait vendu sa maison et qu'il désertait lui aussi la Colombe d'or...

En amitié comme en amour, tout n'est pas explicable. Pour quelle raison, par exemple, d'un même arbre, un fruit tombe mûr, un autre pourri et le reste doit être arraché à la main ? La kabbale nous enseigne qu'il n'est pas bon de chercher ce qui est caché.

Et le Bien ? Est-il si bien caché que nos médias n'arrivent pas à nous en montrer un seul aperçu ? En ce moment, en Syrie, on tue tous les jours. Et tuer, nous le savons, est défendu. En dehors du travail des ONG, avons-nous vu, sur nos écrans de télévision, ne serait-ce qu'un seul homme portant secours à l'un de ses semblables ?

J'en vois un, enfin ! Au moment où j'écris ces lignes, un djihadiste tue quatre personnes à Trèbes, près de Carcassonne. Le lieutenant-colonel Arnaud Beltrame, qui a volontairement pris la place d'un otage, tombe sous les balles de l'assassin. Pourquoi ce geste ? Courage ou sens du Bien ? Faut-il mourir pour le Bien afin que les hommes découvrent son existence ?

Nous-mêmes, la génération des survivants de la Seconde Guerre mondiale, en parlant de nos morts, en dénonçant sans fin les bourreaux, ne sommes-nous pas co-responsables de l'intérêt qu'on leur porte aujourd'hui ? Il y a peu, notre télévision – je ne me souviens plus sur quelle chaîne – a programmé un reportage sur Hitler où l'on décrit son union avec Eva Braun. Ils s'aimaient. Freud insiste sur ce qu'il appelle la « pulsion de mort » ou Thanatos. Il n'a jamais prétendu par là y mettre fin mais il n'a pas non plus exploré, je crois, cet antidote, la générosité (qui n'est pas l'Éros) et que l'on pourrait aussi nommer « pulsion de bonté, de justice, de solidarité », pulsion qui jaillit d'elle-même comme avant toute forme de raisonnement. Ne serait-ce pas cette pulsion-là qui hante les mystiques ? Pulsion de ce « je ne sais quoi » qui exaltait Jean de la Croix chez les chrétiens et qui, chez les juifs, inspira cette remarque du Zohar (I, 65a) : « Sur ce mystère, tout est fondé. Heureux sont les Justes en ce monde et dans le monde futur. »

Alors, pourquoi la pulsion de mort ? Contre les musulmans, contre les protestants, les tziganes, les homosexuels et tant d'autres. Pourquoi le meurtre contre ceux-ci ou ceux-là, souvent ? Pourquoi le meurtre contre les juifs, toujours ?

Peut-être aurais-je dû m'embarquer, comme tant de mes aînés, dans un voyage initiatique à travers le Mal ? Poser les mêmes questions qui, le plus souvent, restaient sans réponse, en espérant faire mieux qu'eux ? Non ! Je préférais quant à moi m'engager dans la recherche du bien. Prouver son existence. La crier haut et fort. Pourquoi, sinon, tant de combats, tant de sacrifices ? « Ni rire, ni pleurer mais comprendre », écrivait Spinoza. Oui, je rencontrai, au gré de mes pérégrinations, des hommes et des femmes qui faisaient le Bien. Ces êtres que l'on appelle des saints chez les chrétiens et des Justes chez les juifs.

Ce voyage, que j'avais décidé d'entreprendre à l'automne 1993 et dont je ne soupçonnais nullement la destination, commença – et, curieusement, je crois qu'il en est ainsi pour tout voyage – par un lieu connu.

Je me rendis donc à Varsovie, dans cette ville de mon enfance où rien n'avait survécu à la guerre, hormis le cimetière juif de la rue Okopowa. Le cinéaste et ami Andrzej Wajda voulut m'accompagner. Il vint avec l'acteur Wojciech Pszoniak, qui avait si magistralement incarné la figure de Robespierre dans son film *Danton*. Les tombes, massivement détruites par les Allemands et qui avaient servi de gilets pare-balles aux résistants lors de la révolte du ghetto, étaient pour la plupart brisées, coupées en deux, en trois ou, dans le meilleur des cas, ébréchées. Certaines furent ressoudées dans les années 1990 par des chrétiens désireux de réparer l'irréparable. Je les remercie d'avoir essayé de rendre la vie aux morts. Mais, ignorant l'alphabet hébraïque, ils recollèrent les pierres tombales sens dessus dessous... Je pus voir ainsi un « Halvitch » et un « Rabinoter », au lieu de Halter et Rabinovitch... Pszoniak nous parla d'une femme qui fit davantage : elle avait sorti du ghetto plus de 2 500 enfants juifs condamnés à mourir. « Elle s'appelle, dit-il, Irena Sendler. » Un acteur juif, ami de Pszoniak, était l'un de ces enfants. Le soir même, il m'apporta son adresse.

Une minuscule chapelle de la Vierge fraîchement badigeonnée de blanc avait été installée contre la façade d'un immeuble en brique sombre, comme c'est l'usage en Pologne. Je me trouvai à l'adresse indiquée. La cour carrée, délabrée, était entourée, selon une configuration typiquement polonaise, de bâtiments. C'est ici, dans le quartier populaire de Mokotów, qu'habitait Irena Sendler. Au moment où j'écris ces lignes, cette grande dame est déjà morte depuis neuf ans. Grâce au film que j'ai dédié aux Justes, et tout particulièrement à son récit, Irena Sendler est devenue l'exemple même de ces Polonais, minoritaires il est vrai, avec qui chacun, en Pologne, aimerait pouvoir s'identifier aujourd'hui. Elle eut des funérailles nationales.

Quand je l'ai vue pour la première fois, elle logeait dans trois petites pièces de quatre mètres carrés chacune, au deuxième étage sans ascenseur. Elle était alors âgée de quatre-vingt-quatre ans. Impotente, elle ne se déplaçait qu'à l'aide d'un déambulateur. Mais son visage rond, solide, portait encore une expression juvénile. Elle plissait les yeux avec la malice d'une fillette. Ses cheveux blancs étaient coiffés comme ceux d'une écolière des années 1930 : une barrette brillante, juste au-dessus de son front, retenait une mèche lissée avec soin. Je lui demandai pourquoi elle avait risqué sa vie pour des enfants juifs. Elle sourit.

— Tendre la main à quelqu'un qui a besoin d'aide ? Mais c'est normal !

Puis, après avoir pris un thé préparé par sa fille, une femme d'un certain âge elle aussi, Irena ajouta :

— Peut-être aurait-on pu en sauver davantage ? Je me tourmente à cette pensée. On aurait dû en sauver plus encore ! Nous étions jeunes. Nous ne savions pas bien nous y prendre…

Pour Irena Sendler, la raison de son action ne se posait pas. Elle était assistante sociale avant la guerre. Elle avait des amis juifs, une très bonne amie juive, notamment. Et, quand les nazis les enfermèrent dans le ghetto, elle trouva naturel de leur tendre la main. En sauvant tout d'abord leurs enfants. Il fallait bien sûr les sortir du ghetto. Ce qu'elle fit, avec l'aide d'un ami ambulancier. Les nazis craignaient les épidémies. Elle leur soutenait qu'elle transportait des malades contagieux. Pour masquer les pleurs des enfants, arrachés à leur famille, à leur mère, elle avait eu l'idée, avec son ami ambulancier, de faire monter à bord un chien. Quand un soldat les arrêtait, elle lui marchait sur la queue pour que les cris de l'animal couvrent ceux de l'enfant. Ensuite, elle plaçait ces enfants dans des couvents ou chez des particuliers. Toute une chaîne de solidarité. Enfin, il fallait garder un registre de leurs noms et des lieux où ils se cachaient pour pouvoir, après-guerre, les « rendre à leur nation », précisa-t-elle.

En se remémorant ce combat pour la vie, Irena pleurait. J'étais moi-même ému. Troublé. Voilà une situation incroyable ! Lorsqu'on interrogeait les bourreaux, Klaus Barbie ou Eichmann par exemple, coupables de milliers de morts, ils ne montraient aucune compassion, aucun regret. Rejetant au mieux la responsabilité sur les donneurs d'ordres. Les Justes, les sauveurs, les bons, se reprochaient, eux, leur vie durant, de n'avoir pas fait davantage. Mystère. Profond mystère que le sens du Bien.

Pour ceux qui n'ont pas vu mon film *Les Justes*, ni lu mon livre *La Force du Bien*, j'aimerais qu'ils sachent que ces Justes, ces hommes et ces femmes de Bien, existent. Je les ai rencontrés.

Encore un hasard. Le quantième ? Lors du tournage des *Justes* à Cracovie, à soixante-dix kilomètres d'Auschwitz, je croisai Steven Spielberg dans un restaurant juif. Il venait d'achever *La Liste de Schindler*, œuvre majeure consacrée à un Juste, précisément.

— Alors ? Avez-vous trouvé vos *Lamed Vavniks*, vos trente-six Justes ? demanda-t-il.

Spielberg était en compagnie de plusieurs personnes, dont Ben Kingsley, qui joue le rôle du comptable juif Itzhak Stern dans son film. Celui qui est chargé de la liste de Schindler. Je le retrouverais à Prague des années plus tard. Nous présenterons ensemble un concert dédié aux compositeurs juifs déportés à Terezín et assassinés à Auschwitz.

Je ne sais comment, dans ce restaurant de Cracovie, nous en sommes arrivés à parler de la fondation que Spielberg venait de créer dans le but de filmer et d'enregistrer les témoignages de tous les rescapés de la Shoah : la Shoah Foundation for Visual History and Education, qui compte des dizaines de milliers de « mémoires visuelles ».

— Et pourquoi pas une fondation pour rassembler les témoignages des Justes ? Créer la mémoire visuelle du Bien.

— Bonne idée ! s'exclama-t-il. *Do it !* Faites-le !

Bien sûr, je ne pus me lancer dans une telle aventure. Je n'avais ni les moyens de Spielberg, ni ses soutiens. J'ai essayé, pourtant. Mais c'est ainsi : le Bien mobilise moins que le Mal, moins que la dénonciation du Mal. On parle quand même des Justes, mais pas assez. Il y a aujourd'hui un mur des Justes au mémorial Yad Vashem de Jérusalem. Et un autre au mémorial de la Shoah à Paris. Des milliers de noms gravés dans la pierre, pour l'histoire. Enfin, une salle est consacrée à Irena Sendler au musée de l'Holocauste de Los Angeles.

Quant à moi, je continue de rêver à un bâtiment en pierre blanche, sous une coupole aussi blanche que celle du Vatican ou du musée du Livre à Jérusalem, éclairé jour et nuit : une sorte de Panthéon entièrement dédié à la mémoire des

Justes. « Mieux vaut allumer une seule et minuscule chandelle, dit le dicton chinois, que de maudire l'obscurité. »

Je continue donc de rêver. Ah, si un tel lieu pouvait être édifié quelque part dans le monde ! J'y présenterais aux visiteurs, en guise d'accueil, le court dialogue que j'ai filmé avec le vieux Selahattin Ülkümen. Cet homme était consul de Turquie à Rhodes à l'époque de l'occupation nazie. Pour sauver les juifs qui habitaient l'île depuis toujours, et qui étaient condamnés à mort par Hitler, comme leurs semblables, il distribua des passeports turcs et batailla ensuite avec la Gestapo, au risque d'être arrêté à son tour, pour protéger ces « Turcs » dont il se sentait responsable.

— Pourquoi avez-vous fait ça ?

Étonnement sur son visage ridé.

— Mais c'était normal ! Je suis musulman !

Je viens de penser que, en attendant que ce Panthéon du Bien soit érigé, nous pourrions passer cet extrait de mon film dans toutes les écoles de la République.

Les Justes furent présentés en France en novembre 1994. Et en février 1995, mon film ouvrit la partie documentaire du festival de Berlin. Il présentait également l'action d'Allemands qui sauvèrent des juifs, 5 000 rien qu'à Berlin, sous le nez d'Hitler. Aussi, après la projection, un jeune homme se leva – il y avait beaucoup de jeunes dans la salle – et me posa une question qui semblait tarauder la plupart de ses camarades :

— C'était donc possible ?

— Oui, répondis-je.

— Et qu'ont fait nos parents ?

— À vous de le leur demander.

Le lendemain, le grand quotidien allemand *Die Welt* posa la question à ses lecteurs : « Dans une situation comparable, qu'auriez-vous fait ? » Ce jour-là, à la demande du public, les responsables du festival acceptèrent un débat, modifiant par conséquent leur programmation.

À mon retour de Berlin, je retrouvai Clara plongée dans *La Conscience de Zeno* d'Italo Svevo. Chose inattendue, le personnage central de ce livre, Zeno Cosini, profondément désespéré et indécis, la faisait rire aux larmes. Voilà un homme amoureux d'une femme nommée Ada Malfenti, mais qui, parce que incapable de prendre une décision, épouse sa sœur Augusta, sans l'aimer. Né à Trieste, ville cosmopolite que je trouve pour ma part plutôt triste, Zeno ne sait décidément pas qui il est. Italien, allemand, autrichien ou juif ? Et, comme la plupart d'entre nous, il se laisse porter par l'histoire au lieu d'en être l'acteur. Ou d'essayer. Le Don Quichotte de Cervantès définit joliment l'homme indécis comme celui qui laisse refroidir la soupe entre l'assiette et sa bouche.

On ne peut pas dire que Hersz, le père de Clara, homme de petite taille plongé, comme mon oncle d'Argentine, dans un pantalon trop grand pour lui, était une personne indécise. Le lendemain de la mort de sa femme, il se suicida. Pendant des années, il s'était occupé de la défunte, malade et, à sa disparition, il se trouva brusquement sans but. Se suicide-t-on pour exister ?

Nous nous rendîmes Clara et moi en Israël, où ses parents habitaient, pour l'enterrement. Comment Clarita vécut-elle ces moments ? Je ne sais. Nous n'en avons jamais parlé. En vérité, je ne lui ai jamais dit comment son père s'était donné la mort. Il s'était pendu.

Nous revînmes en Israël trente jours plus tard, pour les *chlochim*, la clôture de la période de deuil. Bernard Fixot, P-DG des éditions Laffont, ayant retrouvé dans les dossiers de Robert le projet de l'autobiographie de Yasser Arafat, se proposa de nous accompagner et de profiter de notre séjour en Israël pour nous rendre à Gaza où s'était installé, après les accords d'Oslo, le président de l'Autorité palestinienne.

Bernard Fixot est un homme plutôt grand, au regard clair et aux cheveux tout blancs. Il se tenait au courant de la vie intellectuelle parisienne et aimait en parler. Ce fut un détail sans importance qui me frappa en premier chez lui : il portait sa montre dans la poche extérieure gauche de sa veste, là où l'on place souvent une pochette. Montre à l'ancienne, attachée par une chaînette en argent à sa boutonnière. Tchekhov, pour qui les détails étaient tout, en aurait certainement tiré une belle histoire.

J'appelai donc Arafat à Gaza pour lui annoncer notre arrivée. Il était en réunion, Souha me rappela. Elle paraissait heureuse de sa nouvelle fonction de « première dame ».

— Je parle souvent au téléphone avec Hillary Clinton ! m'annonça-t-elle fièrement.

Ce 2 mai 1995, je crois, Clara, Bernard, son épouse Valérie-Anne – la fille de l'ancien président Valéry Giscard d'Estaing – et moi nous rendîmes à Tel-Aviv. Nous arrivâmes à la tombée du jour et nous installâmes à l'hôtel Dan, face à la mer. Son propriétaire, Micky Federman, un fidèle, nous faisait toujours des prix d'amis : sa « participation » à notre combat pour la paix dans la région. Le lendemain matin, Clara et moi louâmes une voiture pour nous rendre à Kfar Sirkin, communauté agricole coopérative (un *moshav*) située à l'est de Tel-Aviv, où habitait son frère Amnon et où ses parents étaient enterrés. Bernard et Valérie-Anne, quant à eux, avaient envie de visiter Tel-Aviv.

Chaque fois que je me trouve dans un cimetière, je me demande si j'aimerais y reposer. Comme s'il s'agissait d'une ville où l'on aimerait s'installer. Le cimetière de Kfar Sirkin était paisible, verdoyant, lumineux. Il me fit penser à celui de Bazoches-sur-Guyonne près de Paris, où mon ami Pierre Viansson-Ponté est enterré et où, d'ailleurs, il me proposa un jour une parcelle de terrain. Je préférais, lui dis-je, acheter ma propre parcelle, comme Abraham dans la Bible. Je fais partie de ces hommes qui, n'ayant pas de propriété de leur vivant, veulent, ne serait-ce que par-delà la mort, avoir au moins une chose à eux.

Le 4 mai au matin, nous prîmes la route de Gaza. J'avais prévenu les autorités israéliennes par le biais de leur ambassade à Paris. Aussi nous passâmes la frontière sans encombre. Du côté palestinien, une escorte de six motards nous attendait. Ils arboraient sur leurs guidons de petits drapeaux palestiniens et français. C'est ainsi que nous entrâmes dans la ville de Gaza, comme une délégation officielle de la République française.

Souha, adorable, nous attendait sur le perron de la villa du président. Elle était enceinte. Elle devait accoucher trois mois plus tard en France. Quand nous entrâmes, Bernard Fixot s'en souvient encore, Yasser Arafat, un tournevis à la main, réparait la climatisation.

— J'aime faire travailler mes mains, nous expliqua-t-il. Comme en politique, c'est plus rapide quand on fait les choses soi-même.

Il nous invita à nous installer sur des canapés bas encadrant une table, basse elle aussi, qui ployait sous le poids des fruits et des sucreries. Et, se tournant vers Clara :

— Vous avez vu, lady Clara, cette fois, Souha est vraiment enceinte ! La dernière fois, ça n'a pas marché.

Il paraissait heureux.

— Vous allez voir Rabin ? me demanda-t-il.

— Peut-être.

— Dites-lui de se méfier. Nous sommes tous les deux en danger. J'ai moi-même fait doubler le nombre des gardes autour de la résidence. Vous, vous vous battez pour la paix, mais tout le monde ne l'aime pas !

Et, après un court silence :

— Dites-lui aussi que j'ai été touché par son coup de fil après la tuerie du tombeau des Patriarches.

Il posa ensuite quelques questions sur Valéry Giscard d'Estaing à Valérie-Anne. Puis nous parlâmes de son livre, l'histoire de sa vie. Le projet l'intéressait. Il promit les premières pages rapidement mais il ne les envoya jamais. Je le soupçonnais d'être plus passionné par la télévision que par la littérature. D'ailleurs, dans son bureau, comme chez la plupart des dirigeants arabes, la télévision était allumée en permanence. Quand un visiteur arrivait, on ne l'éteignait pas. On baissait seulement le son.

Nous parlâmes aussi de Sartawi qui venait d'être assassiné au Portugal. Arafat voulait engager sa fille Nadia au Conseil législatif palestinien. Enfin, nous dînâmes. Souha avait invité quelques dirigeants palestiniens. Chacun se prétendait être l'un des « fous de la paix » du livre coécrit avec Éric Laurent. Bernard Fixot était ravi.

Nous rentrâmes à Tel-Aviv tard dans la nuit. Le lendemain matin (je me suis toujours levé très tôt), j'étais seul pour le petit déjeuner. Jean Frydman me rejoignit. Une vieille connaissance. Il me faisait penser à Dov Biegun, mon parrain du temps où j'étais peintre. Plutôt petit, comme celui qui avait voulu faire de moi un second Picasso. Et, comme lui, Frydman s'était engagé dans la Résistance. Arrêté en 1944, il s'évada d'un train Drancy-Buchenwald qui l'amenait à la mort. Après la guerre, il se lança dans l'audiovisuel dont il fut l'un des pionniers en France. Il est l'un des cofondateurs d'Europe 1. Il connaissait tout le monde. Comme Dov Biegun, il attendait que quelqu'un écrive sa biographie.

Quand j'ai rencontré Jean Frydman, j'étais déjà écrivain. Je venais de publier *La Mémoire d'Abraham*. Homme des médias, il aurait aimé s'en occuper. Produire, par exemple, un film à partir de ce roman. Il était convaincu que l'histoire de cette famille juive qui avait traversé les siècles aurait pu faire une belle série.

L'après-midi de ce 5 mai 1995, il nous fit visiter, à Clara et à moi, une maison qu'il était en train de construire en bord de mer, à Herzliya, à côté de celle de Haïm Weizmann, président de l'État d'Israël dans les années 1950. La maison était vaste, bien placée. Je crois qu'il aurait voulu me l'offrir, en échange des droits sur mon livre. Mais posséder un bien m'angoissait. Mon père avait pris soin de me répéter, toute sa vie, que notre seul bien était une valise...

Bref, nous ne prîmes pas la maison. Jean acquit les droits du livre *Ô Jérusalem* de Lapierre et Collins et en fit un film avec Élie Chouraqui. Quelques années avant cette rencontre à Tel-Aviv, il avait produit *De Nuremberg à Nuremberg*, documentaire exceptionnel de Frédéric Rossif.

Nous nous revîmes par la suite à Paris où il s'est lié d'amitié avec Yves Montand, Kouchner, Strauss-Kahn...

Bernard Fixot avait des rendez-vous à Paris. Nous rentrâmes le soir même. J'eus juste le temps d'échanger quelques mots au téléphone avec Yitzhak Rabin. Nos derniers mots.

Arafat n'écrivit donc jamais de livre. Quant à Gaza, j'y retournerais, mais bien après sa mort, en mai 2009. La ville était alors sous la coupe du Hamas.

Les femmes. Elles font aujourd'hui la une de l'actualité. Elles se révoltent, manifestent, dénoncent. Montaigne disait que les femmes avaient raison de se rebeller contre les lois que les hommes font sans elles.

Les femmes appartiennent-elles, selon la division établie par Philip Roth, à cette part de l'humanité qui écoute ou à celle qui n'écoute pas ? Personnellement, j'ai toujours trouvé des oreilles plus attentives auprès de mes interlocutrices qu'auprès de mes interlocuteurs. Ce n'est pas parce qu'elles n'ont rien à dire mais parce qu'elles ont compris, mieux que les hommes, que, pour être entendues, il faut savoir écouter.

Je pense tout d'abord à Clara, bien sûr. Mais aussi à celles avec qui j'ai eu une relation particulière à un moment donné. Et aussi à celles dont la séduction intellectuelle a suffi à assouvir mon ego. Heureusement que la relation homme-femme ne se résume pas au sexe.

Parmi mes amies femmes de l'époque, avec lesquelles j'aimais discuter, il y avait Christine Albanel. Nous avons fait connaissance au début des années 1990, je crois. Conseillère du président

Jacques Chirac, elle travaillait alors sur le discours qu'il devait prononcer à l'occasion de la commémoration de la rafle du Vél d'Hiv. J'admirais, chez Christine, sa grande vélocité d'esprit. Mais aussi sa discrétion et son sourire qui encourageaient ses interlocuteurs à se dépasser. Nous nous retrouvions le plus souvent pour déjeuner au Récamier, face à la salle de réunion où nous avions accueilli les dissidents soviétiques.

Lors de cette première rencontre, nous parlâmes des juifs, bien entendu, puisque le texte du discours qu'elle devait proposer au président les concernait. La capacité des juifs à se souvenir l'interpellait. Les mots « souviens-toi » figurent cent soixante-neuf fois dans la Bible.

— Mais se souvenir de qui, de quoi ? demanda-t-elle.

— Se souvenir que le Mal existe, qu'il a été, jadis, personnifié par la tribu nomade des Amalécites, commandée par Amalek, petit-fils d'Esaü. Qu'il peut, demain, prendre un autre nom et un autre visage. Le souvenir est une prévention, une assurance-vie. Mais la Bible veut-elle que « les méchants meurent » ? Non, elle préfère qu'ils reconnaissent leurs fautes et qu'ils vivent. Le Talmud enseigne que « là où se tient l'homme qui a fait *techouva* [repentance], même les Justes parfaits ne sauraient tenir » (Béreshit Rabba 34 b).

Le 16 juillet 1995, j'étais donc là, parmi d'autres, aux côtés de Simone Veil, dans le square de la place des Martyrs juifs du Vélodrome d'Hiver, sous le pont Bir-Hakeim, près de la Seine. À deux pas de la rue Nélaton où se trouvait, quand je suis arrivé en France, le stade vélodrome où se tinrent, de 1910 à 1931, de nombreuses courses cyclistes, puis, après-guerre, des tournois de boxe, des épreuves équestres, du patin à glace et des meetings politiques… Ce lieu, je l'appris plus tard, était aussi le symbole de la déportation des juifs de France par la milice française. Joseph Losey en a fait une reconstitution saisissante dans son film *Monsieur Klein*, avec Alain Delon.

Ce jour-là, donc, le 16 juillet 1995, Jacques Chirac prononça le discours préparé par Christine Albanel. Elle s'était placée près de l'orchestre de la Garde républicaine, discrète, comme d'habitude, quelques feuillets dactylographiés à la main. Le président de la République était le premier depuis la guerre à reconnaître la faute : « Oui, la folie criminelle de l'occupant, dit-il avec force, a été secondée par des Français, par l'État français. » Je saisis le regard de Christine. « (…) le 16 juillet 1942, poursuivit Jacques Chirac, (…) dans la capitale et en région parisienne, près de 10 000 hommes, femmes et enfants juifs furent arrêtés à leur domicile » par « 450 policiers et gendarmes français ». Et Jacques Chirac conclut par cette phrase qui marquera l'histoire : « La France, patrie des Lumières et des droits de l'homme, terre d'accueil et d'asile, ce jour-là, accomplissait l'irréparable. Manquant à sa parole, elle livrait ses protégés à leurs bourreaux. »

Enfin, cela était dit ! Je fus heureux que le texte de Christine ait pu inspirer le président de la République, faisant de lui ce Juste dont parle le Talmud, et content que ce fût précisément Jacques Chirac, avec qui je partageais une passion pour la littérature russe. Nous aurions plus tard l'occasion de partager cette passion à plusieurs reprises, au cours d'initiatives que nous menâmes, lui et moi, en Russie.

Reconnaître les crimes est une bonne chose, mais il faut aussi continuer à les combattre. Parce que Amalek renaît toujours de ses cendres, attirant toujours de nouveaux adeptes : « Le crime, dit le Coran (VI, 122), s'embellit aux yeux des pervers. » Et les pervers ne manquent pas.

Une semaine après la cérémonie du Vél d'Hiv, un attentat terroriste épouvanta la France. Une bombe, posée à la station du RER B de Saint-Michel, fit huit morts et cent dix-sept blessés. L'attentat fut attribué au Groupe islamique armé (GIA). Et moi qui faisais, pendant ce temps, la promotion de mon livre *La Force du Bien* !

Au début du mois d'octobre, je reçus un coup de fil de Jean Frydman. Il nous invitait Clara et moi à Tel-Aviv pour une manifestation qui devait marquer le deuxième anniversaire de la signature des accords de paix entre Israéliens et Palestiniens. « sera un événement fort, fit-il au téléphone. Et, si nous sommes nombreux place des Rois d'Israël, ce sera la meilleure des réponses à tous ceux qui continuent de dénigrer les accords de paix et d'insulter Rabin. »

Le rassemblement devait avoir lieu le 4 novembre. Je ne sais plus pourquoi nous n'avons pas pu nous y rendre. Jean Frydman avait tenu à ce que Rabin y prononce un discours. Léa n'était pas chaude. Elle m'appela. Je ne savais que lui conseiller : montrer au monde que le peuple d'Israël était pour la paix avait son importance. Dire tout fort qu'il soutenait Rabin aussi. Pour ce qui était de sa présence ?

La foule était impressionnante. Les organisateurs comptèrent 200 000 personnes. Rabin parla. Clara et moi suivîmes son intervention à la télévision. Il avait l'air heureux. Nous l'entendîmes même chanter *Chir ha-shalom*, le Chant de la paix. Puis... Puis, au moment où il rejoignit sa voiture, trois coups de feu retentirent. Un jeune fanatique juif, Yigal Amir, venait de tirer plusieurs balles dans le dos du Premier ministre. Je me souviens du cri que nous poussâmes Clara et moi. Comme si nous avions senti les balles pénétrer notre corps. Après Sadate, c'était encore un ami qui disparaissait, frappé par le fanatisme. Le dieu de la paix avait-il tant besoin de sacrifices humains ?

Au cimetière du mont Herzl à Jérusalem, ils étaient tous là pour l'enterrement du prix Nobel de la paix israélien : le président égyptien Moubarak, successeur de Sadate, le roi Hussein de Jordanie, des chefs d'État et de gouvernement, tous nos amis « fous de la paix »... Enfin, le président américain Bill Clinton qui conclut son allocution par *Shalom haver*, « Au revoir, ami ».

Beaucoup de discours ce jour-là. Mais celui qui fit pleurer la planète entière fut prononcé par une jeune fille rousse, la petite-fille d'Yitzhak Rabin, Noa. Des mots simples, bouleversants. À peine avait-elle fini de parler, Bernard Fixot m'appela. Il avait pleuré, comme nous tous, en l'écoutant. Et, en bon éditeur, il se demandait s'il était possible d'obtenir d'elle un livre sur son grand-père. Je lui promis de poser la question à Léa.

Je laissai passer la *shiv'ah*, les sept jours de deuil réglementaires suivant le décès, et appelai la maison de Rabin. Léa décrocha. Sa voix était encore remplie de larmes.

— Quel homme est comme lui ? soupira-t-elle.

Je lui proposai de la rejoindre avec Clara et un ami, mon éditeur, pour la fin des *chlochim*.

— Venez, dit-elle simplement, Clara et toi faites partie de la famille.

Au cours des quatre mille ans de l'histoire juive, l'assassinat d'Yitzhak Rabin n'avait qu'un seul précédent : l'homicide de Guedalia, gouverneur de la Judée en 586 avant notre ère. Au lendemain de la destruction du premier Temple et l'exil vers Babylone d'un grand nombre de Judéens déportés par le roi Nabuchodonosor II, Guedalia ben Ahikam, fut désigné pour redonner un souffle au pays meurtri. C'était un esprit réaliste et fort. On l'accusa de brader le pays à l'étranger. Il fut assassiné par un certain Ismaël ben Netanyah. Choqué par ce crime et encouragé par le prophète Jérémie, le peuple instaura un jeûne en souvenir du gouverneur exécuté : le jeûne de Guedalia. On l'observe toujours au lendemain de la nouvelle année juive.

Mais, après l'assassinat de Rabin, nul jour de jeûne ou de commémoration n'a été proclamé. Pourquoi ? Les juifs d'aujourd'hui seraient-ils moins sensibles que leurs ancêtres aux vertus pédagogiques de leur propre histoire ?

On a beaucoup écrit à propos de l'assassinat de Rabin, comme sur le meurtre de Sadate. La question, que nous connaissons bien en France, est toujours la même : Yigal Amir était-il un « loup solitaire » ? Un illuminé ? Ou a-t-il été instrumentalisé par des idéologues, des politiques qui eux n'ont jamais été poursuivis ? Et Dieu, dans tout cela ? Certains prétendent tuer en son nom. À ceux-là, Dieu a répondu par avance : « Tu ne tueras point. » Et, pour ceux qui n'auraient pas compris tout de suite, le Talmud et le Coran (V, 32) précisent : « Celui qui a tué un homme qui n'a commis aucune violence sur terre, ni tué, est considéré comme ayant tué tous les hommes. » Les balles de Yigal Amir, par conséquent, nous tuèrent tous d'une certaine manière. Et la paix à coup sûr. Il fallait tout recommencer.

Ils étaient tous là, comme dans la chanson de Charles Aznavour. La famille proche, la famille lointaine et de nombreux amis qui entraient et sortaient par la porte largement ouverte de l'appartement, plutôt modeste, des Rabin. Sur les murs, sur les étagères de la bibliothèque, des photos encadrées : Rabin regardant Léa, Rabin serrant la main d'Arafat, Rabin avec sa petite-fille Noa, Rabin en tenue militaire pénétrant, aux côtés des généraux Dayan et Narkiss, dans la vieille ville de Jérusalem par la porte des Lions, Rabin jeune avec une pelle au kibboutz...

Au milieu de ce brouhaha, Noa, en larmes ; Dalia, sa mère, partageant avec quelques amis son projet de créer, aux côtés de Yitzhak Mordechaï qui venait de quitter les rangs de Tsahal après trente-trois ans de service, un nouveau parti centriste ; enfin Yuval, le frère de Dalia, revenu d'Amérique pour le discours de son père. Chacun, alors, se demandait comment relancer le combat pour la paix au sein d'une société bouleversée par la violence inouïe d'un tel acte.

— J'étais dans la foule ce jour-là, nous raconta Yuval en anglais pour que Bernard et Valérie-Anne comprennent, j'étais loin de la tribune. Je n'ai même pas entendu le coup de feu qui a visé mon père. Il m'a fallu quelques minutes pour apprendre et comprendre ce qui venait de se passer.

Sa femme, qui servait le café, acquiesça. Leurs enfants couraient à travers l'appartement. Quant à Léa, elle ne décolérait pas. Elle avait la beauté de Judith de la Bible s'apprêtant à décapiter Holopherne, général de Nabuchodonosor II et ennemi juré d'Israël.

— Les ennemis d'Israël ? fit-elle. Je vais vous les montrer.

Elle s'absenta et revint avec quelques photos de manifestants opposés aux accords de paix. Sur les pancartes qu'ils brandissaient, on pouvait voir Rabin en djihadiste, keffieh sur la tête, et même en nazi, moustache à la Hitler et brassard orné d'une croix gammée…

— Vous voyez ces hommes, s'insurgeait-elle, on connaît leurs visages et leurs noms. Pourtant on ne les poursuit pas pour apologie de la haine !

Quand Léa parlait, tout le monde se taisait. Une onde de désespoir traversa la pièce. Que dire ? Nous étions tous là pour pleurer Yitzhak.

D'autres hommes, d'autres femmes arrivèrent. Nous dérivions dans la pièce, au gré du mouvement des convives. Noa vint nous rejoindre.

— À cause du divorce de mes parents, raconta-t-elle, j'ai passé la majeure partie de mon enfance avec mes grands-parents. Yitzhak me conduisait à l'école maternelle, il m'a appris à jouer aux échecs à l'âge de trois ans, c'est lui qui m'a acheté mes premières robes chez Marks & Spencer ! Il m'a même appris à faire la distinction entre une jupe droite et une jupe à plis. Ça lui a paru drôle mais il l'a fait !

Valérie-Anne et Bernard Fixot étaient émus, impressionnés, même s'ils ne comprenaient pas tout car, le plus souvent, la conversation se déroulait en hébreu et Clara, qui servait d'interprète, n'arrivait pas à résumer toutes ces confidences, tous ces souvenirs et ces débats qui s'entrecroisaient et se superposaient dans un bourdonnement feutré. À la tombée du jour, les visiteurs partis, Léa nous pria de rester dîner. Nous attendîmes le dessert pour soulever la question du livre.

— Noa accepterait-elle d'écrire sur son grand-père, de raconter ses souvenirs, simplement, comme elle l'a fait devant nous ? Peut-être pourrait-elle également parler d'Israël, où elle est née, et de la paix avec les Palestiniens, cette paix qu'Yitzhak a tant défendue et pour laquelle il a donné sa vie ?

Noa semblait consentante. Parler de son grand-père, lui donner, à travers les mots, un second souffle, la motivait. En revanche, sa mère Dalia n'était pas très enthousiaste. « Écrire un livre ne s'improvise pas », dit-elle. Bernard Fixot lui expliqua que tout éditeur accompagne ses auteurs, y compris des écrivains professionnels, et que rien ne serait publié sans son autorisation. Mais Dalia craignait que ce projet ne détourne sa fille de ses études. « Et puis, elle risque de prendre la grosse tête. »

Léa trancha, comme d'habitude :

— Clara et Marek sont des amis. S'ils pensent que c'est bon pour la mémoire d'Yitzhak et si Noa est d'accord, je ne vois pas de raison de nous y opposer.

Le livre parut en 1996 sous le titre *Au nom du chagrin et de l'espoir*. Je n'aimais pas particulièrement ce choix mais cela ne l'empêcha pas d'avoir beaucoup de succès.

Au début du mois de mars, je sortais de chez un ami, pressé. J'avais une émission sur France Culture et j'étais en retard. Par-dessus le marché, ma voiture ne démarrait pas. Un couple de passants me proposa de l'aide. La femme me conseilla de mettre le contact. Son mari et elle allaient me pousser. La voiture ne bougea pas. La femme proposa alors de s'asseoir à ma place et me laissa pousser le véhicule avec son mari. « Vous avez l'air plus fort que moi. » Sous notre pression conjointe, le moteur se mit à tousser. Je ressentis quant à moi une forte douleur dans la poitrine. J'annulai mon émission et rentrai à la maison en taxi. Puis j'appelai Patrick Aeberhard, mon ami et cardiologue. Il arriva quinze minutes plus tard. Il m'ausculta et demanda à Clara de préparer quelques effets pour l'hôpital.

Il me conduisit au Centre cardiologique du Nord où il exerçait et dont il était l'un des fondateurs. Après avoir examiné les résultats des analyses de sang et les images, l'équipe se mit d'accord : on devait m'opérer. D'urgence. On me donna le choix entre plusieurs chirurgiens. Tous connus. Je choisis le Pr Iradj Gandjbakhch, chef du service de chirurgie cardiaque à la Pitié. À cause de son accent.

Il était d'origine iranienne et avait une tête plus que sympathique. Un regard bienveillant et rassurant. Quant à ses compétences, elles valaient celles des autres.

On me transporta en ambulance à la Pitié. J'avais, paraît-il, les artères bouchées et l'opération s'imposait. Clara accourut. Au bloc, l'anesthésiste voulait me faire raser la barbe, ce que je refusai. Le professeur Gandjbakhch m'expliqua qu'on allait m'ouvrir la poitrine pour accéder aux artères et que la présence d'un seul poil dans la plaie suffisait à provoquer une infection. Son argument était valable. Mais j'en avais un autre. Je lui expliquai que je ne me connaissais pas sans barbe, du moins depuis quelques décennies. Au réveil, me voir imberbe pourrait provoquer une autre crise cardiaque. Les infirmières rirent. Ce que je disais était peut-être drôle, mais pas idiot. Patrick, en bon camarade, me soutint. Clara ne savait quoi dire. Pour elle, avec ou sans barbe, l'important était que je reste en vie.

Le chirurgien finit par me proposer un compromis. Il allait envelopper mon visage avec des bandages, me momifier, en quelque sorte. « Ainsi, dis-je, je serai déjà paré pour l'éternité. » Aujourd'hui, pendant que je raconte cet épisode, pourtant grave, de ma vie, il résonne en moi comme une grosse blague. D'ailleurs, ce jour-là, à mes côtés, chacun riait. Ce fut un triple pontage. Gandjbakhch avait la réputation d'être le meilleur « couturier » de sa profession. Il recousit ma poitrine de manière magistrale. La cicatrice était à peine visible.

L'annonce de mon opération fit le tour de mes amis. Ils se mirent à téléphoner l'un après l'autre à Clara pour prendre de mes nouvelles. Parmi eux, Raghid el-Chammah, l'homme que Souha Arafat nous avait présenté. Et, comme il insistait pour savoir s'il pouvait se rendre utile, Clara, seule chez nous pendant ma convalescence, lui dit qu'elle avait une voiture (réparée depuis) mais pas de chauffeur. Elle-même ne savait pas conduire et elle se rendait à l'hôpital tous les jours, parfois même la nuit. En taxi. Le lendemain, un homme se présenta à notre domicile, rue des Minimes. Il s'appelait Farah Mahfoud. Il était syrien et venait de la part de Raghid el-Chammah. « Je serai votre chauffeur, fit-il simplement à Clara, avec son accent proche-oriental. M. Raghid m'a payé d'avance pour six mois. » Vingt et un ans après, il est toujours là.

Quelques années plus tard, le professeur Gandjbakhch, qui entrait à l'Académie de médecine, me demanderait de faire son discours d'introduction. Ce qui fut pour moi un honneur. Cela me permettra de partager, avec les grands médecins et chercheurs de notre pays, mes observations sur leur profession en tant que patient. Le corps médical français était plus que compétent. Les médecins connaissaient leur métier mais, selon moi, ils ne savaient pas parler. Or si, dans la vie, savoir parler à l'autre est essentiel, en être capable avec un malade est primordial. Pourquoi, demandai-je, n'apprend-on pas aux étudiants en médecine à communiquer ? Il y eut une époque où l'on guérissait les patients rien qu'avec des mots ! Si l'on en croit les Évangiles, on les ressuscitait même, dis-je sous les applaudissements. Mes remarques ce soir-là à l'Académie de médecine ne feront apparemment pas pour autant évoluer le langage de nos spécialistes…

Vers la mi-avril, j'étais de retour à la maison. Je reçus alors une visite surprise de l'abbé Pierre.

Je pensais qu'il était venu s'enquérir de ma santé. Pas du tout. Il n'en parla même pas. Il avait besoin de mon soutien. À cause de sa solidarité avec Roger Garaudy, qui venait de publier *Les Mythes fondateurs de la politique israélienne*, livre fortement négationniste, l'abbé avait été exclu de la Licra et critiqué publiquement par notre ami commun Bernard Kouchner.

— Toi seul peux témoigner de mon amitié pour le peuple juif, dit-il. Encore que, ajouta-t-il aussitôt, il est critiquable, comme tous les peuples.

Et, voyant sur ma table une Bible, il s'en saisit et l'ouvrit au chapitre Josué, à la fin de l'Exode.

— Regarde ! Regarde ! Après Jéricho, Josué a bien détruit les villes d'Aï, de Makéda, de Livna, de Lakish et d'Églon ! Il passa tous les habitants au tranchant de l'épée, ne laissant aucun survivant ! N'est-ce pas un génocide ?

J'éclatai de rire.

— L'abbé, l'abbé, tu parles d'événements qui ont eu lieu il y a 3 500 ans ! Réveille-toi ! Au Moyen Âge, les croisés ont massacré tous les habitants de Jérusalem, mahométans ou juifs, sans laisser de survivants. Cela ne te révolte pas ? Quant à ton ami Garaudy, il parle lui d'aujourd'hui et met en doute la Shoah. Ne m'as-tu pas toi-même dit comment tu avais essayé de sauver des juifs sur le point d'être déportés et brûlés dans les fours crématoires ?

La discussion s'envenima. L'abbé Pierre était déchiré entre sa fidélité à Garaudy et la brutalité de l'histoire.

— Mais, finit-il par lâcher, le débat sur la Shoah est tout de même possible !

— Est-ce qu'un débat sur la nuit de la Saint-Barthélemy serait, selon toi, acceptable aujourd'hui ?

Roger Garaudy fut condamné pour contestation de crime contre l'humanité et incitation à la haine raciale. L'abbé Pierre, dans un mot qu'il m'envoya quelques jours après cette rencontre inattendue, s'excusa pour les propos qu'il avait tenus et me rappela que ses actions contre les persécutions des juifs avaient précédé et motivé son engagement dans la Résistance. Cette controverse me laissa pourtant un goût amer. « Même l'abbé Pierre », dis-je à Clara.

Quand, dix ans plus tard, l'abbé mourut, j'eus pour lui une pensée émue, comme quand on perd un frère. Le 26 janvier 2007, j'étais là, juste derrière Jacques Chirac, dans la cathédrale Notre-Dame de Paris, pour lui rendre un dernier hommage.

Ah, la chronologie ! La mémoire ne la respecte guère. Les souvenirs surgissent par analogie. Près d'un an après mon opération du cœur, il m'arriva une aventure peu banale. « Effrayante », selon Clara. Les deux adjectifs reflètent bien l'événement. En bref, en novembre 1996, la Fête du livre de Toulon décida d'attribuer son prix à l'ensemble de mon œuvre. J'en étais heureux, pas plus. Les prix littéraires sont comme les Légions d'honneur. J'ai été décoré par deux fois : François Mitterrand m'a remis l'insigne de chevalier, Nicolas Sarkozy celui d'officier. Mais je ne porte ni médailles ni rosette. Pourtant, si je ne les avais pas reçues, je me sentirais dépité.

Mais voilà. Le maire de Toulon, Jean-Marie Le Chevallier, membre du Front national, provoqua un esclandre : non seulement il n'avait pas l'intention de me remettre ce prix mais il publia un communiqué par lequel il affirmait que je n'étais pas le bienvenu dans sa ville. Il n'aimait pas, précisait-il, les « écrivains cosmopolites ». Le prix devait être, selon lui, destiné aux Français. Pire, il réclama un recours d'urgence pour ôter à l'organisation de la manifestation la subvention votée par le conseil municipal ! Tout cela parce que la Fête du livre avait pris une décision inopportune à mon égard.

La réaction du maire de Toulon fut ressentie, par la plupart des médias et de la classe politique, comme une provocation. D'autant qu'une femme écrivain, une écrivaine dirait-on aujourd'hui, dont j'ai oublié le nom, partagea, dans une tribune publiée par le journal *Le Monde*, l'avis de Jean Le Chevallier : ce prix, selon elle, devait soutenir prioritairement la littérature française. Et, apparemment, je n'en faisais pas partie. Scandale. Interrogé à la télévision, je partageai mon malaise avec les téléspectateurs. Voilà un pays dont j'avais embrassé la langue et la citoyenneté et où l'on ne voulait pas de moi, pas davantage que dans les pays où j'avais été persécuté.

Un comité de soutien se constitua. Un grand nombre d'écrivains français s'engagèrent en ma faveur. On organisa des manifestations à travers la France et le célèbre journaliste Guillaume Durand concocta – brillante idée médiatique – un face-à-face entre le maire de Toulon et moi. Ce débat battit tous les records d'audience.

Le hasard, encore et encore. Le Petit Larousse nous apprend qu'il est la cause imprévisible et souvent personnifiée attribuée à des événements fortuits ou inexplicables. Nous voilà prévenus. Ainsi, à peine ai-je écrit son nom sur le papier que Guillaume Durand m'appelle : il tient à m'inviter sur Radio Classique où il anime la matinale. Je lui rappelle notre émission de télévision d'alors.

Vingt et un ans déjà ! Il s'en souvient et je crois qu'il est plutôt flatté que je relate cet épisode dans mes Mémoires.

Ma mésaventure toulonnaise fit le tour du monde. Roger Cohen en fit un très beau papier dans le *New York Times*, repris à la une de l'*International Herald Tribune*.

Pour résumer : le préfet du Var, Jean-Charles Marchiani, assigna la ville de Toulon devant le tribunal administratif de Nice, « pour avoir annulé abusivement sa subvention à la Fête du livre et annulé l'hommage qui devait être rendu à l'écrivain Marek Halter ». Quant aux organisateurs du festival, ils décidèrent de maintenir la cérémonie officielle, en présence du ministre de la Culture de l'époque, Philippe Douste-Blazy, non à Toulon mais à Châteauvallon, dans les environs, au Théâtre national de la danse et de l'image. À sa tête, une personnalité très populaire et, comme on dit, « engagée » : Gérard Paquet. Plusieurs écrivains, la majorité des membres de l'académie Goncourt, les anciens ministres de la Culture Jack Lang et François Léotard, des comédiens, des peintres, se proposèrent de m'accompagner. Coup de théâtre : François Pinault m'appela personnellement pour me proposer son avion privé ! Propriétaire des Fnac, il programma même un événement dans l'enseigne toulonnaise dans le but de narguer le maire sur son propre terrain !

Harcelé de toutes parts, ce dernier, en accord avec son mentor Jean-Marie Le Pen, pensait avoir trouvé une parade à la grogne qui montait contre le FN dans le pays. Il allait remettre le prix à une personnalité adorée des Français : Brigitte Bardot. Elle venait de publier son autobiographie sous le titre évocateur *Initiales B. B.* Ce scoop me valut un coup de fil de la star en personne :

— Ici Brigitte, fit-elle simplement.

Rien qu'au son de sa voix, je revis en accéléré les scènes de *Et Dieu... créa la femme* de Roger Vadim. Les entretiens qu'elle donna lors de la promotion de ce film me revenaient en tête eux aussi. Pour moi, sa hardiesse et sa volonté provocatrice d'affirmer sa féminité faisaient d'elle la première vraie féministe d'après-guerre en France, le précurseur de toutes les associations pour les droits de la femme qui ont vu le jour depuis. Son coup de fil, donc, m'a plus qu'ému. Il m'émerveilla.

— Je suis malheureuse, poursuivit-elle de son timbre inimitable. Le maire de Toulon m'a contactée : sa ville souhaite me remettre son prix littéraire. J'étais sur le point d'accepter quand un ami m'a fait remarquer que ce prix vous était à l'origine destiné. Que penseriez-vous, ajouta-t-elle avec l'intonation d'une petite fille qui aimerait obtenir une sucette, de le partager ? Cela ne serait-il pas « mignon » que nous allions tous les deux à Toulon, main dans la main ?

Cette vision, elle et moi arrivant à l'improviste devant le maire frontiste, main dans la main, me fit rire. Elle ne comprit pas tout de suite le sens de mon hilarité. « Généralement, lui expliquai-je, deux personnes se présentent main dans la main devant le maire pour se marier... Le problème, poursuivis-je, ne réside pas dans le prix lui-même mais dans l'attitude du maire de Toulon. » Juif, né en Pologne, je n'étais pas, selon lui, un écrivain français. Qu'était donc devenue la France des Lumières, cette terre d'asile qui faisait rêver des millions de persécutés ?

En insistant sur l'attitude abjecte de Chevallier, je comptais bien toucher, chez elle, une corde sensible. Elle avait vécu avec le merveilleux acteur Sami Frey, homme qu'elle avait profondément aimé, et que j'aimais moi aussi. Toute la famille Frey avait été raflée par la milice française pendant l'Occupation, lors de la rafle du Vél d'Hiv que Jacques Chirac avait publiquement et magnifiquement dénoncée le 16 juillet 1995. Prévenue par le concierge de l'immeuble, la mère de Sami l'aurait, selon Brigitte Bardot, caché dans un panier à linge avant l'arrivée des miliciens. Après l'arrestation de tous les juifs de l'immeuble, le concierge vint chercher le garçonnet et le confia à sa grand-mère qui le protégea jusqu'à sa propre déportation. En 1943, Sami réussit à rejoindre un oncle et une tante à Rodez. Aurait-elle accepté l'idée, demandai-je à Brigitte Bardot, qu'on refuse à Sami Frey un prix parce qu'il n'était pas un Français « de souche » ?

Brigitte m'écouta en silence, sans m'interrompre. J'entendais son souffle au bout du fil. Puis elle me demanda une heure de réflexion. Elle me rappela pour me lire le communiqué qu'elle s'apprêtait à rendre public et par lequel elle se solidarisait avec moi, refusant de se substituer à un écrivain rejeté parce que juif.

— Aimez-vous la tarte aux pommes ?

— Oui, ma mère m'en faisait quand j'étais petit.

— Alors venez à Bazoches et partageons celle que j'ai cuisinée moi-même !

— Je suis en train de dîner avec Clara, dis-je.

— Alors, venez avec Clara ! Tant pis !

Pourquoi n'ai-je pas accepté son invitation ? Je l'ignore. Bazoches, je connaissais. C'est là qu'habitait mon ami Pierre Viansson-Ponté. C'était à une demi-heure de Paris. Était-ce parce que nous devions partir très tôt le lendemain pour Toulon ? Jusqu'à aujourd'hui, je regrette de n'avoir pas répondu à cet appel, laissant ainsi Brigitte Bardot seule avec sa tarte aux pommes, dans sa maison de Bazoches.

Le communiqué de Brigitte Bardot fut repris par la presse à travers le monde.

L'accueil à Châteauvallon valait celui de Soncino. Mais ce n'était point le retour d'un juif du XVe siècle qui fut applaudi, mais celui d'un juif français de fraîche date qui n'avait pas ployé sous la pression de l'antisémitisme ordinaire.

Les discours prononcés alors firent l'objet d'un fascicule publié par les éditions de l'Aube et vendu par centaines de milliers d'exemplaires. Il est vrai qu'il ne coûtait que 32 francs, soit un peu plus de 6 euros.

Clara passe son temps à dormir. Même quand on la change. Même quand on la lave. Biba a allumé la radio pour qu'elle écoute mon entretien avec Guillaume Durand. Elle dort toujours. De retour, je fais venir le coiffeur à la maison pour qu'il refasse sa coupe et une couleur. Clara a toujours pris grand soin de ses cheveux et j'ai à cœur qu'elle se voie belle dans le miroir que nos charmantes aides-soignantes lui tendent de temps à autre. Qu'elle ne se voie pas décrépie. Surtout pas mourante. Je continue à lui lire les pages de ce livre. Je crois qu'elle ne m'entend plus. Les doigts de ses mains sont crispés. Elle a des difficultés à les ouvrir, à les étendre. J'introduis l'un de mes doigts dans sa main fermée. Elle le serre très fort, comme si elle voulait me faire savoir qu'elle sait.

Combien de temps pourra-t-elle encore lutter contre la mort ? Nos amis ne téléphonent plus pour prendre de ses nouvelles. La mort effraie. Pour moi, le combat continue et, de toutes mes forces, je tâche de la préserver de ce départ sans retour.

Fin octobre 1997, nous suivîmes Lionel Jospin en Russie où il devait, avec son homologue russe Viktor Tchernomyrdine, présider la commission mixte franco-russe. Le soir, après la réunion, je l'ai emmené avec toute la délégation à l'université d'État de Moscou pour qu'il s'adresse aux étudiants du Collège universitaire français, plus de 2 000 jeunes. Auparavant, nous montâmes au dixième étage de l'imposant bâtiment où le recteur Sadovnichy recevait les insignes de commandeur de la Légion d'honneur.

Dans le vaste bureau du rectorat, tous les doyens étaient réunis. Y compris le ministre de l'Éducation russe. Mon ami Victor Antonovich était radieux. Les discours et la vodka nous firent oublier l'heure. Les étudiants nous attendaient dans le grand amphithéâtre du rez-de-chaussée. Nous nous répartîmes dans plusieurs ascenseurs. Manque de chance, celui dans lequel nous nous trouvions, Clara, Hubert Védrine, alors ministre des Affaires étrangères, Dominique Strauss-Khan, ministre de l'Économie, Victor Sadovnichy et moi, s'arrêta en route. Un peu d'affolement, sonnette d'alarme, quelques blagues de Dominique Strauss-Khan pour dérider, en vain, Clara qui commençait à s'angoisser… « C'est, comme on dit, dans le retard que gît le péril. » Ah, le bon sens de Don Quichotte !

Quand nous arrivâmes enfin dans l'amphithéâtre, Lionel Jospin parlait déjà. Les discours que nous avions préparés, Sadovnichy et moi, passèrent à la trappe. Heureusement, Lionel, toujours droit, toujours fidèle, s'interrompit pour nous saluer : « Je suis là grâce à Marek et voilà que c'est moi qui l'accueille. » Rires des étudiants. Je montai sur l'estrade pour rendre compte de notre mésaventure.

Après la conférence de Jospin et le jeu de questions-réponses très prisé par les jeunes Russes, notamment face à des dirigeants politiques, j'emmenai la délégation, des membres du gouvernement pour la majorité, dîner au café Pouchkine. Andreï Dellos, propriétaire de ce lieu, nous prépara un accueil triomphal : à notre arrivée, tous les clients du restaurant se levèrent et entonnèrent *La Marseillaise*. Sentimental, Jospin avait les lunettes embuées. Soudain, réalisant que Dominique Strauss-Khan manquait à l'appel, Jospin, affolé, me demanda de prévenir la police.

— Il ne connaît pas un mot de russe !

Je le rassurai. Dominique se débrouillait très bien en anglais et trouverait toujours un Russe pour le comprendre. D'ailleurs, il me semblait l'avoir vu converser avec l'une de nos étudiantes, grande, blonde, aux jambes interminables. Pour Jospin, puritain, ce n'était pas une excuse.

À table, Clara se retrouva à côté d'un jeune conseiller chargé de la communication du Premier ministre : Manuel Valls. Un homme vif d'esprit, déterminé, tant dans ses idées que dans ses gestes, réservé et agressif à la fois. Ils sympathisèrent aussitôt. Manuel Valls me faisait penser à Escamillo, le toréador du *Carmen* de Bizet. Je lui confiai mon impression. Il applaudit et m'avoua qu'il était d'origine catalane avant de se lancer dans le récit de sa famille : ses parents, républicains, étaient arrivés en France après la guerre civile, son père, peintre connu, était un proche du célèbre Tàpies. Coïncidence ! J'avais moi-même, durant ma vie d'artiste, croisé les deux hommes à la galerie Claude Bernard à Paris.

D'autres invités prirent part au dîner : l'ambassadeur de France Hubert Colin de Verdière, Mikhaïl Tsivine, ainsi que mon comparse Georges Polinski, fondateur d'Europa Plus, la première radio post-soviétique émise sur les ondes FM... Jospin regardait sa montre et continuait à s'angoisser sur le sort de Dominique Strauss-Khan.

À la fin du repas, après avoir porté plusieurs toasts, nous joignîmes nos voix à celles des clients du restaurant, répartis sur trois étages de balcons plongeant sur la grande salle du rez-de-chaussée, passant en revue leur répertoire de chansons françaises. Piaf était sans aucun doute leur favorite, suivie de Gilbert Bécaud et du Russe Vladimir Vyssotski qui avait composé une tripotée de chansons en français pendant son mariage avec la comédienne Marina Vlady.

Nous rentrâmes à l'hôtel à 2 heures du matin, enroués et fatigués. Le protocole nous avait réservé une chambre, à Clara et moi, à l'hôtel National, juste en face du Kremlin. Clara trouvait l'établissement plus sympathique que le Metropol, un peu vieillot à son goût. Le lendemain matin, au petit déjeuner, nous retrouvâmes Dominique Strauss Khan plutôt satisfait.

Depuis des années, Clara et moi étions installés dans le Marais, au cinquième étage sans ascenseur. Après l'accident de Clara en avril 2015, j'avais aménagé, pour faciliter ses déplacements, notre atelier du premier où je passai le plus clair de mon temps auprès d'elle, plongé dans mes Mémoires. Attentif à tout bruit provenant de sa chambre et appliqué à retranscrire les moindres de mes souvenirs, j'avais totalement oublié Pâque, Pessah, pourtant ma fête préférée. Pâque est l'affirmation du lien imprescriptible qui unit les juifs et la liberté. La fête pendant laquelle on rappelle aux enfants que l'homme qui accepte l'esclavage ne peut être juif tandis que l'est quiconque combat l'idolâtrie.

Quelques années en arrière, Clara et moi avions pris l'habitude d'organiser le repas de Pâque, le *séder,* à la maison. Quarante à cinquante personnes partageaient alors les mets que je préparais moi-même conformément aux différents symboles de la première révolte des esclaves dans l'histoire de l'humanité : l'Exode hors d'Égypte. Simone Veil et son fils Pierre-François aimaient beaucoup ce moment convivial où l'histoire ancienne côtoyait l'histoire récente et où l'on réapprenait, chaque fois, tout ce que nous pensions connaître.

D'une année à l'autre, autour de la table, les convives changeaient. À part quelques fidèles : le cardinal Lustiger, Paul Ricœur, Edgar Morin, Philippe Sollers, Jacques Julliard et Michel Winock. Chacun tâchait de paraître le plus savant quant aux origines de cette fête. Essayant de démêler la part avérée de la part mythique. La date de cet événement, même, était débattue. Avait-il eu lieu sous le règne de Ramsès II ou de Thoutmôsis III ? Deux siècles séparaient pourtant ces deux pharaons !

Pour les chrétiens, Pâques se réduit à la Cène, le repas pascal, qui n'est autre que la Pâque juive, et, bien sûr, à la résurrection du Christ. Quant au Coran, il y consacre une grande partie de sa sourate V, 21.

Depuis la maladie de Clara, nous n'avons plus rien organisé. Nous vivons au jour le jour. Or, perdre le sens de la tradition revient à ne plus suivre l'histoire. C'est en faisant des achats au Monoprix que je remarquai une étagère remplie de paquets de *matzot,* les galettes azymes de Pâque. La fête approchait et je l'avais oubliée. David le médecin, le frère de Clara, me persuada de passer la soirée chez lui avec toute sa famille. Je m'aperçois que je ne connais même pas l'appartement où sa femme Jacqueline et lui vivent depuis des années ! Et si peu leurs enfants. Nous n'étions pas, Clara et moi, très attachés à la famille. Cela dit, Clara aimait beaucoup son frère. Il habite avec sa femme à côté du lac de Créteil, au huitième étage d'un gratte-ciel, au cœur d'un petit îlot de tours résidentielles. Sur les murs de leur appartement dont ils sont très fiers, je découvre quelques-uns des tableaux que je leur ai offerts il y a un siècle. Toute la famille est là : enfants, petits-enfants, copines et copains respectifs, chacun engagé dans la vie, chacun ayant une opinion sur le monde, sur la politique de notre gouvernement… Moins sur la fête de Pâque. Personne ne pose la question rituelle – « Pourquoi cette nuit est-elle différente de toutes les autres ? » – que je posai à mon grand-père Abraham juste avant le début de la guerre du haut de mes quatre ans. Et lui de me répondre par ces mots qui marquent le début de ce magnifique récit : « Parce que nous étions esclaves en Égypte. »

Jacqueline avait préparé les plats comme il faut. La famille préféra la nourriture au récit. Mais ne dit-on pas que la tradition se perpétue le plus souvent à travers la gastronomie ? David et Jacqueline pensaient me distraire en m'invitant. Or je me suis rarement senti aussi seul. Clara manquait à la fête. Emmanuel, le fils aîné, me raccompagna en voiture.

Clara dormait. Ada, qui la gardait ce soir-là, aussi. Dans ce silence de la nuit où rôde l'imprévu, une voix surgit de mon portable : un message d'Anne Hidalgo, maire de Paris. Elle s'inquiétait pour Clara. Une amie. Et une femme qui sait écouter. Le jour de notre première rencontre, j'avais même fait l'hypothèse de notre judaïté commune, ce dont elle se souvient jusqu'à maintenant. Ses grands-parents andalous, m'avait-elle dit, avaient l'habitude d'allumer des bougies chaque vendredi. Sans doute étaient-ils marranes, ces juifs convertis au christianisme au XVe siècle.

Revenons à mes Mémoires. De retour de Moscou, c'était, je crois, au début du mois de novembre 1997, Clara me rappela que nous avions prévu un déjeuner à la brasserie Lipp avec Michel-Antoine Burnier. Je l'avais totalement oublié.

Pris dans les embouteillages, nous arrivâmes en retard au restaurant. Michel-Antoine nous attendait en compagnie de son comparse Patrick Rambaud. Ils étaient en train de picoler et Patrick expliquait à leurs voisins de table qu'on devait « lire les classiques en hiver et les livres d'histoire en été, parce qu'on avait plus de temps ».

Michel-Antoine et Patrick avaient une idée à me soumettre : publier un mensuel franco-russe afin de renforcer notre présence en Russie. L'idée était séduisante. À la fin du repas, l'équipe était déjà composée : Michel-Antoine serait le rédacteur en chef, Clara s'occuperait de la culture, le futur secrétariat de la rédaction serait dévolu à la femme de Michel-Antoine, Cécile Romane, et les chroniques à Luc Ferry et Patrick Rambaud. Quant à moi, je devenais directeur de la rédaction et Philippe Robinet, directeur administratif. Quand je pense que, cette même année, Rambaud recevait le Grand Prix du roman de l'Académie française et le prix Goncourt pour son livre *La Bataille* ! Robinet, lui, allait devenir un éditeur inventif.

J'étais donc de retour à la case départ : édition, encre, presse... Le père de Bernard Kouchner, qui publiait des revues médicales, nous mit en relation avec son imprimeur. Concevoir un magazine bilingue n'était pas une tâche simple. Il fallait inventer une mise en pages assez attrayante, mais aussi suffisamment claire pour que le lecteur s'y retrouve. Grâce à l'équipe que Michel-Antoine forma, nous avions, je crois, réussi notre pari. Le premier numéro de nos *Nouvelles françaises* – c'est ainsi que nous baptisâmes notre « progéniture » – s'écoula à plus de 100 000 exemplaires. Il faut reconnaître que ces exemplaires avaient, pour la plupart, été distribués gratuitement. Dans les avions à destination de la Russie, notamment, avec le soutien d'Air France. Nous couvrions les frais de production grâce à la vente de pages de publicité. En tenant entre mes mains le premier exemplaire sorti de sous la presse, et en humant l'odeur de l'encre d'imprimerie fraîchement déposée, j'eus une pensée émue pour mon ancêtre Gabriel Halter de Strasbourg qui avait, pour sa part, créé l'une des premières imprimeries juives à Soncino.

Bilingue et joliment illustré, notre magazine donnait l'impression aux Russes de lire en français, et inversement. Il fut très commenté dans les médias. Et comme le disait avec raison mon vieil ami Vladimir Jankélévitch : l'aventure est aux aventureux. Elle garantit une succession d'événements qui enrichissent et donnent un sens à l'événement initial, justifiant l'appellation d'« aventure » elle-même.

Nous étions en train de préparer le deuxième numéro des *Nouvelles françaises* avec Jacques Derrida, Jean Tulard – qui prétendait que les Russes aimaient Napoléon – et Hélène Carrère d'Encausse, quand je fus contacté par Jean-Luc Lagardère. Il venait de lancer l'hebdomadaire féminin *Elle* en russe et souhaitait s'entretenir avec moi au sujet de l'avenir des médias dans ce pays, compte tenu du difficile recrutement de journalistes correspondant au profil souhaité par son groupe. Nous nous rencontrâmes à son bureau rue de Presbourg, près de la place de l'Étoile à Paris. Je le trouvai intéressant. Avec le recul, je dirais même visionnaire. Il avait déjà prévu le rôle décisif de la haute technologie dans la transmission du savoir. Quand il en parlait, son œil, sous ses épais sourcils grisonnants, s'allumait. Il se dit prêt à m'aider à la création d'une faculté de journalisme au sein de notre Collège à Moscou. En attendant, nous nous mîmes d'accord pour y ouvrir une bibliothèque du nom de Louis Hachette. Ce fonds joue, aujourd'hui encore, un rôle dans la vie de nos étudiants. Dans cette salle adjacente à la bibliothèque Lomonossov, mieux agencée que sa voisine russe et dotée d'ordinateurs très performants, ils préparent leurs thèses et leurs travaux de recherche.

Notre publication franco-russe donna un coup de fouet à nos deux Collèges. Federico Mayor, alors directeur général de l'Unesco, me proposa même l'instauration d'une chaire transculturelle dédiée à la philosophie de la paix.

En cette fin d'année 1998, tout s'accéléra. Federico Mayor avait rendez-vous avec le tout nouveau Premier ministre russe, Ievgueni Primakov, et il m'invita à l'accompagner. De mon côté, je lui offris de s'adresser à nos étudiants. La rencontre fut mouvementée. Les jeunes Russes ne comprenaient pas pourquoi l'Occident n'aidait pas plus leur pays. Le mur de Berlin n'était-il pas tombé depuis plus de dix ans ? La Russie ne faisait-elle pas partie de l'Occident, du moins sur le plan culturel ?

En France, l'Unesco est considérée comme un « machin », selon l'expression du général de Gaulle à propos de l'ONU. En revanche, pour la plupart des pays émergents, l'ONU étant trop politisée (juge et partie), l'Unesco est une sorte de « Mur des lamentations » vers lequel on se tourne en cas de nécessité.

Biochimiste, ancien sous-secrétaire du ministère espagnol de l'Éducation et de la Science, Federico Mayor fut ravi de la salve de revendications de nos étudiants. Il promit beaucoup, sans certitude de concrétisation.

Primakov était un gros bonhomme souriant, doté d'un grand sens de l'humour. Mais on sentait qu'il pouvait, au besoin, devenir méchant. Je l'avais croisé une fois au Caire, en 1969. Il était alors correspondant de *La Pravda*. Et, accessoirement, espion (ce que nous apprîmes a posteriori). Il parlait arabe, ce qui lui facilita la tâche. Quand je le rencontrai à Moscou, le Proche-Orient l'intéressait toujours et il m'interrogea sur les coulisses des accords d'Oslo et sur leur avenir après l'assassinat d'Yitzhak Rabin. Federico Mayor s'excusa. Il avait d'autres rendez-vous. Primakov me pria de rester. Je profitai de l'occasion et l'interviewai pour *Les Nouvelles françaises* ainsi que pour le *Journal du Dimanche*.

En sirotant du *chaï*, thé noir à la russe, il m'avoua avoir dirigé le KGB pendant des années. Il était juif. « Juif du Caucase », précisa-t-il. Durant sa longue carrière aux renseignements, il avait pu constituer des archives sur la plupart des personnalités intéressées par le conflit israélo-arabe, moi compris.

Il avait une passion pour les négociations secrètes, « les seules à être efficaces », selon lui.

Et, puisque nous étions dans la confidence, je lui parlai de mon dernier livre, *Les Mystères de Jérusalem*, qui devait paraître dès mon retour à Paris. Mon premier thriller.

Je me rends compte aujourd'hui, en reconstituant le récit de cette journée à la « maison blanche » de Moscou, ainsi que l'on appelait le siège du gouvernement russe, que le scénario que j'avais tissé devançait le *Da Vinci Code* de Dan Brown. Au cœur des deux intrigues : la quête d'un manuscrit dérobé (à la bibliothèque Lénine de Moscou dans *Les Mystères de Jérusalem*) qui passait de main en main (au gré des guerres, perdues ou gagnées, au Proche-Orient).

Deux éléments m'intéressaient particulièrement dans ce livre. La connivence entre hackers palestiniens et israéliens, d'abord, qui, travaillant ensemble à la recherche d'un groupe terroriste en possession de ce manuscrit, prouvait que la paix entre les deux peuples était possible. Et Jérusalem, la ville que je préférais entre toutes et que je me plus à faire découvrir à mes lecteurs. Ma technique : monter à la terrasse de l'hôtel King David – qui fut dynamité en juillet 1946 par un commando juif de l'Irgoun dans la guerre contre l'occupation britannique – et, de là, apercevoir les coupoles des mosquées, celle du dôme du Rocher et celle d'Al-Aqsa, les tours des synagogues, les églises orthodoxes et catholiques, entendre cinq fois par jour l'appel du muezzin, le son des cloches et le chant des prières juives. Toutes les religions s'entremêlent à Jérusalem. Tout comme les dissensions, la haine et la violence.

Primakov écouta ma description lyrique de la ville sainte en silence.

— Et ce manuscrit ? demanda-t-il.

Je lui promis de lui faire porter un exemplaire de mon livre dès qu'il serait traduit en anglais.

À Paris, Bernard Fixot m'attendait, impatient. Il avait une idée promotionnelle inédite pour *Les Mystères de Jérusalem* : inviter plusieurs journalistes français en Israël, sur les traces de mes personnages.

— On descendra tous à l'hôtel King David, fit-il, et, de la terrasse, on découvrira la ville !

C'était une riche idée, en effet, mais, pour pouvoir effectuer ce voyage, il fallait laisser passer les fêtes de Roch Hachana (la nouvelle année juive) et de Kippour (le jour du Grand Pardon).

Roch Hachana : nous ne pouvions quand même pas organiser cette fête tous les ans à Matignon ! Nous reprîmes donc, en attendant notre voyage en Israël, le projet que nous pensions lancer avant l'initiative de Lionel Jospin : faire de Roch Hachana une fête populaire, à la manière des Loubavitch (les ultra-orthodoxes), mais version laïque. Le préfet de Police nous autorisa, ce jour-là, à fermer la rue au trafic. Nous plaçâmes devant notre porche un orchestre klezmer, à l'image des musiciens itinérants qui peuplèrent mon enfance. Impressionné par sa rencontre avec l'ensemble Zimro à New York en 1919, Prokofiev consacra à cette musique son *Ouverture sur des thèmes juifs*. Mon ami Roland Bijaoui, alors gérant d'un restaurant flottant sur une péniche amarrée quai de la Seine, près du pont de Bercy, installa un buffet dans la cour de notre immeuble que nous avions décorée d'une bâche imprimée du mot « paix » calligraphié par Clara dans plusieurs langues, et des plantes apportées par tous les amis invités à la fête.

À notre grande surprise, dès 16 heures, c'était un dimanche, la rue s'était remplie. Des photographes et des caméras de télévision en pagaille ajoutaient de l'importance à l'événement. Les violonistes Ivry Gitlis et Anne Gravoin, future épouse de Manuel Valls, se joignirent à l'orchestre. Au fil des années, notre fête accueillera des présidents et des ministres, gauche et droite confondues, et bien sûr des écrivains, des proches, des connaissances. Denis Olivennes, qui deviendra le patron de Lagardère Active, venu avec Jorge Semprún et Yasmina Reza, m'émut. Il avait, me raconta-t-il, passé toute son enfance face à l'un de mes tableaux accroché devant son lit. Bien des années plus tard, il s'intéressa à sa signature : son père Armand l'avait acheté dans les années 1960. Il faisait partie, avec son frère, le psychiatre Claude Olievenstein, d'un groupe de juifs progressistes qui avait décidé de me « collectionner » – je soupçonne que c'était, à l'instar du père de Bernard-Henri Lévy, pour m'aider à vivre et à militer. Jusqu'à aujourd'hui, nous continuons à évoquer cette époque avec Denis lors de nos rencontres dominicales au Café de Flore.

Parmi les invités à notre fête de Roch Hachana, il y avait aussi, bien sûr, des acteurs, des chanteurs, Patrick Bruel en tête, Gad Elmaleh, Pierre Arditi, Michel Boujenah, des chefs d'entreprise, des anonymes, juifs et non juifs, l'archevêque de Paris Jean-Marie Lustiger, le recteur de la Grande Mosquée de Paris Dalil Boubakeur, le président de la Fédération protestante de France Jean-Arnold de Clermont, des ambassadeurs... Clara, rayonnante, officiait avec son amie Sonia Rykiel. C'était grandiose.

Le calendrier juif se présente comme une invitation au voyage. Un voyage recommencé, d'année en année, depuis des siècles, même parcours, même nombre de haltes. Selon le Talmud, « tout est prévisible », mais Dieu a laissé à l'homme la liberté de choisir. À lui, donc, de remplir le temps entre les escales.

Le calendrier hébraïque est un calendrier lunaire. La date de la nouvelle année juive ne correspond pas au nouvel an du calendrier grégorien. Roch Hachana peut arriver au mois de septembre, parfois au mois d'octobre. Jésus, par exemple, est né d'après la Bible en l'an 3760 après la création du monde. Pour ma part, je crois que la date proposée par les juifs pour marquer la création du monde correspond plutôt au Déluge que l'on retrouve dans toutes les traditions et dans la plupart des histoires de l'époque. C'est aussi la date de la première alliance entre le Créateur et ses créatures, par l'intermédiaire de Noé. Le monde est détruit, le monde revit.

Dans mon souvenir d'enfant, Roch Hachana est la fête de la blancheur. À la synagogue, blanche était la tenture protégeant l'arche sainte, blanches les nappes recouvrant le lutrin et blanches celles qui enveloppaient les rouleaux de la Torah. Le seul bruit admis ce jour-là, et qui me trotte encore dans la tête, était le son du *chophar*, la corne de bélier, en souvenir de celui qu'Abraham offrit en sacrifice à la place de son fils Isaac. En bout de course, l'odeur d'une *hallah*, brioche ronde aux raisins, à peine sortie du four et ce goût de la pomme trempée dans le miel afin que l'année à venir soit bonne et douce.

Le nom d'Abraham domine la fête de la nouvelle année juive.

Ma mémoire d'enfant mêle la figure du patriarche à celle de mon grand-père qui m'emmenait à la synagogue le matin de Roch Hachana. Je me rappelle combien j'étais fier de marcher à ses côtés et de voir le respect avec lequel les hommes que nous croisions le saluaient. « Puissiez-vous être inscrit pour une heureuse année ! » lui souhaitaient-ils. Dieu portait ainsi l'inscription de chacun dans l'un de ses Grands Livres : le Livre de la vie. La rue était en fête.

Revenons à l'année 1999. Le lendemain de Yom Kippour, qui vient huit jours après Roch Hachana, nous prîmes l'avion pour Israël. Bernard Fixot avait convié une belle brochette de journalistes : plusieurs de *Paris Match*, dont le directeur d'alors Alain Genestar, des rédacteurs du *Figaro*, du *Parisien*, de *Libé*, d'*Elle*, de *L'Express*, ainsi que les écrivains Luc Ferry et Jacques Duquesne qui venait de publier un livre sur Jésus.

Tout ce beau monde descendit à l'hôtel King David et, à peine leurs bagages déposés dans leur chambre – qui toutes donnaient sur la vieille ville –, se précipita sur la terrasse, comme le héros des *Mystères de Jérusalem*, pour humer l'odeur d'une histoire plusieurs fois millénaire.

Ils étaient donc tous là, les yeux rivés sur le passé, comme Chateaubriand avant eux, et je présumais qu'ils pensaient déjà aux articles, aux reportages qu'ils publieraient à leur retour. Mais aimeraient-ils pour autant mon livre ? En parleraient-ils ? Travaillé par ces questions, je les laissai se débrouiller avec l'histoire et descendis dans le hall. Ariel Sharon sortait d'un salon adjacent.

Bien qu'il fût très controversé en France, j'avais une profonde affection pour cet homme à l'allure de boxeur. Il était à l'époque ministre des Affaires étrangères dans le gouvernement de Benjamin Netanyahu. Critiqué par la gauche israélienne, c'est pourtant lui qui, de manière unilatérale, ordonnera, en 2005, le désengagement de Gaza, laissant ses territoires à l'administration palestinienne. Il fit sortir l'armée israélienne et employa même la force pour déloger les colons israéliens installés en périphérie.

Nous nous étreignîmes.

— Que fais-tu ici ?

Je lui parlai de mon livre et d'Arié, le chef de police (je m'étais inspiré de lui pour brosser le personnage).

— Veux-tu partager le petit déjeuner avec nous demain ? lui demandai-je. Tous ces journalistes admirent les juifs et critiquent Israël. Toi seul peux leur donner la réplique.

Sharon appartenait encore à cette génération de juifs soucieux de l'avis des autres et toujours prêts à s'expliquer. Aussi accepta-t-il ma proposition sans sourciller.

Cet événement, qui n'était pas au programme, enthousiasma nos amis. Et, comme le bourreau de « La rue des Blancs-Manteaux », la chanson de Jean-Paul Sartre, ils s'étaient levés tôt et avaient passé la nuit à aiguiser leurs propos. Le matin, ils étaient prêts. Face au général, chacun essaya de montrer aux autres la pertinence de ses questions et le courage de les avoir posées. Mais Sharon, en boxeur expérimenté, rendit coup sur coup. À un moment, tout en riant, il leur demanda s'ils avaient exprimé le désir de prendre le petit déjeuner avec lui pour obtenir des informations ou pour lui offrir un aperçu de l'état d'esprit des anti-Israéliens en France. Mes amis eurent l'air embarrassés.

Ce voyage marqua notre petite délégation. Chaque journaliste détailla son expérience dans les pages de son journal, comme je l'avais imaginé. Personne n'oublia mon livre. *Les Mystères de Jérusalem* se vendit bien, mais pas assez à mon goût. Je n'étais pas devenu le nouveau John le Carré – que je connus grâce à Iris Murdoch qui préfaça la traduction anglaise de mon livre.

Le plaisir du départ égale rarement celui du retour. D'autant que, à chaque retour, une nouvelle aventure m'attendait. Celle-là commença par un mot de Christine Albanel. Elle voulait me voir d'urgence. « L'an 2000 approche, me dit-elle, et Jacques Chirac cherche un événement fort et symbolique pour marquer le passage du deuxième millénaire. » Je lui promis d'y réfléchir et de revenir vers elle rapidement.

J'en parlai à Clara. « Un mur pour la paix, fit-elle spontanément. — Pourquoi un mur ? — Les murs jouent un rôle important dans l'histoire : la muraille de Chine, le mur occidental à Jérusalem, le mur de Berlin… Personne n'a encore pensé à un mur gravé du mot paix dans toutes les langues… »

L'idée, a priori, me parut belle. Un monument de ce genre nécessitait un architecte et un lieu pour l'accueillir. Clara pensa à Jean-Michel Wilmotte qui avait, à Tourrettes-sur-Loup, admiré ses écritures. Je l'appelai. Il vint le lendemain à notre atelier. Alors commença une nouvelle saga, la saga du Mur pour la Paix qui se poursuit jusqu'à aujourd'hui.

Jean-Michel Wilmotte dessina le projet, en discuta avec Clara, redessina. Le monument se présentait comme un pavillon en acier et en verre. Clara tenait à sa transparence. Sur les volumes de verre, elle avait choisi de graver le mot « paix » en trente-deux langues et seize alphabets. En prévision de ce travail, elle prit rendez-vous avec les ambassadeurs des pays concernés afin qu'ils la renseignent sur l'orthographe et la prononciation du mot « paix » dans leur langue et qu'ils vérifient l'exactitude de sa calligraphie. Clara demanda également à Jean-Michel de prévoir, dans les parois en acier du monument, des interstices, à l'instar du Mur des lamentations à Jérusalem, pour que les visiteurs puissent y introduire leurs vœux de paix. Nous nous mîmes d'accord avec La Poste, partenaire du projet, pour qu'un facteur vienne relever les messages toutes les semaines.

Je déposai le dossier enfin prêt à Christine. Une semaine plus tard, nous nous retrouvâmes tous à l'Élysée, dans le bureau de Jacques Chirac. Heureux comme un enfant, il essaya de deviner la langue de chaque mot. Il misa juste, ce qui le rendit de bonne humeur. Il voulut savoir si nous avions déjà l'idée d'un lieu pour ériger ce monument. Pas facile, compte tenu de sa taille (neuf mètres de hauteur, seize mètres de longueur et treize mètres de largeur). Clara proposa l'esplanade des Droits de l'homme au Trocadéro, entre le théâtre de Chaillot et le musée de l'Homme, face à la tour Eiffel. Tout un symbole. Le président suivit la proposition de Clara. « Cela rehaussera la portée symbolique de la Tour. » Puis il demanda à Christine de nous organiser une rencontre avec le maire de Paris. Jean Tiberi s'enthousiasma immédiatement et mobilisa son collaborateur Bernard Bled, commissaire général de la mission Paris 2000.

Nous visitâmes ensemble le lieu proposé par Clara et Jean-Michel fit réaliser une maquette du monument dans son environnement, la tour Eiffel en fond. Clara était aux anges. Mais, après une étude de faisabilité réalisée par les architectes de Paris, on se rendit compte que l'édifice était trop lourd pour l'esplanade, soutenue par quelques colonnes seulement, entre lesquelles se trouvait la salle de spectacle de Chaillot que je connaissais bien (c'est là que j'avais organisé le rassemblement en faveur d'Andreï Sakharov).

Navré, Jean Tiberi suggéra à Clara deux autres sites : la place de la Bastille, côté canal, et la place de la République, côté boulevard Saint-Martin et boulevard Magenta. Nous nous y rendîmes en compagnie de Bernard Bled. Mais Clara s'était habituée à l'idée que ses calligraphies du mot « paix » puissent encadrer la tour Eiffel sur les futures photos des touristes. Devant sa déception, Jean Tiberi proposa d'installer le monument au pied de l'École militaire, à l'autre bout du Champ-de-Mars.

Jean-Michel trouva l'idée géniale et fit réaliser une nouvelle simulation du Mur pour la Paix, placé, cette fois-ci, sur le plateau Joffre. Les architectes de la Ville approuvèrent. Jean Tiberi organisa une réunion avec des représentants de la mairie, de la présidence de la République, des Parcs et jardins, des Monuments historiques et j'en oublie. Il y avait également les responsables de la gestion de la tour Eiffel qui exprimèrent leur souhait d'être associé à l'édification du Mur pour la Paix. Ils organisèrent même une conférence de presse au deuxième étage de la tour.

Malheur : nous avions oublié la mairie du VIIe arrondissement. Sa consultation n'était pas obligatoire, mais elle aurait été plus correcte. Cet oubli nous empoisonnerait la vie pendant des années.

Le Mur pour la Paix fut inauguré par Jacques Chirac en mars 2000. Il fut commenté par la presse mondiale. Critiqué par les uns, loué par d'autres, il ne laissa personne indifférent. Le discours du président de la République fut magnifique. Écrit par Christine, présente ce jour-là, bien sûr. Clara avait elle aussi prévu un discours. Beau, je crois. Mais, n'ayant pas l'habitude de parler en public, elle posa ses feuilles sur le pupitre et le vent les emporta. Sous les projecteurs des télévisions, on vit le président de la République ramasser le discours éparpillé de l'artiste et le lui tendre gentiment. Évidemment, les pages n'étaient plus dans l'ordre. « C'est votre faute, Monsieur le président, fit Clara qui ne s'y retrouvait guère.— Je vous demande pardon », répondit Jacques Chirac. Cet échange inattendu fit sourire toute la France.

Le Mur pour la Paix devint rapidement le lieu de rassemblement de toutes les organisations pour la défense des droits de l'homme, une sorte de Hyde Park parisien. Mais, affolés par l'arrivée sous leurs fenêtres de cette population que les habitants de ce quartier très chic ne fréquentaient pas, les riverains créèrent une association pour dénoncer, non les personnes qui s'y retrouvaient mais le Mur pour la Paix lui-même qui les attirait dans leur quartier. Oh, ils n'étaient pas bien nombreux, quelques dizaines à peine. Plus tard, quand Rachida Dati, élue maire, leur apporta un soutien sans faille, ils devinrent plus agressifs.

Deux mois avant l'inauguration du monument sur le Champ-de-Mars, le 27 janvier 2000 – je m'en souviens particulièrement bien car c'était le jour de mon anniversaire – mon cher ami Stanislaw Dziwisz, secrétaire particulier du pape, me téléphona : Sa Sainteté souhaitait me voir.

J'arrivai au Vatican juste après la visite d'Alfonso Portillo, président fraîchement élu du Guatemala, et profitai des honneurs de la garde suisse mobilisée pour l'occasion. J'avançai, impressionné et fier à la fois, entre les deux haies formées par ces soldats aux uniformes bigarrés, quand j'entendis une voix : « Monsieur Halter ! » Je m'arrêtai : les gardes, autour de moi, étaient impassibles, visages fermés. Je fis quelques pas encore et, à nouveau, la même voix m'interpella. Au Vatican, tout était possible… Je levai la tête et ne vit que les fresques – de Raphaël, je crois. Puis, en une fraction de seconde, j'interceptai le clin d'œil d'un des gardes. Je m'approchai.

— Monsieur Halter, fit-il sans qu'un muscle de son visage ne bouge. Mes parents étaient des Justes, ils ont sauvé des juifs pendant la guerre.

Et il ajouta :

— J'ai vu votre film.

L'arrivée de Stanislaw Dziwisz nous interrompit. Il me fit traverser la cour Saint-Damase, cours d'honneur du palais apostolique, puis nous montâmes dans l'ascenseur privé de Jean-Paul II. Alors, seulement, il m'annonça que le Saint-Père m'attendait pour déjeuner.

Nous patientâmes quelques minutes dans la bibliothèque privée. Le pape arriva :

— Alors ? m'apostropha-t-il en polonais. On déjeune ? Vous avez faim ?

— Très Saint-Père, balbutiai-je, je suis ému…

— Vous avez faim, non ? Suivez-moi.

Nous pénétrâmes dans une vaste salle à manger qu'occupait une table d'une taille impressionnante parée d'une nappe blanche amidonnée. On y avait disposé trois couverts. Belle vaisselle, argenterie, cristal. Dziwisz s'installa en bout de table et me fit signe de prendre place face au pape. La largeur de la table (deux mètres !) nous posa assez vite problème. Le pape entendait mal et plaça ses mains en cornet autour de ses oreilles pour suivre ce que je lui disais. Résultat : si je continuais à l'abreuver de paroles, il ne mangerait rien !

— Saint-Père, lui dis-je, mangez ! Je me tairai pour que vous puissiez déjeuner.

— Si je mange, s'amusa-t-il, je ne pourrai pas parler. Nous serons contraints au silence. Vous ne parlerez pas et moi non plus. Qu'allons-nous faire ?

Nous rîmes et trouvâmes tout de même le moyen de poursuivre notre repas.

Une vieille dame, polonaise elle aussi, nous avait apporté du bouillon aux vermicelles, comme jadis chez ma mère. Puis nous dégustâmes des petites escalopes panées, accompagnées de chou-fleur, suivies d'un thé au citron servi dans des verres très hauts – à la polonaise – et d'un gâteau au fromage. Ce menu ne serait qu'anecdotique s'il n'avait éveillé en moi une émotion à peine contrôlable. Je soupirai :

— Vous savez, tous ces mets me rappellent ma mère.

— Ah oui ? Parlez-moi de votre mère.

Je racontai donc au pape que ma mère adorait les plats que nous venions de partager, de l'entrée au dessert, et que, chez nous à Varsovie puis à Paris, elle me préparait les mêmes. Depuis sa mort, plus personne ne me les avait servis. Je revivais une atmosphère que je pensais perdue à jamais. À l'idée qu'il venait de m'offrir un repas maternel, Jean-Paul II se montra touché. Il ne put cependant (ou peut-être était-ce pour rompre l'émotion ?) retenir une plaisanterie :

— Tout le monde m'appelle Père, mais vous je vous fais penser à votre maman. Voilà un fait bien inattendu...

Ce repas « mémoriel » n'était évidemment pas l'objet de son invitation. Il m'annonça de but en blanc qu'il avait décidé de se rendre en Israël.

— Quel geste, selon vous, mon fils, attend-on d'un pape à Jérusalem aujourd'hui ?

La question me prit au dépourvu.

— Le Saint-Père suivra certainement le chemin du Christ... La Via Dolorosa jusqu'au Saint-Sépulcre.

— Cela va de soi. Pensez-vous que je devrais aussi m'agenouiller devant ce mémorial dressé à la mémoire des 6 millions de juifs assassinés par les nazis, Yad Vashem ?

Bien sûr, le pape ne me consultait pas sur Jérusalem et les catholiques mais sur les juifs et Jérusalem.

— Oui, il me semble que la visite de Yad Vashem s'impose, fis-je prudemment. Mais cela rappellera le geste de Willy Brandt s'agenouillant devant le monument à la mémoire des combattants de la révolte du ghetto de Varsovie...

— Dites, dites, m'encouragea le pape.

— Il faut certes rendre hommage aux morts, mais il ne faut pas oublier les vivants…

— Je suis d'accord avec vous, mon fils, que proposez-vous ?

J'eus comme une illumination. Ma voix s'affermit :

— Pourquoi le Saint-Père n'accomplirait-il pas le geste que les juifs perpétuent depuis des millénaires ? Pourquoi ne seriez-vous pas le premier pape à introduire, entre les pierres du Mur des lamentations, un message, un vœu ? Votre geste s'inscrirait dans l'histoire !

J'ajoutai :

— Cette image fera le tour du monde !

J'ai conservé la photo de ce moment mémorable et, chaque fois que je la regarde, je suis ému aux larmes.

Mais la vie n'est pas un long fleuve tranquille, ponctué d'émotions et de bons sentiments. Il se trouve toujours quelqu'un pour nous rappeler que la méchanceté et la perversion existent. En cherchant un dossier pour étoffer la suite de mon récit, je tombe sur une revue à succès qui me consacra sa couverture. Plusieurs pages d'enquête sur ma personne. Tout y était : du vrai et du faux. Je fus plutôt contrarié, j'avoue. Je me demandai même si je devais user de mon droit de réponse quand Bernard-Henri Lévy m'appela. Son premier coup de fil depuis notre brouille.

— Ça y est, dit-il, tu as ta légende ! Avoir un cousin baron, comme le dit le papier, et faire partie de la mafia ouzbek valent bien les péripéties d'Arthur Rimbaud, trafiquant d'armes à Aden !

Le problème, avec ce que l'on appelle aujourd'hui les *fake news*, c'est qu'elles partent toutes d'un grain de sable qui existe bel et bien mais que l'on transforme en un mirage dans le désert. L'histoire ouzbek qui suit en est un bon exemple. Après la parution du deuxième numéro des *Nouvelles françaises*, nous avions eu la visite impromptue d'un personnage pittoresque que Michel-Antoine Burnier adopta aussitôt : un homme d'affaires ouzbek d'origine arménienne nommé Arthur Martirossian. Il habitait Tachkent, ville que j'avais connue pendant la guerre, et prospérait grâce à l'exportation de coton. Il avait découvert notre journal dans un avion qui l'amenait de Paris à Moscou et il eut l'idée d'un supplément consacré à l'Ouzbékistan. Il souhaitait offrir ce numéro spécial au président Islam Karimov pour son anniversaire. La somme qu'il proposait pouvait, d'après les calculs de Michel-Antoine, couvrir les frais de fabrication des trois futurs numéros de notre magazine.

Après consultation de la rédaction, nous acceptâmes la proposition d'Arthur Martirossian. D'autant qu'il ne nous imposait aucun contenu particulier et que mon enfance ouzbek justifiait en soi l'intérêt de notre journal pour ce pays.

Le supplément accompagna la parution de notre troisième numéro.

Un jour, Martirossian me présenta un ami, un homme d'affaires ouzbek comme lui, conseiller du président : Gafur Rakhimov. Ancien boxeur, Rakhimov avait un visage franc et une main solide. Il nous apporta une sacoche pleine de cadeaux en remerciement de notre supplément : des chapkas, des manteaux brodés, des foulards et même des montres. Notre rédaction était ravie.

Peu de temps après, je reçus un coup de fil de Martirossian, affolé : l'avion de Gafur, dans lequel se trouvaient plusieurs hommes d'affaires, y compris Bernard Tapie, était interdit de quitter l'aéroport du Bourget. Il me demanda si je pouvais intervenir auprès du ministre de l'Intérieur. C'était Jean-Pierre Chevènement. Je l'appelai et lui racontai l'histoire sans détour. « Voilà encore une histoire de romancier », réagit-il en me promettant de vérifier. Il ne me rappela pas et l'avion put décoller.

Je ne sais qui d'entre Michel-Antoine Burnier ou Patrick Rambaud trouva cette expression qui nous fit rire pendant un temps : « la mafia à visage humain ».

Je ne revis pas Gafur Rakhimov. J'appris, bien plus tard, qu'il avait été élu président de l'Association internationale de boxe amateur, l'AIBA. Il continua cependant à nous manifester son amitié et à nous envoyer des cadeaux : tantôt une cagette de coings, des nappes et des sets de table, tantôt un bracelet pour Clara. En revanche, Arthur Martirossian, lui, venait souvent à la rédaction des *Nouvelles françaises*. Notre équipe s'y était habituée. Grâce aux pages de publicité qu'il obtenait des entreprises françaises avec lesquelles il faisait des affaires, notre magazine prospérait. Un jour, il disparut. Il m'envoya un mot de Tachkent deux mois plus tard pour me demander si je pouvais l'aider à vendre sa villa au Vésinet. Michel-Antoine connaissait un notaire du coin qui se renseigna. La villa en question avait été saisie par le fisc. Arthur avait « oublié » de payer ses impôts. Comme pour Gafur, je continue à recevoir de ses nouvelles. Par connaissances interposées.

Moscou encore. Je devais assister à une réunion du comité directeur de nos Collèges. J'en profitai pour appeler un certain Alicher Ousmanov, un millionnaire ouzbek que Gafur m'avait chaudement recommandé. Il me répondit d'emblée en français. Il avait déjà entendu parler de moi et me proposa un rendez-vous dans l'après-midi. À ma grande surprise, il me donna l'adresse d'un square. J'étais en plein John Le Carré ! Je l'attendis sur un banc public. Il faisait beau et cela ne me dérangea aucunement. Il sortit d'une grosse limousine avec chauffeur, se dirigea – sans hésitation – dans ma direction et s'assit à côté de moi. Nous échangeâmes quelques souvenirs d'Ouzbékistan et il s'excusa pour la forme étrange de notre rencontre : il était en route pour l'aéroport. Puis il me suggéra d'appeler de sa part Sergueï Iastrjembski, conseiller et porte-parole du président Poutine. « Sergueï, lui aussi, parle français. » L'idée de Gafur, qui rejoignait celle de notre ambassade à Moscou, consistait à former un comité russe de soutien aux Collèges universitaires.

Sergueï Vladimirovitch Iastrjembski, lui, me donna rendez-vous au Kremlin. Il me transmit les indications nécessaires pour parvenir jusqu'à lui et promit de prévenir la garde. Je connaissais déjà le chemin. Son bureau, à proximité de celui du président, était celui qu'occupait jadis Andreï Gratchev. Les occupants changeaient, mais le Kremlin, lui, était immuable. Il avait échappé au siège des Tatars de Crimée et aux flammes de Napoléon et, impassible, il continuait à dominer Moscou et à garder un œil sur le monde.

Il y a des personnes que l'on a envie de tutoyer d'emblée, comme si on les connaissait depuis toujours. C'était le cas de Sergueï. Grand et élégant, regard droit, un français parfait, il s'était renseigné sur ma personne. Après quelques généralités et une tasse de thé – servie avec des chocolats enrobés de papiers colorés fabriqués à l'ancienne dans l'usine Krasny Oktyabr (Octobre rouge) de Moscou – il me demanda si j'avais déjà pensé à une troisième université française en Russie, à Iekaterinbourg par exemple, au pied du versant oriental du massif de l'Oural. Puis, comme il avait vu à la télévision un reportage sur l'inauguration du Mur pour la Paix de Clara à Paris, il se demandait si elle serait intéressée par la création d'un autre monument à Saint-Pétersbourg, pour le tricentenaire de la ville. La proposition, que je lui soumis plus tard par téléphone, enthousiasma Clara.

Sergueï me proposa de dîner le soir même en compagnie d'un ou deux amis. J'acceptai. Au bout de l'interminable tapis rouge qui couvrait les couloirs, nous poussâmes une lourde porte en bois. Derrière, Vladimir Poutine apparut, accompagné de deux de ses collaborateurs.

— Mais vous êtes là ? Sergueï ne m'a pas prévenu !

— Je suis heureux que vous vous souveniez de moi, monsieur le président.

— Vous avez une tête de Russe et un regard français...

Et, comme s'il venait de se souvenir d'un détail, il ajouta :

— Et vous parlez le yiddish... Comment vous oublier !

— Vous avez une mémoire fabuleuse.

— Déformation professionnelle...

Et, rejoignant les deux hommes qui l'attendaient patiemment devant la porte :

— Venez me voir, fit-il, Sergueï arrangera cela.

Avant de me saluer, Sergueï me fit remarquer en riant que la filière ouzbek me réussissait. Enfant, elle m'avait fait rencontrer Staline ; adulte, Poutine.

Dès mon retour à l'hôtel, j'appelai Alain Genestar à *Paris Match*. Son bras droit, Olivier Royant, répondit. Je lui proposai un entretien avec Poutine. Olivier, qui avait fait ses premiers pas de journaliste aux États-Unis, était un homme rapide.

— Je t'envoie un photographe. Tu as une préférence ?

— Je connais bien Thierry Esch, nous avons déjà fait plusieurs coups ensemble.

— Il sera demain à Moscou.

Nous dînâmes avec Sergueï dans un restaurant italien en compagnie de sa femme et d'un jeune ami oligarque : Mikhaïl Dmitrievitch Prokhorov. Du haut de ses deux mètres et de sa carrure de basketteur, je devais me hisser sur la pointe des pieds pour pouvoir lui donner l'accolade. Il contrôlait alors, avec son associé Vladimir Potanine, la quasi-totalité de la production de nickel du pays. Se retrouvant à la tête d'une immense fortune, il avait le projet de créer une fondation philanthropique dans le but de soutenir la culture et l'éducation. Il confierait la direction à sa sœur aînée, Irina. Il proposa spontanément d'aider nos Collèges à développer l'activité culturelle française en Russie. Pour le remercier de son soutien, l'ambassadeur de France de l'époque, Jean de Gliniasty, lui remit la Légion d'honneur. À cette occasion, Mikhaïl fit venir le ban et l'arrière-ban de l'intelligentsia moscovite et, de surcroît, la chanteuse Patricia Kaas, qu'il adorait. Quelques années après, il annonça sa candidature aux élections présidentielles russes. Il finit troisième avec 7,98 % des voix et arrêta la politique. Mais, en réalité, sa passion était le sport. Quelques années après notre rencontre, il deviendra propriétaire des Nets de Brooklyn.

Le lendemain de notre dîner italien, toujours sur le conseil de Iastrjembski, je contactai Boris Kourakine. Opulent, bon vivant, bon buveur, parlant un français délicieux, il avait un fils en droit dans notre Collège et une femme, grande, blonde, quelque peu envahissante. Boris Kourakine s'occupait de téléphonie mobile et était en train de monter un réseau en Oural, précisément. La proposition de Sergueï de créer un Collège universitaire français à Iekaterinbourg l'emballa. Il était prêt à y aller avec moi, à me présenter le maire et le recteur de l'université locale. Iekaterinbourg, la ville de Boris Eltsine, était la troisième métropole de Russie sur le plan démographique.

Kourakine, à son tour, me présenta un jour un autre personnage de cette saga russe : David Iakobachvili. Juif géorgien, parlant un français un peu hésitant, il était alors à la tête d'une entreprise de boissons non alcoolisées. Il a, depuis des années, rassemblé une fantastique collection de jouets mécaniques ! Certains objets datent du XVe siècle. Quand, pour s'amuser, il les actionne tous à la fois, on a l'impression de se trouver dans un film d'anticipation à la *Blade Runner* où les objets échappent au contrôle de l'homme. Iakobachvili est, jusqu'à ce jour, l'un de mes fidèles amis. Je ne cesse de me demander d'où vient la générosité des uns et l'avarice des autres. Ou l'indifférence de la majorité de ceux qui nous entourent. « Tous les fruits sont arrosés par la même eau. Cependant ils diffèrent en bonté », dit le Coran (XIII, 4), sans expliquer pourquoi. David Iakobachvili m'a toujours aidé. Et chaque fois que j'en ai eu besoin. Est-il plus riche que les autres ? Non, certes non. Mais il est de ceux qui considèrent que la richesse n'est pas un dû. Il a travaillé dur pour l'acquérir et trouve naturel de la partager.

« L'information circule grâce aux femmes », dit l'une des tablettes de l'époque sumérienne que l'on peut admirer au Louvre. Dans ma chambre, je trouvai un message de mon amie Ruth Elkrief. Nous étions le 12 novembre 2000 et elle m'annonçait la mort de Léa Rabin.

La disparition de Léa m'attrista profondément. Je passai la nuit à ressasser mes souvenirs avec le couple Rabin. Le rôle de Léa dans les décisions d'Yitzhak : sa rencontre avec Arafat, son voyage à Washington au mois de septembre 1993 pour signer, de sa main, les accords dits d'Oslo. Son accueil quand nous étions venus avec Clara et le couple Fixot à Tel-Aviv pour demander à sa petite-fille Noa d'écrire un livre sur son grand-père. Je réalisai qu'elle était morte, cinq ans jour pour jour (ou presque) après l'assassinat de son mari. La paix au Proche-Orient, elle, attendait toujours. Au petit matin, j'écrivis un papier pour *VSD* : « Léa, tu vas nous manquer ».

Thierry Esch, le photographe de *Paris Match*, arriva le lendemain à Moscou, comme l'avait annoncé Olivier Royant. Sergueï Iastrjembski dégagea une heure dans le programme du président pour qu'il puisse nous recevoir. Nous dûmes tout de même attendre un bon moment dans ce long couloir couvert de rouge avant que Poutine ne nous accueille. Enfin, il vint nous chercher personnellement.

— Par quoi commençons-nous ? me demanda-t-il.

— Par vous.

— Par moi ? s'étonna-t-il.

Le monde ne connaissait alors ni son passé ni ceux qui partageaient sa vie. Voilà pourquoi la presse internationale le présentait, faute de mieux, comme un ancien agent du KGB. L'évocation de sa carrière au sein des services de renseignements russes ne le gênait guère. Cela l'amusait plutôt. Il me fit d'ailleurs remarquer que, avant de devenir président, George Bush père avait dirigé la CIA.

Était-ce la culture du secret dont il était imprégné qui l'empêchait d'introduire dans son bureau ne serait-ce qu'un élément de sa vie personnelle ? À la différence de la plupart des politiques, il n'y a sur sa table de travail aucune photo de ses deux filles ou de sa femme, aucun cadeau. Même pas son propre portrait au mur ! Dans cette pièce, que j'avais vue du temps de Gorbatchev et qui me sembla encore plus vaste, il n'y avait que lui. Un peu perdu, si j'ose dire. Une pointe de fragilité qui tranchait avec l'image de cet homme qui paraissait si sûr de lui à la télévision. Sa part d'humanité, peut-être, tout simplement.

Nous parlâmes un peu de ses lectures. Il venait de terminer deux ouvrages de Nabokov, natif, comme lui, de Saint-Pétersbourg. Il aimait Dostoïevski, Tolstoï, mais aussi Hemingway et, dans sa jeunesse, il avait lu et relu *Le Petit Prince* de Saint-Exupéry. J'eus envie de lui demander de me dessiner un mouton. Je ne le fis pas. En revanche, j'ouvris la fenêtre. Surpris, il me questionna sur la raison de mon geste. Je voulais, lui répondis-je, constater ce qu'il voyait de la fenêtre de son bureau.

— Le mur, dit-il, sans même se lever.

— Voilà votre problème !

Plongé dans son thé au lait, il répondit paisiblement :

— Mais, cher Marek, tous les hommes politiques, en ouvrant leur fenêtre, voient un mur.

Puis il ajouta :

— Merci d'avoir ouvert la fenêtre, cela fait entrer un peu d'air frais.

Était-ce pour avoir un peu d'« air frais » que les rois aimaient à s'entourer de créateurs, ceux que l'on appelle aujourd'hui les intellectuels ? Était-ce pour cette raison que Louis XIV recevait Fénelon ou Saint-Simon ? Que Catherine II entretenait une correspondance avec Voltaire ou invitait Denis Diderot à Saint-Pétersbourg ? Cela ne l'empêcha pas de rappeler à l'ordre l'auteur de l'*Encyclopédie* quand celui-ci proposa ses réformes : « Il est plus facile, cher monsieur Diderot, d'écrire sur une feuille de papier qui supporte tout que sur la peau humaine qui ne supporte rien. »

Je me rassis et Poutine me parla de son grand-père cuisinier. Il en était très fier. « Tenace, fidèle », le vieux Poutine avait travaillé pour Lénine puis, à la mort de celui-ci, pour Staline. Il avait fini ses jours à l'hospice où, fort âgé, il cuisina encore.

Vladimir Poutine me scrutait, cherchant peut-être à voir l'effet de sa confidence. Ses yeux vifs, mobiles, rusés, me soupesaient, comme ceux d'un judoka face à son adversaire. Je compris soudain que j'avais en face de moi le premier dirigeant russe qui ne jouait pas aux échecs. Importants, les échecs ! Celui qui les pratique sait que c'est toujours le plus fort qui gagne. Au judo, on reconnaît par avance la prédominance possible de son adversaire mais c'est précisément en profitant de sa force qu'on le jette à terre.

Nous parlâmes de la guerre de Tchétchénie qui, à l'époque, faisait réagir tous les commentateurs du monde. Nous parlâmes de l'islam. On oublie que les djihadistes venus des pays musulmans, y compris d'Afghanistan, s'entraînaient alors dans le Caucase. Et Poutine fut le premier, à ma connaissance, à qualifier ces hommes d'« islamo-fascistes ». Il précisa :

— En Occident, peu de personnes réalisent que les soldats russes sont sur le front de la lutte contre l'extrémisme islamiste. Aujourd'hui, nous sommes aux premières loges de la constitution de l'internationale islamiste allant des Philippines au Kosovo, de l'Irak à l'Égypte. C'est très dangereux, particulièrement pour l'Europe où vit un grand nombre de musulmans.

Il évoqua ensuite les moyens de la lutte contre le terrorisme. Il privilégiait pour sa part l'accroissement du bien-être de la population musulmane et « l'application des valeurs humaines universelles » dans les pays musulmans.

En relisant cet entretien, je me rends compte qu'il a été réalisé à la fin du mois de juin 2001 !

Poutine martela :

— Ce qui compte, c'est la lutte contre la pauvreté et contre la corruption.

J'acquiesçai et lui demandai si, pour cela, il ne valait pas mieux avoir un pouvoir fort et centralisateur. Vladimir Poutine eut l'air irrité. D'un geste brusque, il saisit sa tasse de thé au lait, but une gorgée, puis :

— Non, je ne pense pas qu'un « dictateur » soit mieux outillé qu'un démocrate pour lutter contre l'extrémisme !

Il poursuivit :

— La France, par exemple, est un pays centralisé. À la différence de la Russie, qui est un État fédéral et qui reconnaît toutes les communautés qui y habitent, la France est un État unitaire. Le président y décide tout. Peut-on pour autant refuser à la France l'appellation de pays « démocratique » ?

Le temps filait. Vladimir Vladimirovitch Poutine se leva et me prit la main. Il avait encore beaucoup de choses à me dire, de messages à faire passer... L'opinion publique française lui importait. La fatigue, pourtant, pointait sur son visage.

— Je n'aurais jamais pu être président, dis-je brusquement. Trop de responsabilités. Trop de risques de se tromper.

— Je ne l'ai pas cherché non plus, répondit le président russe en m'embrassant. Mais maintenant que je suis là...

En rentrant de Moscou, je trouvai Clara très en forme. Elle me tendit fièrement une revue de presse assemblée par son amie Laurence Phitoussi, chargée de la communication du monument, où s'entremêlaient de longs articles illustrés – en français, anglais et allemand – sur le Mur pour la Paix.

Quand je pense que, au moment même où je me remémore cet épisode, Clara somnole dans son lit, insensible à ce qui se passe autour d'elle, j'ai envie de pleurer.

Le lendemain de mon retour de Moscou, le monument fut couvert de tags à consonance antisémite. La mairie, prévenue, envoya aussitôt une équipe pour le nettoyer. Le commissaire du VIIe arrondissement de Paris, le commandant Lilian Clément, releva ma plainte et *Le Parisien* publia les propos de Clara et les miens. Nous étions plus qu'indignés.

La bataille autour du Mur pour la Paix venait de commencer.

Comme d'habitude, on accusa les « jeunes des banlieues ». Je n'y croyais guère. Car ces jeunes, justement, se rassemblaient devant le monument pour défendre leurs revendications. Ceux qui accusaient les banlieues oubliaient le vieux fond antisémite, bien ancré encore au sein de la classe moyenne française. Les tagueurs étaient donc plutôt de « bons petits Blancs », ainsi que me le fit remarquer l'avocat Pierre-François Veil, fils de Simone, qui défendra la cause du Mur pour la Paix lors des multiples procès qui marqueront son histoire.

Après les tags, nous comptâmes une série de dégradations : lames de bois arrachées au sol, plancher incendié, volumes de verre brisés... Et, comme par hasard, les vitres touchées étaient celles sur lesquelles figurait le mot *paix* en arabe et en hébreu côte à côte, *salam, shalom*. À chaque casse, nous devions trouver des soutiens financiers pour couvrir les réparations du monument. Une vraie galère ! Les politiques étaient en général plus prompts à s'indigner que les hommes d'affaires à signer des ordres de virement. Ce furent donc des amis russes et arabes qui piochèrent dans leurs bourses.

La première pétition de soutien au monument fut signée par des personnalités de tous bords : Martine Aubry, Xavier Bertrand, Jean-Pierre Raffarin, Lionel Jospin, Manuel Valls, Jean-François Copé, Gérard Collomb, Dany Cohn-Bendit, Valérie Pécresse... Elle fut publiée dans le *Journal du Dimanche*.

Bertrand Delanoë avait pris ses fonctions à la mairie de Paris depuis quelques mois, succédant à Jean Tibéri. Il me reçut pour me dire qu'il avait chargé son conseiller pour l'éducation, Alain Geismar, l'ancien leader de Mai 68, d'organiser des visites d'écoliers au Mur pour la Paix. « N'apprendre qu'un seul mot, celui de la paix, en une cinquantaine de langues, est le début d'un beau voyage sur la route de la fraternité », me dit-il.

Les actes de vandalisme à l'encontre du monument avaient aussi, pour de bons et de mauvais motifs, alarmé la presse internationale. Les mauvais ? À l'étranger, où en général on apprécie la France, on est souvent irrité par cette tendance purement française à donner des leçons de morale à tout le monde. Au nom de « nos valeurs ». Pouvoir enfin nous les renvoyer, comme on dit « dans les gencives », en pointant les agressions racistes et antisémites contre un monument qui n'avait d'autre objet que celui de promouvoir la paix, dut en réjouir plus d'un.

Ariel Sharon, qui m'avait servi de modèle pour camper la figure du « bon flic » dans *Les Mystères de Jérusalem*, devenu entre-temps Premier ministre d'Israël, eut vent des mésaventures du monument de Clara. Il proposa de le transplanter à Jérusalem : « Si la paix gêne tant les Français, tant pis pour eux. Nous, on en rêve ! » dit-il devant les journalistes, avec sa fougue habituelle.

Au-delà de son apparence austère, ascétique même, Bertrand Delanoë est un homme de cœur, profondément généreux, comme le sont souvent ceux qui ont grandi sur les pourtours de la Méditerranée. Il se proposa d'offrir une réplique du monument à Rudolph Giuliani, maire de New York. « Comme le fit la France en 1886 avec la statue de la liberté de Frédéric Auguste Bartholdi.

La prolifération de monuments pour la paix à travers le monde rendra intouchable celui de Paris », conclut-il. Son homologue new-yorkais reçut sa proposition avec intérêt et suggéra d'accueillir l'édifice dans Battery Park, à l'extrémité méridionale de Manhattan. Juste en face de la statue de la Liberté.

Or, que ce soit en France ou aux États-Unis, l'administration est lente, et Jean-Michel Wilmotte, qui voulait avec raison visiter les lieux pour pouvoir adapter le monument au terrain, ne pouvait s'y rendre qu'à la fin de l'année. Nous décidâmes donc d'aller à New York à la fin du mois de septembre 2001.

Le 11 septembre, il était près de 15 heures à Paris, mon cousin Aryeh Hecht me téléphona de New York. Affolé. Sa voix n'était qu'un cri.

— Le World Trade Center est en feu ! Attentat terroriste !

Je mis le haut-parleur pour que Clara entende :

— Quoi ? Qu'est-ce que tu dis ? Explique ! lui dis-je.

— Un avion vient de percuter l'une des tours et… Non ! Je… Un autre avion est sur le point de traverser la seconde tour !

Aryeh est le fils de ma tante Zosia, la sœur de ma mère. Designer et créateur d'une marque de biscuits minceur, il habitait New York depuis quelques années, à Greenwich Street d'où il pouvait en effet contempler les fameuses tours jumelles conçues par l'architecte japonais Minoru Yamasaki.

L'attentat du 11 septembre 2001 annonçait une ère d'actes de terrorisme spectaculaires qui devaient ébranler les certitudes de l'Occident. Jusque-là, les Américains croyaient, en combattant Ben Laden en

Afghanistan, avoir affaire à un chamelier qui, grâce au pétrole, avait amassé des milliards qu'il mettait au profit de sa lutte contre l'impérialisme. L'attentat contre les Twin Towers les stupéfia, car ils ne pensaient pas ce « nomade venu d'Arabie » capable de piloter des avions et d'atteindre des cibles aussi précises et stratégiques que le World Trade Center à New York ou le Pentagone à Washington. Ils n'étaient pas les seuls à considérer ces djihadistes et ceux qui les soutenaient avec cette condescendance propre à leurs ancêtres colonialistes. Ils s'imaginaient que ceux qui viendraient les menacer sur leur territoire national transporteraient dans leurs sacoches des fusils d'assaut et quelques grenades. Aussi dépensèrent-ils des fortunes pour installer des détecteurs de métaux dans les aéroports, les gares et les écoles. Or, une simple imprimante 3D pouvait, n'importe où, modeler un revolver en plastique. Ensuite, il n'y avait plus qu'à se procurer les munitions. Et puis, ce à quoi nous faisons face aujourd'hui, pour quelqu'un qui se dit prêt à mourir pour sa foi, un couteau ou une voiture bélier suffit.

Le 11 septembre 2001, comme hypnotisés, Clara et moi passâmes des heures à regarder à la télévision les scènes de panique à New York, les rues jonchées de débris humains… À écouter les témoignages des survivants.

Notre voyage aux États-Unis n'eut lieu qu'en janvier 2002. Bertrand Delanoë n'avait pas abandonné son projet. Au contraire, il proposa d'offrir à la cité meurtrie un monument pour la paix. Un geste dont la symbolique, jugeait-il, se justifiait plus que jamais.

Nous trouvâmes New York abasourdie. Ses trottoirs étaient couverts de colère, de haine à l'égard des musulmans. J'en parlai avec Wiesel qui me fit remarquer que, six mois avant l'attentat du 11 Septembre contre les tours jumelles, le mollah Mohammad Omar, chef suprême des Talibans que nous avions croisé en Afghanistan avec Bernard-Henri Lévy et Renzo Rossellini, avait ordonné la destruction des deux plus grands bouddhas du monde.

Nous prîmes, Clara et moi, un verre avec Elie près de son domicile, 64e Rue est. Il avait un rendez-vous tout de suite après avec un homme qui gérait, nous dit-il, les finances de sa fondation. Il voulait nous le présenter. Arriva un individu corpulent, le front haut et dégarni, cravate à pois bien nouée. Sa veste, trouvai-je, était un peu trop grande.

— Un jour, quand tu auras de l'argent pour une bonne cause et que tu voudras le faire fructifier, dit Wiesel en guise de présentation, tu n'auras qu'à t'adresser à Bernie.

L'homme sourit, comme gêné par le compliment, et me tendit sa carte de visite. Nous laissâmes Madoff et Wiesel et partîmes à pied chez notre ami Mort Zuckerman. Nous étions en retard. Il nous attendait. Il ne vivait plus avec Diane de Furstenberg.

Je lui demandai s'il connaissait Madoff. Il acquiesça. « Mais, fit-il, à la place d'Elie, je m'en méfierais. » Puis il voulut savoir où en était Clara avec son projet de monument à New York. C'était la raison de notre voyage, lui répondit-t-elle. Agile, amical (comme toujours), Mort appela l'un de ses reporters pour caler un rendez-vous avec Clara. Il me demanda ensuite si j'accepterais de lui faire face dans le talk-show de Charlie Rose sur PBS : un débat entre deux juifs, l'un américain, l'autre français, sur l'islam.

Nous enregistrâmes l'émission le lendemain matin. L'après-midi, nous retrouvâmes Jean-Michel Wilmotte près de Ground Zero, l'immense cavité qui avait pris la place des deux gratte-ciel symboles de la puissance américaine. Tout autour, des barrières et des drapeaux américains. Alertés par l'entretien de Clara dans le *Daily News*, plusieurs photographes nous attendaient.

Nous restâmes peu de temps à New York. Sam LeFrak, mon « collectionneur », était souffrant. Sa femme, Ethel, paraissait bien seule. Leur fille Francine s'occupait toujours de la production de musiques de film. Dans son bureau situé sur la 5e Avenue, étaient accrochés mes dessins de Mai 68. Ils faisaient partie de la collection de son père. Je les trouvai intéressants et me demandai si j'étais encore capable de dessiner de la sorte. « Un homme est ce qu'il est, non ce qu'il était », dit un proverbe yiddish. C'est pour cette raison que nous regardons notre passé comme s'il appartenait à un autre.

Au moment où j'écris ces lignes, nous nous approchons du cinquantenaire du mouvement estudiantin de Mai 68. Des galeries parisiennes me proposent d'exposer mes œuvres de cette époque. Pour moi, c'est comme si j'exposais les œuvres d'un inconnu. Ou, au mieux, de mon double polonais dont je partageais le nom. Mais lui n'était pas peintre.

Sept ans après ce voyage aux États-Unis, j'appris, comme tout le monde, l'arrestation de Bernie Madoff. L'affaire passionna le monde. Quant à moi, je revoyais mon ami Elie, le doux Elie, me présenter Bernie comme son bienfaiteur. Sa carte de visite est toujours là, parmi celles de mes contacts américains.

Comment Elie, ou encore Steven Spielberg, avaient-ils pu marcher dans son système ? D'ailleurs, ce système était-il conçu par Madoff ou par nous-mêmes qui, bien que révoltés, sommes plus fascinés par la liste des grandes fortunes publiée dans Forbes que par les prix Nobel ? Je me demandai, en parcourant les articles concernant cette affaire unique en son genre – un homme seul avait détourné plus de 50 milliards d'euros, le salaire annuel de 2 272 000 personnes –, comment j'aurais réagi si ce personnage m'avait proposé de doubler mon patrimoine en quatre ans ? Les comptes d'épargne et les livrets A rapportent au mieux 2 %. Madoff, lui, garantissait 15 à 20 % d'intérêts à ses clients. N'ayant aucun patrimoine, je l'ai échappé belle.

En cherchant, je découvris à Madoff un précurseur, un certain Ponzi, un Italien qui, en 1919 aux États-Unis, avait mis au point un système de fraude dit « pyramidal » : payer les intérêts sur dépôt du premier client avec l'argent du suivant… Au départ, Madoff n'effrayait personne, bien au contraire. Jusqu'au moment où la pyramide s'est écroulée. Mais ceux qui lui ont fait confiance n'étaient-ils pas aussi responsables que lui ? N'étaient-ils pas tous des possédants qui, certes pour de bonnes causes, en voulaient plus et plus vite ? Doit-on miser, et donc risquer, l'argent collecté, pour des orphelins par exemple, à la roulette de la Bourse même si le croupier a la bonne tête de Bernie Madoff ?

Le monument pour la paix que Clara et Jean-Michel avaient pensé pour New York serait finalement construit un an plus tard à Saint-Pétersbourg. Mais ceci est une autre histoire. Quant à celui de Paris, il avait à nouveau été vandalisé pendant notre séjour aux États-Unis.

Akif Gilalov. Je ne me rappelle plus qui m'a présenté cet homme. Peut-être était-ce Patrick Klugman, jeune avocat qui bataillait déjà pour qu'Anne Hidalgo, que j'aimais bien, alors adjointe de Delanoë, prenne un jour sa place. En effet, dix ans plus tard, elle annoncera sa candidature au poste de maire de Paris. Akif Gilalov était riche, il aimait la France et voulait faire quelque chose de positif pour sa capitale. Cela tombait bien. Très bien, même. Né dans un village des monts du Caucase en Azerbaïdjan, il se disait président de la Fédération mondiale des juifs des montagnes.

On prétend que les juifs des montagnes étaient des descendants des Khazars, convertis au judaïsme vers l'an 740 de notre ère et qu'Arthur Koestler nomma la « treizième tribu d'Israël ».

Un jour, un homme dont on ignore le nom partit à la recherche de son destin. Il parcourut le monde et, bien des années plus tard, très vieux, il retourna chez lui, bredouille. Sur le seuil de sa maison, surpris de voir le destin qui l'attendait, il mourut. À chaque fois que je me lance dans la poursuite d'événements anciens pour le besoin d'un livre, je me remémore cette courte fable, racontée par mon grand-père Abraham. Je sais par expérience que ce n'est jamais l'homme qui poursuit son destin, mais le destin qui rattrape l'homme. Quand cela lui chante. Akif Gilalov, qui me fit, dès notre première rencontre, penser à Arthur Martirossian du réseau ouzbek, apportait-il le début d'un nouveau livre ?

Tout s'enchaîna, comme d'habitude. Je fus heureux d'apprendre, par Christine Albanel, que Chirac voulait me voir. J'aimais l'homme et sa tendresse militaire.

— Alors Halter, un nouveau livre en perspective ?

Je lui parlai des Khazars.

— Avez-vous prévu d'aller dans le Caucase ?

— Oui, dis-je. Mais je ferai d'abord un crochet par Saint-Pétersbourg. Les Russes ont, paraît-il, gardé l'original d'une correspondance, qui date de 960, entre le rabbin Hasdaï ibn Shaprout – conseiller du calife Abd al-Rahman III de Cordoue – et le roi des Khazars, le khan Joseph… J'aime vérifier mes sources.

— Cela tombe bien ! m'interrompit-il. Savez-vous que l'an prochain les Russes fêteront le tricentenaire de Saint-Pétersbourg ?

— Non, avouai-je.

Ce tricentenaire était une bonne occasion pour la France de redevenir un interlocuteur privilégié de la Russie. Chirac venait de s'entretenir avec le président Poutine : tous deux avaient décidé de me nommer commissaire général de ces festivités.

— Ainsi, fit-il dans un éclat de rire, nous contrôlerons cet événement qui mobilisera le monde entier !

Il me donna une tape complice sur l'épaule.

— Et comme les Russes vous aiment bien…

Il m'assura de l'assistance de notre consulat à Saint-Pétersbourg et de notre ambassade à Moscou.

— J'aurai bientôt, précisa-t-il, un déjeuner avec Vladimir Yakovlev, le gouverneur de Saint-Pétersbourg, et avec V. V. Lochtchinine, premier vice-ministre des Affaires étrangères, chargé par Poutine de l'organisation du tricentenaire et de l'accueil des délégations officielles.

— Tout cela est si imprévu..., dis-je.

— Allons, Halter, nous aimons la Russie tous les deux, n'est-ce pas ? Maintenant qu'elle renaît, il faut la conquérir !

Le consul général de France à Saint-Pétersbourg, Stéphane Visconti, m'attendait à l'aéroport. Il m'avait réservé une chambre à l'hôtel Astoria, au pied de la cathédrale Saint-Isaac. Il faisait déjà sombre. Nous nous donnâmes rendez-vous le lendemain matin. À l'hôtel, je croisai Lyudmila Oulitskaïa, la merveilleuse romancière, qui devait donner une conférence au club des écrivains. Elle venait d'obtenir le prix Booker russe pour son livre *Le Cas du docteur Koukotski*. Nous dînâmes ensemble. Je lui parlai bien entendu du tricentenaire de Saint-Pétersbourg et lui confiai que, parmi d'autres événements, j'aurais aimé organiser un colloque réunissant des écrivains français et russes autour des rapports entre nos deux littératures, de Diderot à nos jours. Elle trouva l'idée bonne : « Ce sera le premier souffle d'air frais venu de l'extérieur. » Sa remarque me rappela celle de Poutine, ce qui la fit rire.

Lyudmila Oulitskaïa était un personnage attachant. Cheveux coupés à la garçonne, regard intense, traits réguliers, pas très grande, gestes doux. Je n'arrivais pas à saisir si elle était de ceux qui savaient écouter. Elle me promit de m'envoyer une liste d'écrivains russes à inviter à mon colloque.

Puis nous parlâmes des Khazars. À peine avais-je prononcé ce nom qu'elle se mit à réciter le poème de Pouchkine, celui que me réciteront, par la suite, tous ceux, en Russie, à qui je parlerai de cette ethnie juive :

Oleg le très sage a repris son épée
afin de châtier les imprudents Khazars.
Le feu gagnera leurs villages, leurs blés,
vengeant leurs pillages barbares.

Faire de ce peuple un roman était selon elle une riche idée. Pour un livre d'histoire, cependant, les éléments étaient trop rares. Je lui parlai alors de la lettre du rabbin Hasdaï ibn Shaprout de Cordoue et de la réponse de Joseph, roi des Khazars et fils d'Aaron. La correspondance se trouvait, m'avait-on dit, dans les archives du musée de l'Ermitage. Elle fit une grimace. Elle n'y croyait pas beaucoup. Elle me donna le numéro de téléphone du directeur de l'Ermitage, Mikhaïl Borissovitch Piotrovski, l'un de ses amis. Elle me prévint cependant : il connaissait beaucoup mieux le monde musulman que le judaïsme. Piotrovski était un grand archéologue islamologue et orientaliste et il avait, entre autres, publié un dictionnaire encyclopédique de l'islam.

— Cela dit, ajouta-t-elle, qui sait, il a bien participé il y a trois ans à une expédition archéologique dans le Caucase ! Peut-être vous sera-t-il tout de même de quelque utilité ?

Ensuite, comme si cela allait de soi, puisque nous parlions de royaumes juifs disparus, elle me demanda si j'avais déjà visité Birobidjan, la région autonome juive que Staline créa de toutes pièces dans les années 1930 en Sibérie, sur le fleuve Amour. J'en avais entendu parler. Je connaissais même un psychanalyste lacanien français de renom, Charles Melman, dont le père, communiste, l'avait emmené, enfant, avec toute sa famille, à Birobidjan, pour participer à l'édification de cette patrie juive et communiste.

— Voilà un magnifique sujet pour un conteur comme vous, fit-elle en riant.

Elle n'avait pas tort. Je l'écrirais quelques années plus tard.

— Savez-vous que, dans les années 1980, reprit-elle, j'ai accepté une collaboration avec le théâtre yiddish de Birobidjan ?

Cette fois, c'est moi qui fus surpris. Elle m'avoua qu'elle était généticienne et biochimiste à l'époque et que, un jour, un ami de ses parents, sachant qu'elle connaissait le yiddish, lui avait proposé d'assurer la direction éditoriale du théâtre juif de Birobidjan. C'est d'ailleurs ainsi qu'elle est devenue écrivain. De souvenir en souvenir, on se coucha tard.

Lyudmila tint parole. Quelques jours après, elle me fit parvenir une liste des intellectuels russes que j'ai transmise à mon ami Daniel Rondeau à qui j'avais demandé, entre-temps, de mettre sur pied ce colloque. J'aimais bien Daniel. Il était doué, avait des idées, il aimait les femmes et je n'oubliais pas qu'il nous avait accompagnés, Clara et moi, à Soncino, en Italie, où se trouvait l'imprimerie de mes ancêtres et où je fus accueilli comme un fils prodigue.

Je déjeunai comme prévu avec le gouverneur Yakovlev et Stéphane Visconti au restaurant Russkiy Kitch, le « kitsch russe ». Nous y fûmes rejoints par l'attachée culturelle de l'ambassade, Anne Duruflé. Vladimir Yakovlev était un grand gaillard, il avait un peu le même gabarit et la même allure que mon ami Sergueï Iastrjembski, conseiller de Poutine. Tous deux atteignaient les deux mètres mais, contrairement à Iastrjembski, Yakovlev était roux, bien roux, de cheveux comme de regard. Le vice-ministre Lochtchinine arriva pour le dessert, ainsi que Lyudmila Verbitskaya, le recteur de l'université d'État de Saint-Pétersbourg que j'avais invitée personnellement. Le Collège universitaire français se trouvant dans ses murs, il me semblait correct de l'associer dès le début à nos festivités. Et puis, je l'aimais bien. Pour sa part, elle était ravie que son protégé ait été choisi par les deux présidents pour coordonner la présence française durant la fête du tricentenaire.

Yakovlev fut d'accord sur tout. D'abord, le colloque, dans la grande Salle des actes de l'université, sous la présidence de Lyudmila et en présence des deux ministres de l'Éducation, Luc Ferry et Vladimir Filippov ; le ballet de l'Opéra de Paris sur les pas de Marius Petipa au théâtre Mariinsky ; l'exposition des œuvres de Nicolas de Staël, natif de Saint-Pétersbourg, à l'Ermitage ; la traversée des canaux en barque pour les officiels, sur les traces des personnages de Dostoïevski ; enfin, une idée de mon ami Slava Rostropovitch, un concert à l'ancienne, dans le palais du comte Cheremetiev. « À l'ancienne » signifiait un piano au milieu du salon et les auditeurs assis le long des murs. Quant à la réception officielle à Tsarskoïe Selo, le Versailles russe, cela ne dépendait plus de moi.

Nos amis russes avaient l'air ravis. À la fin du repas, Yakovlev leva son verre de vodka et nous invita à boire à l'amitié franco-russe. Puis, se tournant soudain dans ma direction :

— Votre épouse Clara n'avait-elle pas le projet d'ériger un monument pour la paix à New York, Marek ? Il me semble avoir lu une brève à ce sujet dans l'*Izvetsia*. Pourquoi ne pas l'offrir à la ville de Saint-Pétersbourg ? Cela serait un beau cadeau de la France, comme le *Cavalier d'airain* de Falconet qui domine la Neva.

— Une idée de Voltaire, fit remarquer Stéphane Visconti.

En entendant le nom de Voltaire, le gouverneur se souvint que Jacques Chirac souhaitait que l'on ouvre enfin, à l'occasion du tricentenaire, les archives du philosophe français, rachetées à sa mort par Catherine II, au public.

Ce fut le vice-ministre des Affaires étrangères qui posa cette question embarrassante : qui allait financer tous ces projets ? Nous restâmes silencieux, comme toujours quand on en venait à parler d'argent. Stéphane Visconti, notre consul, répondit en levant à son tour un verre à la santé des entrepreneurs français et russes qui s'engageraient à financer ces projets. Lyudmila Verbitskaya applaudit. Je promis alors au gouverneur de demander à notre Premier ministre de l'époque, Jean-Pierre Raffarin, d'organiser un déjeuner avec les chefs des plus importantes entreprises françaises. Déjeuner auquel il me semblait judicieux qu'il soit lui-même présent.

— Bien sûr, s'exclama-t-il, à condition que le président de la Fédération de Russie demande à se faire représenter.

Je lui promis d'en parler à Sergueï Iastrjembski, conseiller et porte-parole de Poutine.

Sur ce, nous nous embrassâmes tous et nous félicitâmes mutuellement, comme si nos projets étaient déjà réalisés.

J'ignorais alors que deux, au moins, allaient me prendre beaucoup de temps et d'énergie. L'un allait même carrément changer ma vie.

De retour à l'hôtel Astoria, deux équipes de télévision m'attendaient. L'ORT, la première chaîne nationale, et Zvezda, chaîne locale. Les journalistes voulaient m'interroger sur les projets de la France pour le tricentenaire de Saint-Pétersbourg.

Il ne me restait que peu de temps avant d'arriver à l'Ermitage où Mikhaïl Piotrovski m'attendait. Stéphane Visconti se proposa de m'accompagner. Visiter les coulisses de l'un des plus grands musées du monde l'amusait. Venir aux côtés du consul général de France à Saint-Pétersbourg me donnait une certaine crédibilité.

L'entrée de l'administration se trouvait du côté de la Neva, non loin de l'entrée principale où patientait une foule de touristes. Mikhaïl Borisovitch Piotrovski était un homme affable. Affable et autoritaire. Ce qui ne va pas toujours de pair. Il nous laissa un moment admirer le paysage à travers les fenêtres bien hautes de son bureau et me demanda ce qui m'amenait. Puis, se rappelant que nous étions toujours debout, il nous invita à nous asseoir. Il s'adressait à nous en français. Pendant que je lui expliquais ce que j'étais venu chercher, il ne cessa de nettoyer ses lunettes. Il les remit, enfin, sur son nez, ajusta les branches sur ses oreilles, et nous dit que, d'après ses collaborateurs, les lettres conservées à l'Ermitage étaient en fait des copies, produites un siècle plus tard par des Karaïtes, secte juive qui ne reconnaissait pas le judaïsme rabbinique (oral) du Talmud, proche, en quelque sorte, de l'islam et qui prétendait avoir converti Boulan, le roi des Khazars. L'original de cette correspondance se trouvait, précisa-t-il, à Oxford. Il me recommanda cependant à l'une de ses collaboratrices à qui il demanda au téléphone de nous faire visiter les archives.

J'eus un frisson à l'idée de pouvoir toucher du doigt l'histoire qui avait fait rêver des générations de romanciers et qui avait représenté un casse-tête pour les historiens depuis des siècles. Ces parchemins, qui étaient posés devant nous sur la table, même s'ils n'étaient que les copies d'autres parchemins, avaient plus de dix siècles d'existence ! Stéphane Visconti et moi étions impressionnés.

L'archiviste, fausse blonde à lunettes, plutôt empâtée, nous expliqua que les Khazars, peuple oublié, étaient originaires d'Asie centrale. Ils créèrent au VIIe siècle un vaste empire comprenant la Russie du Sud, l'Ukraine orientale, le Kazakhstan occidental, le nord de l'Ouzbékistan, la Crimée et le Caucase. Leur capitale entre le VIIIe et le Xe siècle, Itil, se trouvait sur le delta de la Volga, au bord de la mer Caspienne.

Entourée de tribus sauvages et nomades, la Khazarie avait, phénomène tout à fait exceptionnel au Moyen Âge, tous les avantages d'un pays développé : un gouvernement structuré, un commerce étendu et prospère, une armée professionnelle. Or, en l'an 740, à la surprise des monarques de l'époque et des historiens d'aujourd'hui, les Khazars s'étaient convertis au judaïsme, religion alors persécutée dans la plupart des pays du monde. Pendant plus de trois siècles, cet empire, considéré comme l'égal de l'Empire carolingien, de Byzance et du Khalifat de Bagdad, se développa, s'agrandit et dessina les frontières de l'Europe médiévale. Puis, vers le milieu du XIIe siècle, sous la poussée des tribus venues de Scandinavie, il se désagrégea et disparut. Pourquoi ? Les historiens n'ont pas trouvé de réponse. Certains supposent, avec Arthur Koestler, que les Khazars se seraient repliés sur l'Europe centrale, en Pologne principalement, où ils se seraient mélangés aux juifs venus de France et d'Allemagne, des ashkénazes donc, poussés par les croisades. C'est pourquoi, conclut l'archiviste à lunettes, on trouvait jusqu'à ce jour des villages du nom de Khazarowka en Pologne.

En l'écoutant, je me demandai si je n'étais pas, moi aussi, l'un des descendants des Khazars.

L'avion qui m'emmena à Bakou était vaste : un Iliouchine aux fauteuils de skaï. Deux hommes d'affaires anglais et leur avocate étaient assis à côté de moi. L'avocate était d'origine azerbaïdjanaise. Les deux hommes échangeaient des propos à mi-voix, la femme me fit la conversation. Elle était volubile mais restait mystérieuse sur les raisons de leur voyage à Bakou. Elle voulait par contre connaître les miennes. « Un livre », répondis-je simplement. Le sujet ? Quand je le lui racontai, elle parut étonnée. Je constatai, une fois de plus, que, dans cette région, tout le monde avait entendu parler des Khazars sans connaître réellement leur histoire.

— Que ferez-vous après avoir écrit ce livre ?

— Je prendrai des avocats, dis-je en riant. Et, par leur intermédiaire, je demanderai aux compagnies pétrolières un pourcentage sur les profits réalisés grâce au gaz et au pétrole de la mer Caspienne.

Ses sourcils se levèrent :

— Mais pourquoi ?

— Parce que la mer Caspienne, jusqu'au XIVe siècle, s'appelait la « mer des Khazars ». Et mon livre prouvera que les Khazars étaient mes ancêtres.

Elle éclata de rire :

— Et que vous êtes leur héritier, je suppose ?

J'acquiesçai.

— Et si vous gagnez ce procès, que ferez-vous de tout cet argent ?

— Une fondation. Pour faire connaître leur histoire. Et pour financer la création d'universités françaises à travers le monde : partager la connaissance avec ceux qui n'ont pas les moyens d'y accéder.

Elle me dévisagea, comme si elle venait de me découvrir.

Nous atterrîmes à l'aéroport de Bakou à 1 h 30 du matin. C'était un aéroport tout propre, à peine construit. L'odeur de la peinture flottait encore dans l'air. Je n'avais pas de bagage, je passai donc en premier. Prévenu par Akif Gilalov, le responsable du Centre culturel des juifs des montagnes, Mikhaïl Yakovlevitch Agarounov m'attendait. C'était un homme adorable. Plus large que haut, il s'appuyait sur une canne, ce qui lui donnait la démarche d'un canard. Son père était rabbin. Et l'auteur d'un dictionnaire tat, la langue khazare : il était imbattable sur ce sujet.

— On nous appelait, me dit-il, nous les juifs des montagnes, *juhuro*, turkménisation du mot arabe *jaouhar*, qui signifie « sans âme », « sans foi ». De nos jours, on nous appelle *juhud*, transformation du mot arabe *yahoud*, qui signifie « juif ».

D'après son père, le Deuxième Livre des Rois (XVII) de la Bible dit que, à l'époque assyrienne, des juifs avaient été envoyés dans les villes de l'Empire mède, du golfe Persique à la mer Caspienne, jusqu'à l'Azerbaïdjan d'aujourd'hui, donc. Et, toujours selon son père, quand les Khazars occupèrent le Caucase, ils étaient déjà convertis au judaïsme. Bref, les juifs des montagnes jouèrent un rôle important dans leur empire.

Je ne connaissais pas Bakou, où était né mon ami Rostropovitch. J'étais content de découvrir la ville. Agarounov me raconta que Bakou était perchée sur la plus grande mer fermée du monde, 424 000 kilomètres carrés, l'un des plus importants réservoirs de pétrole au monde. À bord de sa grosse limousine, nous longeâmes les berges de la mer Caspienne ponctuées de longues cheminées crachant le feu. Le chauffeur était un juif des montagnes dénommé Aaron, un chauve à barbe de trois jours et aux épaules larges. Je me mis à rêver : et si ce que j'avais avancé devant l'avocate inconnue de l'avion s'avérait possible ?

— Vous disiez ? demanda Agarounov.

— Oui, répondis-je, il y a ici de quoi faire un bon livre.

L'hôtel était vaste, tout en marbre. En attendant l'ascenseur, j'aperçus, au loin, mon étrangère de l'avion. Elle me fit un signe auquel je répondis. J'eus à peine le temps d'arriver dans ma chambre et d'ouvrir ma sacoche qu'elle frappait à la porte. Nous ne prononçâmes pas un mot. Au petit matin, elle se rhabilla. Ce fut la première fois de ma vie que je fis l'amour avec une femme dont je ne connaissais ni l'origine ni le nom. La seule certitude que j'avais était de ne plus jamais la revoir.

Mikhaïl Agarounov vint me chercher peu de temps après. Il avait changé de voiture, mais pas de chauffeur. À quatorze kilomètres du Daghestan, à une centaine de kilomètres de la Tchétchénie en guerre, se trouvait le village de Krasnaya Sloboda. Ce que je vis là me fit un choc. Tout me paraissait étrange et familier à la fois. Bordant la rue principale, les maisons possédaient des terrasses couvertes d'auvents de bois ou de zinc finement ombragées, des rez-de-chaussée ajourés soutenaient les balcons. Des dentelles de zinc aux motifs hébraïques (chandelier à sept branches, étoile de David...) ornaient les toitures, toutes différentes, témoignant d'un savoir-faire qui s'était perdu dans la nuit des temps. Chaque maison était entourée d'une clôture faite de planches en bois, comme dans les tableaux de Chagall, derrière laquelle, parmi les poules gloussantes, des garçonnets, la tête couverte d'une kippa, jouaient au ballon. À la vue de deux hommes revêtus de châles de prière, se rendant visiblement à la synagogue, je sentis ma gorge se nouer. J'étais soudain replongé dans mon propre passé. Comme si, d'un coup, je franchissais le miroir. Je regardais ces enfants du Caucase, ces derniers petits Khazars et, dans mon esprit, dans mon cœur, j'étais l'un d'eux. À Krasnaya Sloboda, je retrouvai ce que je croyais disparu à tout jamais : le parfum, les formes des villages de mon enfance. Comment ce bégaiement du temps se pouvait-il ?

— Je savais que vous seriez surpris, me dit Agarounov.

— Plus que surpris ! Je ne sais si je suis descendant des Khazars mais, curieusement, je me sens ici chez moi.

6 000 juifs vivaient encore dans ce bourg qui domine la rivière Kudial. D'après le président du conseil municipal, Daoud Abramov, homme au chapeau de paille vissé en permanence sur la tête,

à la chute de l'empire khazar (fin du XIe siècle), toute la région était juive : de Derbent au Daghestan jusqu'à Yanar Dagh, « la montagne de feu », au nord de Bakou. C'est à Derbent, précisément, au pied du Caucase, que, d'après lui, les Khazars arrêtèrent l'expansion de l'islam, presque en même temps que Charles Martel la contra au pied des Pyrénées. Mais les guerres et les persécutions dispersèrent les juifs, vidèrent leurs villages.

En l'écoutant discourir dans son petit bureau, sous le portrait du président azéri Aliyev et une imposante étoile de David, je commençais à comprendre pourquoi les musulmans de la région parlaient, eux aussi, le tat, la langue des juifs de Krasnaya Sloboda, sorte de yiddish local, mélange d'ancien perse, de turc et d'hébreu. Daoud Abramov nous apprit que le chef-lieu de la région s'appelait autrefois Evreiskaya Sloboda, le « village juif ». En 1926, informé de l'existence de ce bourg dans son Caucase natal, Staline aurait ordonné qu'on le rebaptise Krasnaya Sloboda, le « village rouge ».

Une foule d'hommes habillés de noir, calotte sur la tête, remplirent brusquement la rue.

— Ils vont au cimetière, m'expliqua mon fidèle guide Mikhaïl Agarounov. Il y a un an, un jeune homme de Krasnaya Sloboda s'est noyé dans la mer des Khazars. On commémore le premier anniversaire de sa mort.

Trois cimetières en terrasse surplombaient la vallée et le bourg. Trois cimetières immenses où les pierres tombales s'enfonçaient à moitié dans la terre sous le poids du temps. Sur le côté, une forêt inattendue de stèles contemporaines en marbre noir où reposaient, gravées dans la pierre de manière réaliste, presque photographique, les figures des disparus. Certains debout, d'autres assis, d'autres encore fumant une cigarette. Bouleversant. Je parvins difficilement à soutenir le regard de ces centaines de spectres qui me dévisageaient.

Au pied du mur d'enceinte du cimetière, des femmes accroupies laissaient de temps en temps échapper un sanglot. Les hommes, eux, massés autour de la tombe du noyé, récitaient le kaddish.

À Bakou, de retour à l'hôtel, trop ému par tout ce que je venais de vivre, j'écrivis un récit qui fut publié dans *Paris Match*.

Le livre était là ! Tout entier dans ma tête. Le titre, même : *Le Vent des Khazars*. C'est ainsi que l'on appelle, jusqu'à ce jour, le vent du soir audessus de la mer Caspienne.

J'étais en train de régler ma note d'hôtel quand Mikhaïl Agarounov accourut, très excité. Le président Ilham Aliyev voulait me voir. Il avait appris dans la presse ma présence à Bakou et mon intention d'écrire un livre sur les Khazars. En route pour l'aéroport, nous nous arrêtâmes donc au palais présidentiel. Le président azéri était un gaillard à moustaches et au nez busqué, plutôt grand, sympathique, fier d'avoir su préserver dans son pays majoritairement musulman et voisin de l'Iran plusieurs synagogues, y compris celle des juifs des montagnes. Il reprochait à la France, comme d'ailleurs à la Russie, son soutien à l'Arménie dans le conflit armé du Haut-Karabagh et regrettait que la question des 800 000 réfugiés azéris qui avaient dû fuir la guerre ne soit toujours pas résolue. Il proposa même de me faire visiter les camps des déplacés mais mon avion devait décoller. Je lui promis d'honorer cette visite une prochaine fois, à moins que, ce que j'espérais, le démêlé avec l'Arménie ne soit réglé d'ici là.

En rentrant à Paris, les travaux de réfection du Mur pour la Paix de Clara, à nouveau vandalisé, avaient commencé grâce au don d'Akif Gilalov.

Jean-Pierre Raffarin organisa, comme prévu, un dîner à l'hôtel Matignon. C'était la deuxième fois que je dînais en ce lieu et j'avais déjà quelques repères. La plupart des chefs d'entreprise français honorèrent son invitation. Le Premier ministre et moi avions préparé la liste ensemble. Ce jour-là, il était de bonne humeur et, en bon manager, il avait chiffré la participation financière de chaque convive. Il se sentait en mesure d'obtenir la somme nécessaire à la réalisation de nos différents projets au programme du tricentenaire de Saint-Pétersbourg. Il savait qu'il pouvait aussi compter sur l'aide de trois de mes amis parmi les convives : Maurice Lévy, président de Publicis, Jean-Luc Lagardère, président de Matra-Hachette, et Alain-Dominique Perrin, président de Cartier, tous trois déjà engagés dans le maintien de nos deux Collèges de Russie. Jovial, persuasif, notre Premier ministre avait quelque chose d'un camelot, mais un camelot de la République, et je lui faisais confiance.

Le jour J, donc, le gotha des affaires de France était autour de la table. La présence au dîner du gouverneur de Saint-Pétersbourg, Vladimir Yakovlev, et du conseiller du président Poutine, mon vieil ami Sergueï Iastrjembski, nous aida beaucoup. Iastrjembski, notamment, qui parlait français au nom de Poutine. Quant à Jean-Pierre Raffarin, il fut admirable. Pour être sûr que chacun des invités tienne son engagement, il tint à le rendre public. Aussi pointa-t-il le doigt sur chaque patron, l'un après l'autre, s'exclamant, comme un commissaire-priseur mettant aux enchères le prix d'un tableau : « Et vous, Alcatel, combien donnez-vous ? Et vous, L'Oréal ? »

Aux États-Unis, les entrepreneurs avaient l'habitude de ce genre de *charity dinners*. En France, non. Ce fut donc une première. Malgré cela, toutes les promesses ne furent pas tenues. Ainsi, pour pouvoir terminer la construction engagée par Vinci de la Tour de la Paix de Clara et de Jean-Michel Wilmotte, je dus, au dernier moment, demander à notre ami Raghid el-Chammah 50 000 euros manquants.

Fin mai 2003, Clara et Jean-Michel passèrent deux jours à Saint-Pétersbourg pour l'inauguration de leur monument, dévoilé en présence des Premiers ministres Raffarin et Kassianov. Vladimir Yakovlev nous attribua l'une des plus belles places de la ville, la place Sennaya décrite en long et en large par Dostoïevski dans *Crime et Châtiment*. Il faisait beau. Les drapeaux tricolores flottaient tout autour du monument. Pouchkine et Lermontov étaient au rendez-vous et Clara paraissait heureuse.

Quand on écrit ses Mémoires, on risque d'oublier certains événements, ou pire, certaines personnes qui ont pourtant joué un rôle important dans notre vie. En évoquant la Tour de la Paix à Saint-Pétersbourg, je me rends compte que je n'ai pas parlé de Dominik Bayvet. Français de Besançon, cousin éloigné de Nathalie Kosciusco-Morizet, il s'était installé à Saint-Pétersbourg. Rond, loquace, cultivé, sachant tout faire, il se rendit vite indispensable. Jamais loin, essayant de me ramener sur terre quand je m'envolais, porté par mon imagination, un peu comme le Sancho Pança de Cervantès... Bien qu'il n'y ait jamais eu de moulins à vent à Varsovie... Je n'ai pas non plus parlé de Borina Andrieu, épouse du conseiller à l'ambassade de France à Moscou. D'origine bulgare et de tempérament enthousiaste et combatif, elle s'engagea, corps et âme, dans notre aventure saint-pétersbourgeoise et surtout dans la défense de la Tour de la Paix. Parlant le russe, elle était sur tous les fronts et assistait Clara, un peu perdue dans ce brouhaha médiatique.

En effet, à l'annonce de l'élévation de la Tour place Sennaya, une association s'était constituée pour contester son emplacement : l'intrusion de tant de modernité, cette tour d'inox et de verre gravée du mot « paix » en une cinquantaine de langues, illuminée de l'intérieur, sur une place où flottait encore la présence de Rodion Raskolnikov, le héros de Dostoïevski, était pour eux intolérable. J'eus beau expliquer, dans de multiples entretiens à la télévision locale, que l'auteur de *Crime et Châtiment*, amoureux de la culture française, aurait sans doute été fier que la France lui rende hommage dans sa propre ville et dans un lieu foulé par ses personnages, je ne pus calmer l'ardeur des défenseurs de l'orthodoxie environnementale.

Une autre association vit le jour le lendemain de l'inauguration du monument. Au nom de la défense de l'art moderne et de l'amitié avec la France, elle se donna pour objectif la protection du monument, le seul qui, selon elle, parlait de la paix dans une ville meurtrie par des années de siège nazi. Soutenus par Mikhaïl Piotrovski, le directeur de l'Ermitage, les membres de cette association obtinrent même l'autorisation de planter, en permanence, aux côtés de la Tour de la Paix, un mât avec le drapeau français.

Pour le reste, tout se passa à merveille. Le colloque organisé par Daniel Rondeau mobilisa des milliers d'auditeurs, nous dûmes installer des écrans dans les amphithéâtres adjacents pour que les étudiants puissent suivre les débats. J'ai devant moi la liste des intervenants et suis surpris de leur diversité. J'avais oublié que Jorge Semprún et Jacques Revel étaient présents, ainsi qu'Élisabeth de Fontenay, Jean-Claude Casanova, Jean Tulard et Christine Angot. À la fin du colloque, Gérard Depardieu, venu exprès de Paris, lut des textes de la littérature russe et française que nous avions choisis ensemble. Et, en ami fidèle, il tint à m'accompagner devant le monument de Clara pour lui manifester publiquement son soutien. Place Sennaya, une foule innombrable et une dizaine de chaînes de télévision l'attendaient. Aussi, le débat avec les pro et les anti-monument fut suivi, le soir même, par des millions de Russes. L'effet Depardieu !

Enfin vint le concert. La plupart des délégations officielles étaient là. J'avais également invité le comte Cheremetiev, descendant du propriétaire du palais où l'événement avait lieu. Il dirigeait le Conservatoire russe de Paris Sergueï-Rachmaninoff. Arriva la pianiste que mon ami Rostro m'avait chaleureusement recommandée. Jeune, avec l'arrogance de celle qui connaît ses qualités : grande de taille, cheveux noirs aux reflets auburn, yeux noirs en forme d'amande, longs doigts fins et agiles, elle salua l'assistance puis s'assit devant le piano posé, comme prévu, au cœur de l'immense salon tout en dorures. Mais, à notre grande surprise, avant de commencer à jouer Liszt, précisa-t-elle en russe, d'une voix presque enfantine, elle prit un mouchoir et commença à nettoyer, d'abord le clavier, puis le devant de l'instrument, comme un chat qui prendrait possession de l'espace. On peut imaginer la réaction du public : curiosité, impatience, irritation, admiration. « Ça fait partie du spectacle ? » me demanda en chuchotant Poutine, assis à mes côtés. C'est alors que Nathalia Romanenko, c'est son nom, leva les bras et abattit ses mains sur le clavier, nous emportant avec la *Rhapsodie espagnole* du compositeur hongrois, précisément.

Ce fut un triomphe. Tout le monde voulut l'embrasser, la féliciter. Elle avait alors vingt-cinq ans, et moi presque le triple. Et, contrairement à ce que l'on pourrait penser, nous passâmes la nuit à chercher une pâtisserie ouverte en quête d'un gâteau d'anniversaire pour sa maman. Le chauffeur Vassili, qui conduisait la Renault Vel Satis, l'une des quatre voitures que la régie nous avait prêtées pour accompagner notre événement, eut l'idée de nous conduire au plus proche supermarché ouvert toute la nuit. Il se trouvait à quarante kilomètres de Saint-Pétersbourg, en direction de la frontière finlandaise.

Éblouie par tant de produits en terre russe, Nathalia remplit notre caddie. Sans oublier le gâteau d'anniversaire et les bougies. Nous rentrâmes à l'hôtel au petit matin. Elle repartait à Paris à midi. Une nouvelle « intrigue », comme l'aurait dit Dostoïevski, commençait. Elle dure encore.

Nathalia est un personnage inattendu. Femme enfant, naïve et maligne, jeune et qui avait déjà vécu. Elle est née en Ukraine, d'une mère tadjike et d'un père ukrainien qu'elle connaissait quant à lui à peine. Elle fut éduquée à la soviétique, dans des écoles de musique pour les surdoués, refusant une carrière classique. Elle se maria avec un pilote de ligne français, parce qu'il était beau, et divorça peu de temps après, parce qu'il n'avait pas assez d'ambition. Elle obtint le premier prix du Conservatoire de Paris et intrigua mon ami Rostropovitch qui l'avait entendue jouer en 2005 à la Fenice de Venise avec l'altiste Iouri Bachmet.

Le lendemain de son départ de Saint-Pétersbourg, Jacques Chirac arriva. Je ne sais pourquoi il n'avait pu être présent dès le début des festivités. Il tenait à inaugurer personnellement le Centre européen des Lumières qui devait abriter le fonds Voltaire, racheté en son temps par Catherine la Grande. Poutine étant déjà parti, ils se rencontrèrent à Moscou. Kassianov, le Premier ministre francophone, le remplaça.

Nous passâmes des heures à feuilleter le *Contrat social* de Rousseau, annoté à l'encre rouge par Voltaire. « Ridicule », « Polisson », « Cela est pitoyable », « On n'a jamais employé tant d'esprit à nous rendre bêtes. Il prend envie de marcher à quatre pattes quand on lit votre ouvrage »... Fascinés, Michel-Antoine Burnier et moi fîmes plus tard un fac-similé de cet ouvrage que nous publiâmes, avec la complicité de Philippe Robinet, au Serpent à plumes.

Chirac avait également tenu à rencontrer les étudiants du Collège et à visiter la bibliothèque Philippe-Habert. Il aurait aimé que je l'accompagne à Moscou mais je préférais rentrer à Paris. Un nouveau roman m'attendait. « Qui porte le feu dans son cœur, disait Goethe, sa tête s'enfume. »

En rentrant, donc, à Paris, je trouvai Clara très agitée. Tout d'abord, elle voulut savoir comment l'opinion publique russe avait réagi à la Tour de la Paix et à la controverse qu'elle avait suscitée. J'avais beau lui rappeler le proverbe américain « parle de moi, en bien ou en mal, mais prononce correctement mon nom », Clara n'était pas moi. Elle ne supportait pas les disputes à son propos. Je lui apportai un paquet d'extraits de presse qu'elle n'eut pas la patience de parcourir. D'autant que, pour la plupart, ils étaient en russe. Mon résumé lui suffit amplement. Mais, ce qui l'enfiévrait, je crois, comme l'oiseau qui panique à l'approche de l'orage, était plutôt le pressentiment confus qu'il s'était passé quelque chose d'inattendu lors de mon voyage, une chose qui la tourmentait sans qu'elle sache véritablement quoi. La suspicion dans la pensée est une chauve-souris qui, aveugle, se cogne contre les parois du cerveau sans que l'on puisse s'en défaire. J'avais de la peine de la voir ainsi. Heureusement, il y avait Borina. Après l'inauguration de la tour à Saint-Pétersbourg, elle avait accepté de rcjoindre l'équipe de Jean-Michel Wilmotte et revint à Paris.

Comme d'habitude avec Borina Andrieu, tout se passa très vite. À peine arrivée, elle rencontra une femme, qui en vérité était un homme devenu femme : Réa Williams, administratrice générale de la Réunion des musées nationaux de France au Japon. L'un de ses amis, Seiyu Kiriyama, dirigeait une importante secte bouddhiste à Kyoto, Agon Shu, l'école Agama (enseignements et rites traditionnels), qui, d'après ses dires, se composait de 1 358 prêtres au service de plus de 500 000 croyants. Ayant lu un reportage dans un magazine japonais sur le Mur pour la Paix à Paris, Seiyu Kiriyama rêvait d'y organiser une prière publique de ses adeptes pour la paix dans le monde. Sa demande écrite, portée par Réa Williams, était accompagnée d'un magnifique collier de perles qui, peu de temps après, nous serait volé.

Du Japon, Clara ne connaissait que *Les Sept Samouraïs* de Kurosawa et les jardins qu'elle considérait comme précurseurs de l'art minimal. Aussi fut-elle heureuse que, sans attendre qu'elle s'y rende, le Japon s'invitât chez elle. Après avoir consulté Jean-Michel Wilmotte, elle répondit positivement à la demande de Seiyu Kiriyama. Imaginez-vous ! Le grand maître spirituel s'apprêtait à débarquer à Paris avec deux avions remplis de membres d'Agon Shu en costumes traditionnels, portant avec eux des centaines de milliers de plaquettes en bois couvertes de prières pour la paix qui devaient être brûlées sur un énorme brasier élevé sur le Champ-de-Mars. Je me pris à imaginer la tête des quelques dizaines de riverains bourgeois dont l'association s'était donné pour objectif la destruction du Mur pour la Paix devant pareille nouvelle ! Bertrand Delanoë, maire de Paris, approuva l'événement. Une prière pour la paix de quelques centaines de Japonais devant le monument de Clara ne pouvait que drainer des foules de touristes venues du Soleil levant dans la capitale. « Cela vaut mille fois les jets de pierre et les tags antisémites des fascistes français », me fit remarquer Bertrand Delanoë.

La cérémonie fut grandiose. Seiyu Kiriyama, venu avec plusieurs chaînes de télévision japonaises, voulait montrer à ses compatriotes le magnifique accueil que la France réservait à ceux qui, à l'image des adeptes d'Agon Shu, œuvraient pour la paix. Les chants et le bourdonnement des tambours alertèrent des milliers de riverains et de touristes. Clara, assise à côté du grand maître, était aux anges.

Cette cérémonie tomba bien. Nathalia, elle, donnait une master class au conservatoire de Milan. Il n'y eut donc pas d'interférence entre mes deux vies : celle qui se poursuivait depuis si longtemps et qui était destinée à durer et celle, toute nouvelle, qui portait, elle aussi, une somme non négligeable de promesses.

Il y a dans la littérature profusion d'exemples démontrant qu'une jeune femme, par sa seule présence auprès d'un homme plus âgé, le rend plus vieux encore. En revanche, personne à ma connaissance n'a encore su dire combien, passé les premiers jours d'adaptation, elle parvient à le rendre plus jeune. Il découvre avec elle de nouveaux choix musicaux, littéraires, cinématographiques... Culinaires, même. Son langage, lui aussi, commence à se modifier : de nouvelles expressions, au premier abord intrusives ou étrangères, deviennent familières. Les abréviations du langage « texto » lui paraissaient d'un coup moins ridicules. La culture ambiante nous a habitués à l'idée que chaque âge coïncide avec un comportement précis, prérequis qu'une relation comme celle-ci rendrait absolument caduque. Bref, Nathalia n'était pas une aventure de plus dans la vie d'un vieux romantique.

Un jour, alors que je dînais avec elle dans un restaurant près des Invalides, le célèbre homme d'affaires Patrick Drahi, qui était là lui aussi, et que j'aimais bien par ailleurs, me demanda comment s'appelait le médicament que je prenais pour rester jeune. Elle répondit à ma place en riant qu'il s'appelait « Nathalia ». Elle avait l'air de vraiment m'aimer. Et je ne pouvais qu'en être flatté. D'autant que, contrairement à mes autres liaisons, elle n'exigeait pas que je change de situation matrimoniale. Elle admirait le travail de Clara et trouvait normal que, après tant d'années de vie commune, je ne la quitte pas. Quand Clara tomba malade et que je cherchai des personnes pour s'occuper d'elle, Nathalia proposa tout naturellement son aide.

Mais n'anticipons pas. Nous sommes encore, dans mon récit, en 2003 et mes combats ne se limitaient pas à mes amours. Je reçus à cette époque la visite de cinq jeunes filles. Elles s'appelaient Fadela, Safia, Loubna, Christelle et Ingrid. Vives et déterminées, elles avaient cette gestuelle large et rapide des filles méditerranéennes. Elles cherchaient de l'aide pour lancer un mouvement, dans la veine de SOS Racisme mais dédié aux droits des femmes dans les cités. Comme ceux qui avaient lancé SOS Racisme vingt ans auparavant, elles avaient tout prévu, y compris le nom de leur mouvement : Ni putes ni soumises.

Je trouvai le moment propice. Nous étions quelques mois à peine après le meurtre de Sohane Benziane, une jeune fille que l'on avait retrouvée brûlée dans un local à poubelles de la cité Balzac à Vitry-sur-Seine dans le Val-de-Marne (94). Elle n'avait que dix-sept ans. La police avait rapidement arrêté son meurtrier : Jamal Derrar, dix-neuf ans. Un petit caïd de la cité qui avait préparé son coup : une sorte d'expédition punitive, avec témoins pour l'exemple, contre une fille qui sortait avec un « mécréant ». Ce meurtre remua puissamment l'opinion publique. J'étais moi aussi horrifié.

Depuis longtemps, la condition de la femme me préoccupait. Comment ne pas être révolté quand on sait que, chez nous, une femme sur cinq est victime de violence physique ou d'agression sexuelle ? Selon des rapports publiés aux États-Unis, dans cette grande démocratie, une femme reçoit des coups toutes les quinze secondes, et 700 000 se font violer chaque année. En Inde, plus de 40 % des maris battent leurs femmes. En Égypte, 35 %. On pratique encore le crime d'honneur en Irak, en Jordanie, au Pakistan, en Turquie…

Comment la tradition populaire a-t-elle pu transformer en créatures soumises ces femmes fières, puissantes et influentes, descendantes de Sarah, princesse sumérienne et épouse d'Abraham, le père du monothéisme ; Tsippora, la Noire, fille du prêtre madianite Jethro et épouse de Moïse ; ou même Marie, qui obligea son fils, Jésus, à se révéler ? Sans parler de Hatchepsout, femme pharaon qui adopta Moïse après l'avoir sauvé des eaux et que l'histoire oublia jusqu'aux découvertes de l'égyptologue Christiane Desroches-Noblecourt. À quel moment les rédacteurs et les commentateurs des Écritures ont-ils cessé de considérer les femmes comme des sujets actifs de l'histoire pour en faire des personnages passifs ?

Paradoxalement, les religions ont répandu l'analogie femme égale tentation et donc danger : Ève, la première femme, transgresse l'ordre divin. La voici pécheresse, tentatrice. « C'est toi qui as brisé les sceaux de l'arbre défendu ; toi qui as violé la première la loi divine », dit Tertullien dans le premier livre *De l'ornement des femmes*, au IIe siècle de notre ère.

Pourtant, la Bible affirme : « Homme et femme Il les créa » (Genèse, 1, 27), égaux donc. Mais les inexactitudes, volontaires et involontaires, introduites, au IIIe siècle de notre ère, par les Grecs d'Alexandrie dans les traductions de la Bible n'ont cessé de nourrir les textes chrétiens. Il faut lire le chapitre I de l'Épître aux Romains de saint Paul et, plus encore, *Les Confessions* de saint Augustin. C'est à travers ces textes que le concept de péché originel s'inscrivit dans la pensée occidentale. Marquant ainsi toutes les femmes pour les siècles à venir.

Cette vision de la femme n'échappa pas à la pensée musulmane dont le Livre, le Coran, célèbre le personnage féminin de Marie. Pas la Marie que j'évoque plus haut, mais la femme soumise, « qui se soumet », *muslim* en arabe. Celle qui accepte son destin comme une fatalité et dont les peintres nous donnèrent mille images à travers les siècles.

Ce n'est qu'au Moyen Âge, avec l'apparition des bourgs et de l'artisanat, et face au manque de main-d'œuvre, que l'on commença à accepter la participation des femmes dans les ateliers naissants. Une exception qui ne dura guère. Au XVIIe siècle, un adage résuma bien les réactions des hommes à cette intrusion inattendue des femmes dans le monde du travail : « Une fille est destinée au mariage. On ne peut cependant savoir qui elle épousera : or, une cordonnière bien formée sera inutile au forgeron. »

Depuis, les choses ont bien changé. Au début du XXe siècle, tandis que la Grande Guerre mobilisait la plupart des hommes valides, les ateliers et les usines se remplirent de femmes. Les patrons constatèrent ainsi que, non seulement elles produisaient avec autant d'agilité et de compétence que les hommes, mais qu'ils pouvaient les payer moins cher.

Qu'est-ce qui justifie cependant, aujourd'hui, en ce début de XXIe siècle, que, en France, le salaire des femmes à travail égal, soit de 20 % inférieur à celui des hommes ? Qui peut prétendre à un possible progrès de notre société sans l'émancipation des femmes, notamment dans les pays qui vivent sous la loi de l'islam ?

Devais-je, moi, juif polonais et écrivain français, rappeler à mes amis musulmans depuis combien de temps les commentaires de leur religion mentionnaient les droits de la femme ? Au IXe siècle, Al-Boukhari, citant Mahomet lui-même, écrivait : « Les meilleurs d'entre vous sont ceux qui traitent leurs femmes de la meilleure façon. » « Ne sois pas voilée par ton incompréhension car le prophète Mahomet a dit : "Les femmes sont égales aux hommes" », écrivait aussi trois siècles plus tard Muhyiddin Ibn Arabi.

Ainsi commença la longue saga, plus de quinze années de recherches et d'écriture, que je consacrai aux femmes, ces figures fortes, exemplaires, qui furent à l'origine des trois monothéismes. Partant du constat que les religions reprenaient la place désertée par les idéologies laïques, je me lançai d'abord dans une trilogie dédiée aux femmes de la Bible, puis à Marie, des Évangiles, enfin, aux « mères des croyants », ainsi que les nomme le Coran : Khadija, la femme de Mahomet, Fatima, sa fille, et Aïcha, sa bien-aimée, sa mémoire.

Peu de temps après notre rencontre, par un coup de fil, Fadela Amara m'informa que les filles se mettaient en marche pour l'égalité et contre les ghettos. Elles projetaient de traverser la France en un peu plus d'un mois. Leur retour à Paris se transforma en manifestation de masse. Nous étions entre 40 000 et 50 000 dans la rue, derrière les cinq marcheuses. J'étais présent, aux côtés de Valérie Toranian, à l'époque directrice du magazine *Elle*, et d'une bande de journalistes mobilisés. Ce jour marqua la consécration publique de cette première grande association féminine des quartiers.

Ah, si les croyants ou ceux qui se pensent comme tels connaissaient leur propre religion ! Un jour, j'étais à New York pour la promotion de mon livre *Tsippora* (la femme de Moïse) qui venait d'être publié dans sa traduction anglaise et était installé, comme c'est souvent le cas pour les livres à succès, en piles à l'entrée des librairies. Je marchai sur la 5e Avenue et, devant la fameuse synagogue, Temple Emanu-El, je vis sortir quelques femmes. L'une d'entre elles me reconnut, courut vers moi et cria :

— *Mr Halter ! Mr Halter ! Are you sure that she was Black ?*

« Êtes-vous sûr qu'elle était noire ? » voulait-elle savoir. Oui, la femme de Moïse, que la Bible nomme à plusieurs reprises *kouchit*, « africaine » en hébreu, était bien noire.

Appendre que l'épouse du législateur du peuple juif était noire l'embarrassait-elle ? Imaginait-elle que je mentais, comme les jeunes de nos banlieues en France quand ils m'entendirent citer la constitution de Médine, sorte de traité d'entente entre musulmans et juifs signé par le Prophète en 627 de notre ère. Je demandai à ces derniers leurs adresses e-mail pour pouvoir leur envoyer le texte en arabe. En voici deux extraits : « Les juifs peuvent continuer de professer leur religion et la liberté de pratiquer leur religion est garantie. » « Il est défendu à un croyant monothéiste ayant consenti à ce qui est écrit dans ce texte et cru en Dieu et au jour du jugement de secourir un criminel ou de l'héberger. S'il le fait, il sera maudit par Dieu au jour de la résurrection, sans pitié, et l'on n'acceptera de lui ni compensation, ni indemnité. » Un seul, parmi la cinquantaine de mes contradicteurs à qui j'envoyai ces deux citations me répondit : *choukran*, « merci », en arabe. J'ai gardé son e-mail.

Nathalia rentra de Milan. Elle avait un rêve : rendre la musique classique accessible au plus grand nombre. Son objectif : « Jouer Liszt dans un stade de football, devant des dizaines de milliers de spectateurs. » Selon elle, la musique méritait non seulement qu'on l'écoute, mais qu'on la voie. Pour réaliser cette idée extravagante, un seul moyen : associer le son à la couleur, le rêve de Voltaire et de générations de compositeurs de Liszt jusqu'à Messiaen, en passant par Scriabine. Avec une persévérance et un entêtement rares, Nathalia mit toute son énergie à rendre possible cette démonstration. Grâce à son enthousiasme, elle fit adhérer à ce projet le fameux concepteur de lumières, qui travailla pendant des années avec Johnny Hallyday, Jacques Rouveyrollis, ainsi qu'un nombre incalculable de mélomanes. De mon côté, je persuadai mon vieil ami Gérard Collomb, alors maire de Lyon, de lui donner une salle de théâtre pour une performance pendant la Fête des lumières. Le spectacle qu'elle monta au théâtre Molière attira des foules. Et, franchement, il était féerique.

Avait-elle réussi à me réconcilier avec la musique, moi qui, malgré mon amitié avec Rostropovitch, n'avais pas encore dit le *kaddish* sur mon petit violon piétiné, jadis, à Varsovie ?

Quelques mois plus tard, je ne me souviens pas exactement quand, Pierre-François Veil, que j'avais consulté concernant nos droits sur le label du Mur pour la Paix que nos amis bouddhistes désiraient édifier sous une autre forme à Hiroshima, me signala que sa mère souhaitait me parler. Elle avait apparemment essayé de me joindre au téléphone, en vain. En réalité, elle voulait seulement savoir si j'avais prévu de me rendre à Auschwitz pour le soixantième anniversaire de la libération du camp. Le magazine *VSD* lui avait proposé de recueillir par la suite nos deux récits. En effet, le secrétariat de Jacques Chirac m'avait invité à faire partie de la délégation présidentielle. Je répondis à Simone ce que je venais de dire aux collaborateurs du président : je me rendrais en Pologne avec les Russes car je devais être, la veille, à Moscou pour les festivités du deux cent cinquantième anniversaire de l'université Lomonossov au sein de laquelle était installé notre Collège universitaire français. Et j'avais promis au recteur Sadovnichy de prononcer un discours à cette occasion.

A posteriori, je m'aperçus que je m'apprêtais à prendre non pas le chemin des juifs qui allaient à la mort, mais celui emprunté par ceux qui avaient libéré les survivants. Lors de notre rencontre à Cracovie, Chirac eut l'air de comprendre mes motivations. Contrairement à Simone. Et elle n'avait peut-être pas tort. En tant que juif, ma place était avec les survivants.

Dans le Tupolev qui nous amena de Moscou en Pologne se trouvaient pêle-mêle : des représentants de multiples communautés juives de l'ex-URSS, des ministres, d'anciens déportés et d'anciens combattants. Poutine voyageait quant à lui avec l'avion présidentiel. On m'assit à côté d'un vieil homme à la chevelure blanche, la poitrine chargée de médailles : Ilya Ravchenko.

— J'étais, me dit-il, dans la 60e armée commandée par le maréchal Ivan Koniev. Le maréchal a envoyé nos troupes repérer le chemin le plus court pour gagner la Silésie. Nous sommes partis à cheval. Il neigeait. Soudain, nous avons découvert le camp…

Était-il l'un de ces quatre cavaliers que Primo Levi, derrière les barbelés, vit s'avancer dans le brouillard de neige, le 27 janvier 1945 ? Ilya Ravchenko l'ignorait. Il n'avait pas lu *La Trêve*. Il reconnut pourtant s'être enfui à la vue des milliers de morts vivants en pyjama rayé, plantés dans cette étendue blanche comme des statues de sel. Une vision qui, soixante ans plus tard, le faisait encore frémir. C'est lui qui alerta le général Vassili Sokolovski qui envoya, à son tour, des colonnes de chars pour libérer les derniers survivants.

Je retrouvai Cracovie sous la neige. « Il y a deux jours, l'hiver n'était pas encore au rendez-vous », m'expliqua le Polonais Wladyslaw Bartoszewski, résistant et ancien prisonnier politique d'Auschwitz, invité à prendre la parole pendant la cérémonie.

« En nous plongeant dans le froid la veille de la cérémonie, Dieu a voulu nous rappeler les conditions dans lesquelles sont morts des millions de nos frères », ajouta le grand rabbin de Tel-Aviv, Israël Meir Lau, rescapé de Buchenwald. La plupart des membres de sa famille, originaire des environs de Lódz, avaient été liquidés à Treblinka et Ravensbrück.

Le décor était donc planté à l'identique. Nous étions encore loin d'Auschwitz. Loin, vraiment ? Cracovie était à peine à soixante kilomètres du camp. Soixante kilomètres pour retourner soixante ans en arrière. En attendant ce moment tant redouté, la cérémonie commença à Cracovie. Le forum international *Let My People Live !* (Laissez vivre mon peuple !), organisé au nom du Congrès juif européen par Moshé Kantor, réunit au vieux théâtre Juliusz-Slowacki une dizaine de chefs d'État. La télévision polonaise me demanda une brève introduction à cet événement. La langue de mon enfance me vint difficilement. Une succession d'images défilaient devant mes yeux, brouillant mon regard. La maquilleuse me tendit un mouchoir : je n'avais pas droit aux larmes.

La délégation française arriva en retard. Une tempête de neige avait ralenti son atterrissage. Je l'accueillis à l'aéroport aux côtés de l'ambassadeur et du consul général de France. Simone Veil était là, avec Jacques Chirac. La route d'Auschwitz, Oswiecim en polonais, était glissante et les villages que nous traversâmes encombrés. En nous accueillant, le maire Janusz Marszalek nous annonça que les Italiens construisaient un nouvel hôtel de trois cents lits. Nous nous regardâmes avec Simone, outrés. À tort, certainement : la vie continuait.

Le camp, enfin. Des dizaines et des dizaines d'autobus obstruaient la vue. Seul émergeait le portail en fer forgé surmonté de la devise *Arbeit macht frei* (« le travail rend libre »). Passé les contrôles, nous longeâmes un chemin bordé de baraques séparées les unes des autres par des terrains vagues couverts de neige. Chacune avait été transformée en musée. Simone Veil, émue, dévoila la plaque sur la façade de la baraque française. Son fils Pierre-François la soutenait. À l'intérieur, une exposition rassemblait des documents, des photos, des chiffres…

Nous passâmes d'une pièce à l'autre en nous marchant sur les pieds. Nous découvrîmes une salle recouverte de photos d'enfants. Une installation conçue par Serge Klarsfeld pour l'occasion. « Ils sont tous morts ? » demanda le président du Sénat, Christian Poncelet. « Non », répondit Jacques Chirac en pointant la photo de Simone Veil adolescente. Le président du Sénat fondit en larmes.

Nous le savions : des millions de cris de désespoir ne pouvaient provoquer en nous autant de compassion que la souffrance d'un seul être connu. D'où, peut-être, la force du récit d'Anne Frank.

J'appréhendais la cérémonie officielle. Elle devait avoir lieu à Birkenau, à quelques kilomètres d'Auschwitz. Si Auschwitz était un camp mixte, à la fois de concentration et d'extermination, où se mêlaient juifs, tziganes, résistants polonais et prisonniers politiques, Birkenau, lui, avait été conçu pour la liquidation du plus grand nombre de juifs possible. Durant la dernière année, 1944, on y tua jusqu'à 20 000 personnes par jour !

À Birkenau, on sentait encore l'odeur de la mort. Était-ce une impression personnelle ? Je n'osai interroger mes voisins. Dans la lumière du jour qui s'en allait, dans cet espace plat et gris entouré de plusieurs rangs de barbelés et balayé par les projecteurs, la vue de la foule compacte des milliers de personnes, venues pour commémorer le plus grand crime de notre civilisation, me fit irrésistiblement penser à cette masse de déportés rassemblés là, par les nazis et leurs chiens, dans l'attente d'une mort programmée.

« Jamais plus ! » répétait Simone Veil aux journalistes qui nous entouraient. Malgré tout, depuis, d'autres crimes ont été commis. Dans une quasi-indifférence générale.

Les discours étaient forts. Notamment celui du président de la République qui, sur ce sujet, fut toujours sans faille. Était-ce encore un texte préparé par Christine Albanel ? Je me demandai pourquoi ceux que l'on appelait les Justes n'avaient pas été invités. Irena Sendler, par exemple, et tous ces simples gens, hommes et femmes qui, comme elle, en Europe centrale, en France ou en Italie, avaient risqué leur vie pour sauver des vies. Ils n'étaient pas là. Leurs voix me manquaient.

Il faisait de plus en plus froid. Mon attention baissait. Je me perdais dans les langues que j'avais apprises le long de mes pérégrinations. Les mots se mêlaient, s'entrechoquaient dans ma tête. Soudain, une femme en pull blanc saisit le micro : Merka Szewach, ancienne déportée. Je la rencontrerais plus tard. Elle hurla sa douleur. Elle avait oublié son polonais, ses paroles tombaient sur la neige comme des charbons ardents. « Ici, on a volé mon nom et on m'a donné un numéro ! » Elle tendit son avant-bras devant les projecteurs : « Ici, je suis devenue personne, on m'a transformée en personne. Pourquoi ? Pourquoi a-t-on brûlé mon peuple ? Pourquoi nul n'a rien dit ? Pourquoi ? » Elle s'éloigna puis, sous les regards médusés des présidents Poutine, Chirac, Lech Kaczynski et du prince Edward du Royaume-Uni assis au premier rang, elle revint sur ses pas et ajouta dans un souffle : « Je suis nue devant vous. Nue. J'ai gardé mon esprit, mon corps, mais ici, on a brûlé mon âme... »

Cette séquence n'était pas prévue. Je me sentis mal. La tête me tournait. Pierre-François me prit par l'épaule. « Tu vas bien ? » Que dire ? Je préférai m'éloigner. M'éloigner de la foule, des projecteurs, des flashes des photographes. Ne plus écouter les discours, pourtant si forts et si nécessaires. Je marchai un moment le long des barbelés. Seul. La neige grinçait sous mes pas. Là-bas, sur l'estrade, le rabbin Yossef Malovani du Temple Emanu-El de New York entama le chant des morts « El Male Rahamim » (Dieu de miséricorde...). Sa plainte, retransmise par les haut-parleurs, glissa sur les miradors, traversa les barbelés et se répandit au-delà de la forêt de bouleaux jusque dans les villages avoisinants. Et, à nouveau, je m'interrogeai : et si cette commémoration était la première et la dernière de cette ampleur ? Où serons-nous dans dix, vingt ans, Simone Veil, Samuel Pisar, Elie Wiesel, Serge Klarsfeld et cette Merka Szewach qui venait de hurler son âme devant le monde ?

Pendant que le chant égrenait la liste des camps de la mort – Auschwitz, Treblinka, Majdanek, Belzec, Chelmno, Sobibor... –, je me rendis compte que j'étais en train de vivre un moment grave : le passage obligé de la mémoire à l'histoire. Je me laissai tomber dans la neige et me mis à pleurer. Que sera Auschwitz dans cent ans ?

Que représentera ce lieu aux yeux des enfants des générations à venir ?

« Il suffit, écrivait Victor Hugo, d'une seconde pour blesser un siècle. » Combien de temps faudra-t-il encore pour marquer l'éternité ?

Après Auschwitz, Hiroshima. Seiyu Kiriyama, le gourou de la secte bouddhiste Agon Shu, obtint du maire de la ville japonaise une invitation : Clara et Jean-Michel y élèveraient un monument pour la paix à l'occasion du soixantième anniversaire de la destruction de la ville.

Nous nous rendîmes sur place pour repérer les lieux. Borina nous accompagnait. Aujourd'hui, Hiroshima est une ville industrielle et portuaire de plus de 1 million d'habitants. Propre. Aux carrefours, la signalisation pour piétons est annoncée par un chant d'oiseau. La seule trace de la première bombe atomique larguée sur la ville le 6 août 1945 est le mémorial de la paix, où sont exposées les photos d'hommes et de femmes calcinés et le dôme de Genbaku éventré : 140 000 personnes ont péri à l'époque, à la suite de ce bombardement.

Le 6 août 1945, j'étais encore à Kokand, en Ouzbékistan. Nourris de chants patriotiques et de la blessure des vingt-sept millions de victimes de la guerre contre les nazis, Hiroshima n'était, à nos yeux d'enfants « rescapés », rien d'autre que l'annonce de la fin de la Seconde Guerre mondiale. Aussi, j'avoue que ma rencontre avec la ville japonaise meurtrie ne fut pas comparable avec celle d'Auschwitz. Bien sûr, j'étais bouleversé. Mais si Marguerite Duras avait pu, par exemple, écrire *Hiroshima mon amour*, je n'aurais pour ma part jamais pu penser ou écrire « Auschwitz mon amour ».

Je savais, évidemment, que l'on ne pouvait se sentir concerné par une histoire en fonction de son quota de morts. La douleur venait, je crois, plutôt de l'éprouvant constat que de simples hommes, comme mes voisins ou moi, avaient pu accepter la liquidation en masse de leurs semblables. Ainsi, plus tard, le massacre de masse des Tutsis au Rwanda. À la machette ! Un génocide que Corneille, le magnifique chanteur rwandais, a vécu. Adolescent, il a vu périr sa mère hutu, son père tutsi et ses frères et sœur. Installé au Québec depuis 1997, il continue à témoigner à travers ses chansons et ses actions. Un jour, il a proposé à Clara de réfléchir à un monument pour la paix à la mémoire des centaines de milliers de Tutsis exterminés par les Hutus. Nous n'avons pas trouvé les fonds nécessaires.

Pour le monument à Hiroshima, Jean-Michel Wilmotte imagina une série de seuils surdimensionnés, en inox et verre poli gravés du mot « paix » calligraphié par Clara. Sorte de chemin éclairé longeant l'entrée du mémorial. Clara proposa neuf portes, comme les neuf cercles de l'*Enfer* de Dante. Le maire d'Hiroshima, Tadatoshi Akiba, préféra le nombre dix, le dixième cercle étant celui de sa propre ville. Le monument fut inauguré le 30 juillet 2005.

Depuis, tous les étrangers en visite au Japon qui se rendent à Hiroshima traversent les dix Portes de la Paix avant de se recueillir au musée du mémorial en hommage aux dizaines de milliers de victimes innocentes.

Un seul mort innocent avait-il, lui aussi, droit à un mémorial ou seulement à une tombe dans un cimetière anonyme ? Cela se passa quelques mois après notre retour du Japon. En région parisienne, un jeune Français juif, Ilan Halimi, fut enlevé par une bande se faisant appeler le Gang des barbares. Il fut torturé à mort pendant trois semaines. Le 13 février 2006, je me rendis avec mes amis de SOS Racisme le long des voies du RER C où ses bourreaux l'avaient abandonné agonisant. Le soir même, il mourut à l'hôpital tandis que je devais parler à la télévision de ma trilogie consacrée aux femmes de la Bible. J'arrivai au studio pour l'émission, tremblant de rage que, dans notre France républicaine et démocratique, on ait pu assassiner un jeune homme parce que juif.

Aussi face au journaliste Marc-Olivier Fogiel, j'ai lancé : « Je suis trop bouleversé par le meurtre d'un jeune juif français pour parler de mes livres.
— De quoi souhaitez-vous parler ? répliqua Fogiel.
— J'aimerais pouvoir partager ma colère avec les millions de Français qui nous regardent. J'aimerais que chacun d'entre eux ressente ce que je ressens. J'aimerais que chacun comprenne le danger du racisme. — Allez-y ! » m'encouragea le journaliste.

Dans la seconde, je réalisai que le discours que j'avais préparé ne ferait que s'ajouter aux autres et que j'avais peu de chances de me faire entendre, d'associer les téléspectateurs à ma douleur. Je me souvins du cri de l'abbé Pierre en cet hiver de l'année 1954 : « Mes amis, au secours ! »

Je me tournai alors vers la caméra et demandai :

— Savez-vous crier ?

À mon grand étonnement, le public, qui se trouvait sur le plateau, me répondit d'une seule voix : « Oui ! »

— D'accord. Donc, je dirai : « Contre la bêtise et la haine, criez ! » Puis je compterai jusqu'à trois.

Pousser un cri à la télévision n'est pas plus facile que de crier en pleine rue. L'émotion me serrait la gorge. Je n'entendais plus rien. J'avais comme du coton dans les oreilles. En voyant le visage du journaliste ainsi que de Michel-Édouard Leclerc, lui aussi sur le plateau, en regardant l'assistance, je compris qu'ils avaient crié avec moi. En rentrant à la maison, je trouvai un e-mail de Charles Aznavour. Il se résumait à une photo de lui criant, la bouche grande ouverte, et à ce court mot : « J'ai crié avec toi. »

Le lendemain, dans la rue, des automobilistes freinaient à ma hauteur, baissant leur vitre et m'interpellant : « Monsieur Halter, j'ai crié avec vous hier soir. » Je me croyais seul, nous étions des millions.

Je sais bien que ce soir-là il ne s'agissait que de manifester notre protestation devant un écran. Pourtant, j'étais persuadé qu'un certain nombre de ceux qui avaient crié avec moi étaient capables, si nécessaire, de passer à l'acte. La colère précède souvent l'engagement.

La première personne à qui j'avais parlé du cri comme éveil des consciences était le pape Jean-Paul II. Il m'avait répondu : « Vous êtes mon fils dans la tradition des prophètes juifs. Pour crier, il faut se référer à la Loi. Le Christ et les apôtres n'avaient pas besoin de crier. Ils avaient la foi. Une prière suffisait. » Et il ajouta en riant : « Cela dit, je ne refuserai pas, le cas échéant, de pousser un cri au lieu de dire une prière. Je suis peut-être le dernier pape judéo-chrétien. »

Meurtre après meurtre, cris après cris, au Proche-Orient, la paix n'avançait guère. Yasser Arafat était mort depuis deux ans. C'était le 11 novembre 2004.

Souha nous avait prévenus par un coup de fil. Pour ma part, j'avais fait quelques commentaires à son propos dans les médias. Mahmoud Abbas, qui avait étudié en Russie et parlait quelques mots de russe, avait pris sa place. Ahmed Qoreï (Abou Alaa), le « banquier », occupait le poste de Premier ministre. Du côté israélien, Ariel Sharon fut reconduit au poste de chef du gouvernement et mit aussitôt en œuvre ce qu'il m'avait annoncé deux années auparavant : le retrait unilatéral de la bande de Gaza.

Au début du mois de mars 2005, Marc Dolisi, de *VSD*, m'avait commandé un reportage. « Tu connais bien les deux nouveaux adversaires, fit-il, tu es le seul à pouvoir les rencontrer tous les deux en même temps. » Il me flattait et je le savais. Je n'étais pas allé au Proche-Orient depuis longtemps et son grouillement de foule, de projets et d'idées, la violence des sentiments me manquaient.

J'étais arrivé à Tel-Aviv peu de temps après un énième attentat dans lequel étaient morts quelques immigrants russes. La presse en Russie avait d'ailleurs titré à sa une : « Encore des Russes tués en Israël ! » Israël comptait la plus grande communauté russe au monde. Et Mahmoud Abbas, qui se sentait redevable envers Moscou, s'était dit affecté. Il avait même proposé à Ariel Sharon une traque commune des assassins.

Sacré Sharon ! Je l'aimais beaucoup. Je ne l'avais pas revu depuis notre petit déjeuner à Jérusalem avec les journalistes français et mon éditeur Bernard Fixot. J'avais fait sa connaissance au début des années 1970 en compagnie d'Yitzhak Rabin. Je l'avais revu en 1989 à l'occasion de la parution, en France, de son autobiographie. Il était accompagné de sa femme Lili qui a beaucoup compté dans sa vie. Au dîner offert en son honneur, plusieurs chaises étaient restées vides. À l'époque, après la guerre du Liban, il était considéré comme une sorte de lépreux, un homme infréquentable. Je l'ai interviewé. Il n'a jamais oublié cette rencontre houleuse ! Depuis, à chacune de nos retrouvailles, nous poursuivions la controverse. Il n'arrêtait pas de se remettre en question et, en même temps, de vouloir infléchir les positions de son interlocuteur.

Je ris tout seul en le décrivant. Après chacun de nos entretiens, dès que je rentrais à Paris, je savais qu'il m'appellerait. C'était inéluctable. D'abord, venait la voix de Marit Danon, son assistante – qui avait été, je ne sais par quel étrange destin, l'assistante de Rabin : « Marek, le Premier ministre veut te parler », m'annonçait-elle en français. Puis, j'entendais, venant de loin, la voix légèrement étouffée de Sharon. « J'espère que tu n'as pas encore écrit ton article. » Et, avant même que je lui réponde, il lançait d'une traite : « J'ai oublié de te dire… J'aimerais ajouter… J'ai réfléchi… » C'était tout Sharon ! Volontaire, passionné, plein de doutes : un homme rare.

Nous avons tendance à considérer que l'admiration populaire va aux hommes politiques fidèles, poursuivant sans faille le même chemin, la même idée. Il n'en est rien. C'est par leurs défauts qu'ils nous attendrissent et, curieusement, nous fidélisent. Ne dit-on pas communément : « Il a eu le courage de reconnaître ses erreurs » ? Ou : « Il a eu l'intelligence de reconnaître son tort et de changer d'avis » ? L'écrivain israélien A. B. Yehoshua, acteur d'un processus de paix israélo-palestinien conforme à l'accord de Genève (incluant une solution à deux États, le gel des colonies israéliennes, la protection des droits de l'homme dans les territoires occupés, le droit des minorités en Israël...), admirait la métamorphose d'Ariel Sharon, sa transformation de faucon en colombe.

Sharon me racontera plus tard que l'évacuation unilatérale de Gaza avait provoqué une crise au sein de son parti, le Likoud. Il en créera par conséquent un nouveau : Kadima.

— Tu sais combien de fois la Bible répète le mot « paix » ? ajouta-t-il. 9 300 fois ! Quand on veut la paix avec son adversaire, on n'attend pas sa réponse, on la fait !

Il m'annonça qu'il s'était proposé d'évacuer la Cisjordanie, colonie après colonie, tout de suite après le retrait de Gaza. Quand je racontai cela à mon ami Amos Oz, il s'exclama : « Maintenant, tout dépend des Palestiniens ! »

Pendant ce temps-là, à Ramallah, en Palestine, Ahmed Qoreï inaugurait le nouveau Conseil législatif palestinien. Devant une bâtisse rectangulaire en pierre de taille blanche, une foule de journalistes, de photographes, de curieux, s'impatientait. On attendait l'arrivée des parlementaires. Une jeune femme vint à ma rencontre : c'était Nadia, la fille d'Issam Sartawi, le bras droit d'Arafat assassiné le 10 avril 1983 au Portugal. Elle était jolie. Je ne pus m'empêcher de lui faire la cour.

L'hémicycle se remplit lentement. La plupart des députés étaient des hommes. Cinq femmes seulement. Des groupes se formaient. Arriva Ahmed Qoreï. En m'apercevant, il écarta ses gardes du corps et vint m'embrasser.

— Tu vois, nous donnons une leçon de démocratie au monde arabe !

Il se félicitait des déclarations de Sharon et espérait le rencontrer.

— Bientôt, tu seras au chômage, fit-il en riant. Nous arriverons peut-être à nous parler sans intermédiaire.

Il ignorait que, quelques mois plus tard le Hamas prendrait le contrôle de Gaza. Et que Sharon tomberait dans le coma.

En rentrant à Paris, j'avais rendu compte à Clara de mon voyage et rédigé l'article pour *VSD*.

Un an plus tard, je venais de publier *Marie*, le portrait inattendu de la mère de Jésus qui alimenta de longues discussions entre le cardinal Jean-Marie Lustiger et moi, quand l'ambassadeur d'Israël en France me téléphona. Il se proposait de venir nous voir avec « un homme qui avait besoin d'aide ». L'homme s'appelait Noam Shalit, père du soldat Gilad Shalit, enlevé à la frontière de Gaza par le Hamas. Nous avions devant nous un homme accablé, marchant dans les ténèbres, à la recherche de la moindre lueur d'espoir. Il avait sollicité des chefs d'État, des hommes d'influence en Israël, aux États-Unis, en France… Nous étions les derniers sur sa liste.

Étrange. Je n'ai aucun souvenir de son visage. Je me rappelle uniquement sa détresse. Il avait avec lui un énorme dossier sur son fils Gilad, rempli d'extraits de presse, de lettres envoyées, de lettres reçues. Il espérait que, grâce à nos contacts avec les Palestiniens et avec les dirigeants arabes, peut-être… Je lui promis de faire le maximum. J'étais sincère.

Quand il fut parti, je regardai Clara qui n'avait rien dit durant tout le temps de notre rencontre. Nous étions désemparés.

— Nahed Ojjeh, fit-elle.

Nahed était la fille du tout-puissant ministre de la Défense syrien, Moustafa Tlass. Son frère, Manaf, ami proche d'Assad, servira la Syrie comme général jusqu'en 2011. Nous avions connu Nahed avec Franz-Olivier Giesbert, le bouillant directeur de l'hebdomadaire *Le Point*. Ils vivaient alors ensemble dans un hôtel particulier, place des États-Unis à Paris.

Nahed est une femme merveilleuse. Gaie, généreuse et au fort tempérament, comme souvent les femmes d'Orient. Elle avait épousé Akram Ojjeh, le Saoudien, à dix-huit ans, et avait repris des études en France à trente-sept ans. Elle aimait beaucoup Clara. Je l'appelai. Nous nous vîmes le jour même. Nahed nous proposa de nous rendre en Syrie et de rencontrer le chef du Hamas, Khaled Mechaal. Il était installé depuis deux ans dans les environs de Damas. Elle le connaissait bien.

Nous arrivâmes à l'aéroport de Damas vers midi. Le père de Nahed nous attendait. Nous évitâmes, grâce à sa présence, tant la douane que la police des frontières. Nous descendîmes à l'hôtel Four Seasons. Susanna Dorhage, une sympathique journaliste allemande reporter pour Arte, nous accompagnait avec son cameraman. Khaled Mechaal étant en voyage, Nahed prit rendez-vous avec lui pour le lendemain soir.

En attendant, nous décidâmes de faire un tour en ville. Les vieilles ruelles, les souks étaient remplis de monde et de parfums. Qui eût cru que je viendrais à Damas un jour ? La Bible en parle dans la Genèse et plusieurs fois dans les livres des Rois et des Prophètes. En écrivant le roman de Marie, Myriam, qui vient de *marah* « aigrir » ou « rebelle » en hébreu, j'avais découvert la secte de Damas, comparable à celle des Esséniens de Qumrân sur la mer Morte. Je fis l'hypothèse que la mère de Jésus l'avait fréquentée, ainsi que la plupart de ses amies femmes, à commencer par Marie de Magdala. J'expliquai ainsi pourquoi le Christ s'était rendu à Damas et comment, en chemin, il rencontra son disciple Paul, Saul de Tarse.

À l'époque de notre voyage, en juillet 2007, la Syrie n'était pas encore en guerre. Certains Syriens, parmi les jeunes notamment, espéraient même voir leur pays signer la paix avec Israël. La population comptait encore beaucoup de chrétiens, syriaques, grecs orthodoxes, grecs catholiques melkites, maronites, assyriens, Arméniens, chaldéens, quelques protestants... et même des juifs ! Albert Cameo, qui présidait à la destinée de ces derniers et que j'avais prévu de rencontrer le lendemain au centre communautaire de Bab Charki, en compagnie de l'ambassadeur de France Michel Duclos, précisa qu'ils étaient quatre-vingts.

Nous nous promenâmes à travers les ruelles bordées de boutiques du marché couvert al-Hamidiyah et aperçûmes enfin, au loin, la mosquée des Omeyyades. Cet édifice musulman, imposant tant par sa taille que par sa grandeur, construit entre 706 et 715, était l'un des plus anciens. Son minaret le plus haut avait été nommé le « minaret de Jésus ». C'est là que, selon la tradition, nous expliqua Nahed, Jésus et sa mère Marie reviendront au moment du Jugement dernier. Dans la salle de prière de la mosquée, nous découvrîmes le tombeau de saint Jean-Baptiste, Sidi Yahya pour les musulmans, cousin de Jésus.

Nous fûmes, dans notre progression, dépassés par une cohorte de femmes intégralement vêtues de noir, enfermées dans leur prison ambulante, venues d'Iran par bus pour se recueillir sur le reliquaire où reposait, selon les croyants, la tête de Hussein, fils d'Ali et de Fatima, et premier imam chiite assassiné à Kerbala en 680. Je me demandai en voyant ces femmes passer, vague après vague, devant les vitrines des boutiques où l'on vendait une multitude de dessous féminins, ce qu'elles pouvaient en penser.

Quand nous atteignîmes la mosquée à notre tour, le soleil commençait à glisser derrière les hauteurs du Golan, cette chaîne montagneuse qui longeait le Jourdain et la frontière d'Israël, jusqu'à la rive orientale du lac de Tibériade. Le grand mufti de Syrie, Ahmad Badr al-Dîn Hassoun, prévenu par Nahed, nous accueillit. Il tenait à nous guider personnellement. Grand, enturbanné, tout sourire derrière ses lunettes, barbiche bien noire, il chercha à me séduire par ses connaissances (il avait appris que j'étais écrivain). Nous nous mîmes à citer les passages de la Bible qui avaient été repris dans le Coran. Il eut l'air surpris de constater que j'étais au fait de la sagesse arabe.

Ensuite, nous abordâmes un sujet incontournable pour les Syriens d'alors : la paix. Il voulut savoir à quoi ressemblait Israël. Il aurait aimé visiter Jérusalem et la mosquée Al-Aqsa. À ma grande surprise, le mufti proposa que je m'adresse aux fidèles après la prière du vendredi soir.

— Mais je ne suis pas musulman !

— Je sais. Mais vous êtes un *hakham*.

Hakham, qui signifie « rabbin » en arabe, veut dire « érudit », « sage » en hébreu. Ce soir-là, nous restâmes un long moment ensemble, ce qui permit à Susanna de faire de belles images de ce joyau de l'art omeyyade.

Je pris donc la parole devant près de 5 000 fidèles. Difficile d'imaginer ce que pouvait ressentir en un pareil instant le juif que je suis, dont l'histoire commençait à Varsovie et traversait aussi bien la guerre que le siècle, dans la plus grande mosquée du monde musulman, ornée de mosaïques de style byzantin datant du VIIIe siècle ! Je planais dans une sorte de nébuleuse irréalité. Sans le grand mufti Ahmad Badr al-Dîn Hassoun, habillé tout de blanc, qui traduisait de temps à autre mes dires, tant il lui semblait que je ne pouvais être compris par une assistance qui ne connaissait pas bien le français, je me serais cru dans un rêve. Alors, pour la première fois, je développai l'idée que « Le pacte entre les Émigrés et les Ansars et la réconciliation avec les juifs », connu sous le nom de Constitution de Médine, et qui était tiré de la sîrat d'Ibn Ishaq, était le premier code juridique au monde. L'idée que ce code précédait la *Magna Carta*, l'accord de droit britannique de 1215, et par conséquent les traités de Westphalie de 1648, considéré par les Occidentaux comme le premier texte juridique régulant la coexistence entre les peuples, plut à l'assistance.

Une fois encore, j'avais la preuve que, en valorisant ses interlocuteurs, on parvenait à les libérer de leurs préjugés et à leur faire accepter l'idée même de cette réconciliation à laquelle ils n'avaient jamais songé. La petite équipe d'Arte était comblée.

Le fils aîné du grand mufti de Syrie, Ahmad Badr al-Dîn Hassoun, je l'appris avec effroi bien plus tard grâce à Nahed, fut enlevé au début de la guerre civile par les hommes de Daech. Et tué. Une semaine après son enterrement, son corps fut déterré et brûlé. J'envoyai un mot de solidarité au mufti.

Les quatre-vingts juifs vivant encore à Damas possédaient, disait-on, vingt synagogues dans le quartier de Jobar. Une seule était ouverte, par manque de fidèles. Il y a deux mille ans, Jobar était presque essentiellement juif. La vieille synagogue de Jobar, dédiée au prophète Élie, avait été un lieu de pèlerinage pendant des siècles. Dix ans après notre passage et l'exode des derniers juifs, Jobar est devenu le bastion de Daech.

Mais, alors, on ne parlait pas encore du danger islamiste. La Syrie était dirigée par le parti Baas, socialiste et laïc. Au centre communautaire où je me rendis donc en compagnie de l'ambassadeur de France, Michel Duclos, et de l'équipe d'Arte, les quatre-vingts juifs de Damas étaient tous là. Nous fûmes accueillis sous les applaudissements. Albert Cameo, le président, paraissait ému : rares étaient les visiteurs qui venaient à leur rencontre. Nous assistions, sans le savoir, à la fin d'une communauté.

Enfin, nous rencontrâmes Khaled Mechaal. Le siège du Hamas se trouvait à Mazzeh, banlieue boisée au sud-ouest de Damas. Quand nous arrivâmes devant la grille de la villa, il faisait déjà sombre. La maison était à peine éclairée. Quelques hommes armés demandèrent nos papiers. Nahed répondit en arabe. Ils fouillèrent malgré tout le coffre de la voiture, scrutèrent nos visages à l'aide de torches et firent signe à d'autres hommes armés debout dans le jardin d'ouvrir la grille. Sur le perron gardé par deux jeunes, mitraillette à la main, se tenait un homme à lunettes. Il échangea quelques mots avec Nahed et nous fit entrer dans un hall aux murs nus. Nous montâmes l'escalier. Au premier étage, on avait affiché le logo du Hamas : la coupole de la mosquée du Dôme du Rocher surplombée de la carte de la Palestine et entourée du drapeau palestinien et de deux sabres croisés.

Une porte s'ouvrit, et apparut un homme de taille moyenne, cheveux et barbe courte grisonnants, sourcils bien dessinés, regard franc. Il me tendit la main et se présenta :

— Khaled Mechaal.

J'avais devant moi l'homme que le Mossad avait essayé d'empoisonner en septembre 1997. Le roi Hussein de Jordanie, voulant éviter des affrontements avec les Palestiniens s'il mourait, avait exigé – sous la menace de liquider les deux agents du Mossad captifs et de rompre le traité de paix signé depuis peu avec Israël – que le Premier ministre Benjamin Netanyahou lui délivre d'urgence l'antidote qui sauverait le chef du Hamas. Netanyahou refusa. Mais, sous la pression de Bill Clinton, il dut s'exécuter. Khaled Mechaal fut sauvé et les deux agents israéliens, qui l'avaient empoisonné avant d'être arrêtés par la police jordanienne, libérés. Malgré son opposition avec Arafat, à qui il reprochait les accords de paix d'Oslo et dont il négligea les injonctions de trêve avec Israël, Mechaal participa à ses funérailles au Caire le 12 novembre 2004. Je ne me souviens pas pourquoi Clara et moi n'avions pu nous y rendre, malgré l'insistance de Souha.

Cet homme, donc, qui venait de gagner les élections législatives palestiniennes et qui se tenait face à moi dans l'embrasure de la porte, était beau. Je le lui fis savoir :

— Vous avez de l'allure. Votre visage est sympathique, énergique, je vous vois bien premier président de la République palestinienne !

Surpris, il m'étreignit et me pria d'entrer. Puis il salua longuement Nahed et Clara. Dans son bureau plutôt spacieux trônait une carte de la Palestine qui ignorait Israël et, sur la table encombrée de papiers et de livres, une photo sous verre de deux jeunes filles.

— Vos filles ?

Il acquiesça, non sans fierté.

— Jolies, n'est-ce pas ?

— Que font-elles ?

Dans un anglais approximatif, il commença à me raconter, comme tout bon papa, les réussites scolaires de sa progéniture. Il me parla aussi de ses fils. Ensuite, informé par Nahed de la raison de notre venue, il évoqua le cas de Gilad Shalit.

— C'est son père qui vous envoie ?

Je fis oui de la tête.

— Je comprends, fit-il. Moi, à sa place, j'aurais fait de même. Et vous ? Avez-vous des enfants ?

— Non, dis-je.

— Mais vous êtes de parfaits intermédiaires !

Une femme, foulard sur la tête et regard baissé, nous apporta un café. Khaled Mechaal poursuivit en arabe, langue dans laquelle il se sentait visiblement plus à l'aise. Nahed traduisait. Il nous raconta que le Hamas négociait avec Israël l'échange de Gilad Shalit contre un certain nombre de prisonniers palestiniens.

— Mais vous ne reconnaissez pas Israël ?

— Je ne suis pas naïf, répondit-il. Il restera un État qui s'appelle Israël. C'est un fait. Ce n'est pas le problème. Le problème, c'est que l'État palestinien n'existe pas encore.

Un homme nous interrompit. Nous comprîmes que Mechaal était demandé au téléphone. Il répondit en arabe : « *Baadin* », pas maintenant.

Après avoir bu le café et mangé quelques petits gâteaux aux amandes, nous parlâmes des monuments pour la paix de Clara et de son amour pour ce mot qu'elle déclinait dans toutes les langues. Il lui tendit un bout de papier et un crayon et lui demanda d'écrire ce mot en arabe et en hébreu. Puis, en reprenant la feuille que Clara lui tendit, il s'exclama :

— *Mumtaz,* parfait !

Nous reprîmes notre discussion. Il nous prévint que, à Gaza, des groupes plus extrémistes que le sien étaient en train de se constituer et que si Israël refusait de négocier avec lui, l'État juif aurait affaire à des hommes qui ne croyaient qu'à la force.

— Puisque vous rapporterez le contenu de notre rencontre aux dirigeants israéliens, expliquez-leur ça !

Nous partîmes le lendemain sans une vraie promesse de libération de Gilad Shalit. Tout dépendait d'Israël. À notre arrivée à Paris, j'appelai Nicolas Sarkozy, alors président de la République, très impliqué dans la libération du soldat Shalit (à moitié français), et à qui j'avais promis de rendre compte de notre voyage. J'ignorais en revanche que, entre-temps, des « groupes incontrôlés » et l'« armée de l'islam », se revendiquant d'Al-Qaida, avaient lancé depuis la bande de Gaza des dizaines de roquettes sur les agglomérations israéliennes voisines. Et que, au moment où nous étions au téléphone avec Nicolas Sarkozy, Tsahal avait répliqué par des frappes aériennes et un bouclage total du territoire. Le gouvernement israélien appela cette réplique l'opération « Pluie d'été ». Elle dura cinq mois et fit plus de deux cents victimes du côté palestinien.

Khaled Mechaal prétendit, paraît-il, que notre présence chez lui à Mazzeh était une action de diversion imaginée par le Mossad. Nahed eut du mal à lui expliquer que ce n'était qu'un pur hasard et que ni Clara ni moi n'étions au courant de ce qui était en train de se tramer à Gaza. Je dus attendre que les tensions à la frontière de Gaza se dissipent afin de prendre l'avion pour Israël.

À l'hôtel King David de Jérusalem, mon vieil ami Claude Sitbon m'attendait. C'est lui qui vendait notre revue *Éléments* dans la cour de la Sorbonne en Mai 1968. Militant un jour, militant toujours. Aussitôt mon bagage déposé dans ma chambre, il m'entraîna devant la maison du Premier ministre où, sous une tente à peine éclairée, Noam Shalit, le père de Gilad, et sa femme Aviva, faisaient un *sitting*. En me voyant, Noam se leva et courut à ma rencontre. Je m'assis sous la tente avec eux et leur racontai en détail ma conversation avec Khaled Mechaal. Chaque mot comptait. Chaque intonation suscitait des questions. Ils en tirèrent une seule conclusion : leur fils était toujours vivant, ce qui était essentiel à leurs yeux.

D'un point de vue diplomatique, la situation n'avait pas évolué : le Hamas exigeait, en échange du soldat Shalit, la libération de quelques centaines de prisonniers palestiniens et le gouvernement israélien répondait qu'il refusait de libérer ceux qui avaient « du sang sur les mains ». Malheureusement, Sharon, victime d'une attaque cérébrale, était toujours plongé dans un coma artificiel. Et son remplaçant Ehoud Olmert, ancien maire de Jérusalem, que je connaissais, refusait d'en démordre. Nous l'avions croisé deux ou trois fois l'année précédente, lors de l'installation des Tentes de la Paix de Clara autour de la ville, à l'occasion de la présence française en Israël organisée par notre ami Olivier Poivre d'Arvor, mais j'étais loin d'avoir avec lui la relation que j'avais avec Sharon. Ignorant même s'il se souvenait encore de moi, je tentai un appel, à tout hasard. Une chance : Marit, l'assistante de Sharon, était toujours là. Elle m'obtint un rendez-vous pour le lendemain.

Ehoud Olmert connaissait le dossier Shalit. C'est lui qui avait lancé l'opération contre Gaza, en représailles des tirs de roquette. Mais au fond, il savait aussi bien que moi que le rachat des prisonniers était une obligation religieuse chez les juifs depuis les temps bibliques, conformément à l'interprétation du commandement : « Tu n'exigeras pas le sang de ton prochain » (Lévitique, XIX, 16). Car en Israël, toute controverse politique puise sa source dans la Bible. Maïmonide à l'appui, je mis donc en avant l'obligation de rachat des captifs. La vie de Shalit méritait que les autorités israéliennes satisfassent la demande du Hamas.

Mais, tout Premier ministre qu'il était, avant d'agir, Ehoud Olmert devait d'abord en référer au Mossad. Celui-ci, me confia-t-il, continuait la négociation avec le Hamas par l'intermédiaire d'un médiateur allemand. Quant aux informations que je lui rapportais concernant l'évolution de l'attitude du Hamas envers Israël, elles parurent l'intéresser.

Ce n'est que le 11 octobre 2011 que le gouvernement israélien approuvera la proposition d'échange de 1 000 prisonniers palestiniens contre la libération du jeune Shalit. Khaled Mechaal nous prévint par l'intermédiaire de Nahed. Clara et moi nous réjouîmes pour ses parents, Noam et Aviva. Le soir même, la nouvelle fut annoncée dans les médias.

Au moment où je me remémore cette page d'histoire à laquelle nous fûmes mêlés, le retrait des

États-Unis de l'accord nucléaire iranien provoque de nouveaux remous au Proche-Orient.

De quoi s'agit-il : il paraît que 3 000 centrifugeuses – certains prétendent 6 000 – en possession de l'Iran seraient capables, dans un bref délai, de devenir opérationnelles et de produire l'uranium enrichi nécessaire à l'utilisation de l'arme nucléaire. Et alors ? Comment se fait-il que les milliers d'ogives nucléaires que possèdent les Américains, les Russes, les Français, les Anglais, les Indiens ou même les Israéliens, les Chinois et les Pakistanais, ne nous émeuvent pas plus ? Tandis qu'entre les mains des Iraniens, cette arme nous fait peur. Ce n'est donc pas la bombe, comme m'expliqua un jour Jacques Chirac, qui nous paraît dangereuse, mais son détenteur. A priori, un revolver dans l'étui d'un policier ne nous effraie pas. Mais un couteau de cuisine dans la main d'un terroriste nous fait pousser des cris d'horreur.

J'ai peur des religieux au pouvoir. En 1830, à Paris, la Sainte Vierge n'avait-elle pas ordonné au Premier ministre de Charles X, Jules de Polignac, de tirer sur le peuple ?

Je suis à nouveau accroché à ma plume, comme une pomme à un arbre. J'entends un gémissement dans la pièce voisine. La femme qui garde Clara est en retard. J'y vais. Clara ne parle plus depuis longtemps. Elle me regarde. Elle me regarde, comme si elle voulait savoir. Savoir quoi, précisément ? Où elle en est ? Où j'en suis avec mon livre ? Je lui dis que les pages s'accumulent sur le bureau. Plus de six cents, déjà ! Dans mon histoire, notre histoire, je suis déjà arrivé à l'année 2008. Elle sourit et ferme les yeux. L'aide-soignante arrive enfin. Je retourne à ma table de travail. Des informations me manquent. Des dates. C'est l'année de la libération d'Ingrid Betancourt. C'est aussi l'année de mon voyage en Éthiopie, sur les traces de la reine de Saba. Malraux s'y était essayé soixante-quinze ans avant moi. J'espérais pouvoir faire mieux.

Là encore, il me manquait des informations sur cette femme mythique. Pourtant, j'en avais tant au moment où je retraçai l'histoire du peuple juif à travers *La Mémoire d'Abraham*. Je ne garde rien. Je suis le contraire d'un idolâtre. Pas d'archives, pas d'objets sacrés que l'on met en vitrine, pas de bibelots marquant les étapes d'une vie, pas de photos sous verre accrochées au mur ou posées sur des présentoirs : le passé est encombrant. Il empêche d'avancer.

Combien de personnes ai-je croisées dans des lieux publics qui paraissaient heureuses de me rencontrer parce qu'elles avaient participé, un jour, à mes côtés, à un meeting, à une manifestation… ! Elles ont, disent-elles, gardé des photos. Comme si, depuis, rien ne s'était passé dans leur vie.

Pourquoi ce livre ? La question m'obsède. En évoquant le passé, ne suis-je pas en train de me ranger aux côtés de tous ceux qui, comme des brocanteurs, traînent leur charrette de souvenirs ? J'essaie de me placer en dehors de moi. Hors de ma personne. Je deviens une sorte d'archéologue espérant trouver les soubassements d'une pyramide. Mieux, je suis celui qui fouille dans une gueniza, ce cimetière de livres où l'on trouve, pêle-mêle, des manuscrits, des tablettes gravées, des parchemins et où l'on découvre, couche après couche, la trace d'une vie qui, comme toute vie, représente toutes les vies.

Disons pour résumer que je suis le mémorialiste d'un homme qui s'appelle Marek Halter. Et, pour les lecteurs qui s'intéresseront peut-être plus tard à ce livre, d'un homme qui s'appelait Marek Halter. Ah, la mémoire ! « Nous trouvons de tout dans notre mémoire, écrit Proust, elle est une espèce de pharmacie, de laboratoire de chimie, où on met au hasard la main tantôt sur une drogue calmante, tantôt sur un poison dangereux. » Aussi, pour celui qui ne garde rien du passé, écrire ses Mémoires est un véritable casse-tête. Heureusement que les agences de presse et le Net ont conservé une multitude de photos et de documents qui me donnent matière à poursuivre. Heureusement que mon assistante

Sophie Jaulmes est là pour les trouver et les vérifier, et que mes éditeurs, qui suivent le déroulement de mon récit, sont là pour m'encourager.

Hier, je suis passé au cimetière de Bagneux, comme je le fais chaque semaine, pour déposer des fleurs sur la tombe de mes parents. Chaque fois que j'accomplis ce geste, je me demande, non sans angoisse, qui s'occupera après moi de leur stèle. Et qui s'occupera de la mienne ? Avec ce livre, j'élève peut-être la stèle qui rappellera au lecteur qu'un jour, un homme qui portait mon nom avait une histoire à partager avec les autres hommes.

La reine de Saba, donc. Mon éditeur d'alors, Leonello Brandolini, un Italien agile, rigolo, avec un accent (j'adore les accents), était heureux des retombées de ma trilogie sur les femmes de la Bible et de *Marie*.

— Voilà une figure, historique et mythique à la fois, qui devrait t'intéresser !

Il n'avait pas tort. Je regardai sur la carte l'emplacement de l'Éthiopie, le plus vieux royaume d'Afrique, dénichai quelques récits sur les amours entre cette reine noire et le sage roi Salomon, relus les passages les concernant dans la Bible et proposai à l'ami Olivier Royant, directeur de *Paris Match*, un reportage sur les traces de la reine de Saba. Olivier, toujours à l'écoute du large, s'enthousiasma et engagea, comme d'habitude, le photographe Thierry Esch pour m'accompagner. Nous partîmes le 16 juin 2008. D'abord par Air France jusqu'à Addis-Abeba, la capitale de l'Éthiopie. Puis dans un petit avion à hélices jusqu'à Bahir Dar, au nord-ouest du pays, près des chutes Tis Esat du Nil bleu. Dans un Focke semblable au nôtre, André

Malraux avait décollé de Djibouti et aperçu, en survolant Marib dans le sud du Yémen, des ruines qu'il prit pour celles du palais de la reine de Saba.

Entre la description de Malraux et la mienne, quelle différence ? La couleur, d'abord. « Je suis belle et noire, fille de Jérusalem », dit la reine dans le Cantique des cantiques. Saint Jérôme, au IVe siècle de notre ère, traduisit ce texte ainsi : « Je suis noire mais je suis belle... » Les origines du racisme sont bien lointaines...

Quel voyage est plus merveilleux que celui qui vous plonge aux sources des religions du Livre ? Au cœur de l'Afrique orientale. Là où se noua l'une des plus belles histoires de l'Antiquité. Là où, à la fin du premier millénaire avant notre ère, Salomon, roi d'Israël, fils de David, surnommé le Sage parmi les hommes, succomba au charme de la reine de Saba, une souveraine. Noire. Très belle. De leur liaison, raconte la légende, naquit Ménélik, père des Falashas, les juifs éthiopiens. Selon les Africains, Salomon, séduit par son fils, lui confia le tabernacle contenant les Tables de la Loi, la fameuse arche d'alliance qui inspira tant d'aventures, d'André Malraux à Indiana Jones.

Le royaume de Saba s'étendait des deux côtés de la mer Rouge. Sur ce territoire, le roi Akebo, père supposé de la reine de Saba, érigea Aksoum, la capitale du royaume. Quand nous arrivâmes, Aksoum fêtait la fin de la saison des pluies. On chantait, on dansait, on soufflait dans la corne de bélier, comme à l'époque des rois de Jérusalem. Entouré du haut clergé de l'Église éthiopienne, un homme à la barbe poivre et sel était assis sur un trône. C'était l'archevêque Abune Selama Kesete Birhan. Il avait l'air heureux de notre présence.

Notamment celle du photographe. Je fis remarquer à l'archevêque que cette cérémonie évoquait celle qui avait lieu sur le parvis du Temple.

— Vous l'avez remarqué ? Nous sommes en effet les seuls héritiers de Sadoq, le grand prêtre du temple de Salomon à Jérusalem. Savez-vous que, chez nous, on circoncit les garçons et on respecte le jour du chabbat ?

Il me parla de Ménélik et confirma que les Tables de la Loi se trouvaient en Éthiopie. Devant mon étonnement, l'archevêque fit porter une grosse boîte en bois.

— Vous la connaissez ?

— Elle a les dimensions du tabernacle, répondis-je.

L'archevêque récita un passage de la Bible (Exode, 37, 1) : « Bezalel fit l'arche de bois d'acacia ; sa longueur était de deux coudées et demie, sa largeur d'une coudée et demie, et sa hauteur d'une coudée et demie. »

— Vous n'allez pas me dire qu'il s'agit de l'arche d'alliance ?

— Non, avoua-t-il, c'est une copie que nous sortons à l'occasion des fêtes. L'original est caché en lieu sûr.

Il accompagna ces derniers mots d'un sourire mystérieux.

J'étais donc devenu un aventurier des Tables de la Loi. Notre guide Haïlé Sélassié Brhe nous expliqua que l'archéologue allemand Helmut Ziegert, professeur à l'université de Hambourg, qu'il avait assisté lors de ses recherches, avait trouvé l'emplacement du palais de la reine de Saba. Il nous y emmena. Le palais n'était qu'une ruine, avec seulement quelques colonnes intactes, un grand escalier et une pièce d'eau qui servait, j'imagine, avant tout, de bain rituel à la reine. Mais aucune trace du tabernacle. En revanche, j'aperçus un groupe de femmes. L'une d'entre elles était grande, majestueuse, tout de blanc vêtue.

— C'est notre reine de beauté, fit notre guide fièrement.

— Propose-lui de se faire photographier sur les marches du palais ! lança Thierry Esch.

Je m'approchai du groupe. Les filles parlaient anglais. J'expliquai à la reine de beauté la raison de notre présence à Aksoum. Elle sourit. Un sourire blanc comme un éclair.

— Vous aussi vous cherchez les traces de la reine de Saba ?

— Je ne cherche plus, dis-je, je l'ai trouvée.

Elle s'appelait Makeda, comme le vrai nom de la reine de Saba, elle fit le reste du voyage avec nous et sa photo parut dans *Paris Match*.

Cependant, malgré son aide, nous ne trouvâmes pas de trace du tabernacle. La recherche de cet objet si ancien et si mystérieux l'amusait. Aussi nous proposa-t-elle de nous guider jusqu'à la nouvelle Jérusalem. Je ne savais pas que, au XIIe siècle, dans la région d'Amhara, le roi Glabre Mesqel Lalibela avait bâti, dans la ville qui porte aujourd'hui son nom, une cité qu'il nomma la « nouvelle Jérusalem ». En moins de vingt-cinq ans, ce souverain fit construire onze églises monolithiques, sculptées dans le roc, et dissimulées au regard afin d'échapper aux razzias musulmanes. Selon Makeda, l'Église éthiopienne était la plus vieille de la chrétienté et conservait des liens avec ses ancêtres juifs qui, à l'exception des Falashas, s'étaient convertis au christianisme à compter du IVe siècle de notre ère.

Aux dires de notre reine de beauté, c'est eux qui étaient les gardiens des Tables de la Loi.

Nous reprîmes notre Focke. Lalibela se trouvait à 2 630 mètres d'altitude. Les églises dont nous avait parlé Makeda étaient réellement fabuleuses. Uniques. Mais les Tables de la Loi ? Interrogé, le gardien de ces églises nous répondit que seul Haïlé Gebre, le sage de Lalibela, pourrait nous en dire plus.

Haïlé Gebre, le visage plissé comme un raisin sec, prétendit que l'arche d'alliance se trouvait dans les environs de Lalibela. Mais que, personnellement, il ne l'avait jamais vue. En revanche, un voyageur portugais, Alvares, disait l'avoir vue en 1521 et l'avoir même touchée de ses mains. Si nous voulions plus de précisions, nous devions demander aux juifs de Gondar. Nous reprîmes notre Focke.

Nous arrivâmes à Gondar la veille de Roch Hachana, la nouvelle année juive. Le président de la communauté s'appelait Getu. On prononce « ghetto », un nom prédestiné. Il y avait, d'après lui, encore 14 000 juifs dans la région, tous descendants des juifs venus d'Israël avec Ménélik.

À l'intérieur de la synagogue de Gondar, immense hangar de zinc, la prière était dite en amharique, langue (sémitique) majoritaire en Éthiopie, et en hébreu. Ils étaient presque 2 000, hommes calotte sur la tête, femmes habillées de blanc. Je fus ému à en pleurer.

Nous quittâmes Gondar le lendemain, sans tabernacle. Pouvais-je encore être l'homme qui retrouverait les Tables de la Loi ? Il me restait pourtant un maigre espoir. Getu, qui était persuadé que le tabernacle se trouvait en Éthiopie, me conseilla de m'adresser au président.

Le président Girma Wolde-Giorgis avait alors quatre-vingt-trois ans. Dans son vaste bureau, où il nous reçut, une tapisserie figurant la rencontre entre Salomon et la reine de Saba occupait tout un mur.

— Pourquoi chercher les Tables de la Loi ? Ne connaissez-vous pas par cœur les Dix Commandements ? Quant à la reine de Saba, vous l'avez trouvée. Nous sommes tous ici les enfants de Saba et de Salomon.

Se levant, il nous montra du doigt une étoile de David incrustée d'ivoirerie sur les parois extérieures de son bureau.

Avant de quitter l'Éthiopie, l'ambassadeur de France Stéphane Gompertz tint à nous présenter la petite-fille du négus, roi des rois : Maryam Senna. Son grand-père avait été la première victime du fascisme et restera dans l'histoire par son appel à la mobilisation de l'humanité contre Hitler et Mussolini. Enfant, j'entendais mon père entonner un chant de solidarité avec l'empereur Haïlé Sélassié d'Éthiopie. La princesse Maryam Senna me demanda de le lui apprendre. Nous le chantâmes ensemble en yiddish. Je lui promis que, de retour en Europe, je visiterais tous les portails des églises où l'on trouvait l'effigie de la reine de Saba, Corbeilles, Saint-Loup-de-Naud, Rochester, Chartres, Amiens, Reims, Freiberg, Wells, et de colorer son visage. Car les artistes qui l'avaient peinte ou sculptée ignoraient, ou oublièrent, qu'elle était noire.

Peu de temps après mon retour, je reçus un coup de fil d'Ingrid Betancourt. Otage de la guérilla FARC enColombie, pour laquelle je m'étais battu des années durant, elle venait d'être libérée. Elle avait rendez-vous avec Nicolas Sarkozy, alors président de la République, et souhaitait que je l'accompagne. Chaleureux et direct, comme toujours, le président annonça à Ingrid qu'il voulait lui remettre la Légion d'honneur. Puis, il nous parla de l'Union pour la Méditerranée qu'il avait impulsée et qu'il s'apprêtait à fonder avec quarante-trois pays d'Europe et du bassin méditerranéen. « Un projet qui fera date », dit-il.

J'avais entendu parler de ce projet par Bernard Kouchner et je trouvais l'initiative excellente : réunir en un seul lieu les représentants de tous les pays du pourtour de cette mer qui avait vu naître ce qui nous définissait – le monothéisme, l'écriture, la notion de liberté, la république, la démocratie… – malgré leurs divergences et leurs antagonismes, serait une énorme réussite. On pouvait même espérer que la rencontre de tous ces dirigeants permettrait d'amorcer une solution à la guerre israélo-palestinienne à laquelle Clara et moi travaillions depuis si longtemps.

La conférence devait débuter deux jours plus tard, le 13 juillet 2008 à Paris et Nicolas Sarkozy tenait à ma présence. Je me retrouvai ainsi au Petit Palais aux côtés de Moubarak, Bachar el-Assad, le roi de Jordanie, Mahmoud Abbas et Benjamin Netanyahu.

Avant le dîner, on nous servit un verre dans les jardins. Il faisait beau. Je ne sais comment on évoqua l'invention qui révolutionna le monde et qui vit le jour dans le bassin méditerranéen : Dieu. Dieu Un. Le président égyptien Hosni Moubarak revendiqua ses faits d'armes. Il évoqua l'antique histoire égyptienne, quatorze siècles avant notre ère, Toutânkhamon, et le roi des dieux Amon, le Dieu Un selon lui. Je lui répondis que si en effet l'adoration de cette divinité suprême, à la forme « inconnaissable », était une manière de s'affranchir des idoles, l'Égypte ne pouvait, à l'époque, expliciter l'idée abstraite d'un dieu unique, pour la simple raison que son alphabet, fondé sur des pictogrammes, rendait automatiquement tout dieu abstrait visible, donc égal aux idoles. « Et ? demanda Angela Merkel qui nous écoutait attentivement. — Le monothéisme, dis-je, n'a pu naître qu'en Mésopotamie à l'époque de l'Empire sumérien qui, lui, inventa le premier alphabet abstrait : l'alphabet cunéiforme. Abraham, Ibrahim, le père du monothéisme qui a détruit les idoles, était né à Ur. » Le président libanais Michel Sleiman approuva. « Et Gilgamech, le prince des Enfers ? » demanda le roi du Maroc Mohamed VI.

Nicolas Sarkozy nous interrompit, nous invitant à rejoindre le salon où l'on allait servir le dîner. Angela Merkel protesta. Et, comme une petite fille que l'on empêcherait d'écouter la fin d'un conte passionnant, elle grommela : « Pour une fois que j'entends quelque chose d'intéressant lors d'une de ces réunions... » Je la trouvai émouvante et l'embrassai.

Le lendemain, nous nous retrouvâmes tous à la tribune élevée, comme chaque année, place de la Concorde, pour suivre le défilé du 14 Juillet. Nous pûmes ainsi, entre deux fanfares et le rugissement des avions de la Patrouille de France qui dessinaient le drapeau tricolore au-dessus des Champs-Élysées, échanger quelques mots à propos de la paix au Proche-Orient. Je lui parlai aussi du Mur pour la Paix de Clara et elle s'étonna que nous n'ayons pas pensé à construire une œuvre semblable à l'emplacement du mur de Berlin.

La multiplication des monuments pour la paix à travers le monde n'empêcha pas Rachida Dati, fraîchement élue à la mairie du VIIe, de suivre les quelques riverains hostiles au Mur pour la Paix dans leur volonté de le faire disparaître de leur arrondissement. Elle fit quelques déclarations en ce sens, à la limite de la diffamation, auxquelles je répondis dans *Le Parisien*. Cet échange par voie de presse me valut une invitation de Nathalie Kosciusko-Morizet, secrétaire d'État chargée de l'Écologie.

Enthousiaste, passionnée, la ministre se croyait apte à régler notre différend. Elle nous invita tous les deux, Rachida Dati et moi, à son ministère. C'était « mignon », comme aurait dit Brigitte Bardot. Dans le bureau de Nathalie, je trouvai beaucoup de monde : le préfet de Paris, le directeur des Parcs et Jardins, la responsable du parc de La Villette, le ministre de la Culture et, bien entendu, Rachida Dati, joliment maquillée.

En écoutant la maire du VIIe, je compris la présence de la responsable du parc de La Villette. L'idée « géniale » de Rachida était précisément de déménager le monument du Champ-de-Mars au XIXe arrondissement. Deux questions se posèrent d'emblée : si le Mur pour la Paix provoquait des allergies aux habitants du VIIe, pourquoi serait-il moins dangereux pour la santé des visiteurs de La Villette ? La deuxième concernait le coût du déplacement d'une telle œuvre. Qui allait débourser les 2 millions nécessaires au démontage, au transport et la réinstallation du monument ?

— Quant à l'argent, intervint Dati d'une voix agressive, je vous fais confiance pour le trouver.

Je l'interrompis :

— Parce que les juifs trouvent l'argent plus facilement que les non-juifs ? C'est certainement ce que pensait le Gang des barbares en enlevant Ilan Halimi…

— Vous m'accusez d'antisémitisme ? s'écria-t-elle en se levant.

Tollé. Frédéric Mitterrand, le tout nouveau ministre de la Culture, tenta de calmer les esprits. Le préfet joua son rôle et nous demanda, à Rachida et à moi, de nous réconcilier. Elle me tendit la main. La pauvre Nathalie Kosciusko-Morizet ne savait plus où se mettre. Elle avait voulu bien faire.

Cette séance me laissa un mauvais goût dans la bouche. Je ne racontai pas tout à Clara pour ne pas l'énerver. En revanche, j'appelai Nicolas Sarkozy le lendemain. Rachida Dati n'appartenait-elle pas au parti qu'il avait présidé ? Il me reçut le surlendemain à l'Élysée.

— Que t'arrive-t-il ?

J'oubliais toujours qu'on se tutoyait. Le pouvoir impressionne. Je lui racontai la dernière sortie de Dati.

— Mais qu'est-ce qui lui prend ? s'exclama-t-il.

Il ne comprenait pas l'acharnement de Dati contre le monument de Clara. Il me promit de lui parler.

Quelle histoire ! L'actualité s'incruste dans mon passé comme un fer chauffé à blanc. Je sens l'odeur de la chair brûlée. Au moment où je parcours les documents et les photos de mon voyage avec des rabbins et des imams à Gaza, au mois de mars 2009, je reçois un e-mail de mon ami Henri Vernet, rédacteur en chef adjoint au *Parisien*. Il me demande un papier sur les derniers événements à Gaza. J'allume la télévision et, à nouveau, je suis confronté aux images insupportables de ces femmes, ces mères, levant les bras au ciel devant les corps inertes de leurs enfants. Le temps de la réconciliation, que j'appelle depuis si longtemps de mes vœux, n'est donc pas encore venu...

Je suis bouleversé : tant de travail pour rien. Israël fête ses soixante-dix ans. Et ses dirigeants ne savent même pas que ce ne sont pas les soixante-dix ans de la création de l'État d'Israël mais de sa proclamation. Ben Gourion me l'avait déjà fait remarquer en son temps. Israël est un vieux pays. Chateaubriand, qui avait visité Jérusalem plus de deux siècles auparavant, y trouva des juifs, « ces légitimes maîtres de la Judée » (dans *Itinéraire de Paris à Jérusalem*).

Mais les Palestiniens existent, eux aussi, et ils attendent qu'on leur parle. Or, pour l'instant, on les ignore. Yitzhak Rabin a essayé : on l'a assassiné. Qui, en Israël, aura le courage de reprendre le flambeau des prophètes ?

Gaza, Gaza. Longue et étroite parcelle de terre entre Israël et l'Égypte. Après la chute de l'Empire ottoman et un mandat britannique de plus de vingt ans, ce territoire fut administré par l'Égypte de 1948 à 1967, date à laquelle commença l'occupation, par Israël, jusqu'à l'arrivée de l'Autorité palestinienne en 1994.

À l'époque biblique, Gaza fut occupée par les Philistins, peuple de la mer venu de Crète, souvent en guerre contre les juifs qui habitaient la partie du territoire située entre la Méditerranée et les rives du Jourdain. Entre les Philistins et les juifs, plusieurs conflits mémorables eurent lieu, que l'on retrouve d'ailleurs dans la Bible : l'histoire du juif Samson et de la Philistine Dalila ; la confrontation entre David, celui qui deviendra le roi d'Israël, et Goliath, le héros des Philistins. Même Abraham, Ibrahim, l'ancêtre commun des Juifs et des Arabes, fut confronté à Abimelech, roi philistin de la ville de Guérar, dont les serviteurs s'étaient arrogés la propriété de l'un des puits. Au lieu de tuer son adversaire, Abraham le fit venir dans le Néguev. Là, près du puits, il lui offrit sept brebis – preuve qu'il avait lui-même creusé ce puits –, lui demandant de lui jurer assistance et paix. L'endroit où ce pacte fut conclu s'appelle aujourd'hui Beer-Sheva, le « puits des sept ». À côté s'étend une ville israélienne du même nom, de 197 000 habitants, à cinquante kilomètres à peine de Gaza. Comme l'historien Marc Bloch avait raison d'écrire que l'histoire est toujours contemporaine, et instructive !

Ensuite ? Ensuite, Gaza fut assyrienne, puis babylonienne, juive aussi sous les Maccabées. Après quoi, elle fut grecque, puis romaine. C'est à la suite de la grande révolte des juifs contre Rome en 132-135 que l'empereur Hadrien, furieux contre ce peuple – que Nietzsche appellera « rebelle » des siècles plus tard – décida d'effacer jusqu'à son nom de la carte du monde. L'un de ses généraux lui parla alors des Philistins. « Ce sera la Philistine ! » déclara l'empereur. Et, dans la foulée, il remplaça le nom de Jérusalem par Aelia Capitolina.

Les Arabes conquirent Gaza en 637. Les chrétiens, sous les Templiers, y construisirent la cathédrale Saint-Jean-Baptiste en 1149. C'est sur les ruines de cette église gothique que loge aujourd'hui la grande mosquée Al-Omari de Gaza.

Enfin, même après la reconquête de Gaza par les musulmans, les juifs y demeurèrent en nombre. En 1665, le prophète Nathan de Gaza annonça la venue d'un messie : Sabbataï Tsevi. Ce fut un faux messie. Encore un. Eh oui, nous attendons toujours le vrai !

Je dicte ces pages à mon assistante Sophie Jaulmes et je la vois troublée. Son mari est né à Gaza. Sa famille vit là-bas. Quant à moi, j'y suis allé à plusieurs reprises. La première fois en 1971, à l'invitation du maire Rashad al-Shawwa. Puis en 1995, à l'invitation de Yasser Arafat. Enfin, en 2009, avec une délégation composée d'un imam, d'un rabbin et d'un prêtre, et un convoi pour la paix.

L'idée de ce voyage incombait à Alain Michel, vieux compagnon de route, et à sa fondation Hommes de parole. Notre convoi pour la paix, composé de trois semi-remorques contenant soixante-quinze tonnes de vivres, de matériel scolaire et de jouets pour les enfants de Gaza, du côté palestinien, et pour les enfants de Sdérot, du côté israélien, était impressionnant. Devant, un minibus orné d'une immense banderole « *shalom, salam, paix, peace* ».

J'avais prévenu les autorités israéliennes ainsi que Khaled Mechaal, le chef du Hamas. Ce qui ne suffit pas à rassurer les membres de notre délégation. « À tous les coups, quelqu'un nous tirera dessus », disaient-ils. Exagéraient-ils ? Il suffisait que l'on nous lance au passage une seule pierre, ou une seule insulte, pour que les journalistes qui nous suivaient crient à l'échec. L'aventure du Bien est plus complexe que celle du Mal. Le meurtre d'un seul individu est beaucoup plus spectaculaire que le sauvetage d'une dizaine d'enfants.

À Sdérot, les familles restaient des heures dans les abris, par peur des roquettes tirées depuis la bande de Gaza : l'arrivée des imams – débarquement improbable – pouvait provoquer la colère. À Gaza, la population qui avait subi durant des semaines les bombardements israéliens risquait de réagir avec violence à la vue des rabbins. Sur ces routes cabossées qui menaient de Sdérot à Gaza et où l'on ne voyait d'habitude que des chars, nous ne pouvions passer inaperçus. Beaucoup s'arrêtaient, par curiosité, certains levaient le pouce, comme pour nous encourager.

Oh, il fallait voir ces enfants de Sdérot ! Ils étaient une centaine autour de nous, garçons et filles, pour déployer une banderole confectionnée à notre intention. Eux n'avaient pas d'états d'âme. Ils nous demandèrent de l'emporter pour les enfants de Gaza. Sur la banderole, ils avaient peint leur rêve : la paix. Parmi leurs dessins : l'un représentait deux personnages se tenant par la main, un autre deux collines face à face, le drapeau israélien sur l'une, le drapeau palestinien sur l'autre. Un dessin encore se limitait à deux mots : *shalom, salam*. Et, au centre, un revolver barré d'un trait rouge. Défense de tuer.

Dans le quartier de Zeitoun à Gaza, l'Adam Center for Dialogue of Civilizations où nous fûmes reçus était noir de monde. De nombreux imams palestiniens et des parlementaires nous attendaient. Partout des caméras de télévision, arabes pour la plupart, deux américaines et France 2. Des officiels du Hamas étaient là aussi.

L'événement se produisit à l'école de la Sainte Famille du père Manuel Musallam, la plus grande et la seule école mixte de la ville réunissant une centaine de chrétiens et près de 1 200 musulmans. Garçons et filles nous attendaient. Une foule curieuse s'était massée le long des murs de la cour. Du haut des balcons et des fenêtres des maisons alentour, des habitants nous regardaient. Les enfants de Gaza déroulèrent la banderole des enfants de Sdérot. Le rabbin Michel Serfaty, de Ris-Orangis, entonna en hébreu la chanson si populaire chez les juifs du monde entier, « Shalom Aleikhem », « La paix sur vous ». L'imam Hassen Chalghoumi, de Drancy, la traduisit aussitôt en arabe : « As-salam aleïkoum ». Tout le monde embraya : les adultes qui nous entouraient, les enfants, bien sûr, ceux qui nous avaient suivis dans la rue... Les quelques hommes en armes postés sur les toits nous regardaient avec perplexité. Il y avait de quoi. Autour des rabbins et des imams, et d'un écrivain juif français, les Gazaouis chantaient « La paix sur vous ». Il paraît que même les journalistes d'Al-Jazeera pleuraient d'émotion.

Si je m'attarde aujourd'hui sur ce voyage, c'est parce que je crois que chacun d'entre nous aurait pu le faire. En rentrant à Paris, Clara m'accueillit avec le sourire. Elle avait vu le reportage de France 2.

Plus le temps passe, moins j'ai de temps. Les prophètes se préoccupaient d'un seul pays : le leur. Ils connaissaient vaguement les pays limitrophes, citaient l'Égypte, l'Assyrie, Babylone... Quant à l'Amérique, nous étions encore à des siècles de la découverte de Christophe Colomb ! Les prophètes combattaient d'abord l'injustice autour d'eux. Or, depuis que nous avons appris que le monde non seulement est vaste, mais un, et que les injustices commises, même dans un pays inconnu, nous concernent tous, les choses ont totalement changé. Ainsi sont nées les différentes organisations non gouvernementales humanitaires : Médecins sans frontières, Action contre la faim, l'Unicef... et le droit à l'ingérence, théorisé par mon ami Kouchner. Mais, plus le front face au Mal s'élargissait, moins nous étions efficaces. Il nous fallait réduire le nombre de barricades. Ou les partager entre les acteurs des droits de l'homme.

Pour ma part, je voudrais aujourd'hui pouvoir les réduire au nombre de trois : le Proche-Orient d'abord, où je ne désespère pas de renouer le dialogue et d'engager mes amis israéliens et palestiniens sur la voie de la paix ; la Russie, ensuite. La Russie, ma nostalgie, que j'aurais aimé, de mon vivant, voir arrimée à l'Europe à laquelle elle appartient ; enfin, la réconciliation entre juifs, chrétiens et musulmans chez nous en France, objectif urgent si nous ne voulons pas assister à une nouvelle guerre de religion.

Sans oublier mes livres ! L'écriture me fascine de plus en plus. J'exulte. J'y suis accro. Et, contrairement au joueur de roulette, que l'on gagne ou que l'on perde, écrire procure toujours la même excitation.

Vint le moment où je signai un contrat avec mon éditeur pour un livre sur le grand rabbin Maharal, le kabbaliste de Prague qui donna vie au Golem. Encore une histoire palpitante, et qui fait réfléchir. L'une de mes préférées entre toutes. Un homme, donc, créa, à la fin du XVIe siècle, le premier être artificiel de l'histoire. Et, bien entendu, cette créature échappa à son contrôle. Comme ce sera le cas, des siècles plus tard, avec la bombe A d'Einstein et d'Oppenheimer.

Je partis donc pour Prague. De cette ville, je ne connaissais alors que Kafka, le Printemps de Prague et Kundera. Il fallait que je mette mes pas dans ceux du Maharal, le haut rabbin Yehuda Loew ben Bezalel (1512-1609), que je reconstitue son environnement. Nathalia m'accompagnait. Le conseiller culturel de l'ambassade de France Olivier Jacquot nous attendait à l'hôtel InterContinental. Informé de notre arrivée, l'ambassadeur Jean Lévy, que je connaissais depuis des années, l'avait chargé de nous guider. Thierry Esch, mon fidèle ami photographe, était là lui aussi. L'hôtel se trouvait au cœur de la vieille ville, dans le quartier Josefov, le quartier juif. Nous commençâmes donc par la statue du Maharal. N'étais-je pas venu pour lui ?

Située à l'angle de l'hôtel de ville, la sculpture à l'effigie du grand rabbin avait plus d'un siècle. Nul n'avait osé la détruire : ni les nazis ni les staliniens qui, aux heures les plus sombres, y avaient posté des gardes pour la préserver d'éventuelles agressions antisémites. « Les oiseaux, eux-mêmes, remarqua avec humour Jiri Danicek, le président des Communautés juives de Tchéquie, évitent de se poser sur la tête du Maharal. » Face à son bureau, nous pûmes admirer l'ancienne mairie juive connue pour son horloge hébraïque, dont les aiguilles tournaient dans le sens inverse des aiguilles d'une montre.

Comment expliquer l'exceptionnelle préservation de ce quartier et de tout ce qui avait trait au Maharal ? La crainte d'une malédiction. N'était-ce pas là qu'était né, des mots et de la boue, le premier humanoïde de l'histoire ? Un soir de l'an 1600, face à la foule massée devant la synagogue Vieille-Nouvelle de Prague, le haut rabbin fit le prodige. À l'époque, l'Europe flambait. La guerre de religion faisait des milliers et des milliers de morts. Les persécutions à l'encontre des juifs se multipliaient. Ceux-ci, désespérés, demandèrent protection au Maharal. Le haut rabbin se fit livrer des seaux de terre glaise tirée de la rivière Vltava, modela une gigantesque forme aux contours vaguement humains et lui insuffla la vie. Le Golem fut une force pure, sans bouche, parce que le verbe n'appartenait qu'aux humains. Cet ersatz de bombe atomique du temps des grandes découvertes décontenança les antisémites mais son créateur n'était pas à l'abri qu'il puisse, un jour ou l'autre, se retourner contre lui.

Le monstre de glaise rétablit la paix et le bien-être dans la ville juive. Puis il cessa d'avoir une quelconque utilité. On l'employa aux tâches vulgaires. On l'insulta. N'était-il pas un étranger ? Un jour, conformément aux prévisions du Maharal, le Golem se révolta, détruisant tout sur son passage. Alerté, son créateur ôta la vie à sa création. Le Golem redevint boue. Pris de remords, les habitants de la ville juive transportèrent cette boue dans le grenier de la synagogue Vieille-Nouvelle.

Je demandai à voir ! Le rabbin Haïm, gardien de la synagogue, m'expliqua que la boue n'était plus là. C'était une histoire sans fin (comme tous les récits étranges). À la chute du communisme, la communauté juive, composée de quelques dizaines de survivants de la Shoah, avait décidé de réparer la toiture de la synagogue. Elle engagea une entreprise qui employait des immigrés portugais, spécialistes en la matière. Les Portugais remplacèrent les tuiles manquantes, donnèrent aux nouvelles la couleur des anciennes et, par sympathie pour les juifs, décidèrent de nettoyer le grenier. Ainsi débarrassèrent-ils la synagogue des restes du Golem…

Au numéro 1 de la rue U Staré skoly, dans un immeuble Art nouveau, se trouve le musée juif. Son historien, Arno Parík, nous expliqua que le fonds de ce musée – encore une particularité praguoise – était finalement l'œuvre des nazis. Inauguré au début du XXe siècle, il fut paradoxalement enrichi, sous le IIIe Reich, par la somme du pillage d'objets et de manuscrits juifs venus de toute l'Europe. Reinhard Heydrich, vice-gouverneur de Bohême-Moravie, qui avait prévu d'inaugurer ce « musée exotique d'une race éteinte » en 1942, fut assassiné peu avant par la résistance tchèque.

L'histoire qui suit est aussi étonnante que la précédente. Mais elle est aussi terrifiante. Elle commence en 1938 avec les accords de Munich, quand la France et l'Angleterre offrirent la Tchécoslovaquie à Hitler, en échange d'une vague promesse de paix. Alors, en compagnie de ses amis Himmler et Heydrich, Hitler prit le train pour Prague, pressé de s'approprier sa nouvelle province. À la gare, il se fit applaudir par la minorité allemande des Sudètes puis, à la surprise de son entourage, demanda à se rendre dans le quartier juif Josefov, pour visiter le monument dédié au rabbin Maharal, père du Golem. Il semblerait que, jeune adulte, le futur Führer ait lu *Le Golem*, best-seller antisémite du romancier autrichien Gustav Meyrink. Et, hanté, comme Richard III de Shakespeare, par les fantômes de ceux qu'il venait d'assassiner lors de la nuit de Cristal, Hitler était convaincu que, toute sa vie durant, le Golem pourrait se venger.

Il faisait déjà sombre quand le cortège arriva devant la statue du fameux rabbin. C'est à la lumière des phares des voitures qu'Hitler découvrit le Maharal de Prague. Selon les témoins, il se mit alors à trembler. « Il ne faut rien toucher ici, ordonna-t-il par la suite à Heydrich, cela pourrait nous porter malheur ! »

Cette nuit-là, les trois H, Hitler, Himmler et Heydrich, décidèrent de transformer Prague en une sorte de Jurassic Park à l'intention des générations futures qui ne connaîtraient pas les juifs puisque les nazis avaient pour dessein de les exterminer. Voilà pourquoi Prague est aujourd'hui l'unique ville d'Europe centrale où les traces des juifs n'ont pas été effacées. Tout est encore à sa place : les synagogues, l'antique cimetière où les pierres tombales se superposent et s'épaulent mutuellement pour ne pas tomber, la mairie juive et son horloge hébraïque… Enfin, la maison de Kafka.

À soixante kilomètres de Prague, dans un ancien fort militaire construit par Vauban, les nazis créèrent un camp devenu unique dans l'histoire concentrationnaire : Terezín. Là, ils enfermèrent tous les compositeurs et musiciens juifs qui n'eurent pas le temps de fuir. Il se produisit alors une chose singulière. Exceptionnelle. Derrière les barbelés et à l'ombre des miradors, ces compositeurs ont continué à composer – parfois même sur des feuilles de papier hygiénique – et les musiciens à jouer leurs œuvres. Surpris, les nazis décidèrent de les filmer. D'où les images que nous pouvons voir encore aujourd'hui.

Ce récit-là bouleversa Nathalia. Son association Extraodinaria Classica ne s'était-elle pas donné pour but de faire connaître les compositeurs inconnus ou méconnus ? Jouer les œuvres de ces compositeurs juifs assassinés à Auschwitz revenait, selon elle, à affirmer la forme de résistance qu'ils avaient développée et personnifiée. La musique comme remède contre l'oubli.

Elle retourna le lendemain au musée, avec Olivier Jacquot pour photocopier les partitions de Viktor Ullmann et d'Erwin Schulhoff. Pendant ce temps, je continuai mon enquête sur le Golem. J'appris que, au moment où la guerre allait à sa fin, Hitler espérait encore pouvoir la gagner à l'aide du Golem. Il chargea une unité d'élite de la Gestapo d'en percer le secret. Celle-ci sortit des camps de concentration les rabbins et les bedeaux qui avaient officié à la synagogue Vieille-Nouvelle de Prague, afin qu'ils révèlent, sous la torture, le secret du Golem.

Au café du musée Franz Kafka, 635/2b rue Cihelná, un vieux monsieur à binocle, un historien dont je n'arrive pas à retrouver le nom, me raconta la fin de l'histoire : grâce aux témoignages des rabbins praguois, Hitler et son expert en énergie nucléaire von Braun avaient obtenu l'information recherchée. Ils ne purent pourtant réaliser leur projet parce que personne, personne ne connaissait la mélodie qui accompagnait les mots prononcés par le rabbin Maharal en insufflant la vie au Golem.

Nathalia, de son côté, persuada Thierry d'Argoubet, en charge de l'Orchestre national du Capitole de Toulouse, d'organiser un concert en hommage aux compositeurs juifs de Terezín. Le concert, que j'introduisis, eut lieu le 8 mai 2012 sous la direction de Joseph Swensen à la Halle aux Grains devant quelques milliers de spectateurs. Nathalia était au piano. Elle donna d'autres concerts du même genre, à Lille, sous la direction de Joachim Jousse, puis à Nice, sous la direction de Laurent Petitgirard, enfin, à Metz, sous la direction de Jacques Mercier.

Nous reviendrons à Prague pour le 70e anniversaire de la libération des camps et, devant un parterre de chefs d'État, elle interprétera le *Concerto pour piano et orchestre* de Viktor Ullmann, joué pour la première fois dans le camp de Terezín où il fut interné. Cette fois, nous serons deux à présenter la soirée : Ben Kingsley en anglais et moi en français. Quel plaisir pour Nathalia et moi de pouvoir partager cet événement avec l'acteur qui donna vie au Mahatma Gandhi et surtout un visage au comptable qui, dans le film de Spielberg, préparait le film *La Liste de Schindler*.

Quand, des années plus tard, Jacques Fredj, directeur du Mémorial de la Shoah, me demandera si j'avais une idée pour marquer l'anniversaire de la libération des camps, je lui proposerai un concert à la mémoire des compositeurs juifs tués par les nazis. Mais on ne pouvait reproduire à Paris ce que nous avions créé à Prague. Comme à l'accoutumée, c'est l'événement qui guidera mes pas.

J'interromps l'écriture de mes Mémoires. J'ai rendez-vous avec le recteur des universités de Paris, Gilles Pécout, pour lui parler des universités françaises d'Afrique francophone que je projette d'installer sur le modèle des Collèges de Russie.

— Pourquoi ne pas organiser votre concert dans le grand amphithéâtre de la Sorbonne, symbole de la République ? proposa-t-il.

Pondéré et prévenant, Gilles Pécout est emballé par l'idée. Mais il faut trouver un orchestre, ce qui serait très coûteux. Toujours le même problème : une Rolls-Royce est plus facile à trouver que l'essence qui permet de la faire démarrer. Mon ami Alain Nemarq, gérant de Mauboussin, se propose de nous aider. Comme toujours. Mais il faudra compléter son apport. Gérard Bekerman, président d'Afer – la première société d'assurance participative française –, homme au regard bleu et plein de ressources, suggère de solliciter l'orchestre de la Garde républicaine. Cependant, pour obtenir les grâces de son chef, il ne suffit pas de parler le yiddish ainsi que Gérard adore le faire. Seules deux personnes peuvent disposer de l'orchestre de la République : le président et le ministre de l'Intérieur. Je téléphone à Gérard Collomb. Il prouve, une fois de plus, que l'amitié n'est pas pour lui un vain mot. Quant à l'objectif, il y adhère pleinement. Nous avons donc à notre disposition un lieu mythique et un magnifique orchestre dirigé par le colonel François Boulanger, en uniforme de la République.

Grâce à Yannis Chebbi et au groupe Lagardère, auquel s'associera France Télévisions, nous pourrons filmer l'événement et projeter, pendant le concert, sur un écran géant, les images de l'orchestre du camp de Terezín filmé par les nazis. Saisissante, la superposition des visages de ces musiciens assassinés à Auschwitz et de ceux qui leur rendront hommage à Paris fera pleurer plus d'un spectateur dans la salle.

On aurait pu croire que ce rappel de l'histoire nous rendrait le mot « paix » plus lumineux, plus désirable. Il n'en était rien. Comme le dit si joliment le journal *Le Parisien* : « Jamais un hymne à la paix n'aura suscité autant de polémiques ». Il s'agissait bien sûr du monument de Clara et de Jean-Michel Wilmotte, le Mur pour la Paix sur le Champ-de-Mars.

En rentrant à Paris, je trouvai sur notre table une revue de presse des déclarations de la maire du VIIe, Rachida Dati : « Cette construction provoque l'exaspération des habitants de mon arrondissement. » Et, dans un tract déposé dans les boîtes aux lettres, elle demandait à ses administrés de « se mobiliser pour obtenir le démontage immédiat de ce monument (...) qui ne profite qu'au seul couple Halter ».

Jusque-là, je croyais que la paix profitait à l'humanité. Je ne savais pas qu'elle pouvait ne profiter qu'à quelques-uns, notamment à ceux qui se battaient pour elle. Mes amis furent outrés. Daniel Cohn-Bendit proposa, non sans humour, d'organiser une *demolition party* sur le Champ-de-Mars, et de demander à Rachida Dati de donner le premier coup de marteau contre le Mur.

Tous les avocats contactés eurent la même réaction : il fallait poursuivre Rachida Dati. Georges Kiejman me conseilla les services de Richard Malka, le meilleur selon lui pour ce genre de procès. Nous le rencontrâmes, Clara et moi, et le trouvâmes plus que sympathique : compétent et drôle. En dehors du droit, il s'intéressait à la bande dessinée. Peut-être parce que, avocat de *Charlie Hebdo* depuis 1992, il avait baigné dedans.

La date du procès avait été fixée au 4 juillet 2011 devant la 17e chambre du tribunal correctionnel de Paris. Richard Malka prépara un dossier « en béton ». Je me trouvai, pour la deuxième fois de ma vie, face à des juges en robe noire, comme au cinéma. La salle d'audience n'était pas grande, il y avait plus de journalistes que de public. Rachida Dati, l'ancienne garde des Sceaux, n'était pas là. Son avocat, Olivier Metzner, la représentait. Il avait l'air bien sûr de lui. Un brin condescendant à l'égard du jeune avocat auquel il s'apprêtait à se confronter et ignorant le couple médiatique que nous formions, Clara et moi. Aussi défendit-il la cause de sa cliente avec une certaine désinvolture.

Richard Malka, lui, avait rédigé un discours affûté, structuré, qu'il teinta d'une pointe d'humour, un grand nombre de documents à l'appui. Enfin vinrent les questions. L'un des juges me demanda si j'avais quelque chose à ajouter. Je ne me souviens pas exactement ce que j'ai répondu mais Olivier Metzner, voulant certainement amuser les juges et les journalistes, se pencha en un geste théâtral dans ma direction, tendit l'oreille et dit très haut, comme s'il parlait à un sourd :

— Pouvez-vous répéter, monsieur Halter ? Je n'ai pas bien compris ce que vous avez dit.

Je saisis la balle au vol :

— Vous voulez dire, maître, que mon français n'est pas compréhensible ? Ou peut-être est-ce mon accent qui vous gêne ? Êtes-vous allergique aux étrangers ?

Je vis l'un des juges esquisser un applaudissement muet à ma réplique et compris que le procès était gagné. Rachida Dati fut condamnée pour diffamation du « couple Halter » à verser 4 000 euros de dommages et intérêts. Outre cette somme, la maire devait assurer les frais de justice et faire état de sa condamnation dans la presse. Ce jugement fut confirmé en appel.

Clara a du mal à respirer. Sa poitrine est encombrée. Je fais venir un pneumologue. Il prescrit une intubation d'oxygène. Mon livre sur l'histoire du peuple juif, paru chez Flammarion peu après mon voyage à Gaza, est merveilleusement illustré. À la première page, deux images se juxtaposent : un couple de l'époque sumérienne, à l'époque d'Abraham donc, et un couple juif de la Varsovie qui m'a vu naître. Fascinant ! Sur ces deux images, l'homme, coiffé d'un chapeau, porte des papillotes et une longue barbe, et la femme qui le tient par le bras une large robe et, apparemment, une perruque. Entre ces deux couples, une histoire quatre fois millénaire. Je montre le livre à Clara mais elle est ailleurs. Quelle tristesse !

Vladimir Jankélévitch a dit un jour, dans ses réflexions sur l'*Odyssée* d'Homère, que, quand Ulysse rentra enfin chez lui après avoir traversé mille et une aventures, et échappé à tant de pièges, quand il reprit le pouvoir qui avait manqué de lui échapper et retrouva sa femme Pénélope, on sentait, à la manière dont Homère décrivit ce *happy end*, qu'Ulysse, ayant retrouvé ce que l'on appellerait aujourd'hui la normalité, avait déjà envie de repartir.

Et moi qui ai pris la sage résolution de restreindre le nombre de mes combats et déplacements !

Lors de ma dernière rencontre avec Oleg Dobrodeev, directeur général de la télévision nationale russe VGTRK depuis l'an 2000, nous avons parlé de Clara. Oleg voulut savoir si, en cette période difficile, j'étais bien entouré. Personne n'aime se sentir si proche de la mort, lui fis-je remarquer. Il me rappela comment l'Union soviétique bannissait tout bonnement la mort. Le communisme – système positif par excellence – était bâti sur l'idée d'un quotidien heureux et ne devait pas être perturbé par l'angoisse de ne plus être. On parlait par contre volontiers de ceux qui étaient morts pour la patrie, les armes à la main, pour le socialisme, pour les générations futures… Mais jamais on ne voyait leur enterrement.

— Sais-tu, me demanda Oleg, que les convois funèbres étaient interdits en ville du temps de Staline ? On les faisait passer par des voies détournées, peu fréquentées.

Il avait raison, mon ami Oleg. Dans mon souvenir d'enfant admiratif, Lénine lui-même était toujours vivant dans son mausolée sur la place Rouge. D'ailleurs, peut-être est-ce justement la mort de Staline, l'immortel petit père des peuples, qui provoqua la première faille dans le système, faisant découvrir aux milliers d'enfants de la révolution l'angoisse de la finitude.

C'est Oleg qui m'avait proposé un jour de faire un reportage pour sa télévision à Birobidjan, cette région autonome que Staline avait offerte aux juifs à la frontière de la Chine.

— Tu es l'un des rares à parler encore le yiddish. C'est la langue officielle de Birobidjan.

Fin octobre 2011, je me retrouvai donc embarqué à bord d'un avion pour Khabarovsk, dans la lointaine Sibérie, d'où nous devions rejoindre, par le Transsibérien, la gare de Birobidjan. Mon complice Dominique Bayvet, qui ne voulait à aucun prix rater cette aventure, était là. Il avait négocié avec la productrice, une belle rousse du nom de Margo, les meilleures conditions de tournage. Une équipe de cinéma nous accompagna, ainsi que mon fidèle photographe de *Paris Match*, Thierry Esch.

Sur le fronton de la gare en brique rouge, bien en vue, le nom de la ville, Birobidjan, triomphait, en russe et en yiddish ! J'espérais rencontrer quelques juifs dans le hall. Trois hommes, kippa sur la tête, discutaient. Je m'approchai, me présentai et leur demandai de quoi ils parlaient. Ils se disputaient, me dirent-ils, au sujet du nouveau rabbin, trop jeune à leur goût. J'éclatai d'un rire teinté d'une infinie nostalgie tant ces juifs de Birobidjan ressemblaient aux acteurs du théâtre yiddish de mon enfance. À cela près que nous n'étions pas au théâtre mais en Sibérie, à 6 000 kilomètres à l'est de Moscou et à 600 kilomètres au nord de Harbin, capitale du Heilongdjiang en Mandchourie où, des siècles auparavant, fleurissait une communauté juive.

Combien étaient-ils encore à Birobidjan, dans cette ville de 76 000 habitants ? Personne ne le savait. Officiellement, 8 000. Mais un habitant sur deux avait une arrière-grand-mère ou un arrière-grand-oncle juif, y compris les nombreux Coréens et Chinois installés dans la ville.

Lorsque la révolution bolchevique éclata, les juifs étaient près de 5 millions dans l'empire des tsars, parqués dans des zones de résidence, interdits au sein de l'administration et dans les écoles.

Ils s'organisèrent, créèrent leurs propres écoles et leurs propres syndicats. Mais ils restaient les pauvres des pauvres. Le jour où des commissaires bolcheviques les appelèrent « camarades » en yiddish, ils se sentirent enfin reconnus et rejoignirent en masse la révolution. Dès les années 1920-1930, on les retrouva dans toutes les instances de la nouvelle Russie : dans la politique, dans les journaux, dans la littérature et le cinéma, dans le théâtre et les arts plastiques. Les plus connus se nommaient Sergueï Eisenstein, Isaac Babel, Boris Pasternak, Marc Chagall, Vassili Grossman, David Oïstrakh, Emil Gilels…

Staline commença à trouver ses amis juifs trop voyants. Et trop remuants. Le président du Soviet suprême, le vieux Mikhaïl Kalinine, eut une idée que Staline jugea géniale : pourquoi ne pas donner aux juifs une république, une région autonome, comme à tous les peuples de l'Union soviétique ? Cela établirait leurs droits et permettrait au pouvoir, sans être taxé d'antisémitisme, de les évincer de nombreux postes à responsabilité. Les juifs se réjouirent du projet. Ils espéraient le Caucase, où ils étaient nombreux aux côtés des juifs des montagnes, ils reçurent un morceau de Sibérie : le Birobidjan.

Les autorités y expédièrent des milliers de familles juives. Staline prévoyait 100 000. Beaucoup prirent volontairement la route vers cet État juif et socialiste de surcroît ! Nous étions quinze ans avant la proclamation de l'État d'Israël. La guerre et les persécutions en Europe, dans la partie russe occupée par les nazis, poussèrent des milliers et des milliers de juifs vers Birobidjan. La vie culturelle se développa, l'agriculture aussi, le kolkhoze

Waldheim (« la maison de la forêt ») devint le plus exemplaire de Russie.

Birobidjan, donc. Sur le parvis de la gare, un monument dominait la place : une sorte de tour couronnée d'une menorah, le chandelier à sept branches qui servait d'emblème à la région. À quelques mètres de là, une imposante sculpture en bronze représentait le héros populaire juif inventé par Cholem Aleikhem : Tevye le laitier, personnage central de la fameuse comédie musicale *Un violon sur le toit*. Quelques années plus tard, la Fédération des communautés juives de la communauté des États indépendants de Russie décernera à mon film *Birobidjan, Birobidjan !* le prix Fiddler on the Roof, prix inspiré par ce personnage de la littérature yiddish si populaire au Birobidjan.

En ville, il y avait deux synagogues. La première, la grande, était vaste, accolée à un autre bâtiment qui abritait un centre culturel et une association de bienfaisance. Dans la bibliothèque, je retrouvai, avec émotion, les livres de poèmes de ma mère. Au premier étage, une douzaine de femmes se réunissaient trois fois par semaine pour chanter des airs traditionnels yiddish, mélodies de mon enfance.

La seconde synagogue était une isba des années 1940. La troisième, plus ancienne, avait brûlé. « C'était à l'époque de Khrouchtchev, me raconta le rabbin Andreï Loukatski. Il n'est pas impossible qu'il se soit agi d'un incendie délibéré. » Le rabbin m'expliqua comment son père avait pu sauver des flammes les rouleaux de la Torah qu'il avait lui-même fait restaurer grâce à l'aide de la communauté juive japonaise, toute proche. « Vous voulez les voir ? »

La région juive a encore un quotidien yiddish, le *Birobidjaner Stern*, « L'Étoile de Birobidjan ». Avant, il était intégralement publié en yiddish. Aujourd'hui, il sort en russe, avec seulement quatre pages en yiddish. Sa directrice n'est pas juive. Elena Ivanovna Sarashnevskaïa, à peine trente ans, a épousé un juif et appris le yiddish à l'université. Le président de la communauté voulut absolument me faire visiter une école. On y enseignait encore le yiddish ! Dans la classe, une jeune institutrice enseignait l'alphabet hébreu aux enfants. La plupart des élèves n'étaient pas juifs : il y avait deux Russes, un Kazakh, un Chinois, un Coréen… Mais chacun trouvait amusant d'apprendre la langue des juifs. En sortant, je croisai une maman chinoise. « Pourquoi faites-vous apprendre le yiddish à votre fils ? la questionnai-je. — Cela peut servir ! répondit-elle. » J'éclatai de rire. Les Chinois étaient plus de 1 milliard et les juifs à peine 14 millions ! Et, parmi eux, rares étaient ceux qui parlaient encore le yiddish.

J'ai toujours pensé qu'Hitler avait perdu deux de ses paris : rayer les juifs de la surface de la terre et faire d'eux autre chose que des hommes. Et qu'il avait mené un objectif à terme : la destruction de la civilisation juive à laquelle j'appartenais, celle du yiddish. Or, là-bas, à Birobidjan, sur la rivière Amour, face à la Chine, ce monde yiddish vibrait encore comme l'écho lointain d'une civilisation blessée.

Tout voyage marque. On revient plein de couleurs. De sons. En rentrant à la maison, je chantonnais encore la mélodie d'Isaac Dounaïevski : « Adieu l'Amérique, adieu l'Europe, bonjour notre patrie, notre Birobidjan ! ». Clara me regardait, surprise.

— Et pas de bonjour ?

Je passai la soirée à lui dépeindre un mirage. La transplantation d'un *shtetl,* village juif d'Europe centrale – qu'elle n'avait jamais connu – en Sibérie. Plus étrange encore que celui où j'étais allé dans le Caucase avec les juifs des montagnes qui, eux, ne parlent pas le yiddish.

J'en étais là dans l'écriture de mes Mémoires, quand un coup de fil de Moscou m'a fait changer de rail. Pascal Cauchy, conseiller pour la coopération universitaire à l'ambassade de France, directeur du Collège universitaire de Moscou du temps de son inauguration, veut savoir si j'accompagne le président Macron dans son voyage à Saint-Pétersbourg.

Cette simple question de routine, je l'avoue, me déstabilise. J'ai entendu parler d'un voyage présidentiel en Russie, sans connaître ni la date ni les noms des membres de la délégation choisis par Emmanuel Macron. N'ayant reçu aucune information de l'Élysée, je comprends que je n'en fais pas partie. Cela égratigne mon ego mais ne mérite pas ces quelques lignes dans mon livre. En revanche, le fait que notre président n'ait pas prévu de visiter le Collège universitaire français de Saint-Pétersbourg, auquel tous ses prédécesseurs ont tenu à rendre hommage, me blesse carrément. D'autant que cet oubli vient d'un homme que j'apprécie et qui tient au contact avec la jeunesse des pays qu'il visite. Comme ce fut le cas à Washington. Est-ce lui ou son entourage qui décide d'ignorer la première université occidentale installée en Russie post-soviétique ? Est-ce lui ou son entourage qui ne saisit pas l'importance – ainsi que le dit Vladimir Poutine – d'ouvrir la fenêtre au moment opportun afin de laisser entrer un peu d'air frais dans le programme présidentiel ?

Emmanuel Macron est un personnage intéressant. Il est le premier candidat à la présidence à avoir compris qu'il se présentait devant l'électorat français à l'heure de l'agonie des idéologies, de gauche comme de droite. Reprendre le flambeau de ses aînés eût été, pour lui, un échec. Il inventa par conséquent la première start-up politique. L'efficacité comme moyen, le pouvoir comme but. Et cela a marché.

Cet homme, donc, qui se rendait pour la première fois en Russie, pays qui, enfant juif de Varsovie condamné par les nazis à devenir une petite savonnette, me sauva la vie, allait-il savoir parler à ses interlocuteurs et se faire entendre ? Connaissait-il la fierté russe, revendiquée par Fiodor Dostoïevski, ce sentiment qui faisait passer tout le reste, y compris les intérêts, au second plan ? Saurait-il arrimer, enfin, cet immense pays dont la culture faisait partie de la nôtre, à l'Europe, nous assurant ainsi un allié de taille ?

Mon voyage à bord de l'avion présidentiel m'aurait permis d'évoquer tout cela avec lui. Mais, comme me le fait remarquer Philippe Étienne, son conseiller (témoin de la création du premier Collège universitaire français de Moscou en son temps), je ne suis pas du voyage. Le hasard, qui ne m'a jamais abandonné, est cependant une fois de plus au rendez-vous. Le jour même, je reçois par e-mail une invitation du responsable de l'administration présidentielle russe à participer au forum économique de Saint-Pétersbourg auquel notre président est invité. Le Kremlin, lui, ne m'oublie pas. Que dois-je faire ? Me faire rappeler au bon souvenir de l'Élysée ? En apprenant la nouvelle, Philippe Étienne se dit heureux que les Russes m'invitent à Saint-Pétersbourg où nous nous rencontrerons.

« Le meunier, relevait Goethe dans ses *Maximes et réflexions*, s'imagine que le blé croît uniquement pour faire aller son moulin. » Aussi face à l'oubli volontaire ou involontaire du président français, je suis profondément fâché. Sous l'émotion, je ponds un papier pour lui faire part publiquement de mon mécontentement et l'envoie au *Figaro*. Puis je le retire, me rappelant l'adage yiddish : le sage qui se met en colère cesse d'être sage. Enfin, ne pouvant accepter de laisser partir le président en Russie sans pouvoir lui chuchoter à l'oreille quelques idées, je rédige une adresse, plutôt amicale. Et pas inintéressante. Je la lui envoie à l'Élysée et la publie sur le site du *Huffington Post*.

Saint-Pétersbourg et les nuits blanches : tant de souvenirs ! Le forum est très bien organisé. En revanche, je ne suis pas invité à participer à la signature des accords entre nos deux pays, en particulier le texte signé par la Sorbonne et l'université d'État de Saint-Pétersbourg portant l'introduction d'un double diplôme pour les étudiants de notre Collège universitaire français. Seul le recteur Nikolaï Mikhaïlovitch Kropatchev, dans un entretien à la télévision russe, rendit hommage à ceux qui étaient à l'origine de cette première université occidentale de Russie post-communiste, à savoir Andreï Sakharov et moi-même.

J'assiste au discours des présidents Macron et Poutine au forum et je suis agréablement surpris de trouver, dans la bouche d'Emmanuel Macron, si ce n'est les mots exacts de ma lettre envoyée à l'Élysée, du moins l'esprit de celle-ci. Le président commence par rendre hommage aux millions de Russes qui, pendant la Seconde Guerre mondiale, perdirent leur vie pour notre liberté commune. Ce qui ne peut qu'émouvoir tous ceux qui le regardent à la télévision. En effet, on oublie souvent que, avant le débarquement allié en Normandie, il y eut la bataille de Stalingrad !

Puis Emmanuel Macron rend hommage à la culture russe qui fait, dit-il, charnellement partie de la nôtre. Il cite Tolstoï. Et là, je suis séché. Je lui avais soufflé pour modèle le nom d'un personnage de *Guerre et Paix*. Il en a trouvé un autre auquel je n'avais pas du tout pensé : Pierre Bézoukhov, l'homme qui avait vécu en Europe et portait les idées de Jean-Jacques Rousseau. Marié à Hélène Kouraguine, il tombe amoureux, comme son ami le prince Bolkonsky, de Natacha, qu'il finira par épouser. Quand, poursuivit Macron, dans Moscou en flammes, Bézoukhov se mit en tête de trouver Napoléon pour le tuer, il finit par y renoncer, par amour pour la France. L'opinion publique russe reçut ce récit avec enthousiasme. Même le vieux gardien de l'université de Saint-Pétersbourg – car en Russie on n'envoie pas les vieux dans les hospices : chacun a la chance de se sentir utile jusqu'à la fin de ses jours – me demanda de transmettre son « bravo » au président.

Mais le plus intéressant dans cette histoire est son dénouement. Le soir, dans son théâtre Mariinsky, le grand chef d'orchestre Valeri Guerguiev, que je venais d'aller voir à Rome, rendait hommage à Marius Petipa, le Français qui révolutionna le ballet cent ans auparavant. Il organisa ensuite un dîner dans le Tsarskoïe Selo, le Versailles russe. Il m'y invita tout naturellement. Je dis « tout naturellement » car, chez les Russes, la fidélité en amitié est la principale vertu. Je m'y rendis avec mon ami Dominik Bayvet.

Dans la salle tout en dorures, quelques centaines de convives écoutaient, d'une oreille distraite, un orchestre qui jouait Debussy. Arrivèrent les deux présidents, suivis des ministres et des délégations. Poutine, en me voyant, s'approcha de moi et me serra dans ses bras.

— *Dobro pozhalovat*, bienvenue, mon cher Marek !

Il fallait voir la tête réjouie de la délégation française ! J'ai la photo devant moi. On dirait des parents heureux de constater que l'un de leurs enfants a plu au voisin. Un voisin si puissant, de surcroît. Suivirent les embrassades : avec le couple présidentiel, tout d'abord, puis avec Christine Lagarde, Françoise Nyssen et même avec le Premier ministre japonais Shinzo Abe qui me dit être fier de faire ma connaissance, lui qui n'avait sans doute jamais entendu parler de moi ! Ah, la comédie du pouvoir !

De retour à Paris, je trouve un mot du secrétariat particulier du président qui me dit qu'Emmanuel Macron a pris connaissance de ma missive avant son départ pour Saint-Pétersbourg et qu'il m'en remercie vivement.

La télévision vient de programmer un documentaire américain sur l'attentat contre les tours jumelles à New York. Impressionnant. Malheureusement, le souvenir d'un désastre n'a jamais empêché sa répétition. En effet, l'événement répété nous semble toujours autre : les protagonistes et le contexte changent. Seules les victimes restent les mêmes. Et pourtant, nous étions prévenus. Les Écritures nous ont mis en garde. N'oubliez pas, disent-elles, n'oubliez pas que les Amalécites, le peuple qui incarne le Mal, existent, et qu'ils prennent, chaque fois, un visage différent. La question est donc : comment s'en prémunir ?

Quand, le 19 mars 2012, nous vîmes, Clara et moi, la retransmission des images enregistrées par une caméra de vidéosurveillance, sur lesquelles un homme à bord d'un scooter, armé, ouvrait le feu en direction des enfants de l'école juive Ozar Hatorah à Toulouse, nous nous sommes dit qu'Amalek était de retour. Curieusement, je me fis la même réflexion que Samuel Sandler, dont le fils Jonathan, professeur dans cette école et père de deux enfants, fut tué par Moḥammed Merah. Après Auschwitz, pensai-je, nul enfant juif ne pouvait être assassiné de par le monde.

Les images des caméras de surveillance de l'école étaient insoutenables. On y voyait le tueur en train d'abattre l'un des enfants alors qu'il rampait à terre, au côté des corps de son père et de son frère. Puis, nous le vîmes poursuivre une petite fille âgée de huit ans : Myriam, la fille du directeur de l'école, Yaakov Monsonégo. Suivit alors une scène atroce : le tueur attrape la fille par les cheveux et pointe son pistolet sur sa tempe. Horreur ! Le pistolet s'enraie. Merah change de revolver et tire à bout portant en criant « *Allah akbar !* ». De quel droit cet assassin évoquait-il le nom de Dieu, alors qu'il ne se soumettait pas à Sa volonté ? « Il n'y a de recours, dit le Coran (XLII, 42), que contre ceux qui traitent les gens avec injustice et qui sèment illégalement sur terre agression et violence. Ceux-là recevront un châtiment douloureux. » Merah savait-il cela en accomplissant son geste ? Il fut tué d'une balle dans la tête après trois jours de traque.

Les corps des quatre victimes de l'école Ozar Hatorah furent transportés le lendemain soir en Israël et inhumés à Jérusalem, au cimetière Har Hamenouhot de Givat Shaoul.

Sous le choc, j'invitai mes amis imams. N'étaient-ils pas les guides spirituels de la religion dont se réclamait l'assassin ? Le même homme qui, auparavant, avait abattu deux militaires à Montauban ainsi que, à Toulouse, le maréchal des logis-chef Imad Ibn Ziaten, Français d'origine marocaine. J'invitai aussi la mère de ce dernier, Latifa. Musulmane pratiquante, elle portait le foulard et nous avoua ne pas comprendre que l'on puisse tuer au nom de l'islam. Elle créera par la suite l'association IMAD pour la jeunesse et pour la paix dont le but est de promouvoir la laïcité et le dialogue interreligieux auprès des jeunes en difficulté. Quant aux imams, ils décidèrent de se rendre avec moi en Israël et de faire une prière sur la tombe de la famille Sandler.

Dix-sept imams, dans leur habit d'office, ne passent pas inaperçus. À l'aéroport de Roissy, au moment où nous approchâmes les contrôles de police, un jeune homme chauve et à la barbe noire fournie cria dans notre direction le mot *khaïn*. Je demandai à Hassen Chalghoumi ce que ce mot signifiait. « Traître », répondit l'imam de Drancy. J'essayai de rattraper le jeune homme pour lui poser cette question simple qui ne me quittait pas : « Pourquoi ? » De même que mon grand-père Abraham avait demandé « *Warum ?* » à un officier allemand du ghetto de Varsovie. Mais le jeune homme s'était déjà fondu dans une masse de touristes traînant des valises à roulettes.

Une foule de curieux se pressait autour de nous, lâchant ses bagages pour sortir son portable et nous photographier. C'eût été un événement banal, en temps normal. Dans l'atmosphère de violence et de méfiance dans laquelle nous vivions, il devenait exceptionnel.

Mais l'invective de l'homme à barbe avait suffi à tendre l'ambiance. Le seul fait d'aller se recueillir sur la tombe d'enfants juifs tués par un djihadiste avait déclenché la fureur des extrémistes qui se mirent à nous envoyer des menaces de mort. Notre arrivée à l'aéroport Ben Gourion de Tel-Aviv provoqua autant de consternation qu'à Paris. Les barbes des imams étaient certes semblables à celles des rabbins, mais non leur accoutrement.

Un tel voyage, dans une région où s'affrontaient deux nationalismes, teintés l'un et l'autre de références religieuses, n'était pas simple pour mes amis imams. Chaque geste, chaque mot les engageait. D'autant que les journalistes qui nous accompagnaient guettaient la moindre faute… À l'hôtel King David de Jérusalem, les chaînes de télévision et les radios s'impatientaient : « Pourquoi ce voyage ? Pourquoi vous ? N'y a-t-il pas plus d'imams désireux de rendre hommage aux enfants juifs assassinés au nom de l'islam ? Êtes-vous émus de venir à Jérusalem ? — Émus, oui, répondit le mufti de Marseille Ali Mohamed Kassim, émus et responsables. »

Les Israéliens avaient changé. Au début, l'ennemi était le monde arabe dont Nasser, qui déniait aux juifs leur État, avait été le chantre. Puis, vint le tour des Palestiniens qui, souvent avec violence, revendiquaient la même terre qu'eux. Au jour de notre voyage, en mars 2012, le monde arabe n'était plus une seule et même entité mais une pluralité de pays à majorité arabe, aux politiques et aux contextes économiques différents, pour qui les Palestiniens étaient devenus de simples voisins. Remuants, parfois agressifs, mais voisins tout de même. L'ennemi devint donc l'islam. Plus d'un milliard d'adeptes de par le monde. Et ses porte-drapeau : les imams. Ceux qui prêchaient la haine d'Israël et des juifs dans les mosquées et armaient le bras des assassins. Rencontrer quelques-uns de ces imams, constater qu'ils venaient non avec un couteau mais avec un rameau d'olivier, était en soi une révolution.

Le lendemain, mes amis voulurent commencer par une prière à la mosquée Al-Aqsa. Un moment d'émotion intense. Puis nous prîmes la route de Ramallah. Ils y tenaient. Pouvaient-ils visiter Israël en ignorant la Palestine ? Nous passâmes facilement le check point israélien et croisâmes quelques policiers palestiniens. Échanges de propos en arabe. Ramallah était une ville en pleine expansion. Nous vîmes de nouveaux restaurants, des magasins et même des galeries d'art. Devant le mausolée d'Arafat, je demandai au chauffeur de s'arrêter pour que nous descendions lui rendre hommage.

À l'approche de la Mouqata'a, le siège de l'Autorité palestinienne, les imams cessèrent de parler. Anxieux, ils se demandaient quelle serait la réaction des dirigeants palestiniens à leur venue en « terre ennemie ». Nous étions toujours sous le regard des journalistes, des cameramenet des photographes.

Je connaissais la plupart des responsables palestiniens depuis toujours. Aussi fus-je plus à l'aise face à eux que les imams français. Mahmoud Abbas était au Caire. Le Premier ministre Salam Fayyad – qui entre-temps avait remplacé Ahmed Qoreï – nous reçut. Tous les dirigeants de l'OLP étaient au rendez-vous, sauf les représentants du Hamas. Le divorce entre les deux partis palestiniens était consommé.

— Nous voilà réunis, s'exclama Nabil Chaath, en me prenant dans ses bras.

Il avait été nommé ministre des Affaires étrangères par Arafat et je l'avais rencontré jadis à Tunis. La conversation entre les imams et les dirigeants palestiniens se prolongea. Les imams voulaient savoir comment les Palestiniens jugeaient leur action et les Palestiniens comprendre comment leur cause était perçue dans l'opinion publique française. Nous étions en retard. Shimon Peres, devenu président de l'État d'Israël, nous attendait.

— Vous faites bien de montrer aux Israéliens que ce n'est pas l'islam qui est un problème mais la

Palestine. Quand vous verrez les dirigeants israéliens, dites-le-leur.

Mes amis imams se retrouvèrent donc chargés d'une mission. Ils transmirent le message à Shimon Peres. Le président, dont la signature reposait sur les accords d'Oslo, ne pouvait qu'acquiescer. Nous nous rendîmes ensuite au cimetière de Givat Shaul. Samuel Sandler nous guida jusqu'à la tombe de ses petits-enfants tués par un fanatique musulman parce que juifs. « Celui qui tue un homme qui lui-même n'a pas tué ou commis de violences sur terre, c'est comme s'il tuait tous les hommes » (Coran, V, 32), disait le Prophète. Que dire alors de celui qui tue des enfants ?

Devant la tombe de la famille Sandler, immaculée et couverte de petits cailloux blancs, marques de tous ceux qui s'y étaient recueillis, les imams pleurèrent.

De retour à l'hôtel King David, nous vîmes un défilé de dirigeants israéliens, juifs et arabes. J'observai les journalistes. Visiblement, ils attendaient un événement, mais lequel ? La seule présence de ces dix-sept imams vêtus de leurs habits confessionnels qui devaient se rendre le lendemain à Yad Vashem était-elle suffisante ? Au mémorial dédié aux six millions de juifs morts pendant la Seconde Guerre mondiale, on ne faisait pas de discours pour la paix, on ne poussait pas de cri. Face à l'austérité des noms gravés sur le sol, Auschwitz-Birkenau, Majdanek, Sobibor ou Treblinka, on ne pouvait que serrer les poings de rage. Quel geste fort pouvaient accomplir nos imams à Yad Vashem ?

Invités à dîner à la mairie de Jérusalem, l'imam Chalghoumi et moi suggérâmes une prière, comme nous l'avions fait à Sdérot en 2009. L'image des imams agenouillés, ainsi qu'ils prient dans les mosquées, dans ce haut lieu de mémoire, me semblait juste. Le directeur de Yad Vashem, présent, me signala qu'il n'y avait pas de tapis au mémorial. Je projetai alors de louer dix-sept petits tapis. On me fit remarquer que la vue de dix-sept imams entrant dans l'enceinte de Yad Vashem, tapis roulé sous le bras, risquait d'affoler le service de sécurité, si vigilant dans ce lieu particulier. Nous abandonnâmes l'idée des tapis. La prière musulmane pouvait aussi bien se prononcer debout paumes vers le ciel ! Il nous fallait absolument une image puissante, qui résumerait la démarche de ces dix-sept imams français. Quelque chose ressemblant au geste de Jean-Paul II en visite à Jérusalem.

Le lendemain, en présence de l'ambassadeur de France en Israël Christophe Bigot, face aux noms des camps funestes, aux milliers de visages d'hommes, de femmes et d'enfants assassinés qui nous regardaient du haut du mur, face enfin à la flamme éternelle qui jaillissait du sous-sol, il s'éleva, pour la première fois en ce lieu, une prière en arabe. Comme je le pensais, la photographie de cet acte fit le tour du monde et accompagna mon reportage dans *Le Point*.

Ainsi s'est profilée, au gré de ma mémoire engagée, une stratégie pour la défense des droits de l'homme. En passant par la parole et par le cri, le chemin que je suivais me menait alors à la prière – qui, au fond, n'est autre que la parole en commun. Le rabbin Adin Steinsaltz, génial traducteur du Talmud, me rappela que le schéma du kabbaliste, lui, commence par la prière, passe ensuite par le cri, pour finir par le souvenir du cri.

Hasard, encore et toujours. Le guide qui nous pilotait à Yad Vashem, professeur d'histoire et francophone, cita un passage de mon livre *La Mémoire inquiète* : notre engagement passe obligatoirement par la parole, quel que soit l'ordre selon lequel il évolue. Parole de revendication, parole de colère, parole de regret, parole d'amour, parole d'indignation, parole de reproche... Toute parole fait réagir. La réaction de Golda Meir, par exemple, ma « grand-mère », quand, la veille de ma rencontre avec Yasser Arafat, j'étais venu lui soutenir qu'il fallait parler aux Palestiniens : « En attendant, ce sont les armes qui parlent. Je ne pourrai jamais pardonner à ceux qui tuent nos enfants, et encore moins à ceux qui nous obligent à tuer les leurs ! » Pourtant, opposer la parole à la parole ne fera jamais mourir ni nos enfants ni les enfants de nos voisins.

Les miracles existent. J'avais envoyé, au début de l'année 2013, une lettre au pape François, Jorge Mario Bergoglio de son vrai nom, dans laquelle je lui demandais de recevoir une délégation d'imams de France au Vatican. Une audience qui réunirait des représentants du culte musulman, un juif polonais et le chef de l'Église catholique, pouvait, pensais-je, en faire réfléchir quelques-uns, laïcs compris. Sans réponse de sa part, je m'étais dit que ma missive s'était égarée. Pire, qu'il l'avait lue et qu'elle ne l'avait pas intéressé.

J'ai, il est vrai, un problème avec ce pape. D'abord, à mes yeux, il n'égale pas, sur le plan spirituel, Jean-Paul II, que j'aimais beaucoup. Peut-être étais-je injuste ? Notre seule expérience commune n'était pas très bonne. C'était trente ans auparavant, à Buenos Aires. On m'avait parlé de lui comme d'un prêtre engagé. Il officiait alors dans le quartier de Córdoba, quartier populaire. Plus tard il sera nommé évêque de Buenos Aires. J'étais revenu en Argentine avec Raúl Alfonsín, premier président élu démocratiquement après la dictature militaire. Ma cousine Margot, anéantie par la disparition de sa fille Anna-Maria, se mobilisait inlassablement, chaque semaine, avec les « Mères de la place de Mai », devant la Casa Rosada, le palais présidentiel. Pour demander justice, exiger des nouvelles de leurs enfants et la punition de leurs assassins. À Buenos Aires, donc, j'avais eu l'idée de demander au futur pape de se joindre à elles. Il me reçut gentiment, un peu froidement néanmoins, et promit de venir. Il ne le fit pas.

Au vu de ce souvenir peu glorieux et de l'absence de réponse à mon courrier, j'en avais conclu que Jorge Mario Bergoglio ne souhaiterait pas donner suite à ma demande. Je me trompai, une fois encore. Au début du mois de septembre, je reçus trois lettres, presque consécutives. La première émanait du secrétariat du pape lui-même. Elle disait que le Saint-Père était prêt à recevoir la délégation et que je devais régler le dispositif avec le régent de la Maison pontificale. La deuxième était signée par le régent lui-même, un certain Leonardo Sapienza. La troisième, enfin, de notre ambassadeur auprès du Saint-Siège, Son Excellence Bruno Joubert, heureux de pouvoir m'annoncer que Sa Sainteté allait nous recevoir. Il restait donc à déterminer la nature de l'audience papale : générale, place Saint-Pierre à Rome, donc publique, sous les feux des projecteurs, ou spéciale, à l'intérieur du Saint-Siège, à l'abri des regards mais lors de laquelle nous aurions davantage de temps pour permettre à nos imams d'évoquer avec le pape la question de l'islam de France. Je réunis mes amis. Une cinquantaine de religieux venus de Paris, Strasbourg, Marseille, Nantes et, bien sûr, Hassen Chalghoumi, de Drancy, exprimèrent leur désir de se rendre à Rome. Une discussion franche et privée avec le chef de l'Église les séduisait. Mais montrer, grâce aux télévisions, à ceux qui opposaient l'islam à la chrétienté, que le dialogue était non seulement possible mais encouragé par celui qui incarnait l'Église catholique, leur paraissait plus urgent. Nous optâmes donc pour une rencontre place Saint-Pierre.

Ce voyage, qui fit beaucoup de bruit, engendra une certaine amertume aux yeux de ceux qui n'avaient pu en faire partie. « Vous ne pouvez pas empêcher les oiseaux de la tristesse de voler au-dessus de vos têtes, disent les Chinois, mais vous pouvez les empêcher de faire leur nid dans vos cheveux. »

À l'aéroport de Rome, les médias nous attendaient. Et, tout le long du trajet jusqu'à la place Saint-Pierre, une escorte de police à moto nous convoya. Au son des sirènes, comme les Italiens l'aiment. Nous nous sentions importants.

La place Saint-Pierre était noire de monde. La foule, contenue par des barrières à une vingtaine de mètres de l'escalier qui montait jusqu'à l'entrée de la basilique où se trouvait le siège du souverain pontife, criait à gorge déployée : « *Papa, Papa, Papa !* » Entre la foule et l'escalier douze chaises avaient été disposées, bien en vue. Elles nous étaient destinées. Toutes les télés qui suivaient habituellement les interventions du pape étaient là. Peut-être même quelques-unes de plus, des françaises, venues pour nous. Je sentis mes amis fébriles. Enfin, le pape arriva, tout de blanc vêtu. La mise en scène était immuable. Il bénit la foule en extase et prononça un court discours sur le sens de la paix dans les Évangiles. Il cita saint Jacques (Épître, III, 18) : « Le fruit de la justice est semé dans la paix par ceux qui cherchent la paix. » Disait-il cela à notre intention ? Il répéta ce verset dans plusieurs langues afin que les pèlerins, venus de toutes parts, puissent le comprendre. Puis il nous fit un signe. Du moins, il nous sembla qu'il regarda dans notre direction. Il dit ensuite le Notre Père, répété par des dizaines de milliers de fidèles.

Nous attendions, non sans impatience, le moment où nous pourrions approcher le chef de l'Église. Un homme tout de noir vêtu, flanqué de deux gardes suisses dans leur uniforme bariolé, descendit l'escalier au pas de course. Nous nous levâmes.

— *Signore* Halter ? interrogea l'homme en noir.

Je m'avançai.

— Le Saint-Père vous attend.

— Et mes amis ? demandai-je en désignant les imams.

— Je suis mandaté pour vous guider seul, fit l'homme en noir, imperturbable.

L'angoisse me serra la gorge. Dans cette affaire, ce n'était pas ma personne qui comptait, mais l'islam.

— Allez-y, fit Kemadou Gassama, me voyant hésiter. Vous expliquerez au pape…

— Je reviendrai vous chercher, dis-je. Ou bien… le pape viendra vous saluer.

Ma présomption à l'égard du pape se confirmait donc. Je montai l'escalier le cœur lourd et me retrouvai face à Jorge Mario Bergoglio. Depuis notre dernière rencontre, il avait vieilli et sa large soutane soulignait sa maigreur. Je ne crois pas qu'il m'ait reconnu. Je lui parlai en argentin. C'était une erreur. Je crois que cela l'a dérouté. On lui avait annoncé que j'étais un écrivain français et je m'adressais à lui dans sa propre langue ! Je lui expliquai la raison de ma présence. J'avais l'impression que son entourage, tous de blanc vêtus, certains de pourpre – ce pourpre qui fut inventé, jadis, sur les rives de la Palestine –, m'écoutait plus qu'attentivement. Les flashs des appareils photo ponctuèrent ma présentation. Je rappelai au pape que la délégation des imams de France attendait au pied des marches de la basilique.

— Vous leur passerez mes vœux et ma bénédiction, fit-il.

— Puis-je les faire monter, ne serait-ce que pour une minute, afin que Votre Sainteté ait la possibilité de les saluer personnellement ?

Le visage du pape François, du nom de ce bon François d'Assise qui aimait tant le chant des oiseaux, redevint celui de ce prêtre de Buenos Aires qui m'avait promis de se joindre à la douleur des Mères de la place de Mai, sans s'y tenir.

— *Vea con mi secretaría*, dit-il enfin.

Notre audience était terminée. Son secrétaire, l'homme en noir, me jeta un regard sévère qui semblait me reprocher d'avoir passé les bornes. Il m'expliqua en me raccompagnant que, dès le début, il avait été prévu que la délégation – dont je devais être le porte-parole – fût honorée par la place qui lui avait été réservée face au pape. Pour lui, la mission était accomplie. Pas pour moi ! Je vis, du haut de l'escalier, les télévisions françaises entourer nos imams. J'allais devoir leur donner une explication. Je descendis rapidement les marches, manquant de tomber, et lançai à haute voix à mes amis : « Le chef de l'Église vous salue ! Il trouve que votre présence aujourd'hui au Vatican amorce un fructueux dialogue entre l'islam et la chrétienté. Son secrétariat nous proposera bientôt la date d'une audience privée qui nous permettra d'envisager des actions communes pour la réconciliation entre les religions. » Les journalistes enregistrèrent mes propos avant de questionner les imams sur leur sentiment. Mes amis comprirent qu'il fallait avant tout sauver notre initiative. Finalement, cette opération n'était pas si mal. La presse internationale en a beaucoup parlé.

Dix jours plus tard je recevais, par la poste, dans une grosse enveloppe à l'en-tête du Saint-Siège, des photos de ma rencontre avec le pape. Rien d'exceptionnel : c'est une tradition. Mais les miennes étaient barrées de l'inscription « Osservatore Romano », ce qui empêchait leur publication. Cela dit, le lendemain de notre voyage à Rome, ce même *Osservatore Romano*, organe du Vatican, publia en une la photo de la délégation au complet.

Clara trouva que j'étais injuste avec le pape. Ses conseillers avaient fait leur possible pour mettre notre voyage en relief. Elle était persuadée qu'une autre rencontre aurait lieu. Elle se trompait. Trois ans plus tard, cependant, le pape François reçut au Vatican le cheikh Ahmed el-Tayeb, grand imam d'Al-Azhar.

Au printemps 2014, sur la lancée de notre aventure romaine, le producteur Tarak Ben Ammar, qui avait financé notre voyage et me considère un peu comme un proche – sa femme Beata et moi partageons les mêmes origines polonaises –, me proposa de l'accompagner à Tunis pour soutenir Béji Caïd Essebsi dans sa conquête du pouvoir. Les élections qui l'opposaient au président sortant, l'islamiste Moncef Marzouki, devaient avoir lieu au mois de novembre. J'avais croisé Béji bien longtemps avant, en 1965 je crois. Il accompagnait Habib Bourguiba à Jéricho. Dans un discours devenu célèbre, Bourguiba, l'homme qui avait négocié avec Pierre Mendès France l'indépendance de la Tunisie dont il était devenu le premier président, avait proposé deux États côte à côte comme solution au conflit israélo-palestinien. Il avait alors été critiqué dans tout le monde arabe.

Béji Caïd Essebsi avait créé le parti Nidaa Tounes (Appel de la Tunisie) et reçut le soutien des femmes tunisiennes en quête des droits qui leur étaient refusés dans la plupart des pays musulmans. Le premier volume de ma trilogie consacrée aux femmes de l'islam, *Khadija*, venait justement de paraître et avait déjà de très bons échos en Tunisie. Pour Tarak, ma venue ne pouvait que conforter son candidat. Propriétaire de la chaîne de télévision Nessma, il bataillait déjà lui-même en faveur de Béji. Je demandai à Clara de nous accompagner, en souvenir de nos voyages à Tunis à l'époque d'Arafat dont elle a toujours gardé une certaine nostalgie… sans oublier l'enivrant parfum du jasmin.

Apprenant la nouvelle, Nathalia pleura. Pour la première fois. Elle espérait que nous irions en Tunisie ensemble. Mes livres, mes combats et ses concerts ne nous laissaient guère le temps de nous retrouver. Rien ne me bouleverse plus que les larmes d'une femme. Celles des enfants sont touchantes, bien sûr, mais, à la limite, elles paraissent normales. « Je ne peux faire de différence entre les larmes et la musique », disait Nietzsche d'après Cioran. Ce soir-là, Nathalia m'offrait les deux à la fois : les mains agrippées au clavier de son piano, elle pleurait en silence. J'avais le cœur écorché. Je lui promis le prochain voyage. Elle n'y crut pas. Elle avait raison.

Béji, qui m'avait vu pour la dernière fois lors d'un déjeuner parisien avec Michel Rocard, s'exclama en me voyant :

— Comment va le jeune homme ?

Cette expression devint notre *private joke*. Il était en effet, de par son grand âge, l'un des rares à pouvoir encore me dire « jeune homme ». Élu président en décembre 2014, Béji Caïd Essebsi est le chef d'État en exercice le plus âgé après Elisabeth II d'Angleterre.

Petit homme aux cheveux rares et gris, légèrement voûté, regard amusé derrière ses lunettes, le verbe énergique, autant qu'amical et pertinent, Béji nous entraîna Tarak, Clara et moi à une réunion avec des étudiants de Tunis. Après un long échange avec les jeunes, qui étaient nombreux, l'un d'entre eux s'adressa à moi. Il voulait savoir, puisque je parlais des femmes de l'islam, d'où venait l'expression « peuples du Livre » employée par le Prophète dans le Coran.

Pendant des siècles, les idolâtres avaient déposé leurs offrandes devant des statuettes de pierre, de bois ou de terre glaise, plantées dans la terre (comme nos monuments d'aujourd'hui). Les monothéistes, ceux qui croyaient en un Dieu un, abstrait, le même pour tous, étaient pour la plupart des nomades, ou des exilés, et leur seule attache, leur seul enracinement, était dans la parole qui, selon eux, créa le monde avant d'être gravée par Moïse – Moussa en arabe – sous la dictée du Créateur. De même que Mahomet, pour les adeptes de l'islam, reçut, quelques siècles plus tard, le Texte sous la dictée de l'ange Gabriel, Djibril.

Cette parole, donc, que l'on transmettait d'un lieu à l'autre pour qu'elle ne disparaisse pas, fut par la suite gravée sur des tablettes en argile, sur la pierre, copiée sur des rouleaux de papyrus ou des parchemins, et enfin, sur des feuilles par des scribes puis assemblée en un livre. Le premier à avoir compris l'importance de cette compilation d'histoires et de lois fut le prêtre et scribe juif Ezra, Esdras, en grec. Il vécut en l'an 597 avant notre ère, exilé en Babylonie. Opposé à toute figuration, il obligea les juifs à apprendre le Livre par cœur, faisant d'eux un peuple du Livre. D'où l'obligation pour les musulmans d'apprendre à leur tour par cœur le Coran.

Cette mesure, si simple en apparence, bouleversa à l'époque l'histoire des hommes. Le culte sacrificiel, écho lointain des pratiques idolâtres, s'effaça définitivement devant la connaissance et le respect des Textes qui transformèrent tous les croyants des religions monothéistes en lecteurs et lettrés. Les prêtres cessèrent d'être les gardiens exclusifs de la Loi : le peuple lui-même devint le peuple du Livre. Il en va de même pour l'islam : les fidèles qui n'ont pas appris ou même lu le Coran ne peuvent être de bons musulmans. Et ceux qui l'ont lu savent que l'on ne peut tuer en son nom. Il est facile de démontrer qu'Allah n'est pas avec les tueurs mais avec les musulmans qui prônent la réconciliation : le Texte révélé l'atteste. Il suffit de le lire : « Prenez garde de tomber dans l'extrémisme religieux, dit le Prophète, car l'extrémisme en religion a détruit ceux qui vous ont précédé » (rapporté par Ibn Majah dans *As-sunan : kitab al-Manassik*).

Ce livre même, dont mes lecteurs achèveront bientôt la lecture, est tout entier centré sur l'objurgation d'agir, sur le passage à l'acte qui doit suivre l'énoncé du projet. J'ai commencé par griffonner quelques histoires, quelques idées, quelques souvenirs, bons ou mauvais, avant de me plonger dans l'étalage de ma vie jusqu'à la lie. Un jour, mes éditeurs, qui me suivent depuis un moment, m'ont dit « Écris-le ! »

Alors que je trace ce « Écris-le ! », la sonnette d'entrée retentit. L'une des femmes qui garde Clara va ouvrir. C'est Patrick Aeberhard. Il vient aux nouvelles. L'un des rares. Médecin, il se sent peut-être moins exposé que les autres à la « contagion ».

Clara tiendra-t-elle jusqu'à la fin de ce récit ? Pour l'instant, son état est « stable », comme on dit.

Moscou à nouveau. Clara était, une fois encore, à mes côtés. Elle ne voulait pas rater cette occasion : la Fédération des communautés juives de la communauté des États indépendants devait me remettre son prix annuel dont j'ai déjà parlé plus haut, le prix du Violon sur le toit (The Fiddler on the Roof Award), inspiré des violonistes de rue yiddish que Chagall avait immortalisés dans ses tableaux et Jerome Robbins dans une comédie musicale à succès. Difficile de ne pas interpréter ce signe comme une résonance lointaine de mon petit violon disparu sous les cendres de Varsovie.

La cérémonie eut lieu dans la grande salle du Kremlin, à laquelle on accédait par la place du Manège. À notre arrivée, 5 000 personnes, des juifs pour la plupart, nous applaudirent. Le grand rabbin de Russie Berel Lazar, qui figure dans mon film *Birobijan, Birobijan !* (objet de cette récompense), nous accueillit. Tous mes amis, le gérant des magasins Beryozka qui « savait tout », Micha Tsivine, en tête, étaient là. Le recteur de MGU, Victor Antonovich Sadovnichy, fit un bref discours. On m'offrit un bouquet que je remis aussitôt à Clara, assise au premier rang.

Les juifs présents ce soir-là étaient ces mêmes « juifs du silence » auxquels Elie Wiesel avait consacré un livre en 1966 et pour lesquels nous avions organisé tant de manifestations et publié des pétitions jusqu'au jour où, victoire de plus pour les « fous des rois » que nous étions, ces refuzniks, ceux à qui l'on refusait des visas de sortie, redevinrent des hommes libres.

Clara et moi regagnâmes Paris, nous posant des questions sur l'utilité, à l'ère d'Internet, d'un tel voyage. Rien ne remplace la possibilité de toucher celui à qui l'on s'adresse, de saisir la couleur et l'odeur de son entourage. C'est en piochant dans le brouillard que l'on peut espérer dégager une lueur.

Le 7 janvier 2015, mon téléphone m'envoya un signal : un tweet. Je reçus en direct les images d'un attroupement rue Nicolas-Appert, à deux pas du boulevard Richard-Lenoir, devant la rédaction de *Charlie Hebdo*, que je reconnus. Je vis défiler les visages de mes amis Charb, Wolinski, Cabu et mis quelques secondes à comprendre qu'ils venaient d'être assassinés. J'allumai la télévision et appelai Clara. Deux djihadistes (nés à Paris, de parents algériens), Chérif et Saïd Kouachi, armés de fusils d'assaut, avaient tué douze personnes, parmi lesquelles mes amis. Les caricatures de Wolinski et Cabu ornent depuis des années le mur près de ma table de travail.

Dans les médias, les informations vont de plus en plus vite. L'écran affiche déjà les visages des frères Kouachi. Ils ont l'air heureux. Étaient-ils conscients qu'ils venaient de transformer une grande religion, la leur, l'islam, en religion meurtrière ? Avaient-ils au moins lu le Coran avant de crier « *Allah akbar !* », « Dieu est grand ! » ? « Ne vous précipitez pas dans la destruction par vos propres mains, prévient le Prophète (sourate II, 195). Car Allah aime les justes. » Il fallait le faire savoir. Rapidement. Avant que la colère contre les musulmans ne gronde à travers la France. J'appellai Hassen Chalghoumi. Il mobilisa une vingtaine d'imams. Ensemble, ils déposèrent des fleurs devant le siège de *Charlie Hebdo* et demandèrent pardon : « *Not in my name*. »

Deux jours plus tard, on apprit qu'un autre djihadiste français, un certain Amedy Coulibaly, déjà recherché pour l'assassinat d'un agent de police municipale à Montrouge, s'était introduit dans la supérette Hyper Cacher de la porte de Vincennes. Il tua trois personnes et en prit dix-sept autres en otage. L'une d'elles fut exécutée peu après. Coulibaly réclama, en échange des otages, la libération des frères Kouachi qui, au même moment, étaient assiégés par la police à Dammartin-en-Goële.

Mon portable ne cessait de sonner. Après les journalistes, les juifs : on tuait ceux qui alertaient l'opinion, rappelaient que le Mal existait et qu'il nous guettait en permanence. Enfin, lors d'un assaut, le djihadiste fut abattu et les otages libérés. Plusieurs clients du magasin survécurent grâce à un employé malien de confession musulmane, Lassana Bathily, qui les cacha dans la chambre froide. Eh oui, les Justes existent toujours !

« Tu aimeras ton prochain comme toi-même » (Matthieu 19, 19) est un précepte biblique souvent cité par les Justes, comme si cette antique injonction suffisait, à elle seule, à expliquer leurs gestes. Freud ne croyait pas beaucoup à cette exigence idéale. La « tendance à l'agression, que nous pouvons déceler en nous-même et dont nous supposons à bon droit l'existence chez autrui, constitue le facteur principal de perturbation dans nos rapports avec notre prochain ; c'est elle qui impose à la civilisation tant d'efforts. Par la suite de cette hostilité primaire qui dresse les hommes les uns contre les autres, la société civilisée est constamment menacée de ruine. (...) de là aussi cet idéal imposé d'aimer son prochain comme soi-même, idéal dont la justification véritable est précisément que rien n'est plus contraire à la nature humaine primitive. » (*Malaise dans la civilisation*, 1929.) Sachant cela, quel secours, s'interrogeait le psychanalyste, l'homme pouvait-il trouver en sauvant son prochain ? Une question que ne se posèrent ni les Justes que j'avais rencontrés en 1993 dans le cadre de mon film, ni Lassana Bathily, ni le colonel Beltrame... Ils délaissèrent l'« instinct de mort » au profit de l'« instinct de vie », de l'Éros (ou instinct sexuel), cette volonté de vivre ou de prolonger la vie dont chaque être est doté.

S'il y a l'autre, que nous aimons par désir, il y a aussi cet autre, que nous aimons par devoir. Ce devoir, que nous avons appris à la maison, à l'école ou dans nos lieux de culte, cette « civilisation », que Freud nomme le Surmoi, régule, grâce au « sentiment conscient de culpabilité », la « dangereuse ardeur agressive » naturelle du Moi. Est-ce ce même sentiment qui nous anime quand nous nous portons au secours d'une détresse sans en attendre aucun bénéfice ? Et qui déclenche en nous ce geste suprême de solidarité : sauver une vie, des vies – y compris à l'égard d'êtres qui peuvent nous sembler étranges, voire étrangers ?

La Bible, en son temps, a répondu à cette question. Adam et Ève, nous apprend-elle, constituent le premier couple humain sur terre : ce furent nos ancêtres. Ce couple peu fréquentable engendre deux fils, Caïn et Abel. L'aîné tue le cadet. C'est ainsi que commence notre histoire. Mais un fait important semble nous avoir échappé : Caïn, qui a tué son frère, est innocent. Innocent comme le sont les jeunes enfants. Innocent parce que ignorant. Caïn ne savait pas ce qu'était la mort. Comment l'aurait-il su ? Il ne l'avait jamais vue. Il appartenait à la seconde génération d'hommes. Ses parents, Adam et Ève, étaient toujours en vie. En tuant son frère, Caïn – contrairement aux assassins d'aujourd'hui – ne pouvait savoir qu'il avait commis l'irréparable. Les concepts de Bien et de Mal n'existait pas encore. La loi, la morale et le « tu ne tueras point » de Moïse n'étaient pas encore à l'ordre du jour.

Dans ces conditions, Caïn ne devait ni se réjouir de son acte, ni en avoir honte. À la question de l'Éternel, « Où est Abel ? Qu'as-tu fait ? La voix du sang de ton frère crie de la terre jusqu'à moi », il aurait dû répondre en vérité : « Je l'ai frappé et il ne bouge plus. » Or, Caïn esquive la question. Il ment, comme s'il voulait dissimuler son acte, comme s'il savait que cet acte était répréhensible. Mais qui le lui a dit ? D'où tenait-il que tuer relevait du Mal ? De l'expérience de l'arbre défendu, de l'arbre de la connaissance dont ses parents avaient mangé le fruit dans le jardin d'Éden.

Ainsi, de génération en génération, l'homme hérita-t-il de la conscience du Bien et du Mal, avant même que ces notions lui soient inculquées et expliquées par l'enseignement et les lois. De cette conscience d'avant la Loi, les Justes ne seraient-ils pas l'incarnation ?

Après le meurtre de l'Hyper Cacher de la porte de Vincennes, mes amis imams se rendirent sur les lieux pour déposer des fleurs. La foule, composée principalement de juifs, les applaudit.

Ces deux manifestations de solidarité devaient à mon sens être étendues à toute la nation. J'appelai la présidence. Le directeur de cabinet me dit que, sur une idée de Jean-Christophe Cambadélis, alors premier secrétaire du PS, François Hollande avait déjà pris l'initiative d'une grande marche prévue le 11 janvier. Pour une fois qu'un homme politique réagissait en militant, je ne pouvais que me réjouir. Je demandai qui avait été chargé de l'organisation de la marche à l'Élysée. On me répondit que c'était François Lamy. Je le contactai. Le président de la République avait invité quarante-quatre chefs d'État et de gouvernement qui devaient être placés en tête du cortège, derrière une banderole unique : « Nous sommes tous Charlie ». Suivront les citoyens.

— Et si nous proposions à un millier d'imams de se placer derrière la banderole ? demandai-je. Il faut montrer que les musulmans condamnent ces actes ! Il faut qu'on les voie ! Car demain c'est eux que les Français accableront en premier.

François Lamy ne répondit pas tout de suite.

— Je te rappelle, fit-il.

Une demi-heure plus tard, il me donna la réponse de l'Élysée : le président trouvait la présence d'imams nécessaire mais parmi les citoyens. N'étaient-ils pas des Français comme les autres ? Il ne tenait pas à encourager le communautarisme. Comme si les Bretons, en revendiquant leur attachement à leur appartenance, menaçaient l'unité de la nation !

Je réussis tout de même, avec mon ami Hassen Chalghoumi, à placer quelques imams en tête du cortège, juste derrière la banderole, entre deux femmes magnifiques : Valérie Pécresse et Martine Aubry. Je fis même venir le recteur de la Grande

Mosquée de Paris, Dalil Boubakeur, le seul qui défila devant la banderole, dans son fauteuil roulant ! Ce petit groupe, ainsi que je l'avais prévu, put avoir la visibilité médiatique escomptée.

Quand nous atteignîmes la place Léon-Blum, les chefs d'État furent ramenés par bus à l'Élysée et François Hollande vint nous saluer. Plus de 1 million de personnes, attachées à la liberté d'expression, et rejetant la haine et la violence, continuèrent la marche jusqu'à la place de la Nation. Quant à Hassen Chalghoumi et moi, nous prîmes la route à pied jusqu'à la place de la République où une équipe d'Europe 1 nous attendait. Ce fut pour moi un parcours inoubliable. Nous marchions au milieu de la chaussée et sur les trottoirs, des milliers de Français anonymes, jeunes et vieux, nous applaudissaient. Y compris les forces de l'ordre. Un musulman et un juif, main dans la main, incarnaient pour eux, à ce moment précis, le symbole même de cette société fraternelle qu'ils espéraient.

Nathalia et moi eûmes finalement notre voyage ! Mais c'est moi qui l'accompagnai. Elle devait passer une semaine à New York, à la Manhattan School of Music, dans le cadre d'un échange entre conservatoires. J'avais l'étrange sentiment d'accompagner ma fille à l'école… Les Américains lui avaient préparé un bel appartement sur le campus, quasiment vide cependant. Avec mon cousin Aryeh et sa femme Roni, nous lui procurâmes des draps, des serviettes et de la vaisselle. Enfin, nous remplîmes le réfrigérateur. Le lendemain après-midi, grâce à Francine LeFrak, nous lui fîmes visiter le Carnegie Hall, la plus prestigieuse salle de concert des États-Unis. Elle rencontra le directeur et put ainsi parler de ses projets. Nous dînâmes le soir avec Abe Foxman au restaurant voisin, le Russian Tea Room où j'avais croisé David Oïstrakh.

Abe était un ami de longue date. Il était le directeur de l'ADL, l'Anti-Defamation League, la plus importante organisation juive américaine. Il adorait me parler en yiddish, sa langue natale. Il encouragea Nathalia à apprendre l'hébreu. Cette langue s'écrivait sans voyelles et les signes qui les remplaçaient pouvaient être perçus comme des notes de musique, donnant une intonation à sa lecture. Je complétai ses explications avec mes propres remarques, comme je l'aurais fait avec mon enfant si j'en avais un. D'ailleurs, un jour, dans un avion qui nous amenait à Moscou, une hôtesse de l'air demanda à Nathalia en me regardant : « C'est votre père ? — Plus encore ! » répondit Nathalia. Que dire ? On peut expliquer la réalité, l'habiller, l'accorder, l'embellir, en tirer tous les avantages possibles... Mais pas la modifier ! Pas encore, du moins. Quoique... avec la technologie qui avance à pas de géant, on ne sait jamais !

Je tenais à présenter mes amis Wiesel et Zuckerman à Nathalia. Je n'avais pas vu Elie Wiesel depuis longtemps, depuis l'affaire Madoff. Nous déjeunâmes dans un restaurant italien près de chez lui. Je crois que Nathalia lui plut. Il passa un temps fou à lui parler de ses goûts musicaux. Il lui chanta même un air de Mahler.

Nous visitâmes également le MoMA, le musée d'Art moderne, et prîmes un thé au bar de l'hôtel Sofitel situé quelques rues plus bas. Nous y croisâmes Dominique Strauss-Kahn qui s'attarda à notre table, trouvant certainement Nathalia – ainsi qu'il me le dit plus tard – très sympathique.

À New York, il faisait beau mais froid. Très froid. Nous marchâmes donc beaucoup. La marche est pour moi la meilleure des bouillottes. Et quand marcher ne suffisait plus, nous rentrions dans n'importe quel magasin (toujours surchauffé) ou dans n'importe quel bar, pour prendre un verre. C'est ainsi que nous nous retrouvâmes dans celui du Greenwich Hotel à TriBeCa, qui, selon Aryeh, appartenait à Robert De Niro. La chance, ce jour-là, était avec nous. L'acteur merveilleux du *Voyage au bout de l'enfer* de Michael Cimino, était là, en compagnie de deux hommes plutôt âgés. Ils préparaient le festival du film indépendant de TriBeCa. En Amérique, nul besoin de connaître une personne pour pouvoir échanger quelques propos avec elle. En nous entendant parler français, l'acteur nous regarda avec intérêt. Je me levai pour nous présenter et dis que j'étais écrivain et Nathalia pianiste, qu'elle passait une semaine à la Manhattan School of Music. Il me dit avoir eu entre ses mains mon *Histoire du peuple juif* illustrée, *The Jewish Odyssey*. Il nous invita à nous joindre à eux. Nathalia, comme Alice au pays des merveilles, nageait dans un bonheur irréel. Après cela, comme la plus belle des conversations ne pouvait remplacer, pour marcher, une bonne paire de chaussures, nous nous rendîmes à SoHo pour en acheter une.

Nous étions heureux. Mais, comme tout mariage juif, le bonheur se termine toujours par un verre cassé. En rentrant à l'appartement, nous entendîmes des voix et des cris : nous avions oublié d'éteindre la télévision. Et, sur l'écran, nous vîmes des corps inertes au sol, certains ensanglantés. Par-dessus le hurlement des sirènes de police, un journaliste annonçait un attentat à Tunis : deux terroristes venaient de tuer vingt touristes et un policier municipal au musée national du Bardo à Tunis. Je connaissais bien ce musée, j'étais venu y donner une conférence sur les femmes de l'islam. L'attentat avait fait en plus quarante-cinq blessés. Les deux terroristes d'origine tunisienne, revenus de Syrie par la Libye voisine, furent abattus par les forces de l'ordre. Nous étions le 18 mars 2015.

Cet attentat m'en rappela un autre, aussi meurtrier, qui eut lieu le 11 avril 2002 à Djerba. Les terroristes s'étaient attaqués à l'une des plus anciennes synagogues du Maghreb, faisant dix-neuf morts et trente blessés, pour la plupart des touristes allemands et français.

Bouleversé, j'appelai Béji. Son portable ne répondait pas. Je téléphonai donc à mon ami Abderraouf Tebourbi, dont le cousin était directeur de cabinet du président. Je crois que je l'ai réveillé : le décalage horaire. Il me dit qu'une manifestation était prévue pour le 26 et pensait qu'il serait bon que je sois présent.

Dès notre retour à Paris, je formai une délégation interreligieuse rassemblant les représentants des trois monothéismes. Nous prîmes l'avion tôt le matin. Abderraouf nous accueillit et nous conduisit directement au musée du Bardo où la ministre de la Culture, Latifa Lakhdar, et quelques centaines de personnes nous attendaient. Nous passâmes tous ensemble les grilles et nous avançâmes jusqu'aux portes du musée où l'attaque avait eu lieu. À tour de rôle, chacun déposa une fleur ou un bouquet. Je me rendis compte que, dans la précipitation, notre délégation avait oublié les fleurs. J'avais dans ma poche mon petit livre *Réconciliez-vous ! Un appel aux juifs, chrétiens, musulmans, amis, voisins*. Je le déposai parmi les fleurs. Il fit la une des journaux le lendemain.

Béji nous reçut au palais de Carthage à la fin de la journée. Il me prit dans ses bras comme on le fait avec un ami de la famille qui vient de perdre l'un de ses membres.

— Tu as bien fait de venir, jeune homme.

Il nous informa que le président Hollande avait prévu une visite officielle le 29 mars en signe de solidarité. Il pensait donc organiser, le jour de sa venue, une marche dans les rues de Tunis – à l'instar de celle qui avait eu lieu à Paris après *Charlie Hebdo*.

Les événements qui durent lassent. La guerre du Yémen, par exemple, qui a déjà fait plus de 200 000 morts. C'est comme la pluie : on s'habitue, on sort son parapluie. En revanche, l'orage accompagné de quelques éclairs, suivi d'inondations, fait réagir tous les médias. Les terroristes l'ont parfaitement compris. À peine la France avait-elle pu se remettre des attentats de *Charlie Hebdo* et de l'Hyper Cacher, qui avaient remué les consciences et fait naître la peur, que le terrorisme frappa de nouveau. Le 13 novembre 2015, par un coup de fil de Patrick Aeberhard, j'appris que ça avait recommencé.

Il passait, me raconta-t-il dans un souffle, par le XIe, devant la brasserie La Bonne Bière, pour rentrer chez lui après l'enterrement de notre ami André Glucksmann, quand il entendit des déflagrations, des cris, des appels. Il vit des clients du café sortir en courant, certains ensanglantés. Ancien président de Médecins du monde, habitué à porter assistance dans des moments d'urgence, il se précipita pour soigner les blessés assis sur le trottoir.

Clara alluma la télévision. D'une chaîne à l'autre, les journalistes, terrifiés, annonçaient plusieurs attaques successives, dans les Xe et XIe arrondissements de Paris, où trois individus mitraillaient des terrasses de café. On apprit que deux d'entre eux avaient réussi à prendre la fuite et que le troisième s'était fait exploser. L'attaque la plus longue et la plus meurtrière paraissait viser la salle de spectacle du Bataclan, boulevard Voltaire. Ce lieu que nous connaissions bien Clara et moi, et qui fut à l'origine de notre rencontre.

D'après les journalistes, au moment où trois djihadistes ouvraient le feu sur le public, 1 500 personnes assistaient au concert de rock du groupe américain Eagles of Death Metal. Le Bataclan, situé au croisement du boulevard Voltaire et du boulevard Richard-Lenoir, se trouvait non loin de chez nous. Je partis à pied. À la hauteur de la rue du Chemin-Vert, je fus arrêté par un cordon de police. Tout le quartier était bouclé. Le hurlement des sirènes emplissait l'air. Je rentrai à la maison pour apprendre que l'on estimait à 130 le nombre de morts et à 413 le nombre des blessés hospitalisés, dont 94 en situation d'urgence absolue.

Très vite, les télévisions donnèrent les noms des assassins, aussitôt repris par les réseaux sociaux. Les deux fugitifs, les tueurs du Bataclan, Salah Abdeslam et Abdelhamid Abaaoud, devinrent célèbres.

— Voici le piège, dis-je à Clara.

Nous tenons à la liberté d'expression et à la liberté d'information et elles profitent à nos ennemis. Pouvons-nous pour autant interdire aux médias de citer les noms, ou de montrer les visages des fanatiques qui menacent nos vies, par crainte d'une contagion ? Non, bien sûr que non. Les médias de notre système libéral, qui travaillent vingt-quatre heures sur vingt-quatre et se concurrencent à coups d'information spectaculaire, utilisèrent à fond tout ce que l'on savait des deux assassins en fuite, jusqu'à les rendre aussi populaires que des stars de cinéma. Au risque de faire rêver les mômes de nos banlieues.

Nos dirigeants, eux, gardaient un cap fixe : la promesse du châtiment et le renforcement de la sécurité. Curieux qu'aucun n'ait pensé aller à la télévision pour s'adresser directement aux musulmans de France, faire appel à leur solidarité. Valoriser leur présence dans notre pays, leur apport à la culture, à l'économie. Ne sommes-nous pas tous dans le même train ?

Quant à mes amis musulmans, contactés au téléphone, leur première réaction fut la peur de l'amalgame : « Nous ne sommes pas responsables de la folie meurtrière de quelques-uns qui se réclament de l'islam. — Alors, dites-le ! »

Oh, comme j'aurais aimé, à l'instar de la Marche des Beurs de 1983, accompagner une Marche des musulmans contre le terrorisme, qui aurait été accueillie sous les applaudissements de dizaines de milliers de personnes à Paris ! J'appelai tous les imams de ma connaissance. Hassen Chalghoumi, l'imam de Drancy, pensait que nous étions capables d'organiser un tel événement. Nous avons en effet trouvé les marcheurs, mais pas les moyens nécessaires pour les faire venir de toute la France à Paris.

Ils furent quand même soixante-douze imams, certains venus à leurs frais de Belgique, d'Allemagne, d'Italie et du Portugal. Ils remplirent un car portant le slogan « Musulmans contre le terrorisme » inscrit en français, arabe et anglais, et parcoururent ainsi la France, l'Allemagne et la Belgique, sous les encouragements des passants. Je les accompagnai. Angela Merkel et son ministre de l'Intérieur nous attendaient à Berlin. Et, à Paris, nous fûmes invités à l'Élysée. Les médias en parlèrent. Pas assez à mon goût. Pour mes amis journalistes, manifester contre le terrorisme paraissait normal. Or, cette normalité-là était pourtant exceptionnelle !

Et l'immigration ? Nous n'avons pas fini d'en parler. Regardons par la fenêtre, nous verrons ces colonnes interminables d'hommes et de femmes tirant des charrettes remplies de baluchons. Parmi eux, ça et là, des têtes d'enfants. Ces images font partie de ma mémoire. Ce ne sont certes pas les réfugiés que je connus par le passé, mais ce sont les mêmes humains ! Hommes et femmes devant lesquels on dresse des barbelés, ferme les frontières, élève des murailles. Autant d'initiatives de bien-pensants devant la misère qu'ils considèrent comme une maladie contagieuse.

Paradoxe. La plupart de ceux qui militèrent pour la libre circulation et l'abolition des frontières se terrent maintenant derrière des remparts identitaires.

Comme les oiseaux migrateurs, les questions passent en nuée. Savons-nous combien de réfugiés ont déjà traversé la Méditerranée ? Combien se préparent à le faire ? Qui organise leur transfert ? Pour venir en Grèce ou en Italie, il faut une embarcation, puis des bus et des trains pour traverser l'Europe. Toute une logistique. On suppose que cette organisation est prise en main par une sorte de mafia. Et si cette mafia était justement contrôlée par ceux qui nous envoient des assassins pour tuer au nom de l'islam ? Selon les mots d'un passeur afghan installé à Ankara, diffusés sur France 24, la traversée de la Turquie jusqu'à la Grèce à bord d'un canot gonflable coûte 1 600 euros par voyageur. Sur un bateau de pêche, 2 400 euros. Enfin, à bord d'un bateau de croisière 3 200 euros. Et après ? Une fois arrivé en Grèce ? De la Grèce à l'Allemagne, le voyage coûte 4 000 euros. Jusqu'au Royaume-Uni, 6 000 euros.

Jusqu'à la Suède, 4 000 euros. Enfin, pour les autres pays européens, il faut prévoir 3 500 euros. Et ceux qui n'ont pas d'argent pour continuer le voyage ? Ils se noient.

Et nous, les « belles âmes », nous réagissons comme d'habitude trop tard. Nous nous mettons à pleurer à la vue des enfants dont la mer rejette les corps sur nos plages.

Pourquoi ne s'attaque-t-on pas à ces nouveaux négriers, les marchands d'esclaves ? On pourchasse bien les trafiquants de drogue, les proxénètes... Or, pendant qu'on se focalise sur le problème des migrants, personne n'a encore traîné l'un de ces trafiquants devant le tribunal international de La Haye comme on le ferait avec n'importe quel criminel de guerre !

Qui se souvient que, en 1938, la Société des Nations (l'ONU d'alors) avait, à la demande du secrétaire d'État américain, convoqué, à Évian, une conférence internationale d'aide aux réfugiés ? Il s'agissait des juifs que les nazis ne voulaient plus tolérer dans les territoires passés sous leur contrôle et dont ils voulaient se débarrasser.

Qui se montra prêt à les accueillir ? Personne. Seule la République dominicaine proposa d'accepter 10 000 juifs contre subventions, proposition qui ne fut pas retenue. À quoi sert la connaissance de l'histoire si nous n'en tirons aucune leçon ?

Quand je vois ces réfugiés ballottés d'un endroit à l'autre, je ne peux m'empêcher de penser qu'il serait plus judicieux de les installer dans les campagnes et les villages désertés par notre jeunesse, attirée par la ville, et de leur apprendre à fructifier la terre ! Relisons *The Good Earth* (*La Terre chinoise*) de Pearl Buck, un si beau livre !

Nous avions créé, jadis, avec Jacques Attali, la première association contre la faim, l'AICF. Son objectif numéro un était d'envoyer nos agriculteurs en Afrique pour partager notre savoir-faire avec les populations locales. Aujourd'hui, ces Africains sont chez nous, ce qui ne peut que faciliter notre objectif !

Le 27 janvier 2016, une bombe atomique me tomba sur la tête. Manuel Valls, alors Premier ministre, m'appela pour me souhaiter un bon anniversaire. Sa femme, Anne Gravoin, lui avait dit que je venais d'avoir quatre-vingts ans. Déjà ? Quelle histoire ! Et je ne m'en étais même pas aperçu !

Les choses vont tellement vite. Au moment où j'évoque cette nouvelle décennie, Manuel Valls et Anne Gravoin se séparent. Pourtant, j'ai l'impression que leur mariage a eu lieu hier. Dans la grande salle de la mairie d'Évry, deux populations distinctes : le parti socialiste d'un côté, visages connus ; de l'autre, venus exprès de Brooklyn et des États-Unis, la famille de la mariée, des juifs, religieux pour la plupart, redingotes et chapeaux noirs.

Bref, en bon ami, Manuel me suggéra d'organiser un dîner pour célébrer mon anniversaire. Clara et Anne constituèrent la liste des invités. La place manquait. Il y avait Xavier Niel et Delphine Arnault, Denis Olivennes, Dominique Desseigne, Patrick Bruel, Anne Hidalgo. Nous étions presque au complet. Pas tout à fait. Il fallait agrandir la table pour accueillir nos fidèles amis : Ruth Elkrief, Nahed Ojjeh, Henri Vernet, Abderraouf Tebourbi,

Patrick Aeberhard. Sans compter ceux qui auraient dû être là.

Clara était déjà souffrante. Nous l'avions installée sur son fauteuil roulant. Le coiffeur passa avant le dîner. Elle se fit belle. Parmi les invités, elle était le seul témoin de mes souvenirs. La fête fut joyeuse. Nous avons beaucoup parlé, beaucoup bu, beaucoup ri. Puis tout le monde s'en est allé. C'est ainsi que les fêtes finissent. Après, restent le désordre et la solitude. J'étais de nouveau seul face à mon passé, seul face à mon présent, et beaucoup de questions concernant mon avenir.

Pour l'instant, je veille sur Clara et sur mes souvenirs.

Passa un temps. Un peu plus d'un an, dédié à la relecture de ces centaines de pages qui s'amassent sur mon bureau. J'ai encore une liste d'événements à partager, une flopée de sujets à traiter, mais, avant d'avancer, il me faut revenir en arrière. Revisiter ma vie. Mon anniversaire avait rompu le fil de la mélodie qui portait le récit. Pour la retrouver, je me mets à relire mes propres livres. Je réalise que j'en ai écrit beaucoup. J'aimerais en écrire d'autres ; les sujets ne manquent pas.

Puis il y a les combats. Le combat pour la paix, ce mot que Clara écrivait sous différentes formes, dans différentes langues, sur différents supports… Pourra-t-elle encore poursuivre son œuvre ?

Le prophète Jérémie, qui vécut au IVe siècle avant notre ère, n'avait cessé de critiquer le roi. Celui-ci le fit jeter par sa garde dans un puits. Les amis du prophète accoururent, se penchèrent sur le rebord de la citerne et interrogèrent Jérémie : « Tu es vivant ? — Oui, répondit-il du fond du puits.

— Que vois-tu ? — Maintenant, répondit le prophète, quand je lève la tête, je vois la lumière ! »

Je sais par expérience combien il est difficile de voir la lumière dans l'obscurité. La haine, souvent, aveugle. Et il suffit d'une main posée devant les yeux pour cacher le soleil. J'essaie tout de même. Qui sait ? Peut-être en levant la tête je trouverai de la lumière moi aussi ? Celle qui nous manque, parfois, pour apercevoir la main tendue de notre voisin. Je la serrerai alors, enfin, dans un geste de réconciliation.

Ça y est ! La mélodie est revenue ! La plume reprend son rythme et les souvenirs affluent en masse. Vais-je ajouter encore des pages aux pages ?

Soudain, dans le silence du petit matin, entre chien et loup, j'entends comme un bruit. Un bruit sans bruit. Il vient de mon cerveau, de mes entrailles. Je me précipite dans la chambre de Clara. Elle a l'air de dormir. Sa tête est légèrement appuyée sur son épaule. Comme une colombe. Je m'approche. Je n'entends pas son souffle. J'embrasse son front, légèrement, pour ne pas la réveiller. Il est froid. Glacial. Je pousse un cri. L'aide-soignante accourt.

Clara est morte.

Remerciements

Merci, merci à Sophie Jaulmes de m'avoir assisté tout le long de la rédaction de ce travail de mémoire. Et d'avoir vérifié et revérifié les dates et les lieux des événements qui ont marqué ma vie et ce livre. Avec une rare fidélité.

Merci aussi à Françoise Delivet pour son aide éditoriale exceptionnelle. La présentation de ce texte lui doit beaucoup.

12854

Composition
NORD COMPO

Achevé d'imprimer en Espagne
par CPI *(Barcelone)*
le 15 décembre 2019

Dépôt légal janvier 2020
EAN 9782290220245
OTP L21EPLN002647N001

ÉDITIONS J'AI LU
87, quai Panhard-et-Levassor, 75013 Paris

Diffusion France et étranger : Flammarion